CÉREBRO ESQUERDO, CÉREBRO DIREITO

CB032841

Dados Internacionais de Catalogação na Publicação (CIP)
(Câmara Brasileira do Livro, SP, Brasil)

Springer, Sally P.
   Cérebro esquerdo, cérebro direito / Sally P. Springer, Georg
Deutsch. [tradução Thomaz Yoshiura.] – São Paulo : Summus, 1998.

   Título original: Left brain, right brain.
   Bibliografia.
   ISBN: 978-85-323-0574-9

   1. Dominância cerebral 2. Cérebros – Localização de funções
3. Esquerda e direita (Psicologia) I. Deutsch, Georg. II. Título.

98-0553   CDD-612.825

                 Índice para catálogo sistemático:

   1. Cérebro: Localização das funções : Neurofisiologia
      humana   612.825

CÉREBRO ESQUERDO, CÉREBRO DIREITO

Sally P. Springer e Georg Deutsch

summus
editorial

Tradução: **Thomaz Yoshiura**
Revisão técnica: **Eunice Yoshiura**
Capa: **Brasil Verde / BVDA**

Summus Editorial

Departamento editorial:
Rua Itapicuru, 613 – 7º andar
05006-000 – São Paulo – SP
Fone: (11) 3872-3322
Fax: (11) 3872-7476
http://www.summus.com.br
e-mail: summus@summus.com.br

Atendimento ao consumidor:
Summus Editorial
Fone: (11) 3865-9890

Vendas por atacado:
Fone: (11) 3873-8638
Fax: (11) 3873-7085
e-mail: vendas@summus.com.br

Impresso no Brasil

À memória de Peter Deutsch
e
Fanny Margulies, Lilyan
Margulies e Nathaniel
Margulies

SUMÁRIO

PREFÁCIO À 4ª EDIÇÃO

A quarta edição de *Cérebro Esquerdo, Cérebro Direito* é a primeira a surgir na década de 1990, a qual o Congresso dos Estados Unidos da América declarou como a "Década do Cérebro". Com esta designação foi reconhecida a importância da pesquisa do cérebro para o indivíduo e para a sociedade. Esperamos que esta nova edição de *Cérebro Esquerdo, Cérebro Direito* proporcione aos leitores uma compreensão clara e precisa da pesquisa relativa à função dos hemisférios cerebrais, assim como lhe transmita algo sobre a instigação que envolve a pesquisa científica do cérebro.

Como nas edições anteriores, apresentamos primeiramente as descobertas básicas a respeito da assimetria encontrada em cérebros lesionados, naqueles submetidos à comissurotomia e nos normais, e a seguir tratamos de tópicos especiais, tais como a habilidade no uso da mão esquerda, diferenças sexuais na assimetria cerebral e o desenvolvimento da assimetria. Ao proporcionar uma visão globalizada do cérebro esquerdo e do cérebro direito, nós tentamos separar o que está razoavelmente estabelecido como fato daquilo que é puramente especulativo, sem sacrificar o aspecto intrigante, próprio de cada um dos dois campos. Além disso, procuramos, sempre que possível, identificar as possíveis justificativas para descobertas inconsistentes. Tentamos, também, mostrar como a pesquisa da assimetria hemisférica produziu descobertas importantes a respeito das funções cerebrais em geral.

O estudo dos hemisférios direito e esquerdo é apenas um dos enfoques da pesquisa do cérebro. Esperamos que este livro transmita o sentimento de que esse é um campo fértil.

A quarta edição está completamente atualizada, particularmente em áreas que passaram por um desenvolvimento mais rápido. O leitor familiarizado com as edições anteriores encontrará, ao longo do livro, muitas referências novas às trajetórias fascinantes pelas quais as modernas técnicas de representação visual do cérebro foram impelidas a produzir dados-chave. O leitor notará, também, a grande ênfase dada ao embasamento conceitual da neuropsicologia cognitiva e ao modo como tais conceitos influenciaram a forma pela qual os pesquisadores vêem os problemas e interpretam seus dados.

Continuamos a escrever para um público relativamente amplo ao fazer com que o livro forneça cobertura em diversos níveis na maioria dos tópicos. Esforçamo-nos por ser tão claros quanto possível, sem comprometer a exatidão ou a complexidade da matéria que apresentamos. O livro será de interesse para o leitor que deseje ir além dos relatos simplificados em demasia e exageradamente populares sobre a assimetria cerebral; ele também se destina a servir como texto para uma grande variedade de cursos.

Ficamos agradecidos a muitos colegas e amigos pelas contribuições a *Cérebro Esquerdo e Cérebro Direito* em suas quatro edições. Valiosos comentários e sugestões foram fornecidos nas edições anteriores por Alan Rubens, Chuck Hamilton, Phil Bryden, Morris Moscovitch, Barry Lorinstein, Nick Goldberg, Andy Papanicolaou e Peter Shulman. Muitos deles contribuíram também para a quarta edição. Além disso, na quarta edição, Eran Zaidel e Michael Gazzaniga dividiram conosco sua visão do que era novo e importante. James Mountz, Donald Tweig e Hoby Hetherington carinhosamente nos forneceram algumas das imagens de rastreamento do cérebro utilizadas nesta edição. Somos gratos a muitos outros que, graciosamente, nos enviaram cópias de seus trabalhos ainda não publicados.

Tivemos o privilégio de trabalhar com os excepcionais redatores seniores da W. H. Freeman and Company durante o período das quatro edições: W. Hayward Rogers, atualmente aposentado, Jonathan Cobb e, mais recentemente, Susan Brennan. Fomos, também, afortunados por contar com excelentes editores de projeto: Judith Wilson e Jim Maurer na primeira e segunda edições, respectivamente; e Diane Maass na terceira e quarta edições. A quarta edição foi a primeira a ser publicada eletronicamente. Uma palavra especial de agradecimento a Jim Whatley, de UC Davis, por nos convencer a tirar proveito da tecnologia computacional para tornar tudo isso possível.

Nossos cônjuges, Håkon Hope e Martha Pezrow, merecem nossa gratidão pela compreensão e apoio que nos deram durante o longo processo de revisão. Ambos fizeram sacrifícios longos e substanciais para que o projeto pudesse se completar.

Sally P. Springer
Georg Deutsch
Julho de 1993

1

PRIMEIRAS EVIDÊNCIAS CLÍNICAS:
A Descoberta da Assimetria

Em 1836, Marc Dax, um obscuro médico do interior, leu um pequeno relato num dos encontros da sociedade médica de Montpellier, na França. Dax não costumava apresentar trabalhos em conferências médicas. De fato, esta foi sua primeira e única comunicação científica. Durante a sua longa carreira como clínico-geral, Dax havia observado que muitos pacientes, em conseqüência de danos ocorridos no cérebro, apresentavam perda da voz — sintoma conhecido tecnicamente como afasia. Esta observação não era, em si, novidade. Casos repentinos de ruptura permanente da faculdade de falar com coerência já haviam sido relatados na Antiguidade, pelos gregos. Dax, entretanto, estava impressionado pela associação entre a perda da voz e o lado do cérebro em que havia ocorrido a lesão. Em mais de quarenta pacientes com afasia, havia encontrado sinais de danos produzidos na metade esquerda do cérebro. Ele não conseguiu descobrir um único caso com lesão apenas no lado direito. No relato apresentado à sociedade médica, ele fez um sumário dessas observações e apresentou suas conclusões: cada metade do cérebro controla diferentes funções; a fala é controlada pela metade esquerda.

Sua comunicação foi um completo fracasso. Despertou pouco interesse entre aqueles que dela tomaram conhecimento e, em pouco tempo, caiu no esquecimento. Dax faleceu no ano seguinte, sem saber que tinha antecipado uma das mais excitantes e produtivas áreas da pesquisa científica da segunda metade do século xx — a investigação das diferenças entre o cérebro direito e o cérebro esquerdo.

Embora em geral se considere o cérebro como uma estrutura única, na realidade ele é dividido em duas metades. Estas duas partes, ou hemisférios, estão compactamente encerradas juntas dentro do crânio e ligadas por vários feixes distintos de fibras nervosas, que servem como canais de comunicação entre elas.

Anatomicamente, cada hemisfério parece ser, de modo aproximado, uma imagem especular do outro, de forma muito semelhante à simetria geral dos lados direito e esquerdo do corpo humano. Funcionalmente, o controle de movimentos e sensações básicos do corpo está dividido de maneira uniforme entre os dois hemisférios cerebrais. Este controle ocorre de forma cruzada: o hemisfério esquerdo controla o lado direito do corpo (mão direita, perna direita, e assim por diante) e o hemisfério direito controla o lado esquerdo. A Figura 1.1 mostra esta disposição.*

A simetria física esquerdo-direita do cérebro e do corpo, contudo, não implica que os lados direito e esquerdo sejam equivalentes em todos os aspectos. Basta examinarmos as habilidades de nossas duas mãos para notar assimetria de funções. Poucas pessoas são realmente ambidestras; a maioria possui uma dominante. (Em muitos casos, a capacidade manual de uma pessoa pode ser usada para prognosticar muita coisa sobre a organização das mais altas funções mentais em seu cérebro. Nos destros, por exemplo, quase sempre verifica-se que o hemisfério que controla a mão dominante é também o hemisfério que controla a fala.)

E diferenças nas habilidades de ambas as mãos são apenas uma manifestação de assimetrias básicas nas funções dos dois hemisférios cerebrais. Muitas evidências acumularam-se nos últimos anos, mostrando que o cérebro esquerdo e o cérebro direito não são idênticos em suas competências ou organizações.

A primeira e mais marcante evidência de assimetria de funções procedeu das observações do comportamento de indivíduos com lesão cerebral. Dados desse tipo são conhecidos como dados clínicos, porque são baseados no estudo de pacientes com lesão cerebral. A conclusão de Marc Dax, referente à relação entre lesão no hemisfério esquerdo e perda da fala, é um exemplo de utilização de dados clínicos. Observações posteriores na medicina clínica levaram à descoberta de outras assimetrias.

---

* Pode-se encontrar uma breve síntese sobre a neuroanatomia no Apêndice.

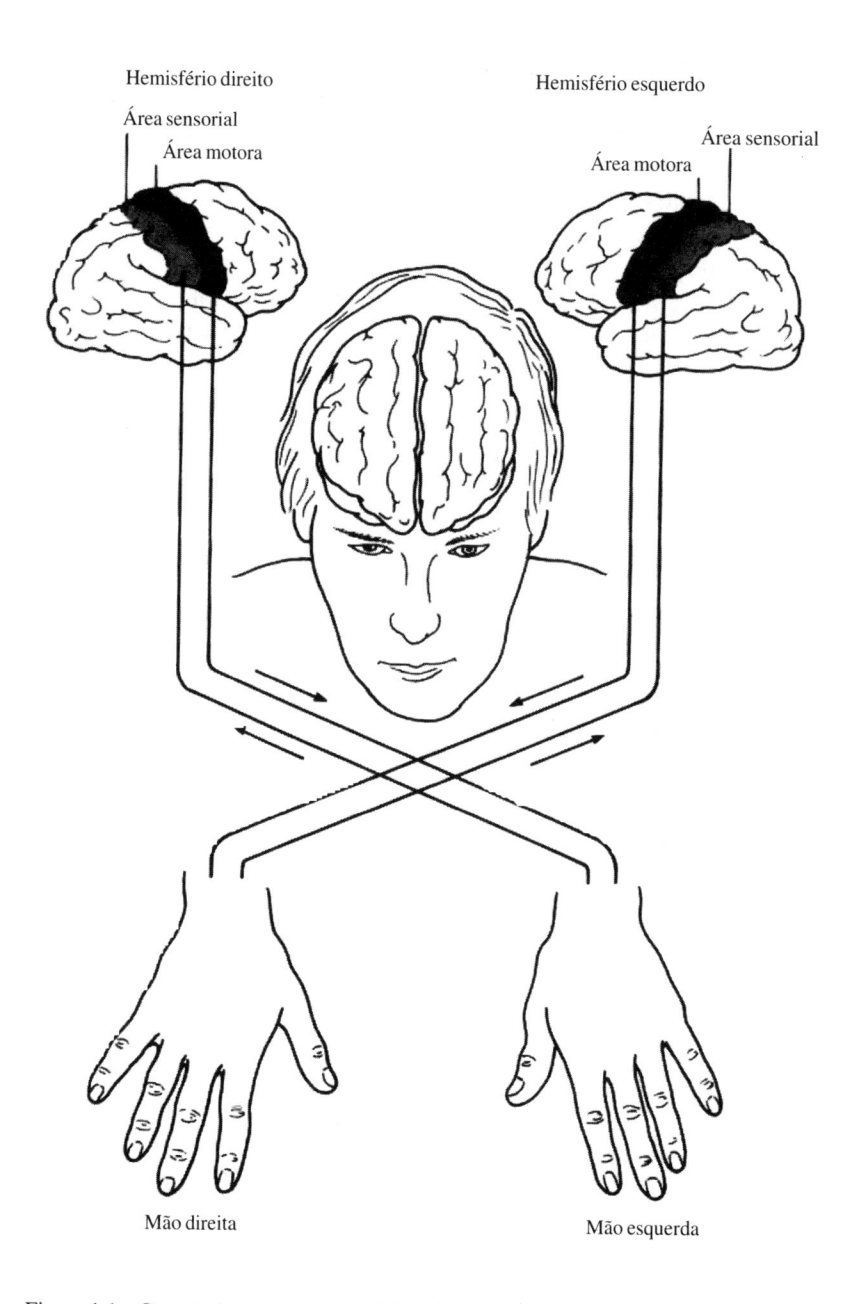

Figura 1.1 – O controle motor e os caminhos de transmissão sensorial entre o cérebro e o resto do corpo são quase totalmente cruzados. Cada mão é principalmente servida pelo hemisfério cerebral do lado oposto.

Diferentemente do que ocorre com pessoas que sofrem de problemas da fala, causados por lesão no hemisfério esquerdo, pacientes com certos tipos de lesão no hemisfério direito apresentam maiores probabilidades de ter problemas de percepção e atenção. Estes compreendem sérias dificuldades de orientação espacial e de memória concernente a relacionamentos espaciais. Por exemplo, um paciente pode ter grande dificuldade para aprender seu caminho ao redor de um novo edifício ou pode até mesmo sentir-se desorientado em circunvizinhança familiar. Outros pacientes podem ter dificuldade em reconhecer rostos familiares. A lesão no hemisfério direito pode também resultar num problema chamado omissão. Um paciente que sofre da síndrome de omissão não presta atenção ao lado esquerdo do espaço e, algumas vezes, não presta atenção ao lado esquerdo do corpo. Em muitos casos, o paciente não come o alimento situado do lado esquerdo do prato de comida e pode recusar-se a reconhecer o braço esquerdo paralisado como sendo seu. Surpreendentemente, uma lesão semelhante no hemisfério esquerdo em geral não produz omissão tão séria e duradoura com relação ao lado direito do espaço.

Embora há mais de cem anos já se dispusesse de dados clínicos indicando a existência de assimetrias cerebrais, o atual interesse pela questão cérebro esquerdo e cérebro direito é em razão do trabalho recente com pacientes *comissurotomizados*. Por razões médicas, esses pacientes foram submetidos a cirurgia para cortar as fibras nervosas que, em situação normal, funcionam como caminhos ou trilhas corticais, interligando os hemisférios cerebrais. A Figura 1.2 mostra o *corpo caloso*, o mais importante desses caminhos. Para o observador menos afeito, esta cirurgia radical parece interferir pouco no funcionamento normal do paciente. Para o cientista pesquisador, entretanto, ela proporciona uma oportunidade sem paralelo para estudar, em separado, mas numa mesma cabeça, as faculdades de cada hemisfério.

Técnicas especiais tornam possível restringir uma informação sensorial particularizada a um único hemisfério. A limitação dos estímulos a um hemisfério é freqüentemente chamada de lateralização. Uma forma de se obter a lateralização é fazer com que um paciente com os olhos vendados perceba um objeto apenas com uma das mãos. Um paciente comissurotomizado, fazendo-o com a mão direita (que é controlada principalmente pelo hemisfério esquerdo), não terá dificuldade em dizer o nome do objeto. Contudo, se o mesmo procedimento for repetido com a mão esquerda, o paciente será incapaz de nomear o objeto. Aparentemente, a informação sobre o objeto não passa pelos centros da fala, localizados no hemisfério esquerdo. Entretanto, o paciente pode usar com facilidade sua mão para recuperar o objeto dentre outros objetos escondidos do seu campo visual. Um observador casual poderia concluir que a mão esquerda do paciente sabia e relembrava o que havia memorizado antes, mesmo que o paciente não o fizesse.

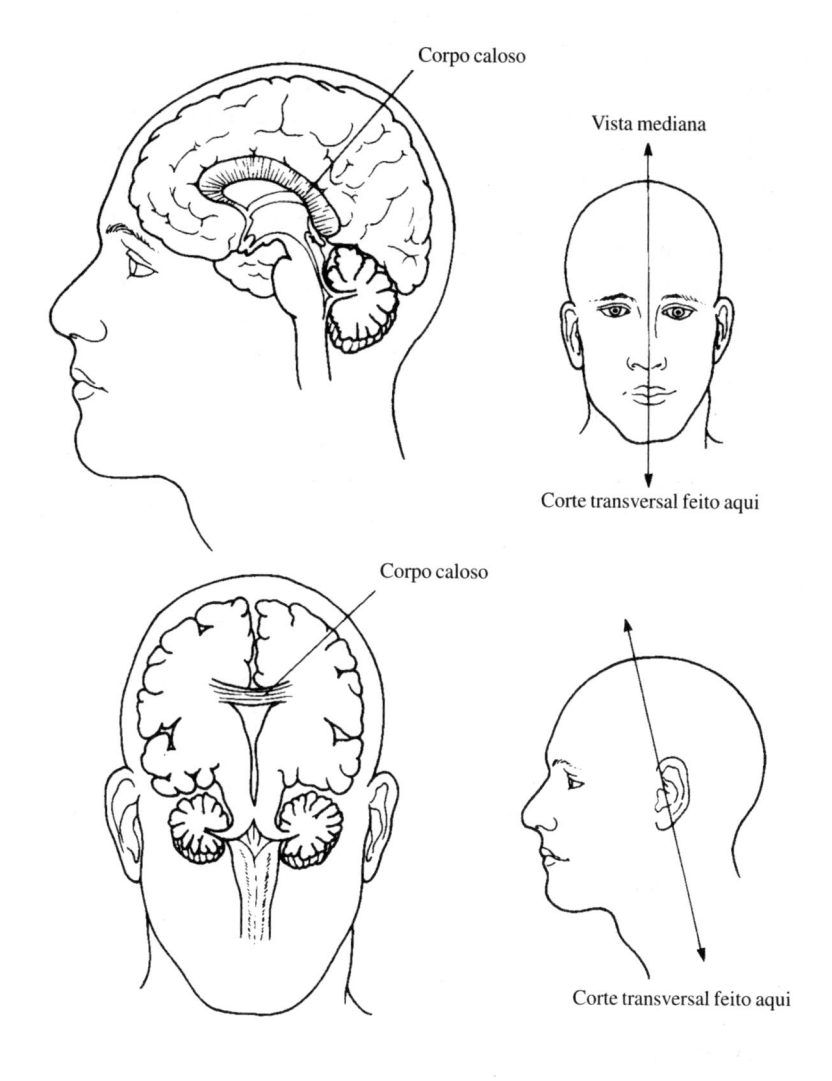

Figura 1.2 – Duas vistas dos hemisférios cerebrais e do corpo caloso — a maior extensão de fibra nervosa ligando-os.

Empregando outras técnicas que limitam a informação visual e auditiva a um hemisfério de cada vez, os pesquisadores demonstraram a ocorrência de diferenças significativas nas capacidades dos dois hemisférios em pacientes comissurotomizados. Descobriu-se que o hemisfério esquerdo está predominantemente envolvido em processos analíticos, em especial na produção e compreensão da linguagem, e parece processar dados de uma forma seqüencial. O hemisfério direito parece ser responsável por certas capacidades espaciais e habilidades musicais, assim como pelo processamento simultâneo e holístico da informação.

Encorajados pelas descobertas feitas com base em pacientes com lesões cerebrais e daqueles submetidos à comissurotomia, os pesquisadores buscaram meios de estudar as diferenças hemisféricas em sujeitos neurologicamente normais. As diferenças entre as funções do cérebro esquerdo e do cérebro direito, observadas em pacientes com lesões cerebrais, têm alguma implicação para as funções de um cérebro normal? Técnicas desenvolvidas para responder a essa questão demonstraram que sim.

Estudos valendo-se da comissurotomia demonstraram que, embora cada metade do cérebro seja capaz de perceber, aprender, lembrar e sentir independentemente uma da outra, algumas diferenças existem no modo como cada hemisfério lida com a informação recebida. Roger Sperry, que recebeu em 1981 o Prêmio Nobel de Fisiologia ou Medicina, pelo trabalho pioneiro com pacientes comissurotomizados, propôs que em cada um dos hemisférios reside um curso independente de consciência.[1] Ele sugeriu que uma divisão cirúrgica do cérebro divide a mente em dois reinos distintos de consciência. Este modelo leva à especulação sobre uma dupla consciência em um cérebro normal intacto sob certas condições.

Outros pesquisadores enfatizaram a importância das diferenças entre os hemisférios, igualmente reivindicando que essas diferenças refletem claramente dualismos tradicionais, tais como: intelecto *versus* intuição, ciência *versus* arte e lógico *versus* misterioso. De acordo com o psicólogo Robert Ornstein, a pesquisa do cérebro mostra que essas distinções não são simplesmente um reflexo da cultura ou filosofia.[2] Ele argumenta que a antiga crença em formas distintas de consciência no Ocidente e no Oriente tem agora uma base fisiológica nas diferenças entre os dois hemisférios.

Tem sido sugerido, também, que advogados e artistas usam diferentes metades do cérebro em seus trabalhos e que as diferenças entre as metades aparecem em atividades não relacionadas com o trabalho.[3] Outros estenderam essa idéia mais adiante, e afirmaram que cada indivíduo pode ser classificado como uma pessoa hemisfério direito ou como uma pessoa hemisfério esquerdo, dependendo de qual hemisfério guie o conjunto do seu comportamento.[4]

O recente interesse pelas assimetrias cerebrais estendeu essa indagação à forma geral do uso das mãos. Estudos mostraram diferenças entre destros e canhotos, na maneira como o cérebro é organizado. Quais são os efeitos, se é que existem, dessas diferenças sobre a inteligência e a criatividade? Quais fatores são decisivos para que nasçam canhotos? Genes? Experiência? Lesões cerebrais leves? Esses e outros questionamentos relacionados com o uso das mãos foram objeto de estudos intensivos nos últimos vinte anos.

Várias outras matérias têm sido estudadas em conexão com a assimetria hemisférica. Diversos problemas, tais como dificuldades na aprendizagem, gagueira e esquizofrenia, têm sido atribuídos a anormalidades na divisão de tarefas entre os dois hemisférios. Joseph Bogen, um neurocirurgião envolvido na pesquisa com a comissurotomia, sugeriu que a pesquisa das diferenças hemisféricas tem importantes implicações para a educação.[5] Ele afirmou que a atual ênfase na aquisição de habilidades verbais e no desenvolvimento de processos de pensamento analítico negligencia o desenvolvimento de importantes habilidades não-verbais. Como resultado, asseverou ele, "estamos matando de fome" uma metade do cérebro e ignorando sua potencial contribuição para a pessoa total.

A partir de seu modesto início em 1836, a pesquisa relativa aos hemisférios direito e esquerdo continuou a cativar a imaginação de cientistas e leigos, igualmente. Poucas áreas de investigação científica geraram tamanho interesse em públicos tão diversos. Esta atenção provocou tanto bons como maus efeitos. Pelo lado positivo, vasta quantidade de novos dados foram coletados em curto espaço de tempo, e pesquisadores estão trabalhando arduamente, levando em consideração as implicações de suas descobertas para o comportamento humano. Pelo lado negativo, há a tendência de se interpretar cada dicotomia comportamental, tal como, racional *versus* intuitivo e dedutivo *versus* imaginativo, em termos de cérebro esquerdo e cérebro direito. Esta apropriação acidental tem sido chamada, por algumas pessoas, de "dicotomania". Somando-se a isso, a linha divisória entre fato e fantasia tem sido com freqüência turvada, fazendo com que os leigos encontrem dificuldade em saber o que é especulação e o que foi solidamente estabelecido como fato.

Sem dúvida, entretanto, o estudo do cérebro esquerdo e do cérebro direito produziu importantes discernimentos a respeito da função cerebral e de sua relação com o comportamento, e muitas descobertas ainda mais importantes estão por ser feitas. Os objetivos deste livro são examinar o atual estado de conhecimento, tirar conclusões quando possível e apontar as lacunas de conhecimento que ainda existem. Vamos iniciar com o relato de alguns dos dados clínicos que deram origem às idéias atuais a respeito do cérebro esquerdo e do cérebro direito.

PERDA DA VOZ E DEBILIDADE DO LADO DIREITO:

A Evidência de Assimetria Omitida por Longo Tempo

Qualquer um que caminhe em um hospital, por uma ala de pessoas afetadas por derrame cerebral, pode ver que os pacientes estão distribuídos regularmente em dois grupos homogêneos: aqueles com paralisia do lado esquerdo e aqueles com paralisia do lado direito. Um derrame geralmente envolve uma interrupção do suprimento de sangue em parte do cérebro e resulta em dano à região afetada. Como o sangue é fornecido a cada hemisfério em separado, um derrame afeta, com freqüência, apenas uma metade do cérebro. Como cada metade controla o lado oposto do corpo, uma paralisia do lado direito indica um derrame no hemisfério esquerdo, e uma paralisia do lado esquerdo indica um derrame no hemisfério direito.

Através da longa história da medicina, a combinação clínica de distúrbios da fala com debilidade ou paralisia da metade direita do corpo tem sido referida repetidamente. Essas observações deveriam ter sugerido uma ligação entre perda da fala e dano causado ao hemisfério esquerdo do cérebro. A importância dessa relação, entretanto, não foi avaliada pelo conjunto da comunidade médica até a segunda metade do século XIX.

Talvez não seja surpreendente que essa evidência de assimetria hemisférica tenha sido negligenciada por tanto tempo. Os primeiros estudos anatômicos mostraram que as metades do cérebro eram imagens especulares uma da outra, aproximadamente iguais em tamanho e peso. Além disso, muitos cientistas acreditavam firmemente que o cérebro funcionava como uma unidade total e, assim, não estavam predispostos a "ver" uma evidência que sugerisse o contrário.

Nas primeiras décadas do século XIX, contudo, considerou-se seriamente a idéia de que determinadas funções poderiam ser atribuídas a regiões específicas do cérebro. A noção de que alguém poderia estudar o papel de regiões específicas tornou-se conhecida como doutrina da localização cerebral.

A Doutrina da Localização Cerebral

Franz Gall, anatomista alemão, foi o primeiro a propor que o cérebro não é uma massa uniforme, e que várias faculdades mentais podem ser localizadas em diferentes partes do cérebro. Ele acreditava que a faculdade da fala localiza-se nos lobos frontais — a parte de cada hemisfério mais próxima da parte frontal da cabeça. Infelizmente, Gall também sustentava que a configuração do crânio reflete o tecido cerebral subjacente, e que as caraterísticas mentais e emocionais de um indivíduo podem ser determinadas por um cuidadoso estudo das protuberâncias da cabeça.

Em muitos círculos científicos, Gall foi repudiado como charlatão, por não existir nenhuma evidência significativa de que a configuração do crânio pudesse ser usada confiavelmente para prognosticar algo sobre uma pessoa por meio das medidas de sua cabeça. Entretanto, a idéia básica de que diferentes funções são controladas por diferentes áreas do cérebro atraiu muitos seguidores. Entre eles estava Jean Baptiste Bouillaud, um professor de medicina francês. Bouillaud tinha tanta certeza de que Gall estava certo ao localizar a fala nos lobos frontais, que ofereceu 500 francos (na época, uma soma considerável), a quem encontrasse um paciente com lesão nos lobos frontais que não apresentasse também perda da fala.[6]

Por muitos anos, a maioria do cientistas se alinhou em um dos lados dessa questão. Um grupo acreditava firmemente que a fala é controlada pelos lobos frontais; a outra facção assegurava que uma determinada função não podia ser localizada em regiões específicas do cérebro. Naquela época, havia pouca coisa em matéria de dados novos que pudesse alterar as concepções de alguém, e cada grupo manteve-se firme em sua posição diante da falta de evidência que indicasse o contrário. Foi nesse clima científico que Marc Dax apresentou seu trabalho à comunidade médica em Montpellier, em 1836. Como vimos, suas observações, que apontavam um papel especial do hemisfério esquerdo na fala, foram essencialmente ignoradas.

Um Momento Decisivo: As Descobertas de Paul Broca

A controvérsia terminou em 1861. Numa reunião da Sociedade de Antropologia, em Paris, o genro de Bouillaud, Ernest Auburtin, reiterou a afirmação de Bouillaud que o centro controlador da fala se encontra nos lobos frontais. Suas observações impressionaram Paul Broca, um jovem cirurgião que participava do encontro.

Poucos dias antes, um homem idoso, que sofria de uma grave infecção na perna, havia sido admitido num hospital da localidade, para ser atendido por Broca. A infecção era recente, mas o paciente, por muitos anos, sofrera de perda da fala, assim como de paralisia de um lado do corpo (hemiplegia). Depois da reunião, Broca aproximou-se de Auburtin e sugeriu que poderia lhes ser proveitoso examinarem juntos este paciente. Um dia ou dois após o exame, o homem faleceu. Broca, então, fez um exame *post-mortem* no cérebro do paciente e encontrou uma região com tecido danificado, isto é, uma lesão em parte do lobo frontal. No próximo encontro da Sociedade, Broca trouxe o cérebro e mostrou suas descobertas. Mas ninguém parecia prestar muita atenção aos seus comentários.

Alguns meses depois, Broca voltou a relatar, na Sociedade, que havia observado uma lesão semelhante, em autópsia, num segundo paciente, que sofria de perda da fala. O que mudou a opinião dos membros da Sociedade de Antropologia não está claro, mas, desta vez, o relato de Broca foi recebido com grande entusiasmo e provocou caloroso debate e controvérsia. Broca foi logo considerado como o principal proponente da localização de função cerebral.

Entretanto, sua nova evidência não convenceu a todos. Os críticos obstinados do conceito de localização dirigiram-lhe seus ataques. Se a fala está localizada nos lobos frontais, como ele assegurava, por que os macacos dotados de grandes áreas frontais no cérebro não possuem a habilidade de falar? Da mesma forma, como se pode explicar um caso eventual de profunda lesão do lobo frontal que não provoque a perda da fala?

Até a terminologia de Broca foi alvo de críticas. Ele tinha sido cuidadoso em diferenciar a perda da fala, devida à simples paralisia dos músculos usados para produzi-la, e a perda da fala em seus pacientes, que tinham sofrido lesão cerebral — ele denominava esta última condição de *afemia*. Um crítico, o senhor Trousseau alegava que a palavra *afe-*

mia era derivada de uma raiz grega com o sentido de "infame", e não era apropriada neste contexto. Trousseau sugeriu que afasia seria um termo melhor para se utilizar, quando se referisse à perda da fala. Embora Broca tivesse defendido sua escolha de palavras com competência, os pesquisadores já tinham começado a usar a terminologia de Trousseau, que persiste até hoje.

Broca foi um participante involuntário da controvérsia gerada por seu trabalho. Mais tarde, ele declarou que seus dois relatos apresentados à Sociedade de Antropologia não passaram de uma simples tentativa de chamar a atenção para um fato curioso, que ele observara por acaso, e que ele não desejava se envolver em debates sobre a localização dos centros da fala. Apesar de seus protestos, Broca continuou sendo a figura central da controvérsia. Ele prosseguiu na coleta de dados de outros casos e foi capaz de determinar, com maior precisão, a área do cérebro envolvida em casos de perda da fala. A Figura 1.3 mostra a localização desta região, que, desde então, passou a ser conhecida como área de Broca. Esta figura ilustra, também, a divisão de um hemisfério em quatro lobos: frontal, parietal, occipital e temporal.

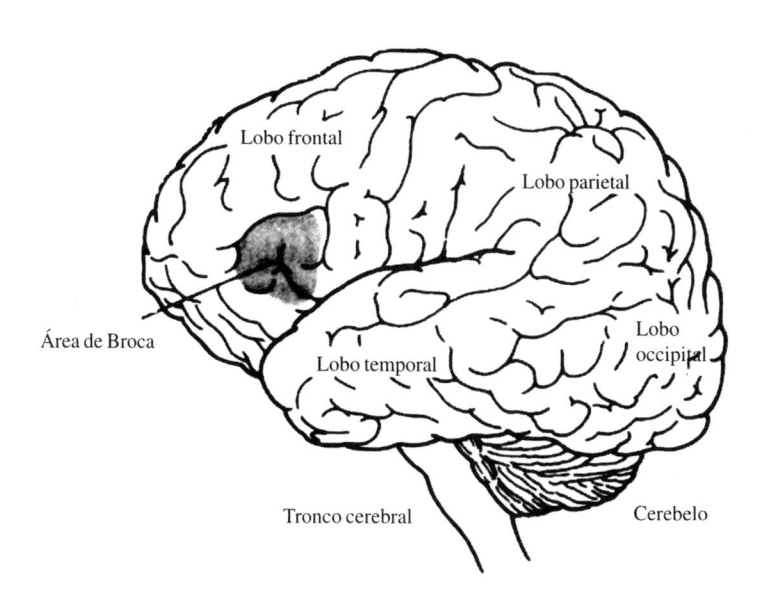

Figura 1.3 – A localização da área de Broca no hemisfério cerebral esquerdo.

Reconhecendo o Papel do Hemisfério Esquerdo

Embora seus dois primeiros casos envolvessem lesões do lobo frontal do hemisfério esquerdo, Broca não percebeu, imediatamente, o elo entre a perda da fala e o lado da lesão. Durante dois anos, ele não fez nenhuma tentativa para explicar esta coincidência. Ao comentar outros casos que mostravam a mesma relação, observou: "Aqui estão oito casos em que a lesão está situada na porção posterior da terceira convolução frontal, e o fato mais notável, em todos estes pacientes [é que] a lesão está no lado esquerdo. Não tento tirar uma conclusão e espero por novas descobertas.[7]

Em 1864, entretanto, Broca convenceu-se da importância do hemisfério esquerdo na fala:

Tenho sido surpreendido com o fato de que, nos meus primeiros afêmicos, a lesão sempre ocorria, não só na mesma parte do cérebro, mas, sempre, do mesmo lado — o esquerdo. Desde então, a partir de muitos exames após a morte, a lesão estava sempre no lado esquerdo. Foram observados também muitos afêmicos vivos, na maioria, hemiplégicos, mas sempre hemiplégicos no lado direito. Ademais, têm sido observadas, em autópsia, lesões no lado direito em pacientes que não apresentaram afemia. Parece, a partir de tudo isso, que a faculdade de articular a linguagem está localizada no hemisfério esquerdo, ou, pelo menos, que ela depende, principalmente, desse hemisfério.[8]

A importância deste discernimento envolveu Broca ainda numa outra controvérsia. Desta vez a respeito da prioridade na descoberta dessa fundamental assimetria do cérebro. Pouco depois de tomar conhecimento do trabalho de Broca, Gustav Dax, físico e filho de Marc Dax, escreveu uma carta para a imprensa médica, reclamando que Broca tinha, intencionalmente, ignorado o relato anterior de seu pai, que demonstrava que as lesões afetando a fala sempre ocorriam no lado esquerdo do cérebro. Broca replicou, afirmando que jamais tinha ouvido falar de Dax ou de seu trabalho, e que não conseguiu encontrar nenhum registro de um texto de Dax que tivesse sido publicado em 1836. (Os historiadores discordam sobre se Broca conhecia o trabalho de Marc Dax na época em que publicou o seu, e, provavelmente, jamais resolverão esta questão.) Ao mesmo tempo, Gustav Dax localizou e publicou o texto da palestra original de seu pai, com o objetivo de estabelecer a precedência de Dax.

Em seguida, Broca apresentou um argumento a favor da associação entre afasia e lesão no hemisfério esquerdo, consideravelmente mais marcante do que o que Dax havia feito. Nos casos de Dax faltavam verificação da localização da lesão e históricos clínicos completos. O trabalho de Broca, ao contrário, continha grandes descobertas anatômicas e informação sobre a natureza da manifestação de problemas de fala.

Broca, também, continuou a tratar da relação entre o uso da mão e a fala. Ele propôs que ambas, a fala e a habilidade manual, são atribuíveis à superioridade inata do hemisfério esquerdo nos destros. "Alguém pode conceber", especulou ele, "que pode haver um certo número de indivíduos nos quais a natural predominância das convoluções do hemisfério direito reverte a ordem do fenômeno que acabei de descrever."[9] Estes indivíduos, sem dúvida, são canhotos. A "lei" de Broca, de que o hemisfério controlador da fala se encontra no lado oposto à mão predominante, exerceu bastante influência no século XX.

O crédito de ter sido a primeira pessoa a chamar a atenção da comunidade médica para a assimetria do cérebro humano com relação à fala pode ser dado, apropriadamente, a Broca. Foi ele, também, o primeiro a estabelecer o elo entre assimetria e preferência manual.

O CONCEITO DE DOMINÂNCIA CEREBRAL

Nos dez anos que se seguiram à publicação das primeiras observações de Broca, o conceito, agora conhecido como dominância cerebral, começou a emergir como a principal visão da relação entre os dois hemisférios do cérebro. Em 1864, o grande neurologista inglês, John Hughlings Jackson, escreveu: "Há pouco tempo, alguns duvidavam que o cérebro pudesse ser, funcional e fisicamente, bilateral; mas, agora que, a partir das pesquisas de Dax, Broca, e outros, há a certeza de que uma lesão em uma metade lateral pode deixar uma pessoa completamente sem a fala, o ponto de vista anterior se rompeu".[10]

Em 1868, Jackson propôs sua idéia do hemisfério "condutor" — uma noção que pode ser vista como precursora da idéia de dominância cerebral. "Os dois cérebros não podem ser meras duplicatas, se a lesão ocorrida em apenas um deles pode deixar um homem mudo", escreveu. "Certamente deve haver um lado que está conduzindo esses processos" [de fala], "que não tem nada que lhes seja superior." Mais adiante, Jackson concluiu "que, na maioria das pessoas, o lado esquerdo do cérebro é o lado condutor — o lado da assim chamada vontade, e que o direito é o lado automático."[11] Por volta de 1870, outros pesquisadores começaram a perceber que muitos tipos de distúrbios da linguagem poderiam resultar de lesão no hemisfério esquerdo. Os primeiros trabalhos, que se concentravam em problemas de produção da fala resultantes de danos no hemisfério esquerdo, desprezaram o fato de que os mesmos pacientes, freqüentemente, tinham dificuldade de entender a conversa de outras pessoas. Atribui-se a Karl Wernicke, um neurologista alemão, a demonstração de que uma lesão na parte detrás do lobo temporal do hemisfério esquerdo poderia produzir dificuldades na compreensão da linguagem.

De modo semelhante, problemas na leitura e na escrita eram identificados em alguns pacientes e mostrados como resultado de lesão no hemisfério esquerdo, não no direito. No final do século XIX, emergia claramente a configuração de um quadro em que o hemisfério esquerdo exercia um papel de grande importância nas funções da linguagem em geral, e não somente na fala, em si. Tornou-se, também, evidente que diferentes tipos de problemas de linguagem resultavam de dano causado a diferentes áreas do hemisfério esquerdo.

Outras evidências sustentando a noção de que o hemisfério esquerdo possui funções não compartilhadas com o direito vieram dos estudos de *apraxia*, de Hugo Liepmann. Este distúrbio é, geralmente, definido como a incapacidade para realizar movimentos intencionais sob comando.* Um paciente apráxico poderia não ter nenhuma dificuldade de escovar seus dentes no contexto da rotina do momento de dormir, mas seria incapaz de reproduzir os mesmos movimentos quando instruído a fingir o escovar num contexto não relacionado com a situação.

Liepmann demonstrou que, embora tais deficiências não sejam devidas a uma incapacidade geral de entender a linguagem, elas estão associadas a lesões no hemisfério esquerdo. Ele concluiu que o hemisfério esquerdo controla movimentos "intencionais", assim como a lin-

---

* Apraxia e outros distúrbios clínicos considerados neste capítulo são discutidos mais detalhadamente no capítulo 6.

guagem, mas que são diferentes as áreas específicas do hemisfério esquerdo envolvidas nos dois casos.

Consideradas em conjunto, essas descobertas formaram a base de uma ampla concepção da relação entre os dois hemisférios. Um hemisfério, geralmente o esquerdo, em destros, era visto como o diretor da fala e de outras funções superiores; o hemisfério direito, ou o "menor", não possuía funções especiais e estava subordinado ao controle do "dominante" esquerdo. A origem da expressão dominância cerebral é obscura, mas ela encerra, de modo primoroso, a idéia de uma metade do cérebro direcionando o comportamento. Embora o conceito originalmente associado a este termo subestime o papel do hemisfério direito, a expressão dominância cerebral é, hoje em dia, ainda largamente empregada.

CÉREBRO DIREITO:

O Hemisfério Negligenciado

Quase ao mesmo tempo em que o conceito de dominância cerebral se popularizou, começaram a aparecer evidências sugerindo que o hemisfério direito, ou o hemisfério menos importante, também possuía habilidades especializadas. A concepção de John Hughlings Jackson referente ao hemisfério esquerdo, como "condutor", foi o antepassado intelectual da idéia de dominância. Curiosamente, Jackson foi, também, o primeiro a considerar que uma perspectiva extrema, unilateral, do modo como as funções mentais se localizam no cérebro, estava errada. Em 1865, ele escrevia: "Se, na época, deveria ser demonstrado, através de uma experiência mais ampla, que a faculdade de expressão reside em um hemisfério, não há absurdo algum em se levantar uma questão: se a percepção — seu respectivo oposto — pode estar situada no outro".[12]

Esta especulação tomou uma forma mais concreta onze anos depois, quando Jackson sustentou que os lobos situados na parte posterior do cérebro eram a sede da ideação ou pensamento visual, e que "o lobo posterior direito é o lado que conduz, e que o esquerdo é o mais automático".[13] Jackson baseou esta proposta em sua observação de um paciente que tinha um tumor no hemisfério direito, e sentia dificuldade de reconhecer objetos, pessoas e lugares.

Como o importante discernimento de Dax, quarenta anos antes, a idéia de Jackson era avançada para o seu tempo. Embora outros relatos de natureza similar tivessem aparecido ocasionalmente, pouca atenção foi dedicada à evidência de Jackson. Os pesquisadores preocupavam-se em localizar as várias funções no hemisfério esquerdo e, essencialmente, ignoravam o direito. Na década de 1930, entretanto, foram coletados mais dados que mostravam desempenhos especializados do hemisfério direito, e os cientistas começaram a reconsiderar suas idéias sobre as funções da metade menos importante do cérebro.

Habilidades Visuoespaciais no Hemisfério Direito

Um importante progresso foi a descoberta de diferenças significativas e razoavelmente consistentes no tipo de desempenho apresentado por pessoas portadoras de lesão no hemisfério esquerdo e pessoas com lesões no hemisfério direito, em testes psicológicos padronizados. Os testes foram inicialmente desenvolvidos para estudar e comparar sujeitos normais, no decorrer de dimensionamentos tais como: habilidade verbal, avaliação de relações espaciais e habilidade para manipular formas.

O primeiro esforço, em larga escala, empregando essas medidas para estudar os efeitos da lesão cerebral, envolveu mais de 200 pacientes e mais de 40 testes diferentes — uma média de 19 horas de teste por paciente.[14] Os resultados deste e dos estudos subseqüentes foram impressionantes. Descobriu-se que, como regra geral, a lesão do hemisfério esquerdo, ou dominante, resulta num desempenho pobre, em testes que dão ênfase à habilidade verbal. Embora esta descoberta não tenha sido tão surpreendente, descobriu-se, também, que pacientes com lesão no hemisfério direito, habitualmente, saíam-se pior em testes não-verbais envolvendo a manipulação de figuras geométricas, montagem de quebra-cabeças, complementação de partes faltantes em padrões e figuras, e outras tarefas incluindo forma, distância e relações de espaço. (Duas tarefas visuoespaciais são mostradas na Figura l.4.)

A evidência mais notável de função especializada do hemisfério direito vem de observações diretas dos próprios pacientes, que, freqüentemente, apresentam profundos distúrbios de orientação e consciência. Tais pacientes podem estar tão desorientados no espaço, que são incapazes, até, de reconhecer seu caminho em volta da casa em que moraram por muitos anos. Alguns demonstram esquecimento, ou falta de atenção à metade do espaço: esquecem, persistentemente, objetos ou aconteci-mentos ocorridos à sua esquerda. Certas *agnosias* — perturbações no reconhecimento e na percep-ção de informação familiar — são, também, associadas à lesão no hemisfério direito. A agnosia espacial é uma desorientação relacionada com localizações e relações espaciais. Alguns pacientes do hemisfério direito possuem deficiências na sua capacidade de compreender rela-ções de profundidade e de distância, ou de lidar com imagens mentais de mapas e formas.

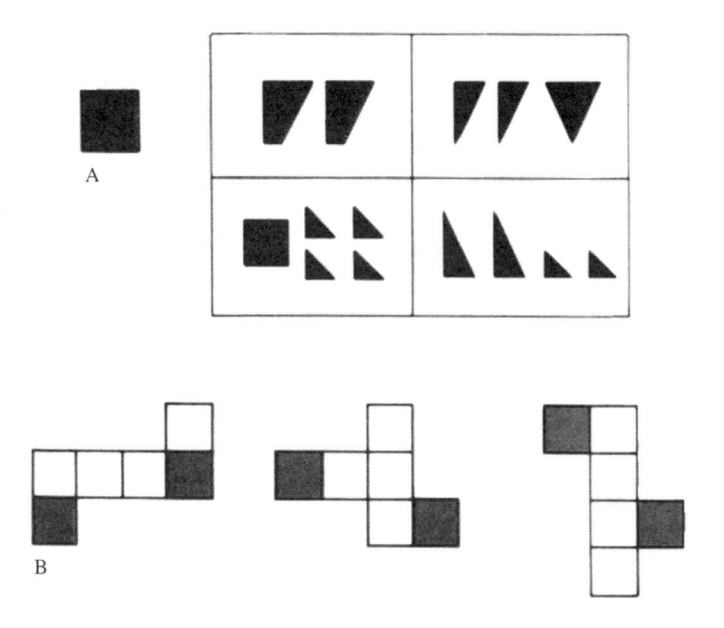

Figura 1.4 – Tarefas visuoespaciais. A. Que grupo em cada quadro pode formar o qua-drado que está do lado de fora? B. Se você dobrar esses exemplos formando cubos, em que cubo, ou cubos, os lados escuros se encontrarão em um mesmo lado?

Uma das formas mais interessantes de agnosia é a facial. Um paciente nesta condição é incapaz de reconhecer rostos familiares e, algumas vezes, não consegue distinguir pessoas em geral. Esta deficiên-cia é muito específica. O reconhecimento de cenas e objetos, por exem-plo, não pode ser prejudicado. Este problema foi encontrado nos casos em que havia lesão em ambas as metades do cérebro, embora diversos pesquisadores tenham defendido a importância de lesões no hemisfério direito nesse distúrbio.[15]

O Papel do Hemisfério Direito na Música

Novas evidências, apontando para a especialização do hemisfério direito, vieram da observação de que a habilidade para cantar não é freqüentemente afetada nos pacientes que sofrem de graves distúrbios da fala. Um dos primeiros registros de casos desse tipo foi descrito em 1745:

> *Ele sofreu um ataque de uma doença violenta, que resultou na paralisia de todo o lado direito do corpo e perda completa da fala. Ele consegue cantar certos hinos, que havia aprendido antes de ficar doente, tão clara e distintamente como qualquer pessoa sadia... Entretanto, este homem é mudo, não pode falar uma única palavra, exceto "sim", e para se comunicar precisa fazer sinais com a mão.*[16]

Casos semelhantes foram relatados nos primeiros anos do século XX e faziam supor que o hemisfério direito controlava a faculdade de cantar.

Outra evidência coerente com esta idéia vem de relatos clínicos de que uma lesão na metade direita do cérebro pode resultar na perda da habilidade musical, não alterando a fala. Este distúrbio, conhecido como *amusia*, referia-se mais freqüentemente a músicos profissionais, que tinham sofrido derrame ou outra lesão cerebral. Na década de 1930, a literatura médica continha muitos relatos de casos de pessoas que tinham sofrido prejuízo em vários aspectos da habilidade musical após lesão no hemisfério direito. Relatos semelhantes, ocorridos em conseqüência de lesão no hemisfério esquerdo, eram mais raros, novamente sugerindo que o hemisfério direito está, de algum modo, decisivamente relacionado com a música.[17]

Por que a "Descoberta" do Cérebro Direito Demorou Tanto

Toda essa evidência mostra a impropriedade da concepção do hemisfério direito como o menos importante ou o hemisfério passivo. Por que a maioria dos cientistas demorou setenta anos — desde as descobertas de Broca relativas ao hemisfério esquerdo — para reconhecer que o hemisfério direito controla importantes funções? Deve haver diversas razões para esse atraso no tempo.

Em primeiro lugar, parecia que o hemisfério direito era capaz de suportar maiores danos, sem produzir prejuízos evidentes. Pequenas lesões em certas áreas do hemisfério esquerdo afetavam drasticamente as habilidades da fala, mas lesões semelhantes, no hemisfério direito, não pareciam causar nenhuma disfunção séria. Esta disparidade era interpretada a princípio como um sinal do papel menos importante representado pelo hemisfério direito no comportamento humano. Mais recentemente, contudo, tem sido proposto que esta diferença simplesmente reflete a maneira como os processos são organizados no hemisfério direito: processos específicos são distribuídos em regiões mais amplas do tecido cerebral na metade direita do que na metade esquerda do cérebro.[18]

A razão mais provável para o demorado reconhecimento da importância do hemisfério direito, entretanto, é que incapacidades causadas por lesões no hemisfério direito não eram tão fáceis de ser analisadas e ajustadas às idéias tradicionais relativas à função do cérebro. A maioria das lesões no hemisfério direito não suprimia nenhuma habilidade humana evidente de forma radical; ao contrário, perturbavam o comportamento de maneiras absolutamente sutis. Alguns dos problemas que ocorriam nas lesões do cérebro direito não eram tão fáceis de ser classificados como os problemas associados a dano no hemisfério esquerdo. Com freqüência eles nem eram notados, ou eram mascarados por incapacidades físicas mais óbvias, como aquelas encontradas na maior parte das vítimas de derrame.

É importante lembrar que o efeito mais debilitante de um derrame é a paralisia que ele freqüentemente causa. A paralisia tende a ser a principal queixa ou problema do paciente. A lesão cerebral proveniente de traumas como acidentes ou ferimentos produzidos por armas é também seguida por complicações que dificultam a distinção de prejuízos sutis ao intelecto, em meio a um conjunto de outros problemas.

Apesar do seu papel camuflado, o hemisfério direito desempenha uma parte vital para o comportamento humano. Agora já está claro que ambos os hemisférios contribuem para a atividade mental complexa, embora diferindo em suas funções e organizações. A idéia de que cada hemisfério é especializado em diferentes funções é conhecida como especialização complementar.

A PREFERÊNCIA MANUAL E OS HEMISFÉRIOS

Freqüentemente, ocorre na ciência que as idéias são desafiadas por novas evidências, justamente quando elas recebem aceitação geral. Já vimos como uma visão radical de dominância cerebral foi questionada por novas descobertas referentes ao papel do hemisfério direito. Da mesma forma, a regra de Broca, que ligava afasia à lesão no hemisfério oposto ao da mão preferida, mostrou-se uma simplificação exagerada pouco depois de Broca tê-la proposto. A regra se ajustava bem à relação entre lesão do hemisfério esquerdo e afasia em destros. Mas os canhotos apareciam em duas situações diferentes: aqueles em que o hemisfério oposto à mão preferida determina a fala (como prognosticado por Broca), e aqueles em que a fala é determinada pelo hemisfério esquerdo. A existência do último grupo foi descoberta por observações de pacientes canhotos, que se tornaram afásicos após a lesão no hemisfério esquerdo. Esses pacientes, freqüentemente referidos como possuidores de *afasia cruzada*, mostram, de modo um tanto dramático, que a condição de canhoto não é, necessariamente, a simples inversão da condição de destro.[19]

A relação da capacidade manual com a assimetria hemisférica da função permanece sendo uma das mais importantes questões a ser resolvida no estudo da organização do cérebro. Voltaremos várias vezes ao assunto nos próximos capítulos.

OUTRAS DESCOBERTAS DA MEDICINA CLÍNICA

Para completar nossos breves relatos sobre a contribuição dos dados clínicos para a compreensão da assimetria hemisférica da função, devemos mencionar dois procedimentos neurocirúrgicos altamente especializados, desenvolvidos nas décadas de 1930 e 40. Ambos buscavam ajudar o neurocirurgião a determinar qual hemisfério estava controlando a função da fala e da linguagem numa pessoa prestes a se submeter à cirurgia para epilepsia. Esses procedimentos também contribuíram significativamente para o nosso conhecimento da assimetria hemisférica das funções, em geral.

Estimulação Elétrica Direta nos Hemisférios

A epilepsia, um distúrbio que envolve uma atividade elétrica anormal gerada dentro do cérebro, produz reações que podem variar de interrupções temporárias, com duração de um ou dois segundos, a um grande bloqueio generalizado. Durante um ataque epilético, a atividade elétrica anormal freqüentemente tem origem numa parte específica do cérebro e, em seguida, estende-se a outras regiões.

No começo da década de 1930, Wilder Penfield e seus companheiros, no Instituto Neurológico de Montreal, foram pioneiros no uso de cirurgia para remover a área do cérebro onde começa a atividade anormal, como um tratamento de epilepsia, em pacientes que não respondiam bem à terapia medicamentosa. Embora esse processo tivesse se comprovado como bem-sucedido em muitas situações, os cirurgiões continuavam relutantes em empregá-lo nos casos que exigissem a remoção de tecido próximo de partes do cérebro controladoras da fala e da linguagem. Eles queriam evitar essas regiões para reduzir a probabilidade de que a cirurgia, simplesmente, substituísse um distúrbio debilitante (afasia) por outro (epilepsia). As palavras do próprio Penfield ilustram de maneira competente a situação enfrentada por ele e seus colegas:

Há vinte e cinco anos, estávamos nos aventurando no tratamento de epilepsia localizada, por meio de extirpação cirúrgica radical de áreas anormais do cérebro. No começo, era nossa prática recusar uma operação radical no hemisfério dominante, a não ser que a lesão se situasse na parte anterior do lobo frontal, ou na região posterior do lobo occipital. Do mesmo modo que outros neurocirurgiões, temíamos que a remoção do córtex, em outras partes deste hemisfério, produzisse afasia. [A] literatura sobre afasia não dava um guia claro do que podia, ou não, ser removido impunemente.[20]

Certamente, era necessário um método para determinar, com precisão, a localização dos centros de controle da fala e da linguagem num determinado paciente. Para preencher esta lacuna, Penfield e seus colegas desenvolveram um procedimento que envolvia o mapeamento dessas áreas, com o uso da estimulação elétrica direta do cérebro, no momento da cirurgia.

A estimulação elétrica direta do tecido cerebral exposto não era, em si, um novo processo. Trabalhos preliminares, no início da década de 1900, mostraram que, porque o cérebro não contém, em si mesmo, receptores de dor, é possível o paciente ficar completamente consciente enquanto um neurocirurgião remove uma borda do crânio, sob anestesia local, e aplica pequenas correntes elétricas diretamente sobre a superfície do cérebro. O eletrodo usado para esse procedimento podia ser movido para estimular diferentes regiões do cérebro. Tais estudos mostraram que a estimulação elétrica de determinadas partes do cérebro motivavam pacientes a ver, ouvir, cheirar, ou sentir, de uma forma elementar. Estimulação em outras áreas causavam respostas motoras involuntárias, tais como o movimento de um braço ou de uma perna. A maior contribuição do grupo de Montreal foi o uso de estimulação elétrica direta como um instrumento para determinar a localização dos centros controladores da fala e da linguagem num certo indivíduo.*

Durante um procedimento típico, usando estimulação elétrica direta para mapear as áreas da fala, o paciente e o cirurgião ficam separados por uma tenda feita de cortinas cirúrgicas. Uma terceira pessoa, atuando como observador, senta-se com o paciente sob a tenda. Durante o tempo em que uma corrente elétrica é aplicada às regiões do cérebro, normalmente empregadas na fala, o paciente é incapaz de falar. A interferência é conhecida como interrupção afásica.[21]

As áreas críticas são determinadas fazendo com que o observador mostre ao paciente uma série de desenhos e lhe peça para identificar cada um deles. Enquanto o neurocirurgião movimenta o eletrodo estimulante sobre a superfície do cérebro, para localizar áreas que produzem interferência na capacidade de nomear, pequenos quadrados de papel esterilizado são colocados sobre o cérebro, no ponto de aplicação do eletrodo, para fornecer um registro das áreas estimuladas. Durante todo o procedimento, que dura cerca de 15 minutos, o paciente fica inteiramente consciente, mas sem saber quando e onde o eletrodo será colocado. A Figura 1.5 mapeia os pontos sobre o hemisfério esquerdo em que a estimulação resultou em distúrbio na fala.

---

* Seu trabalho teve também implicação relevante na maneira como as lembranças são armazenadas no cérebro, um tópico que discutiremos no capítulo 7. Ao leitor interessado, indica-se *Speech and Brain Mechanisms*, de W. Penfield e L. Roberts, um relato fascinante e muito bem escrito das três décadas de pesquisa relativa à estimulação cerebral no Instituto Neurológico de Montreal.

A interrupção afásica resultante da estimulação de uma determinada parte do cérebro é um sinal certo de que essa região faz parte da área da fala do hemisfério especializado na linguagem. Penfield observou que a interrupção afásica nunca ocorre após a estimulação de locais do hemisfério não especializado na linguagem. Várias centenas de pacientes foram submetidos à estimulação elétrica direta do cérebro no Instituto Neurológico de Montreal e em outras instituições. Durante os últimos quinze anos, o neurologista George Ojemann conduziu uma ampla série de estudos baseados na técnica pioneira de Penfield. Juntamente com os primeiros dados, este trabalho recente de estimulação elétrica direta do cérebro provou ser de grande valor teórico e clínico na localização das funções de cada hemisfério.[22]

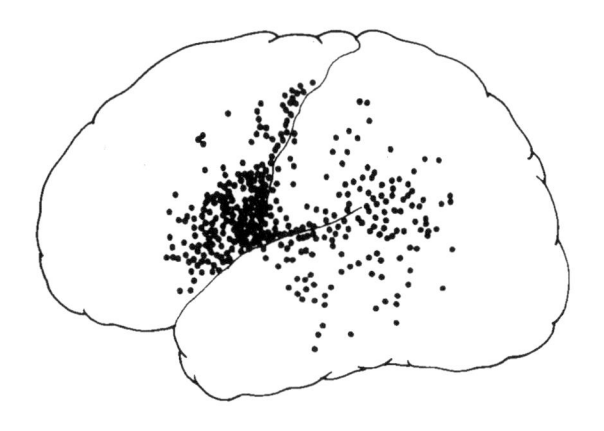

Figura 1.5 – Pontos na superfície do hemisfério esquerdo, onde uma estimulação elétrica resultou em interferência na fala. A interferência incluiu interrupção total da fala, hesitação, pronúncia indistinta, repetição de palavras e incapacidade de nomear. [Penfield e Roberts, *Speech and Brain Mechanisms*, Fig. VII-3, p. 122, (Princeton, N.J.: Princeton University Press, 1959). Reimpressão permitida por Princeton University Press.]

O Teste de Wada: Anestesiando um Hemisfério

Um outro teste — conhecido como o teste de Wada, por ser Juhn Wada seu criador — tem sido de grande valia na localização de funções através dos hemisférios. No teste de Wada, o neurocirurgião anestesia temporariamente um hemisfério de cada vez, em dias diferentes, antes da cirurgia, de modo que se possa determinar qual lado do cérebro normalmente controla a habilidade de falar.[23] O primeiro estágio, no teste de Wada, é a inserção de um pequeno tubo, ou cateter, na artéria carótida, por um dos lados do pescoço do paciente. O cateter permite ao neurocirurgião injetar, depois, o medicamento sódio amobarbital nessa artéria. Cada artéria carótida conduz sangue ao hemisfério do mesmo lado em que ela se situa. Dessa forma, o sódio amobarbital, injetado na artéria direita, é levado para o hemisfério direito. A droga é um barbitúrico, quimicamente similar aos ingredientes usados em pílulas para dormir. Entretanto, por causa da maneira como ele é administrado no teste de Wada, somente um lado do cérebro, de cada vez, fica adormecido.

Momentos antes de se injetar a droga, o paciente, inteiramente consciente, fica deitado de costas, na horizontal, e se lhe solicita que conte de 1 a 20 repetidamente. Pede-se, também, a ele que fique com ambos os braços levantados, no ar, durante a contagem. Sem prévio aviso, a droga é então injetada lentamente, pelo tubo, dentro da carótida. Poucos segundos após a injeção, ocorrem resultados dramáticos.

Em primeiro lugar, o braço oposto ao lado da injeção cai flacidamente. Como cada metade do cérebro controla o lado oposto do corpo, o braço que cai indica ao neurocirurgião que a droga alcançou o hemisfério adequado e produziu efeito. Em segundo lugar, geralmente o paciente pára de contar, seja por alguns segundos, ou enquanto dura o efeito da droga, conforme o hemisfério que é afetado. Se a droga é injetada no mesmo lado do hemisfério que controla a fala, o paciente fica sem fala por 2 a 5 minutos, dependendo da dose administrada. Se ela é injetada no outro lado, geralmente o paciente recomeça a contar dentro de poucos segundos e pode responder a perguntas com um pouco de dificuldade, enquanto a droga está, ainda, desativando a outra metade do cérebro.[24]

O emprego de sódio amobarbital tem sido a base para os dados mais comumente citados sobre a relação entre o uso da mão e a organização cerebral. No mais amplo estudo desse tipo, relatado em 1977, mais de 95% de todos os pacientes destros, sem um histórico anterior de lesão cerebral, tinham a fala e a linguagem controladas pelo hemisfério esquerdo; os restantes tinham a fala controlada pelo hemisfério direito. Ao contrário da lei de Broca, a maioria dos canhotos também mostrava fala controlada pelo hemisfério esquerdo; entretanto, a porcentagem (cerca de 70%) era menor em canhotos do que em destros. Aproximadamente 15% dos canhotos tinham a fala no hemisfério direito, e

15%, mais ou menos, mostravam evidência de controle da fala em ambos os hemisférios (controle bilateral da fala).[25] Entretanto, evidências mais recentes, a partir de estudos empregando a técnica do amobarbital, sugeriram que a incidência do controle da fala somente pelo hemisfério direito pode realmente ser muito mais baixa do que antes foi relatado dos pacientes sem nenhum antecedente de lesão.[26] O que era tido como sendo fala situada no hemisfério direito, em muitos casos, na realidade, não passava de uma representação bilateral.

O mesmo estudo de 1977 relatava o uso da técnica de Wada em pacientes nos quais se tinha conhecimento de terem sofrido lesão no hemisfério esquerdo nos primeiros tempos de vida. Esses pacientes apresentaram uma incidência muito maior de fala situada no hemisfério direito ou bilateralmente: 70% dos canhotos e 19% dos destros situavam-se em uma ou outra dessas categorias. Essa evidência aponta para a adaptabilidade do cérebro e para o limitado valor da capacidade manual, por si só, como um índice de organização do cérebro, particularmente em canhotos.

INFERINDO FUNÇÕES CEREBRAIS À PARTIR DE LESÕES NO CÉREBRO

O crescimento da neuropsicologia cognitiva

As observações clínicas e os procedimentos neurológicos que acabamos de discutir compõem o fundamento do interesse pelas assimetrias hemisféricas nos tempos modernos. Nos capítulos seguintes, vamos explorar como os pesquisadores construíram sobre e ampliaram essas observações e técnicas de muitas formas diferentes e fascinantes, para nos proporcionar o atual conhecimento dos dois hemisférios e suas funções. Juntamente com novas descobertas e desenvolvimentos, também surgiram novas maneiras de pensar sobre a relação entre o cérebro e o comportamento. Nesta seção, vamos discutir as mudanças no enfoque e na conceituação ocorridas posteriormente.

Mais de cem anos de observações de pacientes de neurologia valeram para estabelecer firmemente o campo da neuropsicologia — a pesquisa de distúrbios de percepção, memória, linguagem, pensamento, emoção e ação, em pacientes portadores de doenças neurológicas ou lesões. A afirmação de Broca, de que a sede da linguagem está localizada na região posterior do lobo frontal esquerdo, tem sido vista por muitos como o ponto básico para o estabelecimento da neuropsicologia. A reivindicação de Broca continha duas idéias-chave: a de que a linguagem poderia ser rompida independentemente de outros processos cognitivos e a de que a linguagem poderia estar localizada numa região específica do cérebro. Ambas foram revolucionárias em suas implicações e geraram décadas de pesquisas relacionando lesões e enfermidades em várias partes do cérebro com suas conseqüências.

Um modelo do reconhecimento e produção de palavras faladas e escritas, proposto em 1 885, pelo neurologista L. Lichtheim, ilustra bem o primeiro enfoque neuropsicológico.[27] Baseado em observações de pacientes com lesão cerebral, o modelo de Lichtheim tinha cinco diferentes "centros" interligados. A Figura 1.6 mostra o diagrama baseado naquele modelo e usado para explicar diversos tipos de distúrbios de linguagem. Por exemplo, uma pessoa com um problema de articulação de palavras, mas com nenhum outro prejuízo da linguagem, era considerada como possuidora de dano no centro M; um paciente que tivesse dificuldade de repetir palavras faladas, mas que pudesse entendê-las e produzi-las, era visto como possuindo um dano na conexão entre A e AM.

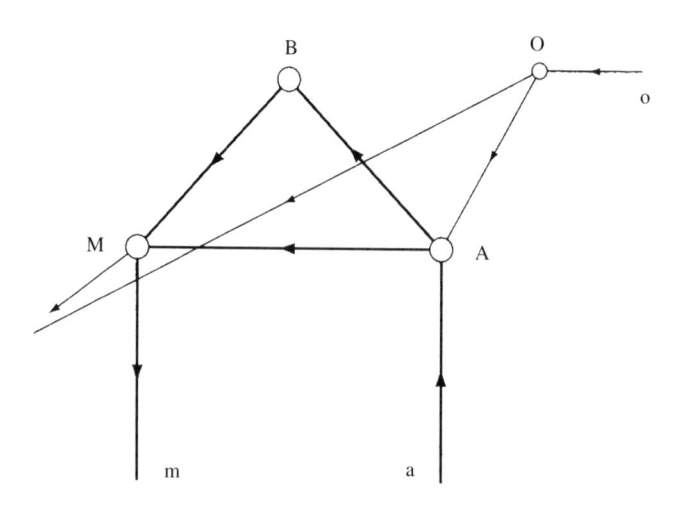

Figura 1.6 – Modelo de Lichtheim referente a reconhecimento e produção de palavras.

Este enfoque para a neuropsicologia, freqüentemente referido como realização de diagrama, gozou de popularidade até o início do século xx. Quando novos dados foram coletados, entretanto, a realização do diagrama foi desprezada, porque as observações da realidade individual dos pacientes oferecidas como base para os modelos de diagrama com freqüência eram desapontadoramente fracas e não convincentes. O enfoque também foi criticado porque os dados anatômicos não possibilitavam a localização precisa dos centros controladores das diferentes funções pretendidas.

Embora alguns pesquisadores continuassem a trabalhar seguindo a tradição de realização do diagrama de Lichtheim, ganhou preeminência na década de 1930 um enfoque diferente na neuropsicologia. O novo enfoque questionava o valor de se analisar e relatar casos únicos, como haviam feito os realizadores do diagrama, e introduzia um enfoque grupal na análise de dados. Os pacientes eram reunidos em grupos, com base na informação geral sobre a localização da lesão cerebral (por exemplo, lobo temporal esquerdo ou direito), e, então, o desempenho dos grupos em uma série de testes padronizados e quantificáveis era comparado para verificar se os grupos apresentavam padrões diferentes de deficiências. O uso de grupos de controle com pessoas normais, combinando importantes variáveis (idade, sexo e educação, por exemplo), tornou-se também parte importante das pesquisas neuropsicológicas.

Apesar de razoável, em princípio, o estudo de grupos também tem problemas que limitam sua utilidade. Como se pode esperar que os membros de cada grupo revelem variação na gravidade do dano, nos níveis de desempenho da lesão prévia, e assim por diante, há necessidade de um grande número de pessoas para se obter diferenças estatisticamente significativas entre os grupos. Deste modo, poderiam ser gastos (como o foram), dez anos de coleta de dados para completar alguns estudos. Ademais, diferenças interessantes e potencialmente muito importantes entre as pessoas acabaram "exauridas" ou perdidas na análise. O estudo de grupo é baseado na média dos resultados obtidos com grande número de pessoas, e as diferenças individuais ficam obscurecidas.

Os meados da década de 1960 testemunharam o desenvolvimento de um outro enfoque na neuropsicologia, que iria transformar dramaticamente o campo. O neurologista Norman Geschwind, cujo trabalho exerce um papel proeminente ao longo de muitos dos capítulos seguintes, freqüentemente é considerado o agente fundamental do início dessa transformação.[28] Sua própria pesquisa levou-o a reconsiderar e reconhecer o valor dos realizadores do diagrama e do enfoque do estudo de casos únicos, e convocou seus companheiros pesquisadores a reconsiderar também.[29] Ao mesmo tempo, a disciplina da psicologia cognitiva, que enfoca teorias e modelos da função cognitiva normal, começou a se estabelecer com firmeza. Os enfoques da psicologia cognitiva eram calorosamente abraçados por Geschwind e outros neurologistas e neuropsicólogos ávidos por entender a função mental mais elevada, seja no cérebro normal, seja no cérebro doente ou lesionado. A psicologia cognitiva e o renovado interesse no enfoque do estudo de casos únicos, unidos à neuropsicologia, estabeleceram a disciplina agora conhecida como neuropsicologia cognitiva.

Neuropsicologia Cognitiva

A neuropsicologia cognitiva estuda os mecanismos fundamentais dos processos psicológicos, que são a base da vida mental — pensamento, leitura, fala, reconhecimento, recordação — pelos efeitos da lesão cerebral. Seu primeiro objetivo é relacionar os padrões do desempenho cognitivo em pacientes portadores de lesão cerebral com as operações psicológicas necessárias à função cognitiva normal; o segundo é, efetivamente, extrair, da observação de efeitos de danos cerebrais, conclusões sobre os processos cognitivos normais.[30] Assim, os neuropsicologistas cognitivos não só buscam explicar como uma lesão cerebral rompe a função normal, como também procuram aumentar nossa compreensão sobre a maneira como o cérebro normal e a mente estão organizados, estudando deficiências que ocorrem em conseqüência de lesão cerebral.

A distinção entre um enfoque neuropsicológico tradicional e aquele do campo mais novo da neuropsicologia cognitiva é feita, criteriosamente, ao considerar-se um paciente que, após lesão cerebral, não podia mais se lembrar de, ou "encontrar", muitas palavras que por muito tempo fizeram parte de seu vocabulário. Esta condição é conhecida como anomia. É melhor dizer que "ele é anômico por causa de danos em seu hemisfério esquerdo", indaga o neuropsicólogo Andrew Ellis, ou que "ele é anômico por causa de dano nos processos psicológicos que intermediam o ato de encontrar a palavra falada?"[31] Apresentaremos ambos os enfoques. Nosso interesse no hemisfério esquerdo e direito implica atenção com "onde", ao passo que nossa preocupação geral com a função e o processo nos levará a resultados mais profundos de "como" e "por quê".

A Lógica de Associações e Dissociações

O conceito de dissociações está centrado na lógica de se relacionar o funcionamento normal do cérebro aos efeitos da lesão cerebral. Uma dissociação ocorre quando um paciente executa muito mal uma tarefa (por exemplo, a leitura) e realiza normalmente, ou num nível muito melhor, outra tarefa (por exemplo, o reconhecimento de rostos). Poderíamos argumentar que diferentes processos de conhecimento estão envolvidos em cada caso. Contudo, uma outra explicação poderia ser igualmente plausível. Talvez os mesmos processos de conhecimento estejam envolvidos em ambas as tarefas, mas ler seja mais difícil do que reconhecer um rosto. Se este fosse o caso, estaríamos observando diferenças de desempenho por causa do nível de dificuldade, e não diferenças nos processos cognitivos envolvidos.

Este problema lógico pode ser encaminhado se pudermos identificar pacientes que mostrem padrões inversos de sintomas, como maior dificuldade no reconhecimento de rostos e desempenho normal na leitura. Esta situação, conhecida como dissociação dupla, constitui um caso que indica, com muito mais força, a existência de processos distintos nas tarefas em questão.

Ainda em outra situação, a falha em algumas tarefas pode ser associada à falha em outras tarefas. Uma interpretação plausível para uma observação desse tipo é que todas as tarefas têm um processo comum, rompido por uma lesão cerebral. Entretanto, é possível, também, que diferentes grupos de processos estejam envolvidos, um para cada tarefa, e que esses processos sejam mediados por áreas do cérebro suficientemente próximas para serem atingidas por uma lesão. Tal associação teria uma importância neurológica, mas seria de menor interesse pela perspectiva de um neuropsicólogo cognitivo.

O Conceito de Modularidade

As ressalvas quanto a se tirar conclusões de associações e dissociações decorrem de uma visão de organização mente-cérebro em que há um grande número de processos (ou módulos) de conhecimento semi-independentes, que podem ser danificados independentemente. A vida mental, de acordo com a hipótese de modularidade, é o resultado da atividade coordenada de muitos módulos diferentes, e cada um emprega sua própria forma de processar, independentemente da atividade dos outros.

O trabalho do já falecido David Marr, que se utilizava de computadores para simular habilidades humanas complexas, levou-o a propor que sistemas complexos, sejam cérebros ou máquinas, tendem para uma organização modular, por causa do potencial de progresso e da facilidade em detectar e corrigir erros. Em defesa dessa idéia, ele afirmou:

> *Toda grande computação deveria ser subdividida e executada como uma coleção de pequenas partes, tão independentes umas das outras quanto a tarefa mais ampla permitisse. Se um processo não for programado dessa maneira, uma pequena mudança em um lugar produzirá conseqüências em muitos outros lugares. Isto significa que o processo, com um todo, torna-se extremamente difícil de ser tratado sem inconvenientes ou aperfeiçoado por planejamento humano, ou no curso da evolução natural, porque uma pequena mudança para aperfeiçoar uma parte tem que ser acompanhada de muitas mudanças compensatórias simultâneas em outros lugares.*[32]

A modularidade é uma das proposições-chave que constituem a base da neuropsicologia cognitiva, embora não possa ser diretamente provada ou refutada. Várias outras proposições estão, também, implícitas no enfoque adotado por neuropsicólogos cognitivos e isso será discutido mais detalhadamente no capítulo 6. No momento, é suficiente entender que essas proposições compõem a base da crença de que uma cuidadosa análise do padrão de desempenhos intactos e danificados e do padrão de erros mostrados por um paciente após lesão cerebral deveria levar a conclusões válidas sobre a natureza e a função normal dos componentes processados. Em outras palavras, o padrão de desempenhos do paciente fornecerá um guia para a natureza da ruptura subjacente. Isso, por sua vez, refinará nossa compreensão da organização cerebral normal.

Há, entretanto, obstáculos para a interpretação do padrão de sintomas apresentados por um paciente. Incluem-se, entre eles, a variação individual no desempenho, os efeitos da compensação efetuada pelo cérebro em decorrência da lesão, e o fato de, normalmente, a maior parte das lesões causar danos disseminados e provavelmente afetar muitos processos ou módulos. Esses fatores perturbadores foram reconhecidos por muitos anos como problemas para a neuropsicologia e para todas as tentativas de se inferir uma função do cérebro a partir de uma lesão cerebral.

O problema básico é que não há uma maneira simples de relacionar a função de um fragmento de tecido cerebral destruído com a falta de habilidade que o paciente parece apresentar como resultado da lesão. A idéia mais antiga era dizer simplesmente que qualquer coisa que o paciente não pudesse fazer era controlada de modo regular pela área do cérebro que tinha sofrido lesão. Se, por exemplo, uma pessoa possuía uma lesão e não pudesse ver, então a área danificada era mencionada como aquela que controlava a visão. Se alguém tivesse uma lesão numa região diferente e não pudesse entender a linguagem falada, então a área envolvida era considerada como responsável pela compreensão da fala.

Este enfoque revelou-se simplista demais. Em primeiro lugar, a maioria dos processos nitidamente rotulados como percepção visual, produção de fala, movimento voluntário, ou memória é, na realidade, o resultado de muitas interações cerebrais complexas. Parece que esses processos se estendem difusamente por amplas áreas do cérebro ou limitam-se a determinadas regiões, conforme a função que estamos estudando, a precisão com que a estamos definindo e a possibilidade de limitar nossos testes ao que nos propomos a testar. Quase todo dano razoavelmente limitado no cérebro pode interferir num momento ou fase de algum processo maior (ainda que não no processo inteiro). É também provável que interfira num momento ou fase de mais de um processo. Não é raro ver-se a lesão de uma pequena área do cérebro resultar em prejuízo de algumas funções diferentes.

Outro problema maior, para se deduzir uma função cerebral com base em dados clínicos, é o fato de que o cérebro possui uma tendência para, diante de uma lesão, ajustar suas operações da melhor forma possível. Não podemos assegurar que as áreas intactas restantes de um cérebro lesionado estejam operando como deveriam estar num cérebro normal. Não ocorre que, faltando uma peça, tudo mais esteja funcionando como antes. Na maioria dos casos de lesão cerebral, com o tempo, há alguma recuperação de função — por vezes, recuperações absolutamente espantosas. A recuperação pode envolver mudanças nas áreas ilesas e é uma contribuição da adaptabilidade do cérebro. Esta plasticidade é uma característica fascinante e obviamente muito útil, mas complica os esforços daqueles que estão tentando deduzir a função cerebral a partir de dados clínicos.

Esses problemas não foram eliminados pelas tomadas de posição da moderna neuropsicologia cognitiva, mas têm sido colocados sob uma perspectiva ligeiramente diferente. As acomodações ou compensações realizadas pelo cérebro graças a lesões são reconhecidas como um fator importante, mas sua ocorrência é vista estritamente em razão de alterações nas operações dos módulos não danificados e não como criação de novos módulos. Essa noção permite que os pesquisadores afirmem que o que aparece primeiro como falta, após a lesão, é de fato atribuído às funções dos módulos danificados, e que as alterações pós-lesão são por causa da reorganização de outros módulos.

O conhecimento adquirido sobre o papel de certas regiões do cérebro valendo-se de efeitos de lesões cerebrais é extremamente valioso, porém, ainda experimental e muito mais útil em combinação com o conhecimento das funções cerebrais obtido por outras vias. Outros enfoques são necessários, seja para corroborar os dados referentes à lesão cerebral, seja para acrescentar todo tipo de conhecimento que possa ser recolhido de técnicas que não dependem de grandes invasões no funcionamento normal. Nos próximos capítulos examinaremos alguns desses enfoques, incluindo o uso de neuroimagens — técnicas para visualizar tanto a estrutura como certos aspectos da função do cérebro. Nos capítulos 6 e 7 retornaremos ao que tem sido descoberto pelos estudos neuropsicológicos da lesão cerebral. Esses enfoques, em conjunto, produzem linhas convergentes de evidências sobre o funcionamento do cérebro esquerdo, do cérebro direito, e dos dois juntos.

2
A COMISSUROTOMIA EM HUMANOS:
Separação Cirúrgica dos Hemisférios

Em 1940 surgiu um relato científico que descrevia a propagação da descarga epilética de um hemisfério para o outro em cérebros de macacos.[1] O autor concluiu que ela ocorria em grande parte, ou mesmo inteiramente, através do corpo caloso, a maior das diversas comissuras — feixes de nervos que ligam regiões do cérebro esquerdo a áreas similares do cérebro direito. Outros pesquisadores já tinham observado que um dano no corpo caloso, causado por um tumor ou algum outro problema, algumas vezes reduzia a incidência de ataques epiléticos em humanos.[2] Juntas, estas descobertas prepararam o caminho para a comissurotomia — um novo tratamento da epilepsia que não tinha possibilidade de ser controlada por outras formas.

Na separação cirúrgica dos hemisférios, ou comissurotomia, algumas das fibras que ligam os dois hemisférios são cortadas. As primeiras operações desse tipo, para aliviar a epilepsia, foram realizadas no início da década de 1940, em cerca de duas dúzias de pacientes. Esses pacientes deram aos cientistas a oportunidade de estudar o papel do corpo caloso em humanos.

O papel do corpo caloso era um mistério para os primeiros pesquisadores, que esperavam encontrar funções compatíveis com suas grandes proporções e com a sua localização estratégica no cérebro. Pesquisas com animais, entretanto, demonstraram que as conseqüências da comissurotomia em organismos sadios eram mínimas. Não era possível, por exemplo, distinguir o comportamento de um macaco, após essa cirurgia, do seu comportamento anterior à operação. A aparente ausência de quaisquer alterações observáveis em conseqüência da cirurgia levou alguns cientistas a sugerir, jocosamente, que a única função do corpo caloso era manter ambas as metades do cérebro unidas, e impedi-las de cair.

A especulação sobre as conseqüências da comissurotomia remonta ao século XIX e aos escritos de Gustav Fechner, considerado por muitos o pai da psicologia experimental. Fechner acreditava que a consciência era um atributo dos hemisférios cerebrais e que a continuidade do cérebro era uma condição essencial para a unidade da consciência. Se fosse possível dividir o cérebro ao meio, especulava ele, o resultado seria algo como a duplicação de um ser humano. "Os dois hemisférios cerebrais", escreveu ele, "embora começando com as mesmas disposições de ânimo, predisposições, conhecimento e memórias, em geral, na verdade a mesma consciência, desenvolver-se-ão em seguida diferentemente, conforme as relações externas em que cada um entrar."[3] Fechner, contudo, considerava impossível executar na realidade este "experimento do pensamento", envolvendo a separação dos hemisférios.

As idéias de Fechner acerca da natureza da consciência não ficaram sem contestação. William McDougall, um dos fundadores da Sociedade Britânica de Psicologia, argumentou enfaticamente contra a tese de que a unidade da consciência depende da continuidade do sistema nervoso. Para defender sua posição, McDougall ofereceu-se como voluntário para o corte de seu corpo caloso, caso adquirisse uma doença incurável. Aparentemente, queria mostrar que sua personalidade não se dividiria e que sua consciência permaneceria unitária.

McDougall nunca teve a oportunidade de testar suas idéias na prática, mas a cirurgia que Fechner via como impossível foi realizada pela primeira vez aproximadamente cem anos depois. As questões que esses homens levantaram têm estado entre as pesquisadas pelos cientistas que procuram um conhecimento mais completo do corpo caloso por meio do estudo de pacientes comissurotomizados.

CORTANDO 200 MILHÕES DE FIBRAS NERVOSAS:

Uma busca das conseqüências

As Primeiras Comissurotomias em Humanos

William Van Wagenen, um neurocirurgião de Rochester, Nova York, realizou as primeiras comissurotomias em seres humanos no início da década de 1940. Surpreendentemente, os testes pós-cirúrgicos aplicados por Andrew Akelaitis mostraram pouca evidência de prejuízos nas habilidades perceptivas e motoras.[4] A operação parecia não ter afetado o comportamento do dia-a-dia. Infelizmente, o sucesso em aliviar os ataques parecia variar muito de paciente para paciente, e alguns deles mostravam pouca, ou nenhuma, melhora após a comissurotomia.

Com base numa retrospectiva, esta variabilidade pode ser atribuída a dois fatores: 1º diferenças individuais dos pacientes, em razão da natureza da epilepsia e 2º variações nos procedimentos cirúrgicos utilizados em cada paciente. A Figura 2.1 mostra o corpo caloso e as comissuras adjacentes menores. As operações de Van Wagenen variavam consideravelmente, mas quase sempre incluíam o corte da metade anterior do corpo caloso. Em dois pacientes ele também seccionou um feixe de fibras conhecido como comissura anterior.

Na época não era conhecida a importância desses fatores e Van Wagenen logo parou de praticar o processo da comissurotomia em casos de epilepsia intratável, porque não estavam ocorrendo os impressionantes resultados que esperava. Apesar dessas descobertas desencorajadoras, outros pesquisadores continuaram a estudar as funções do corpo caloso em animais. Dez anos depois, no princípio da década de 1950, Ronald Myers e Roger Sperry fizeram algumas descobertas notáveis que marcaram um momento decisivo nos esforços para estudar esta enigmática estrutura.

Myers e Sperry demonstraram que, em um gato com o corpo caloso seccionado, uma informação visual apresentada a um hemisfério não estava acessível ao outro hemisfério.[5] Na maior parte dos animais superiores o sistema visual está organizado de forma que cada olho projeta normalmente para ambos os hemisférios. No entanto, cortando o cruzamento do nervo óptico — o quiasma óptico — os pesquisadores podem delimitar os locais para onde cada olho envia sua informação. Quando este corte é feito, as fibras restantes do nervo óptico transmitem informação para o hemisfério situado do mesmo lado: uma impressão visual no olho esquerdo é enviada somente para o hemisfério esquerdo, e uma impressão no olho direito se projeta somente no hemisfério direito. Myers realizou esta operação em gatos e posteriormente ensinou a cada animal uma tarefa de discriminação visual com um olho coberto. Uma tarefa de discriminação envolve, por exemplo, pressionar uma alavanca quando o animal vê um círculo, mas não pressionar a alavanca quando ele vê um quadrado. Mesmo quando este treinamento é feito com um olho coberto, um gato normal pode, mais tarde, executar a tarefa usando qualquer dos dois olhos. Myers descobriu que gatos com os quiasmas ópticos seccionados eram também capazes de realizar a tarefa usando qualquer dos dois olhos, quando testados depois do treinamento com um olho só.

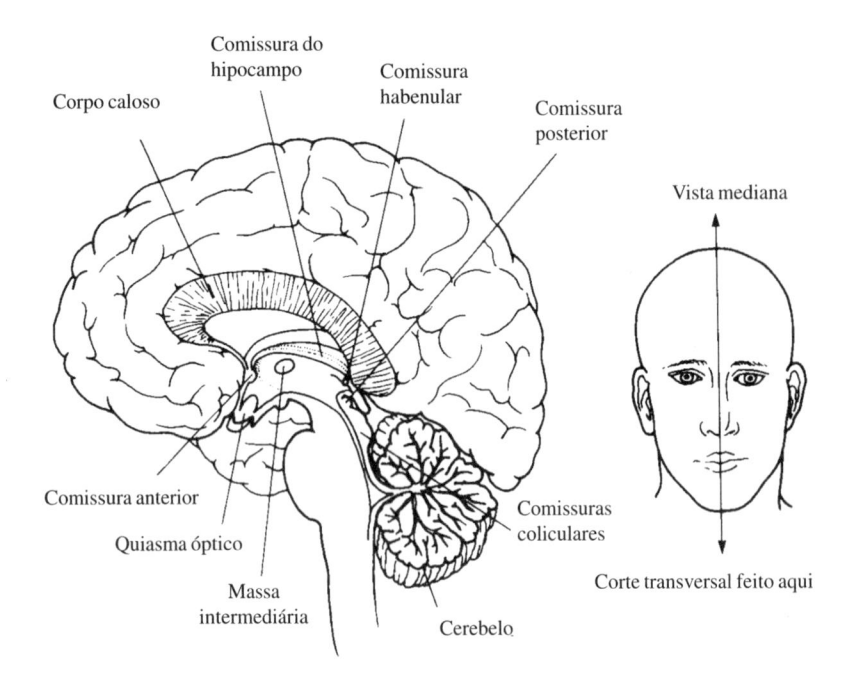

Figura 2.1 – As maiores comissuras entre os hemisférios. Esta é uma vista em secção da metade direita do cérebro, a partir da linha mediana. [SPERRY, "As grandes comissuras cerebrais", *Scientific American*, 1964. Todos os direitos reservados.]

Entretanto, quando Myers cortou ambos, o corpo caloso e o quiasma óptico, os resultados foram sensivelmente diferentes. O gato treinado com um olho aberto e um vendado aprendia a realizar bem a tarefa; mas quando a venda era mudada para o outro olho, o gato ficava totalmente incapaz de realizar a tarefa. Na realidade, o gato tinha de ser ensinado novamente, gastando, para aprender a tarefa, tanto tempo quanto da primeira vez. Myers e Sperry concluíram que o corte do corpo caloso impedia que a informação dirigida a um hemisfério alcançasse o outro. Eles tinham, de fato, treinado apenas uma metade do cérebro. A Figura 2.2 ilustra esquematicamente as diferentes condições do seu experimento.

Essas descobertas, assim como estudos posteriores, levaram dois neurocirurgiões que trabalhavam perto do Instituto de Tecnologia da Califórnia, em Pasadena, a reconsiderar o uso da comissurotomia como um tratamento para a epilepsia intratável em seres humanos. Os neurocirurgiões Philip Vogel e Joseph Bogen concluíram que alguns dos primeiros trabalhos com pacientes humanos haviam falhado porque a desconexão entre os hemisférios cerebrais não tinha sido completa. Com base nesta lógica, associada a novos dados coletados com animais mostrando a inexistência de efeitos maléficos da cirurgia, Bogen e Vogel realizaram uma comissurotomia completa num paciente que viria a se tornar o primeiro de uma nova série de pacientes com epilepsia intratável (a série da Califórnia).

O raciocínio de Bogen e Vogel comprovou-se correto. Em alguns casos, os benefícios médicos da cirurgia até pareceram exceder as expectativas. Diferentemente do que ocorria com as conseqüências para a atividade dos ataques, a operação parecia deixar os pacientes inalterados em sua personalidade, na sua inteligência e no seu comportamento em geral, exatamente como havia ocorrido com os pacientes de Van Wagenen. Outros testes, mais amplos e engenhosos, realizados no laboratório de Roger Sperry no Instituto de Tecnologia da Califórnia, entretanto, logo revelaram uma história mais complexa, pela qual Sperry foi agraciado com o Prêmio Nobel de Fisiologia ou Medicina, em 1981.

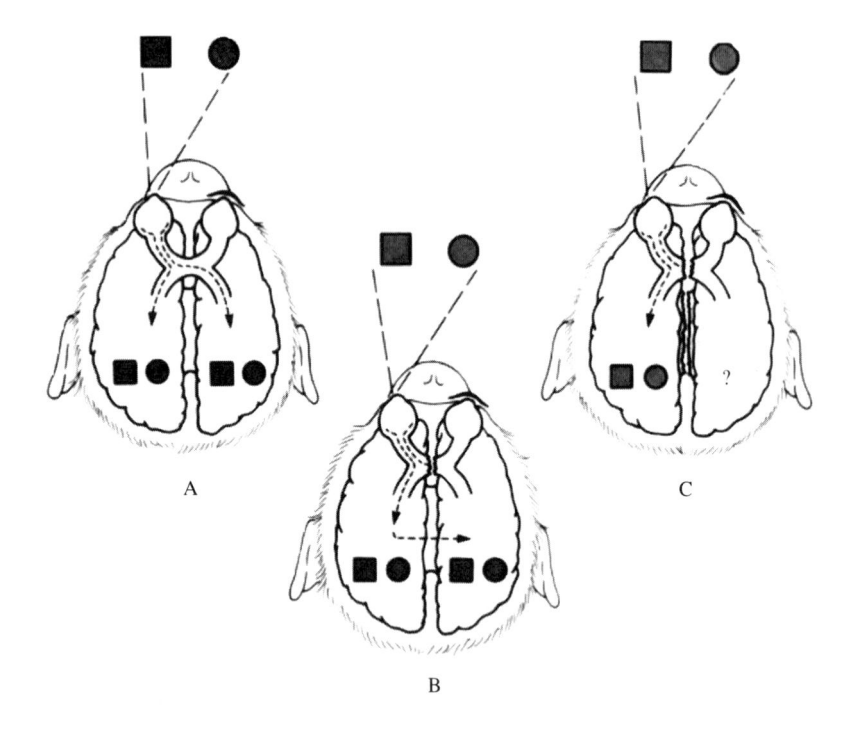

Figura 2.2 – Comissurotomia experimental em gatos. Em situação de controle, ambos os olhos e ambos os hemisférios vêem o estímulo. As alterações provenientes das condições experimentais ocorrem nas seguintes formas: A. Quando um olho é vendado, o outro olho continua a enviar informação para ambos os hemisférios. B. Quando um olho é vendado e o quiasma óptico está seccionado, a informação visual é transmitida para ambos os hemisférios através do corpo caloso. C. Quando um olho é vendado e tanto o quiasma óptico como o corpo caloso estão seccionados, só um hemisfério recebe a informação visual.

Testando os Efeitos da Separação do Hemisfério Esquerdo do Direito

N.G., uma dona de casa da Califórnia, submetida à comissurotomia, senta-se em frente a uma tela colocada como anteparo, com um pequeno ponto negro no centro. Pede-se a ela que olhe diretamente para o ponto. Quando o aplicador do teste tem certeza de que ela está agindo conforme o solicitado, o desenho de um copo é projetado rapidamente à direita do ponto. N.G. diz que viu um copo. Novamente pede-se a ela para fixar o olhar no ponto. Desta vez é projetada a figura de uma colher à esquerda do ponto. Pergunta-se a ela o que viu. Ela responde: "Não, nada". Solicita-se, então, que ela estenda a mão esquerda sob o anteparo e, apenas pelo toque, escolha dentre vários objetos aquele que corresponde ao que ela acabou de ver. Sua mão esquerda apalpa cada objeto e, em seguida, levanta a colher. Quando se pergunta o que está segurando, ela diz: "Lápis". Uma vez mais, pede-se à paciente que fixe os olhos no ponto do anteparo. Um desenho de uma mulher nua é projetado à esquerda do ponto. A face de N.G. fica um pouco corada, e ela dá uma risadinha. Pergunta-se o que ela viu. Diz: "Nada, apenas um piscar de luz", e solta um risinho novamente, cobrindo a boca com a mão. "Por que você está rindo, então? — indaga o aplicador do teste. "Oh, doutor, o senhor tem cada máquina!" — ela replica.

O procedimento acima descrito é utilizado freqüentemente no estudo de pacientes comissurotomizados, e o esquema da experiência está ilustrado na Figura 2.3. O paciente senta-se à frente de um taquitoscópio, um dispositivo que permite ao pesquisador controlar precisamente o tempo de projeção de um desenho ou padrão, no anteparo. As exibições são breves, cerca de um ou dois décimos de segundo (de 100 a 200 milésimos de segundo), de tal modo que o paciente não tenha tempo de mover seus olhos para fora do ponto de fixação, enquanto o desenho ainda se encontra na tela.* Este procedimento é necessário para assegurar que a informação visual seja apresentada inicialmente a apenas um hemisfério. Os estímulos apresentados a apenas um hemisfério são chamados de lateralizados.

O sistema nervoso humano é organizado de tal forma que cada hemisfério cerebral recebe informação principalmente da metade oposta do corpo. Esta regra de contra lateralidade se aplica à visão e à audição, assim como ao movimento corporal e à sensação tátil (somato-sen-

---

* Os rápidos movimentos do olho, que ocorrem quando o olhar é deslocado de um ponto para outro, são conhecidos como movimentos sacádicos do olho, ou sacades. Embora extremamente rápidos quando já iniciados, estando os olhos na posição de descanso, os sacades levam cerca de 200 milésimos de segundo para se pôr em movimento. Se um estímulo é apresentado durante um tempo menor do que 200 milésimos de segundo, esse estímulo não está mais presente no momento em que pode ocorrer o movimento do olho.

sorialidade), embora a situação seja mais complexa nos casos da visão e da audição.

Figura 2.3 – Os elementos básicos usados no teste para lateralizar a informação visual e tátil e permitir respostas táteis.

Na visão, a regra da contra lateralidade se aplica mais aos lados direito e esquerdo do campo de visão do indivíduo (campo visual), do que aos olhos direito e esquerdo em si. Quando ambos os olhos estão fixando um único ponto, os estímulos à direita do ponto de fixação são registrados na metade esquerda do cérebro, enquanto a metade direita processa tudo o que ocorre à esquerda do ponto de fixação. Esta separação e este cruzamento da informação visual resultam do fato de que as fibras nervosas das regiões correspondentes aos dois olhos se dividem entre os dois hemisférios. A Figura 2.4 mostra a rede óptica e neural.

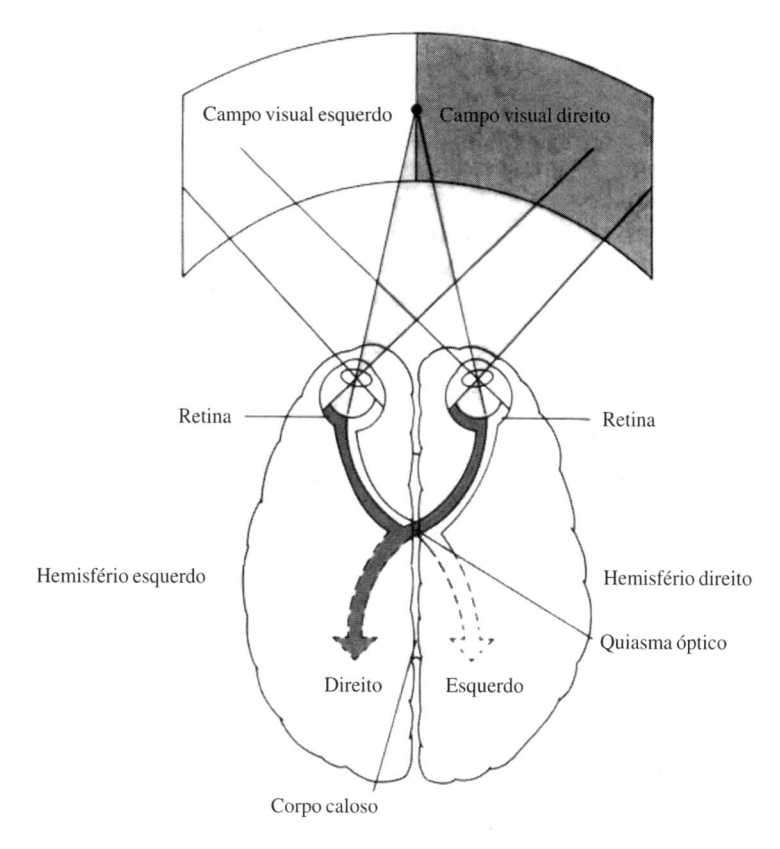

Figura 2.4 – Os caminhos visuais para os hemisférios. Ao fixar um ponto, cada olho vê os dois campos visuais, mas envia informação sobre o campo visual direito somente para o hemisfério esquerdo, e informação sobre o campo visual esquerdo apenas para o hemisfério direito. Este cruzamento e esta separação resultam do fato de que as fibras nervosas, comandadas pela retina, separam-se atrás de cada olho. As áreas visuais do hemisfério esquerdo e do direito comunicam-se normalmente através do corpo caloso. Se o corpo caloso está cortado e os olhos e a cabeça são mantidos sem movimento, cada hemisfério pode ver apenas metade do universo visual.

Em estudos com animais, como já vimos, uma informação visual pode ser dirigida a um hemisfério cortando-se o quiasma óptico, de tal modo que as fibras restantes do nervo óptico sejam responsáveis pela transmissão da informação para o hemisfério do mesmo lado do olho. Esta técnica de corte permite aos pesquisadores apresentar um estímulo a apenas um hemisfério, simplesmente exibindo o estímulo ao olho apropriado. Este procedimento, entretanto, só é usado em animais, porque, ao se cortar substancialmente o quiasma, reduz-se a visão periférica, elimina-se a percepção binocular da profundidade, não fazendo sentido essa operação de comissurotomia em humanos. Por essas razões, quando os pesquisadores querem transmitir uma informação visual para um hemisfério de cada vez em uma pessoa operada de comissurotomia, devem fazê-lo pela combinação do controle do ponto de fixação do olhar do paciente e da apresentação da informação de um dos lados do espaço.

Tendo como base esta informação, retornemos à análise dos testes aplicados na paciente N.G. Naqueles testes, a paciente via a metade esquerda do anteparo (tudo à esquerda do ponto de fixação) com o lado direito de seu cérebro, e tudo à direita com o seu hemisfério esquerdo. A secção em seu cérebro impedia o intercâmbio normal de informação entre os dois lados que deveria ter ocorrido antes da cirurgia. Com efeito, cada lado do seu cérebro estava cego para o que o outro lado estava vendo — um estado com ocorrências claramente explicitadas pelo conhecimento de que apenas um hemisfério controla a fala.

Como conseqüência, a paciente informava perfeitamente bem quaisquer estímulos incidindo no campo visual direito (sendo encaminhados para o hemisfério verbal esquerdo), embora fosse incapaz de dizer qualquer coisa sobre o que era projetado no seu campo visual esquerdo (enviado para o hemisfério mudo, o direito). O fato de que ela "via" estímulos no campo visual esquerdo é amplamente demonstrado pela habilidade de sua mão esquerda (basicamente controlada pelo cérebro direito) de selecionar a colher dentre diversos objetos escondidos da sua vista. É também demonstrado pela sua reação emocional contra o desenho da mulher nua, apesar da sua alegação de não ter visto nada.[6]

A resposta da paciente com relação ao desenho da mulher nua é particularmente interessante. Ela parecia perplexa, pelas suas próprias reações, diante do que tinha aparecido. Seu hemisfério direito viu o desenho e o processou o bastante para evocar uma reação geral não-verbal — a risadinha e o enrubescimento. O hemisfério esquerdo, enquanto isso, não "sabia" o que o direito tinha visto, embora seu comentário sobre "cada máquina" pareça ser um sinal de que ele está ciente das reações corporais induzidas pelo hemisfério direito. É muito comum, para o hemisfério verbal esquerdo, tentar fazer com que haja sentido no que ocorreu nas situações de teste em que a informação é apresentada ao hemisfério direito. Como resultado, algumas vezes o cérebro esquerdo se manifesta com racionalizações errôneas e freqüentemente elaboradas com base em sugestões parciais.

O COMPORTAMENTO DIÁRIO
APÓS A COMISSUROTOMIA

É natural querer saber que efeitos da separação dos hemisférios podem ser observados no comportamento cotidiano dos pacientes submetidos à comissurotomia. Alguns exemplos de comportamento bizarro têm sido descritos tanto por pacientes como por testemunhas e, freqüentemente, são mencionados em artigos populares a respeito de pesquisas sobre comissurotomia. Um paciente, por exemplo, descreveu uma situação em que, de manhã, viu sua mão esquerda lutando contra a direita ao tentar vestir suas calças: uma delas estava puxando as calças para cima enquanto a outra as puxava para baixo. Em outro incidente, o mesmo paciente estava irado e procurava violentamente atingir sua mulher com a mão esquerda, enquanto a mão direita agarrava a esquerda, numa tentativa de parar com aquilo.[7]

A freqüência com que tais histórias são mencionadas poderia levar à crença de que tais situações são comuns. Na realidade, na maioria dos pacientes a freqüência desses acontecimentos é pequena. Contudo, há exceções. Um exemplo é P.O.V., uma paciente operada pelo neurocirurgião Mark Rayport, do Medical College de Ohio. A paciente relatava freqüentes e pronunciados sinais de competição entre os hemisférios durante pelo menos três anos após a cirurgia. "Eu abro a porta do quarto de vestir. Sei o que quero usar. Quando alcanço alguma coisa com minha mão direita, a esquerda se levanta e pega algo diferente. Se a roupa está na mão esquerda não posso largá-la. Tenho de chamar minha filha."[8]

Casos como esses sustentam o conceito de que as comissuras cerebrais transmitem informação de caráter inibitório. Em outras palavras, uma atividade num hemisfério induz transmissões no corpo caloso que servem para moderar, reduzir, ou cessar certas atividades no outro hemisfério.

Pesquisas com animais indicaram que as comissuras cerebrais transportam tanto informação estimuladora como inibidora.[9] Colwin Trevarthen relatou que babuínos submetidos à comissurotomia, às vezes, procuravam alcançar um objeto com os dois membros anteriores ao mesmo tempo, presumivelmente porque nenhum processo inibitório estava à disposição para estabelecer um controle unilateral da ação.[10] Outro trabalho demonstrou que macacos com os corpos calosos cortados tentavam agarrar objetos presumivelmente vistos por alucinação, quando a região occipital de um hemisfério era estimulada eletricamente.[11] Esta atitude não ocorria com animais com as comissuras intactas — um resultado que sugere que em animais normais o hemisfério não estimulado "desconfirma" a alucinação por uma informação inibidora transmitida através do corpo caloso.

Parece que a inibição intermediada pelo corpo caloso é um processo importante para maximizar a eficiência no desempenho comportamental e talvez até mesmo para produzir novos tipos de funções. É muito evidente, entretanto, que essas funções são rapidamente encobertas por mecanismos compensatórios na maioria dos pacientes de comissurotomia. De fato, na grande maioria dos casos os dois lados do corpo parecem continuar a trabalhar de forma coordenada. Talvez a raridade de pacientes com efeitos persistentes de desconexão indique ser necessário mais do que um dano no corpo caloso para impedir o ajustamento à comissurotomia.

Geralmente se faz necessária uma bateria de testes sofisticados, preparados especificamente para detectar comportamentos estranhos, para que se possa identificar um paciente submetido à comissurotomia. Há, entretanto, relatos de mudanças discretas na conduta ou na habilidade, após a cirurgia. Embora algumas das mudanças relatadas não tenham sido apreendidas quando estudadas cuidadosamente, outras aparecem realmente como conseqüências verificáveis da operação.

Deficiências Discretas Após a Cirurgia

Diversos pacientes têm apresentado grande dificuldade para aprender a associar nomes a rostos, após a cirurgia. A verificação desse problema veio de um estudo em que as pessoas tinham de aprender os primeiros nomes atribuídos a cada uma das três figuras de homens jovens apresentadas.[12] Este procedimento era apenas circunstancial com relação ao objetivo principal do estudo, mas evidenciou-se como o maior obstáculo para essas pessoas. Os pesquisadores relataram que as pessoas, eventualmente, aprendiam as associações nome/rosto, isolando um único sinal distintivo em cada figura (por exemplo, "Dick usa óculos"), em vez de associar o nome ao semblante como um todo. Esta descoberta sugere que a deficiência na capacidade de associar nomes e semblantes pode ser em razão da desconexão entre as funções verbais de nomear que o hemisfério esquerdo detém e as habilidades do hemisfério direito de reconhecimento facial.

Deficiências na capacidade de resolver problemas geométricos têm sido curiosamente relacionadas com o seccionamento do corpo caloso. O paciente L.B., um estudante do curso secundário com QI consideravelmente acima da média, foi transferido do curso de geometria para o de matemática geral ao sentir excessiva dificuldade. Um outro relato referia-se a um estudante universitário que teve excepcional dificuldade em geometria, embora conseguisse grau médio em outras matérias. Estudos em pacientes comissurotomizados, objetivando determinar a habilidade de cada hemisfério para comparar formas de duas ou três dimensões com base nas caraterísticas geométricas comuns, mostraram que o hemisfério direito era bem superior, especialmente nos problemas mais difíceis.[13] Assim, como no exemplo anterior, as deficiências do paciente podem resultar da desconexão entre o hemisfério esquerdo, responsável pela fala, e as regiões do hemisfério direito especializadas em tais tarefas.

Outra queixa de alguns pacientes submetidos à comissurotomia é que eles não sonham mais. Como o sonho é fundamentalmente um processo de representação imagético-visual, os pesquisadores têm especulado que a metade direita do cérebro seria responsável por ele. A cirurgia pode desconectar este aspecto da vida mental do paciente do hemisfério esquerdo, da fala, e assim produzir relatos verbais de que o paciente não sonha.

Esta idéia, entretanto, não tem sido confirmada pela pesquisa posterior. A atuação das ondas cerebrais de pacientes comissurotomizados foi acompanhada enquanto dormiam e eles eram despertados sempre que os registros indicavam estarem sonhando. Quando solicitados a descrever os sonhos que acabavam de ter, forneciam aos pesquisadores as descrições de seus sonhos — resultado que contraria a previsão de que eles seriam incapazes de sonhar.[14]

Outro depoimento curioso registra uma memória mais pobre depois da cirurgia. Trabalho recente sugere que essas ocorrências têm base fisiológica. Alguns pacientes, especialmente aqueles com dano nas comissuras do hipocampo* ou em outras estruturas localizadas fora do corpo caloso, apresentam deficiências de memória, enquanto outros não.[15] Em outro estudo que incluía testes pré e pós-cirúrgicos de memória, pacientes com comissurotomia na região posterior do corpo caloso mostravam enfraquecimento da memória, sendo a recordação mais afetada do que o reconhecimento. Pacientes com cortes parciais do corpo caloso, em que a parte posterior foi mantida intacta, não apresentaram essas deficiências.[16] Os pesquisadores concluíram que esses resultados eram coerentes com o trabalho anterior, uma vez que a comissura do hipocampo é freqüentemente danificada durante o seccionamento da parte posterior, mas não no seccionamento da parte anterior do corpo caloso. Há necessidade de muito trabalho ainda para esclarecer a natureza dessa deficiência e as estruturas neuroanatômicas envolvidas.

Não está claro por que alguns pacientes apresentam deficiências do tipo persistente após a comissurotomia, e isso não ocorre com a maioria dos pacientes. Provavelmente existem diferenças importantes na situação pré-operatória e no tratamento cirúrgico dos pacientes, embora ainda não saibamos quais sejam. Há, entretanto, algumas conseqüências da comissurotomia que são dramáticas e bastante comuns entre os pacientes, mas de pouca duração.

Síndrome Aguda de Desconexão

Os pacientes de comissurotomia freqüentemente ficam mudos por algum tempo após a cirurgia. Têm, às vezes, dificuldade de controlar o lado esquerdo do corpo, que no princípio pode até ficar paralisado. Quando o paciente recobra o uso da mão esquerda, algumas vezes ocorrem movimentos competitivos entre a mão esquerda e a direita. Esta síndrome, conhecida como síndrome aguda de desconexão, geralmente passa rápido. Provavelmente é em razão da divisão cirúrgica das comissuras e ao trauma geral resultante da compressão do hemisfério direito, necessária para possibilitar o acesso às áreas nervosas entre os hemisférios.

Após se recuperar do choque inicial de uma cirurgia mais complexa, a maioria dos pacientes relata maior sensação de bem-estar. Menos de dois dias após a cirurgia, um jovem paciente estava suficientemen-

---

* O hipocampo é uma estrutura subcortical dividida em duas partes conectadas por um feixe de fibras. Acredita-se que desempenha um papel importante na memória. É tratado no capítulo 7.

te bem para ironizar, dizendo que tivera uma "dor de cabeça comissurotômica". Os sintomas da síndrome aguda de desconexão cessam dentro de poucas semanas, fazendo com que seja necessário o uso de testes de laboratório cuidadosamente planejados para revelar os efeitos da operação.

CRUZAMENTO DE SUGESTÃO

À medida que mais pacientes de comissurotomia foram estudados, começaram a aparecer mais freqüentemente certas inconsistências nas descobertas. Pacientes que antes eram incapazes de identificar verbalmente objetos fora do campo de visão começaram a nomear alguns itens, ao tocá-los com a mão esquerda. Algumas figuras projetadas no campo visual esquerdo (para o hemisfério direito) foram também identificadas verbalmente. Uma interpretação desses resultados era que, com o tempo, o hemisfério direito dos pacientes adquiria a aptidão para produzir a fala. Outra, era que a informação estava sendo transmitida entre os hemisférios por caminhos diferentes daqueles que tinham sido cortados.

Embora essas possibilidades fossem interessantes e excitantes, Michael Gazzaniga e Steven Hillyard propuseram uma explicação muito mais simples para suas descobertas.[17] Eles cunharam a expressão *"cross cuing"* — *cruzamento de sugestão* — para se referir às tentativas dos pacientes de usar quaisquer pistas disponíveis para tornar a informação acessível a ambos os hemisférios. O cruzamento de sugestão é mais óbvio no caso em que é dado um objeto para o paciente segurar e identificar apenas pela mão esquerda; o objeto fica fora do alcance da vista e, assim, inacessível ao hemisfério verbal (esquerdo). Quando, por exemplo, um pente ou uma escova de dentes é colocada na mão esquerda do paciente, ele vai tatear seguidamente a escova ou a superfície do pente e então logo identifica o objeto — porque o hemisfério esquerdo ouve os sons indicativos.

Por meio do cruzamento de sugestão um hemisfério pode fornecer ao outro informação sobre aquilo que está sendo experimentado, e pode ser muito sutil. Um bom exemplo é o do paciente que era capaz de indicar verbalmente se haviam sido projetadas as imagens de 0 ou 1 para cada hemisfério. O mesmo paciente era incapaz de identificar verbalmente figuras de objetos projetados para o hemisfério direito — o teste sugeria que ele não tinha a habilidade de falar a partir do hemisfério direito. Em vez disso, os pesquisadores propuseram que estava havendo o cruzamento de sugestão; levantaram a hipótese de que o hemisfério esquerdo começaria a contar "subvocalmente" após uma apresentação para o campo visual esquerdo, e que estes sinais seriam captados pelo hemisfério direito. Quando o número correto fosse alcançado, o hemisfério direito sinalizaria ao esquerdo para parar e informar aquele número em voz alta.

Para testar esta idéia, apresentou-se ao paciente uma versão ampliada da tarefa: foram acrescentados, sem o seu conhecimento, os dígitos 2, 3, 5 e 8. A pessoa ficou muito surpresa, a princípio, quando um número novo foi mostrado. Com um pouco de prática, entretanto, ela era capaz de dar a resposta correta a todos os números mostrados ao hemisfério direito, mas hesitava um pouco quando o número era alto. Por outro lado, as respostas aos mesmos dígitos mostrados no campo visual direito (para o hemisfério esquerdo) vinham prontamente.

Essas descobertas deram sustentação à idéia de que o hemisfério esquerdo começava a contar subvocalmente depois que um dígito fosse mostrado ao hemisfério direito. Quanto mais alto o número dos dígitos potenciais, mais longa era a lista de números que o hemisfério esquerdo tinha de percorrer antes de chegar ao número correto.

O cruzamento de sugestão geralmente não é uma tentativa consciente de iludir o pesquisador por parte do paciente. Ao contrário, é uma tendência natural de um organismo para usar qualquer informação disponível a fim de dar um sentido ao que está acontecendo. Esta tendência realmente contribuiu para, mais tarde, se explicar por que o comportamento diário de pacientes comissurotomizados parece não ser comumente tão influenciado pela cirurgia.

A LINGUAGEM E OS HEMISFÉRIOS

As pesquisas sobre a comissurotomia têm confirmado claramente que o controle da fala está localizado no hemisfério esquerdo na maioria das pessoas. Mas e quanto às outras habilidades da linguagem? Em que grau o hemisfério direito pode entender a linguagem escrita ou falada? Os primeiros estudos sobre comissurotomia a considerar essas questões projetavam palavras impressas para o hemisfério esquerdo ou para o direito.

Contudo, a brevidade do tempo de exposição, necessária para assegurar que os estímulos atingissem somente um hemisfério, impôs severas limitações sobre os tipos de palavras que podiam ser utilizadas. Esse problema foi eliminado com o desenvolvimento de um novo método de restringir os estímulos visuais a um hemisfério. Desenvolvido por Eran Zaidel, que trabalhou extensivamente com dois dos pacientes da série original da Califórnia, o método utiliza um dispositivo conhecido como lente Z, ilustrado na Figura 2.5.[18] A lente Z é uma lente de contato, que permite ao paciente mover os olhos livremente, sem limite de tempo para examinar algo, mas, ao mesmo tempo, assegura que somente um hemisfério do cérebro do paciente receba a informação visual.

A estratégia de Zaidel era testar as habilidades de cada hemisfério com uma variedade de estímulos que haviam sido utilizados previamente em crianças e em pacientes afásicos. O objetivo era obter dados que lhe permitissem comparar as habilidades do hemisfério direito dos pacientes comissurotomizados com as habilidades do hemisfério direito dos outros dois grupos, nos quais as normas já haviam sido validadas.

No teste de audição vocabular, dois pacientes comissurotomizados ouviam uma única palavra falada pelo pesquisador e então viam três figuras apresentadas através da lente Z. A tarefa de cada paciente era selecionar a figura correspondente à palavra. Como os caminhos do sistema auditivo são organizados de modo que cada ouvido manda informação para ambos os hemisférios, sob condições normais não é possível dizer se um ou os dois hemisférios entenderam a mensagem falada. A lente Z, entretanto, permitia a Zaidel lateralizar as alternativas de resposta para um hemisfério, de forma que ele pudesse determinar a facilidade de cada metade do cérebro para combinar uma palavra falada à sua correspondente escrita.

O mesmo procedimento foi usado com o teste simbólico, em que se pedia à pessoa para organizar formas plásticas de diferentes cores e tamanhos, de acordo com instruções verbais, tais como: "Coloque o quadrado amarelo sob o círculo verde". Novamente, as instruções eram formuladas oralmente, enquanto os objetos a serem organizados eram vistos através da lente Z. O teste simbólico é comumente empregado como um teste para verificar danos das áreas da linguagem no hemisfério esquerdo, porque ele é sensível a prejuízos não captados por outros testes de afasia.

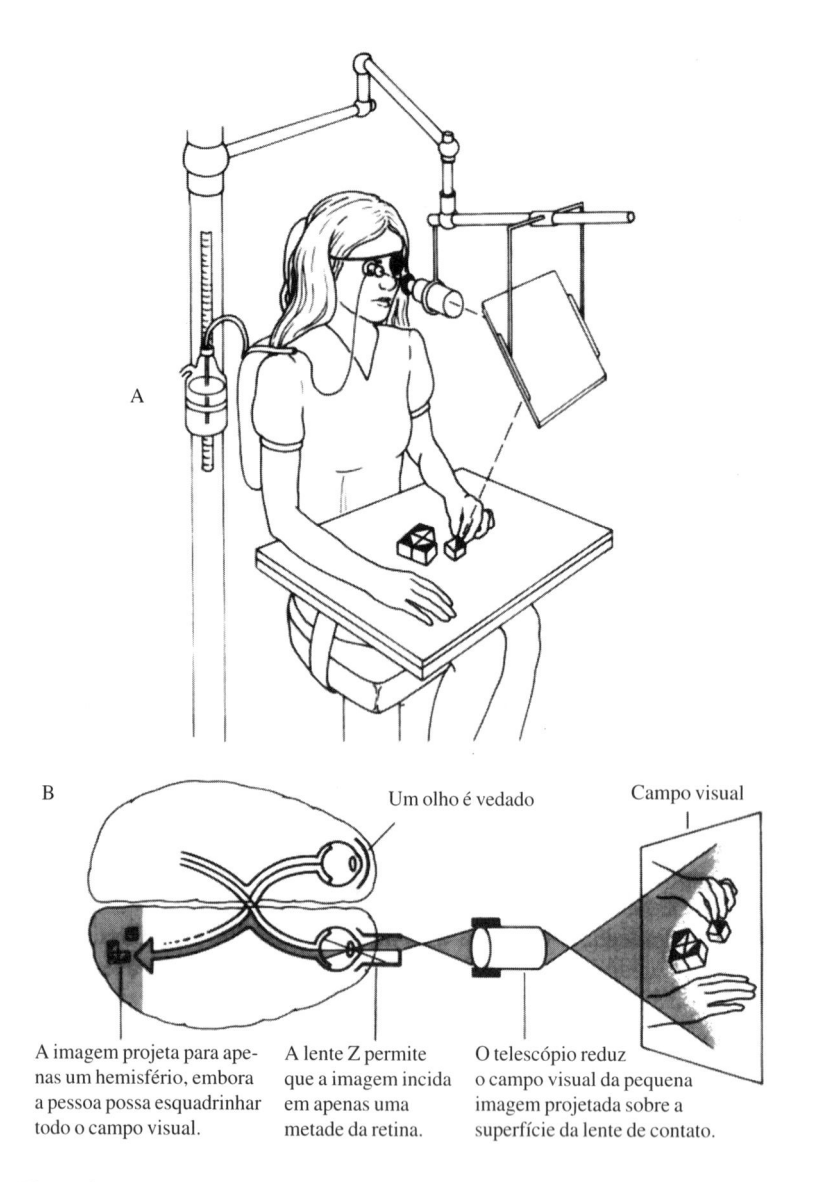

A imagem projeta para apenas um hemisfério, embora a pessoa possa esquadrinhar todo o campo visual.

A lente Z permite que a imagem incida em apenas uma metade da retina.

O telescópio reduz o campo visual da pequena imagem projetada sobre a superfície da lente de contato.

Figura 2.5 – A lente Z. (A) A instalação da lente Z mantém o campo de visão do paciente lateralizado em um hemisfério. (B) Um olho é vendado e a imagem é projetada para apenas uma metade da retina do outro olho. [Parte A adaptada de Zaidel, "Language Comprehension in the Right Hemisphere Following Cerebral Commissurotomy", in *Language Acquisition and Language Breakdown: Parallels and Divergencies*, ed., A. Caramazza and E. Zurif, Fig. 12.2, p. 233, (Baltimore, Md.: The Johns Hopkins University Press, 1978).]

O trabalho de Zaidel revelou habilidades de compreensão do hemisfério direito surpreendentes em grau e em quantidade.[19] O padrão dos resultados, entretanto, era complexo e não foi possível a Zaidel fazer uma simples e sumária declaração sobre a "idade" ou a "saúde" lingüística do hemisfério direito. Nos testes de vocabulário, geralmente o hemisfério direito se saía tão bem como alguém normal com pelo menos dez anos de idade, ao passo que no teste simbólico experimentava as dificuldades características dos danos afásicos.

As assimetrias de linguagem que analisamos até agora são aquelas encontradas em pacientes típicos de comissurotomia — se é que se pode falar em pacientes "típicos", considerando a variedade de seus históricos neurológicos. Se as descobertas a partir desses pacientes indicam a divisão de funções entre os hemisférios no cérebro normal é uma questão que se esclarece quando consideramos como os históricos neurológicos podem apresentar marcantes desvios deste quadro.

A Controvérsia da Linguagem no Hemisfério Direito

Com base na revisão da pesquisa referente ao papel do hemisfério direito na linguagem, Michael Gazzaniga deduziu que o hemisfério direito normal é não-lingüístico.[20] Ele afirmou que sinais de habilidade lingüística no hemisfério direito em pacientes de comissurotomia são atribuíveis a uma lesão prévia no hemisfério esquerdo, resultando em reorganização das funções da linguagem no hemisfério direito. Gazzaniga notou que apenas 3 entre 28 pacientes operados pelo falecido Donald Wilson, da Dartmouth Medical School, apresentaram evidência em algum grau de linguagem localizada no hemisfério direito; em cada um desses casos estavam presentes sinais de antigas lesões no hemisfério esquerdo. Além disso, ele notou que apenas dois pacientes da série de Califórnia, L.B. e N.G., mostraram evidência de linguagem no hemisfério direito, que estes eram os mesmos pacientes extensivamente estudados por Zaidel, com o uso da lente Z, e que ambos eram suspeitos de ter lesões no hemisfério esquerdo.

Zaidel não concordou com as conclusões de Gazzaniga.[21] Afirmou que seis, e não dois, pacientes comissurotomizados da Califórnia mostravam evidência de linguagem no hemisfério direito e que há pouca razão para se acreditar que L.B. e N.G. tivessem o tipo de lesão no hemisfério esquerdo que levaria o hemisfério direito a assumir a função da linguagem. Mais adiante, ele indicou dados clínicos que sugeriam um papel para o hemisfério direito na linguagem, citando recuperação de algumas funções de linguagem pelo hemisfério direito na afasia, e o fato de que deficiências seletivas de linguagem ocorrem realmente após lesões no hemisfério direito em destros. Ele sugeriu que as diferenças entre os pacientes afásicos, quanto ao grau em que o hemisfério direito assume as funções da linguagem, resultam da variação quantitativa da interferência no hemisfério direito causada por diferentes espécies de lesões no hemisfério esquerdo. Ele notou também que, entre os destros, pode existir uma variação inerente nas funções do hemisfério direito referentes à linguagem.*

Numa recente revisão das funções da linguagem após a comissurotomia e a hemisferotomia (remoção de uma metade do cérebro), Zaidel apresentou dados suplementares para reforçar a argumentação a favor da existência da linguagem no hemisfério direito. Ele admitiu, contudo, que muita coisa ainda é desconhecida no tocante às habilidades de linguagem em hemisférios desconectados.[22] É claro que os dados existentes não são suficientes para esclarecer a importante questão da natureza e da extensão do envolvimento do hemisfério direito na linguagem no cérebro normal. Esse tema, entretanto, é de considerável importância, tanto teórica como prática, e atualmente é o foco de uma grande quantidade de pesquisas.

Alguns Cuidados na Interpretação de Dados

A controvérsia precedente aponta para a necessidade de cautela ao se estender as descobertas de pesquisa com pessoas comissurotomizadas para pessoas normais. Os fatores que produziram a epilepsia e a própria epilepsia podem ter produzido alterações nos cérebros dos pacientes comissurotomizados, tornando seus cérebros fundamentalmente diferentes daqueles das pessoas normais. Norman Geschwind notou que alguns pacientes de comissurotomia provavelmente sofreram de epilepsia devido a lesões cerebrais ocorridas no útero. Tem sido demonstrado que tais lesões pré-natais provocam expressivas reorganizações do cérebro, diferentes daquelas que ocorrem após o nascimento. Geschwind também assinalou que uma epilepsia de longa duração pode provocar importantes alterações na organização do cérebro. Talvez a

---

* Ver o capítulo 6 para uma discussão mais profunda sobre o papel do hemisfério direito na linguagem e na recuperação da afasia.

epilepsia tenha modificado o uso das vias cerebrais, tornando, dessa forma, os pacientes diferentes da população adulta não afetada.

Resumindo seu ponto de vista sobre o assunto, Geschwind observou que "muitos dos debates literários entre diferentes pesquisadores, como os relativos aos efeitos da secção do corpo caloso, provavelmente não refletem uma diferença real na adequação dos dados, mas surgem simplesmente porque os pesquisadores estiveram estudando pacientes em que os padrões de desenvolvimento e de conexões do cérebro simplesmente não eram equivalentes".[23] Alguns pesquisadores decidiram abandonar a pesquisa sobre comissurotomia por causa do problema na interpretação dos resultados. Um enfoque melhor, acreditamos, é continuar a aprender o que pudermos sobre o cérebro, valendo-se do estudo de pacientes comissurotomizados, lembrando que tal pesquisa não passa de uma das muitas fontes de evidências sobre as assimetrias hemisféricas.

FUNÇÕES VISUOESPACIAIS NOS HEMISFÉRIOS

Com base em estudos de comissurotomia, a proposição mais geral que se pode fazer, com referência às especializações do hemisfério direito, é que elas são funções não-lingüísticas que parecem envolver complexos processos visuais e espaciais.

A percepção das relações parte/todo, por exemplo, parece ser superior no hemisfério direito. Numa tarefa, os pacientes viam desenhos lineares das partes separadas de formas geométricas que haviam sido cortadas. A tarefa era perceber apenas com uma das mãos três sólidos diferentes fora do alcance da vista e decidir qual representava a figura fragmentada. A mão esquerda era muito superior nesta tarefa; a mão direita apresentava possibilidade de desempenho em seis dentre sete pacientes. Em outro estudo, eram apresentados arcos (seções de círculos) tanto ao campo visual direito como ao esquerdo de pacientes comissurotomizados. Após cada apresentação, pedia-se a eles que escolhessem, de um conjunto de círculos de diversos tamanhos, aquele formado pelos arcos que tinham visto. Os pacientes saíam-se muito melhor quando seus julgamentos eram baseados em arcos mostrados no campo visual esquerdo (hemisfério direito).[24]

Uma das demonstrações mais expressivas da superioridade do hemisfério direito em tarefas visuoespaciais foi documentada em filme por Gazzaniga e Sperry, enquanto testavam W.J., o primeiro paciente da série da Califórnia. Apresentaram a W.J. vários cubos, cada um contendo dois lados vermelhos, dois lados brancos e dois lados divididos diagonalmente sendo uma metade vermelha e a outra metade branca. Sua tarefa era organizar esses blocos para a formar padrões iguais aos dos quadrados mostrados numa série de cartões. A Figura 2.6 ilustra a tarefa.

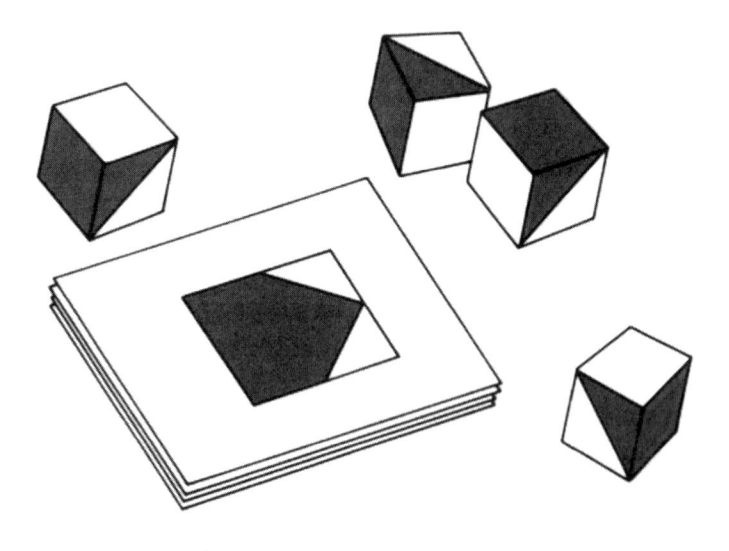

Figura 2.6 – Uma tarefa bloco-desenho. A pessoa é solicitada a organizar os blocos coloridos de forma que obtenha o padrão mostrado no cartão.

O começo do filme mostra W.J. prontamente montando os blocos com a mão esquerda, formando um determinado padrão. Porém, ao tentar formar um padrão com a mão direita, sente grande dificuldade. A mão direita organiza os blocos vagarosamente e com considerável indecisão. Em dado momento, a mão esquerda move-se e começa a reunir os blocos de acordo com o padrão correto. Gentil, mas firmemente, ela é removida da mesa pelo pesquisador, enquanto a mão direita continua a apalpar desajeitadamente, sem a ajuda da esquerda, a mais hábil.

Outra evidência apontando para a superioridade do hemisfério direito em aptidão visuoespacial emerge com base na diferença na habilidade de cada uma das mãos de um paciente comissurotomizado para desenhar a figura de um cubo. A mão esquerda faz, invariavelmente, um desenho melhor. São mostrados exemplos na Figura 2.7.

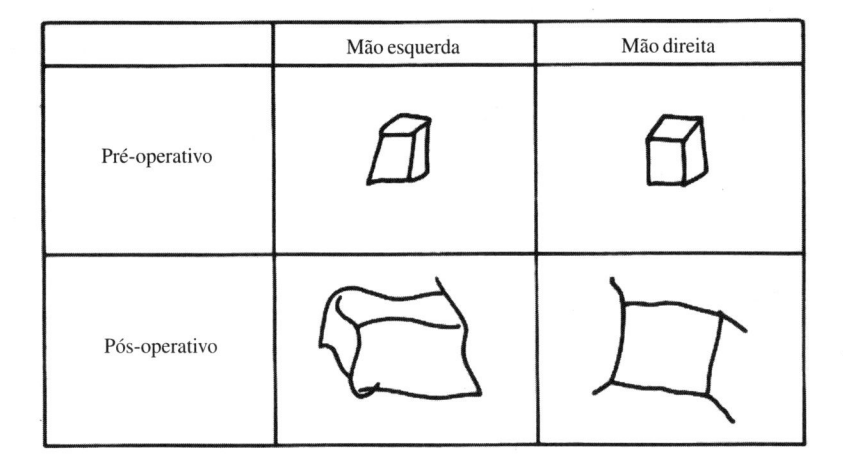

	Mão esquerda	Mão direita
Pré-operativo		
Pós-operativo		

Figura 2.7 – Desenhos de cubos antes e depois da comissurotomia. Antes da operação o paciente podia desenhar um cubo com qualquer uma das mãos. Após a cirurgia, a mão direita não teve bom desempenho. O paciente era destro. [Gazzaniga e LeDoux, *The Integrated Mind*, Fig.18, p.52 (Nova York: Plenum Press, 1978).]

O que fundamenta a superioridade do hemisfério direito com relação à habilidade para essas tarefas visuoespaciais? Essas mesmas tarefas sugeriram duas possibilidades aos pesquisadores. Conforme a primeira concepção, o hemisfério direito pode ser dominante para expressar a compreensão visual assim como o hemisfério esquerdo é dominante na compreensão da linguagem, embora ambas as metades do cérebro possam ser igualmente treinadas na percepção das relações espaciais. Esta visão enfatiza uma assimetria na aptidão para desempenhar os atos motores complexos exigidos nas tarefas. Uma interpretação alternativa sustenta que existem diferenças reais de aptidões perceptivas entre os hemisférios.

Laura Franco e Roger Sperry testaram cada mão de pacientes destros comissurotomizados e de pessoas com controle normal na equiparação de objetos não visíveis percebidos pelo toque com figuras geométricas apresentadas à visão livre. Eles descobriram que a mão esquerda das pessoas submetidas à comissurotomia tinha um desempenho consistentemente melhor do que sua mão direita. Além disso, esta superioridade da mão esquerda (hemisfério direito) aumentava à medida que as figuras se tornavam menos geométricas e com formas mais livres. Quando os conjuntos de objetos a serem confrontados eram constituídos apenas por contornos de formas livres, a mão direita (hemisfério esquerdo) mostrava um desempenho escassamente acima dos níveis de probabilidade. As pessoas normais apresentavam nessas tarefas um desempenho igualmente bom com qualquer mão.[25]

Alguém poderia argumentar que a dificuldade do hemisfério esquerdo aumentava à medida que os objetos se tornavam verbalmente menos descritíveis, ou talvez, estruturalmente menos definidos. Em qualquer caso, os resultados mostraram que a equiparação de tais objetos pelo toque e pela percepção visual requer o envolvimento do hemisfério direito, porque parece que a simples separação de ambas as metades do cérebro resulta em um severo colapso no desempenho da mão direita, a preferida. O que parece mais importante na solução das tarefas de equiparação não são a manipulação tátil e as sensações dos dedos da mão, mas "saber o tipo de forma do objeto a sentir pois... isto, por sua vez, requer ser capaz de visualizar subjetivamente com que se pareceria a figura vista, se fosse dobrada".[26] Dessa forma, a superioridade do hemisfério direito não está apenas nas atividades manuais relacionadas com o espaço, mas, também, nas manipulações mentais com o elemento visual. Vamos discutir algumas outras implicações deste tema no capítulo 12.

IMAGENS

O tema das imagens visuais mentais recentemente recebeu uma onda de atenção, quando os pesquisadores buscaram compreender como são geradas as imagens visuais e quais são as partes do cérebro envolvidas. Embora a natureza visual e não-verbal das imagens inicialmente tenha sugerido um maior envolvimento do hemisfério direito, alguns pesquisadores têm relatado a evidência de um papel especial do hemisfério esquerdo.[27] Os pacientes de comissurotomia parecem constituir os sujeitos próximos do ideal para o estudo das imagens visuais. Com isso em mente, Martha Farah e seus colegas mostraram a J.W., um paciente da série de Wilson, letras maiúsculas no campo visual esquerdo e no direito, e lhe pediram para indicar se as suas correspondentes minúsculas eram altas ou baixas, apertando um dos dois botões disponíveis. Por exemplo, versões minúsculas de B, D e F são altas (b, d, f), enquanto as versões minúsculas de A, C e E são baixas (a, c, e). A tarefa de J.W. era imaginar a forma minúscula de cada letra apresentada e responder apropriadamente. J.W. saiu-se bem quando os estímulos eram mostrados no campo visual direito (hemisfério esquerdo), mas ele não conseguia fazer esses julgamentos acertadamente em níveis acima dos índices de probabilidade, quando os estímulos eram apresentados ao campo visual esquerdo (hemisfério direito).[28]

Essa descoberta era coerente com a análise anterior feita por Farah, com base em estudo de casos isolados de pacientes com danos no cérebro que revelavam perda das imagens visuais; tudo indicava a especialização do hemisfério esquerdo na geração da imagem.[29] Stephen Kosslyn levou adiante essa análise e sugeriu que o hemisfério esquerdo é especializado na geração de imagens muito detalhadas, com muitas partes, enquanto o hemisfério direito gera imagens "esqueléticas".[30] Esta conclusão estava baseada no trabalho com o paciente comissurotomizado J.W. As tarefas que envolviam decisões sobre partes de objetos imaginados não podiam ser realizadas pelo seu hemisfério direito, embora as tarefas referentes à forma global dos objetos fossem executadas com sucesso.

Justine Sergent, entretanto, contestou a validade da afirmação de que o hemisfério esquerdo era especializado em imagens.[31] Seus argumentos estão baseados em seu próprio trabalho com outros pacientes de comissurotomia, na sua revisão de outras descobertas, e na sua reanálise crítica da evidência em estudos de casos isolados. Ela concluiu: "Até onde se pode deduzir da evidência existente, nenhum hemisfério tem competência exclusiva para gerar imagens visuais e, no momento, uma interpretação conservadora das descobertas indica envolvimento simultâneo de ambos os hemisférios nesse processo".[32]

É claro que resta muita coisa para ser aprendida sobre os mecanismos do cérebro envolvidos nos vários aspectos das imagens visuais; atualmente, de qualquer maneira, ainda está por se apresentar um caso convincente de lateralização em um hemisfério, seja o esquerdo ou o direito.

COMISSUROTOMIA PARCIAL

Desde as operações de comissurotomia no começo da década de 1960, vários neurocirurgiões têm tentado controlar a epilepsia intratável com um procedimento menos radical do que cortar todas as comissuras do cérebro frontal. A idéia era limitar a cirurgia às áreas do corpo caloso e da comissura anterior mais afeitas a transmitir descargas epiléticas em qualquer paciente. Raciocinavam que se a fonte das descargas epiléticas pudesse ser localizada em alguma região específica do cérebro, cortar apenas as fibras que ligam aquela área com o hemisfério oposto poderia ajudar a controlar a epilepsia.

As evidências obtidas com base em pacientes submetidos à comissurotomia parcial (em que são cortadas somente porções escolhidas do corpo caloso) têm sugerido que há um alto grau de especificidade de função nas comissuras cerebrais do homem. Partes da região frontal do corpo caloso são responsáveis pela transferência da somato-sensorialidade — ou toque. A terça parte posterior do corpo caloso, o esplênio, transfere a informação visual.

Um paciente com a metade frontal do corpo caloso cortada não é capaz de dizer o que está segurando na mão esquerda, mas é capaz de identificar verbalmente uma imagem projetada no seu campo visual esquerdo. A informação tátil não é acessível ao hemisfério verbal (esquerdo), ao passo que a informação visual se comunica. Um paciente tendo só o esplênio cortado apresenta o padrão inverso de transferência de informação.[33]

O PROCESSAMENTO DA INFORMAÇÃO NOS DOIS HEMISFÉRIOS

À medida que prosseguia a pesquisa das funções especializadas dos dois hemisférios, os resultados sugeriam uma nova forma de conceber as diferenças hemisféricas. Em vez da análise baseada nos tipos de tarefas (por exemplo, verbal ou espacial) de melhor desempenho de cada hemisfério, parecia surgir uma dicotomia baseada em diferentes modos de tratar da informação em geral. De acordo com esta análise, o hemisfério esquerdo é especializado nas funções da linguagem, mas essas especializações são uma conseqüência das habilidades analíticas superiores do hemisfério esquerdo, das quais a linguagem é uma manifestação. Da mesma forma, o desempenho superior do hemisfério direito com relação à visuoespacialidade deriva de seu modo sintético, holístico, de tratar a informação. Grande parte do trabalho que levou a esta reanálise das diferenças hemisféricas foi conduzida por Jerre Levy e seus colegas, trabalhando com pacientes da série da Califórnia.

Uma das primeiras sugestões de que os dois hemisférios possuem diferentes estilos de processar a informação veio de um estudo em que se pedia a pacientes comissurotomizados para comparar pequenos blocos de madeira, mantidos na mão esquerda ou na direita, com a representação bidimensional correspondente, escolhida entre desenhos de blocos mostrados de forma "aberta". Em geral, a mão esquerda era consideravelmente melhor do que a direita nesta tarefa, mas a descoberta mais interessante foi a de que ambos os hemisférios pareciam usar estratégias diferentes para abordar o problema.

Uma análise dos erros mostrou que a mão direita (hemisfério esquerdo) encontrava mais facilidade para lidar com os padrões fáceis de descrever em palavras, mas difíceis de discriminar visualmente. Para a mão esquerda (hemisfério direito) o inverso era verdadeiro. Assim, o hemisfério esquerdo parecia realizar suas comparações com base nas descrições verbais das propriedades dos blocos e dos padrões bidimensionais. Ele parecia incapaz de desdobrar mentalmente as representações bidimensionais de modo que o confronto pudesse ser feito com base na aparência geral.[34]

Outro trabalho mostrou que os dois hemisférios diferem nas espécies de informações que captam dos estímulos visuais. Mais adiante, neste mesmo capítulo, discutiremos mais detalhadamente esses estudos. Por enquanto, precisamos apenas realçar que figuras que podem ser comparadas, seja por sua função (como um bolo num prato comparado com uma colher e um garfo), seja por sua aparência (como um bolo num prato comparado a um chapéu com abas), são tratadas de maneira diferente pelos dois hemisférios. Veja os exemplos dos estímulos na Figura 2.8. Se forem apresentadas instruções ambíguas — simplesmente corresponder estímulos similares — o hemisfério esquerdo do paciente comissurotomizado faz a comparação baseado na função e o hemisfério direito baseado na aparência.

Levy chegou à conclusão de que a estratégia do hemisfério esquerdo para lidar com uma informação nova é melhor caracterizada como analítica, ao passo que o hemisfério direito parece processar a informação de forma holística.[35] Há outras maneiras de interpretar as diferenças que acabamos de considerar, mas a distinção analítico/holística tem sido a mais influente na mobilização do pensamento sobre as diferenças hemisféricas para além da dicotomia verbal-não-verbal. Esta última é, claramente, simplista demais para esclarecer todos os resultados encontrados nas pesquisas com lesões cerebrais, comissurotomias e (como veremos no próximo capítulo) pessoas normais.

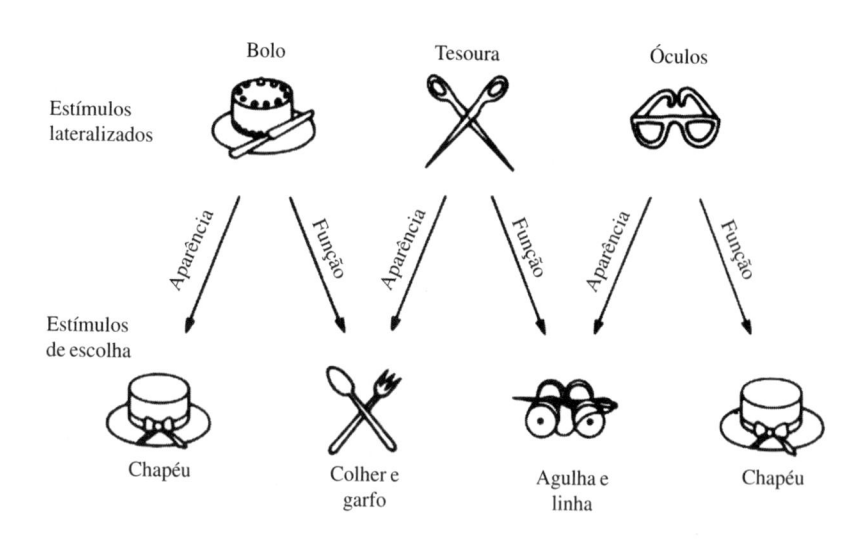

Figura 2.8 – Equiparações baseadas na função e na aparência feitas por pacientes comissurotomizados. Os estímulos na fileira superior são apresentados visualmente a um hemisfério de cada vez. O paciente é instruído a escolher o melhor "par" entre os estímulos disponíveis. Quando o hemisfério esquerdo vê os estímulos, ele tende a comparar pela função. Quando o hemisfério direito vê os estímulos, tende a comparar pela aparência. [Adaptado de Levy and Trevarthen, "Metacontrol of Hemispheric Function in Human Split Brain Patients", Fig. 1, p.302, *Journal of Experimental Psychology, 2*, 1976 (American Psychological Association), Reimpresso com permissão.]

COMPLEMENTAÇÃO VISUAL

A paciente N.G. está sentada em frente de uma tela. Uma vez mais, pede-se a ela que olhe para o ponto marcado no meio. Uma figura estranha aparece brevemente na tela. Trata-se de uma face dividida, feita com a metade esquerda de um rosto e a metade direita de outro, unidas pelo meio. À direita está a face que lhe disseram ser de "Dick"; à esquerda, a face de "Tom". A um estímulo dividido como esse dá-se o nome de figura quimérica. Ele é assim chamado por causa de Quimera, um monstro mítico feito com partes de diferentes animais. Pede-se a N.G. que diga o que viu. Ela diz que viu "Dick". Depois, ao ser questionada, ela nega que houvesse qualquer coisa de estranho na figura. Mais tarde, a mesma figura composta é projetada na tela. Desta vez solicita-se a ela que não diga nada. Em vez disso, diversos rostos completos lhe são mostrados e pede-se que aponte, com qualquer uma das mãos, para a figura que viu. Desta vez, ela aponta para a figura de "Tom".

Esta experiência, ilustrada por uma tarefa similar na Figura 2.9, mostra novamente que cada metade do cérebro é cega para aquilo que a outra parte está vendo. O que é particularmente surpreendente neste estudo de rosto composto é que cada metade do cérebro parece ver uma face normal, simétrica, apesar da composição incomum do estímulo. Além disso, o relato da paciente a respeito daquilo que vê muda de acordo com a natureza da resposta solicitada. A paciente não demonstra nenhum sinal de conflito quando isso ocorre.

A tendência de pacientes comissurotomizados para ver, como um todo, aquilo que realmente são figuras parciais incidindo na linha média dos olhos, chamada complementação, foi observada pela primeira vez quando pacientes demonstraram habilidade para identificar de modo acurado um quadrado projetado brevemente no centro do seu campo visual. Como a metade esquerda do quadrado é projetada no hemisfério direito e a metade direita no hemisfério esquerdo, o fato de os pacientes dizerem ver um quadrado normal significava que o hemisfério esquerdo havia "completado" a figura parcial apresentada a ele. O hemisfério direito também percebia um quadrado normal, visto que a mão esquerda desenharia uma figura completa quando se pediu a um paciente para fazer com essa mão um esboço do que vira.[36] Estudos posteriores mostraram que figuras quiméricas, tais como as figuras compostas mostradas à paciente N.G., também fazem surgir a complementação visual.

Figura 2.9 – Testes de estímulos quiméricos em pacientes comissurotomizados. (A) A pessoa é avisada de que vai ver uma figura. Pede-se a ela que fixe os olhos no centro da tela; uma figura composta é projetada. Pede-se à pessoa que identifique a figura verbalmente (B) ou apontando com qualquer uma das mãos (C). Pacientes de comissurotomia parecem desconhecer que o estímulo quimérico é incompleto ou conflitante. Quando solicitados a vocalizar a resposta, eles escolhem a figura que compôs a metade do campo direito. Quando solicitados a apontar, os pacientes escolhem a figura que compôs a metade do campo esquerdo. [Adaptado de Levy, Trevarthen e Sperry, "Perception of Bilateral Chimeric Figures Following Hemispheric Disconnection", Fig. 4, p.68, *Brain 95* (1972).]

O fenômeno da complementação também é observado em alguns pacientes que possuem lesão unilateral em regiões visuais do cérebro, e não foi ainda bem compreendido em cada caso, mas certamente constitui uma das razões pelas quais os pacientes comissurotomizados afirmam que o mundo lhes parece normal. Em conjunto com os movimentos do olho, que levam informação para ambos os hemisférios, a complementação ajuda a trazer para a experiência visual a unidade que se estende através do campo visual.

METACONTROLE:

Quem é o encarregado aqui, afinal?

Jerre Levy e Colwyn Trevarthen construíram figuras quiméricas de objetos comuns e pediram a pessoas para indicar uma figura similar dentre uma série de Figuras vistas de forma livre.[37] Os objetos podiam ser combinados com base em sua função ou em sua aparência. (Exemplos são apresentados na Figura 2.8.) Em cada experiência, as escolhas incluíam equiparações baseadas na função e na aparência, para estimular cada um dos hemisférios, de forma que permitissem aos pesquisadores verificar se cada hemisfério tinha um "modo" preferencial de fazer as comparações. Levy e Trevarthen levantaram a hipótese de que as comparações entre funções seriam realizadas melhor pelo hemisfério esquerdo e as comparações baseadas na aparência seriam especialidade do direito.

Este prognóstico se baseava em dados fornecidos por um paciente a quem havia sido dada uma instrução ambígua para combinar objetos "similares". As respostas aos estímulos do hemisfério esquerdo foram esmagadoramente baseadas na função, enquanto as respostas aos estímulos do hemisfério direito baseavam-se na aparência. A seguir, os pesquisadores instruíram especificamente a mesma pessoa e outros pacientes para fazer comparações com base apenas na função ou na aparência. Em geral, as instruções relativas a funções faziam afluir combinações baseadas em função como respostas aos estímulos do hemisfério esquerdo, e as instruções referentes à aparência faziam surgir combinações baseadas na aparência para os itens do hemisfério direito.

Um grande número de respostas, entretanto, apresentou desvio do padrão esperado. Em alguns casos, a instrução sobre aparência resultou numa resposta ao estímulo do hemisfério direito, mas a pessoa fez uma concordância de função. De forma semelhante, instrução de função resultava algumas vezes em resposta ao estímulo do hemisfério esquerdo, baseada na aparência. Nesses casos, o hemisfério apropriado às instruções respondia, mas de uma forma "inadequada". O inverso também ocorria: algumas vezes o hemisfério não apropriado, em termos da instrução, controlava a resposta utilizando a estratégia "adequada" para processá-la. Por exemplo, o hemisfério direito podia responder à instrução de função, tomando sua decisão com base na função, ou o hemisfério esquerdo podia responder à instrução de aparência, com a resposta baseada na aparência.

Esses resultados mostraram que um determinado hemisfério não realiza sempre as tarefas para as quais é considerado superior e nem sempre, ao executar uma tarefa, processa a informação da maneira que se espera dele. Este surpreendente resultado levou Levy a especular que "a ativação hemisférica não depende de uma aptidão efetiva do hemisfério ou mesmo de sua estratégia efetiva de processamento em uma dada ocasião, mas, antes, daquilo que ele pensa poder fazer".[38]

O "pensamento" a que Levy se referia é realmente parte de uma interação entre processos corticais superiores e o "despertar" do tronco cerebral, a que ela se refere como "metacontrole". Segundo a concepção de Levy, cada hemisfério processa um dado conjunto de instruções; sinais baseados nessas avaliações são enviados para o tronco cerebral, induzindo o controle para o hemisfério esquerdo ou para o direito. Assim, o controle da dominância hemisférica, isto é, qual lado é "encarregado", é mediado por um sistema altamente sensível às instruções da tarefa, mas distinto daquele que determina o processamento efetivo por um hemisfério quando ele já está encarregado.[39] De acordo com Levy, ocorrem dissociações, precisamente porque os mecanismos subjacentes que governam a estimulação hemisférica são diferentes daqueles envolvidos no processamento de tarefas.

CONSCIÊNCIA SEPARADA E MECANISMOS DE UNIFICAÇÃO

Sob certas condições, cada hemisfério de um paciente de comissurotomia parece funcionar como um operador independente, produzindo resultados reminiscentes do comportamento de dois indivíduos separados. Como Sperry observou:

Cada hemisfério... tem suas próprias... sensações, percepções, pensamento e idéias particulares, todos excluídos das experiências correspondentes no hemisfério oposto. Cada hemisfério esquerdo e direito tem sua própria cadeia de memórias e experiências de aprendizagem, impossíveis de serem lembradas pelo outro hemisfério. Em muitos aspectos, cada hemisfério separado parece ter uma distinta "mente própria". [40]

Ocorre, ainda, que observadores casuais não notam nada de estranho na maioria dos pacientes de comissurotomia pouco depois da cirurgia. De fato, um paciente que se tenha recuperado da operação sem complicações, provavelmente poderia passar por um *check-up* médico de rotina um ano ou dois mais tarde, sem revelar seu histórico cirúrgico a qualquer um que não esteja familiarizado com isso. A fala, a compreensão da linguagem, a personalidade e a coordenação motora são notavelmente preservadas em pacientes sem um corpo caloso ou outras comissuras.

O que mantém dois hemisférios separados como uma unidade no decorrer das atividades diárias desses pacientes? Uma variedade de mecanismos unificadores, alguns dos quais já considerados, parecem compensar a ausência das comissuras cerebrais. Movimentos de olho conjugados, bem como o fato de que cada olho projeta para ambos os hemisférios, exercem um papel importante para estabelecer a unidade no universo visual. Os movimentos do olho, iniciados por um hemisfério para trazer um objeto à visão direta, servem também para tornar aquela informação disponível para o outro hemisfério. Grande parte do conflito, que poderia resultar do fato de os dois hemisférios terem visão das diferentes metades do campo visual, é assim evitado.

A informação da modalidade do toque fornece outros meios pelos quais cada hemisfério é informado da estimulação provinda de ambos os lados do corpo. Até agora, consideramos somente as fibras nervosas cruzadas, ou contralaterais, que permite a cada hemisfério controlar a mão oposta a ele. Contudo, um número muito menor de fibras localizadas no mesmo lado, ou unilaterais, permite a cada hemisfério exercer algum controle limitado sobre a mão localizada no mesmo lado do corpo. A informação sensorial unilateral é em geral incompleta e inadequada para capacitar um paciente a identificar um objeto mantido na sua mão esquerda; no entanto, os caminhos unilaterais efetivamente fornecem uma informação parcial. Ainda um outro meio, pelo qual uma informação é tornada acessível a ambos os hemisférios, é pelas comissuras localizadas nas regiões inferiores do cérebro. A comissurotomia humana sacrifica somente os feixes de nervos que ligam as camadas corticais do cérebro. Essas são as maiores fibras que interligam os hemisférios, mas outras, as comissuras menores, permanecem intactas. Estas outras comissuras conectam estruturas emparelhadas, que são parte da região média do cérebro. Elas são mostradas na Figura 2.10.

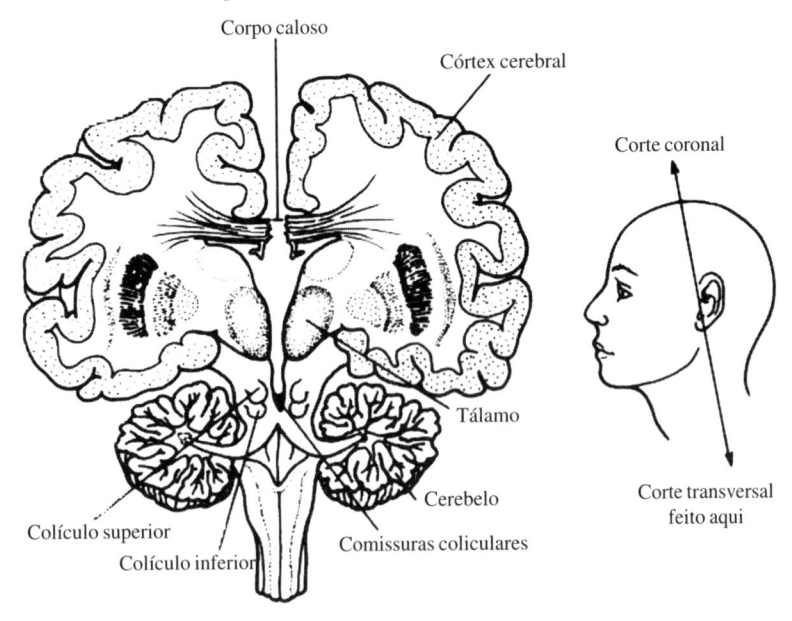

Corpo caloso

Córtex cerebral

Corte coronal

Tálamo

Cerebelo

Comissuras coliculares

Colículo superior

Colículo inferior

Corte transversal feito aqui

Figura 2.10 – Extensão da separação do cérebro após uma comissurotomia do cérebro frontal. As estruturas da região média do cérebro permanecem ligadas pelas comissuras coliculares. [De Sperry, "The Great Cerebral Commissure", *Scientific American*, 1964. Todos os direitos reservados.]

Tal estrutura, o colículo superior, está envolvida na localização de objetos e no acompanhamento de seus movimentos. Acredita-se que o colículo processe os aspectos "onde" do universo visual, em oposição aos aspectos "o quê", ou os aspectos da visão finamente detalhados.

O colículo superior esquerdo e o direito se comunicam através das comissuras que os interligam, de modo que cada hemisfério recebe informação sobre a localização de objetos, independentemente de onde os objetos incidam no campo visual. Essa rude informação de localização poderia explicar o fenômeno da complementação visual, antes mencionada.

Evidência de Troca de Informação entre Hemisférios Desconectados

Dados de uma série mais recente de estudos com pacientes de comissurotomia sugeriram que ambos os hemisférios têm acesso a aspectos selecionados de um estímulo apresentado apenas a um hemisfério. O estímulo utilizado em um estudo de atenção visual consistia numa grade de três por três, localizada à esquerda ou à direita do ponto de fixação da pessoa.[41] Em cada prova, um dígito-alvo era mostrado brevemente em uma das nove células. A tarefa da pessoa era indicar se o alvo era ímpar ou par. Nas provas dentro de um mesmo campo, antes da apresentação do alvo, um x (sugestão espacial) aparecia brevemente numa das nove células, ou era superposto ao ponto de fixação. Quando aparecia numa das nove células, isso ocorria ou na célula correspondente à posição do dígito-alvo projetado a seguir, ou numa célula diferente. Nas provas entre os campos, apareciam duas grades, uma em cada campo, com o x aparecendo numa célula de um campo e, em seguida, o alvo era mostrado numa célula do outro campo. A Figura 2.11 ilustra esta tarefa.

O primeiro trabalho com pessoas neurologicamente normais mostrou que o tempo de reação é mais rápido quando a sugestão espacial indica a localização do alvo subseqüente, e mais longo quando a sugestão espacial dirige a atenção da pessoa para uma localização incorreta. Seria este efeito encontrado em pacientes comissurotomizados quando a tarefa exigisse o acesso à informação de ambos os hemisférios (entre os campos)? Os resultados foram bem claros: em cada uma das duas pessoas submetidas à comissurotomia testadas, o tempo de reação diminuía quando a pessoa tinha antes informação sobre a localização espacial do alvo, em ambas as condições, entre campos e dentro do mesmo campo, e aumentava quando era apresentada uma sugestão inválida. Um outro experimento mostrou que uma informação específica sobre a localização de um estímulo apresentado em um campo visual não está disponível para o outro hemisfério.

Os pesquisadores sugeriram que esses dados forneciam evidência para a distinção entre a informação do estímulo necessária para a identificação explícita da localização espacial e a informação do estímulo necessária para dirigir a atenção visual. Eles sustentavam que diferentes caminhos neurais estão envolvidos nessas duas funções e que a comis-

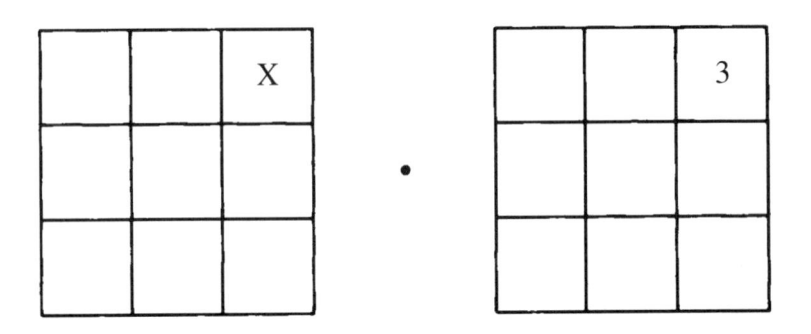

Figura 2.11 – Exemplo de estímulos para uma prova na condição entre campos. Na primeira parte de cada teste foram mostradas duas grades vazias, uma de cada lado do ponto de fixação. Em seguida, a sugestão espacial (X) aparecia por 150 milésimos de segundo em uma das células da grade. Após um intervalo de um segundo e meio, em que só as grades vazias eram mostradas, o dígito-alvo era mostrado na grade oposta, seja na mesma posição da sugestão, seja numa posição diferente. Esta figura ilustra uma prova com sugestão válida (mesma posição).

surotomia não interrompe o acesso de cada hemisfério à informação necessária para dirigir a atenção visual.

Justine Sergent apresentou outra evidência de que os hemisférios compartilham alguns aspectos de informação em pacientes selecionados da série da Califórnia.[42] Em uma tarefa, as pessoas eram incapazes de fazer julgamentos identificando ou diferenciando dois dígitos projetados simultaneamente, um em cada hemisfério. Entretanto, quando as instruções da tarefa foram modificadas de modo que as pessoas tivessem de indicar se um dígito era mais alto do que o outro, o desempenho melhorou sensivelmente. Em outra tarefa, as pessoas eram incapazes de descrever as feições de rostos projetados no lado direito, mas eram capazes de responder acuradamente a uma série de questões determinadas sobre os rostos, como jovem/velho ou homem/mulher. Sergent interpretou essas descobertas como reflexo do papel das estruturas subcorticais na divisão da informação semântica, ou de significação.

Assim, ela argumentou, as estruturas subcorticais contribuem para manter os dois hemisférios informados de seus respectivos "conteúdos de informação", mas a informação compartilhada não é altamente específica.

Um trabalho posterior de outros pesquisadores com os pacientes de Donald Wilson, contudo, não conseguiu refazer essas descobertas.[43] A razão dessa discrepância ainda fica por ser esclarecida, e assim também o papel das estruturas subcorticais na divisão hemisférica da informação.

O QUE FAZEM REALMENTE AS COMISSURAS CEREBRAIS

Começamos este capítulo considerando o mistério em torno da função do corpo caloso. Estamos agora um pouco mais próximos de compreendê-la? Uma resposta simples seria dizer: "Sim, sabemos que as comissuras cerebrais transferem a informação obtida por um hemisfério para o outro". Embora isso seja verdade, não é uma resposta particularmente reveladora ou completa. Pelo menos, queremos conhecer a natureza da informação transferida e como ela é usada pelos hemisférios.

Um Modelo de Assimetria Cerebral

Tem sido postulado que as funções dos hemisférios esquerdo e direito começaram a divergir no curso da evolução. Algumas áreas no hemisfério esquerdo tornaram-se mais adequadas para gerar rapidamente mudanças nos padrões motores, tais como aqueles envolvidos no controle fino das mãos e do trato vocal. Eles também se tornaram mais hábeis em processar rápidas mudanças nos padrões auditivos produzidos pelo trato vocal durante a fala.

A especulação posterior conduziu à idéia de que o hemisfério esquerdo é especializado em processos seqüenciais em geral e, portanto, o mais analítico dos dois hemisférios. Considera-se que este modo analítico de processar a informação se aplica a toda informação recebida e não apenas à fala. A informação visual, por exemplo, seria tratada de forma analítica sendo subdividida e reorganizada em termos de aparência.

As áreas do hemisfério direito, ao contrário, se tornaram mais adequadas para processar simultaneamente o tipo de informação necessária para perceber padrões e relações espaciais. Alguns pesquisadores afirmaram que as especialidades do hemisfério direito são uma conseqüência e elaboração dos processos considerados básicos para a visão e para a memória visual. Outras especulações levaram à idéia de que o hemisfério direito é o mais holístico e sintético dos dois para lidar com todos os tipos de informação.

Embora alguns desses rótulos que descrevem as funções do hemisfério esquerdo e do direito sejam vagos e aguardem um trabalho adicional para esclarecê-los, está claro que realmente existem diferenças em torno dessas linhas. Alguns pesquisadores têm sustentado que uma incompatibilidade básica entre os mecanismos geradores desses estilos de processamento responde pelo seu desenvolvimento evolutivo nos diferentes hemisférios.

Uma questão que imediatamente vem à mente é como os dois hemisférios dividem o controle do comportamento nas situações de cada dia. A primeira possibilidade que os pesquisadores consideraram é a de que um hemisfério, em geral o esquerdo, domina o controle do comportamento. O conceito original de dominância cerebral estava baseado nessa idéia. Ganhou sustentação com as primeiras descobertas feitas em pacientes comissurotomizados mostrando que o hemisfério esquerdo assumia o controle da resposta nas situações em que havia informações simultâneas e diferentes para os dois hemisférios. O que passou despercebido foi o fato de que esses testes geralmente envolviam estímulos lingüísticos (palavras, por exemplo) e geralmente exigiam uma resposta verbal. Dadas essas condições, não é de se surpreender encontrar o hemisfério, rico em linguagem, "dominando".

Uma idéia alternativa — a existência de uma constante disputa pelo controle entre os hemisférios — é uma conseqüência do trabalho posterior com pacientes comissurotomizados. Quando foi empregada maior variedade de tarefas, incluindo algumas que podiam ser melhor executadas pelo hemisfério direito, surgiram alguns resultados interessantes. Nos estudos com estímulos quiméricos, por exemplo, vimos que nem sempre é possível predizer que hemisfério controlará a resposta, apesar de instruções especificamente projetadas para "atrair" um hemisfério. Observações desse tipo têm levado à especulação de que há um delicado equilíbrio entre os hemisférios, ora um ora outro assumindo o comando, dependendo da tarefa e de outros fatores ainda não especificados.

Alguns pesquisadores sugeriram que o corpo caloso e outras comissuras exercem um papel importante na obtenção da harmonia inter-hemisférica no cérebro normal, servindo para integrar, em um comportamento unificado, os modos verbal e espacial de pensar. Como é obtida essa harmonia? É simplesmente uma questão de assegurar que as mesmas informações estejam disponíveis para os dois hemisférios, ou envolve um sistema mais complexo de inibição ou supressão de atividade nos hemisférios?

As Comissuras como Agentes da Integração Inter-Hemisférica

Conjecturas como essas nos levam de volta para a questão do papel das comissuras cerebrais. Ainda não há respostas definitivas. Neste ponto, talvez o melhor seja considerar o papel do corpo caloso e de outras comissuras como o de um canal através do qual os hemisférios trocam informações e possivelmente lidam com os problemas associados a conflitos entre módulos independentes de processamento. Como as comissuras são simples feixes de fibras nervosas, elas não podem, em si e por si mesmas, controlar nada. Mas elas podem servir de canais através dos quais ocorre uma sincronização da função hemisférica e é evitada a duplicação ou a competição de esforço.

Talvez esta integração seja realizada pelo corpo caloso simplesmente servindo como uma "janela" sensorial, fornecendo uma representação separada e completa de todos os estímulos sensoriais em cada hemisfério. É mais provável, entretanto, que os sinais processados mais complexos atravessem normalmente as comissuras, informando cada hemisfério sobre os eventos no outro e, em certo grau, controlando suas respectivas operações. Esse tipo de comunicação permitiria ao cérebro inteiro assumir as competências hemisféricas individuais.

No princípio do curso da evolução e do desenvolvimento da organização corporal bi-simétrica, a contínua transmissão de informação sensorial de um lado para o outro pode ter sido uma função essencial dos caminhos inter-hemisféricos. Parece provável, contudo, que com o desenvolvimento de assimetrias na função do cérebro, o papel desses caminhos tornou-se mais complexo.

Se é esse o caso, por que não vemos evidência de problemas sérios em pacientes de comissurotomia? Discutimos anteriormente pelo menos parte da resposta, incluindo o fato de que a desconexão hemisférica nesses pacientes nunca é realmente completa. Outra possibilidade é que o papel das comissuras seja mais importante no início do período de desenvolvimento que se segue ao nascimento. Cortá-las mais tarde pode não ser excessivamente crítico, porque as diferenças hemisféricas e as relações inter-hemisféricas já foram estabelecidas. Avançaremos ainda na investigação de modelos da função do corpo caloso no capítulo 12 e discutiremos o papel do corpo caloso (e sua ausência) no desenvolvimento, no capítulo 9.

DISCERNIMENTOS ESPECIAIS A PARTIR DO ESTUDO DE PACIENTES COMISSUROTOMIZADOS

Nossa revisão dos dados de pessoas submetidas à comissurotomia nos levou à conclusão de que a especialização hemisférica não é um fenômeno do tipo tudo-ou-nada, mas se apresenta como algo contínuo. O trabalho recente com pacientes comissurotomizados revelou que cada hemisfério é capaz de controlar muitos tipos de tarefas, mas freqüentemente difere do outro hemisfério na abordagem e na eficiência. Entretanto, quase todo comportamento humano ou função mental mais elevada envolve, evidentemente, mais do que as efetivas especialidades de um hemisfério e utiliza o que é comum a ambos os hemisférios.

Na pesquisa com pessoas submetidas à comissurotomia, a linguagem continua a se distinguir como a diferença mais marcante e profunda entre o cérebro esquerdo e o cérebro direito. Alguns pesquisadores têm afirmado que todas as outras diferenças hemisféricas são manifestações da assimetria verbal.[44] Eles têm argumentado que a região do hemisfério esquerdo que desenvolveu a especialização na linguagem não estaria mais disponível para controlar o processo de informação espacial, controlada em tempos passados por cada metade do cérebro. O hemisfério direito, então, pareceria ser especializado em habilidades espaciais, embora sua especialização fosse, realmente, mais um resultado da deficiência do hemisfério esquerdo do que uma superioridade do hemisfério direito. Este argumento proporciona uma perspectiva interessante do problema relativo ao modo como a lateralização se desenvolveu, embora isso seja extremamente difícil de se "provar", no sentido usual.

3

ASSIMETRIAS NO CÉREBRO NORMAL

Felizmente, a maioria das pessoas é neurologicamente normal, possuindo dois hemisférios ilesos, ligados por comissuras intactas. Então, por que a evidência de estudos de pacientes com lesões cerebrais e submetidos à comissurotomia nos falam de papéis diferentes dos dois hemisférios no resto da humanidade? A investigação de assimetrias em pessoas normais tem sido efetuada de vários modos. Uma das técnicas mais antigas e largamente utilizadas vale-se da separação natural dos caminhos visuais no homem. Esta separação divide primorosamente nosso mundo visual em dois campos, cada um deles sendo projetado em um hemisfério. Ao fazer brilhar alguma coisa muito brevemente, tanto à esquerda como à direita do ponto em que uma pessoa está fixando o olhar, os pesquisadores são capazes de lateralizar a entrada de informação — isto é, mostrá-los apenas a um hemisfério. Esta apresentação unilateral dura apenas uma fração de segundo por causa das conexões entre os hemisférios, mas parece ser suficiente para permitir aos pesquisadores comparar as habilidades de um hemisfério com as do outro.

De modo semelhante, descobriu-se que a apresentação simultânea de informações auditivas diferentes para cada ouvido conduz a uma lateralidade inicial dos estímulos auditivos. Uma informação apresentada ao ouvido esquerdo parece projetar-se primeiro no hemisfério direito, e uma informação apresentada ao ouvido direito é lateralizada para o hemisfério esquerdo. Este procedimento, conhecido como audição dicotômica, permitiu aos pesquisadores estudar diferenças e semelhanças no modo como os dois hemisférios controlam a fala e outros tipos de informação auditiva.

Neste capítulo vamos revisar os dados coletados pela utilização destas e de outras técnicas em pessoas normais.

ASSIMETRIAS NO CAMPO VISUAL

A pesquisa sobre as assimetrias visuais em pessoas normais com freqüência se parece com as situações de teste usadas em pacientes de comissurotomia. Estímulos visuais lampejados brevemente no campo visual esquerdo atingem primeiro o hemisfério direito; estímulos lampejados no campo visual direito atingem inicialmente o hemisfério esquerdo. Em pacientes de comissurotomia, esta lateralidade inicial em um ou outro hemisfério é mantida, porque as conexões entre os hemisférios foram cortadas. Em uma pessoa normal, entretanto, as conexões estão intactas e podem transferir as informações entre os hemisférios. Apesar disso, descobriu-se que podiam ser detectadas diferenças no desempenho de uma pessoa em certas tarefas, conforme a tarefa fosse mostrada ao campo visual direito ou ao esquerdo.

Diferenças dos Campos Visuais: Resultado de Hábitos de Leitura ou um Sinal de Assimetria Hemisférica?

No início da década de 1950, Mortimer Mishkin e Donald Forgays demonstraram que pessoas normais destras saíam-se melhor na identificação de palavras em inglês brevemente apresentadas à direita do ponto de fixação do que na identificação de palavras projetadas no campo visual esquerdo. Todavia, quando palavras em iídiche eram apresentadas da mesma maneira a pessoas que podiam ler iídiche, era encontrada uma ligeira vantagem a favor do campo esquerdo. Os autores concluíram que os hábitos adquiridos de leitura direcional resultam em melhor processamento do inglês escrito no campo visual direito, enquanto o iídiche, uma língua que usa o alfabeto hebraico e é lida da direita para a esquerda, é processado mais acuradamente no campo visual esquerdo.[1]

Esta explicação gozou de ampla aceitação por vários anos, embora não dirigisse a questão para a razão pela qual a vantagem do campo visual direito com palavras em inglês seria consideravelmente maior do que a do campo visual esquerdo com palavras em iídiche. Uma década mais tarde, entretanto, a publicação de um trabalho com pacientes comissurotomizados da série da Califórnia sugeria uma razão para a ausência de paralelismo no tamanho das diferenças entre os campos visuais. Pessoas submetidas à comissurotomia, como vimos, demonstraram sensíveis diferenças em suas habilidades para comunicar as palavras impressas em inglês apresentadas no campo visual esquerdo ou no direito. Essas diferenças foram interpretadas como um reflexo das diferenças funcionais entre os hemisférios na linguagem. Os pesquisadores começaram a pensar que talvez as assimetrias encontradas em pacientes de comissurotomia contribuíssem para as diferenças do campo visual encontradas também em pessoas normais. As descobertas de Mishkin e Forgays, então, podem ter sido em razão de dois fatores operando simultaneamente: 1) as tendências em favor de um campo visual por causa dos hábitos adquiridos de leitura de uma determinada língua se sobrepõem a 2) uma vantagem do campo visual direito resultante de diferenças entre o cérebro esquerdo e o cérebro direito.

Um teste importante desta interpretação baseada em dois fatores ocorreu mais tarde em estudos que investigavam as assimetrias do campo visual com palavras em inglês e em iídiche, apresentadas verticalmente para minimizar a possibilidade de uma leitura direcional. Reduzidos os efeitos da leitura direcional, a interpretação baseada em dois fatores prognosticava que as diferenças funcionais entre os hemisférios produziriam uma vantagem para o campo visual direito para as palavras em inglês e em iídiche. Foi encontrado precisamente este resultado.[2]

Estas descobertas, e uma variedade de outros dados que vamos considerar, dão apoio à idéia de que as diferenças entre os campos visuais em pessoas normais refletem, nessas pessoas, as assimetrias cerebrais. Esta conclusão é excitante porque sugere que diferenças entre o cérebro esquerdo e o cérebro direito encontradas em dados clínicos e em pessoas comissurotomizadas aplicam-se igualmente ao cérebro normal, e que essas diferenças podem realmente ser estudadas em pessoas normais.

Por que a Apresentação Lateralizada Resulta em Desempenho Assimétrico?

Ainda que existam diferenças funcionais entre os hemisférios de pessoas normais, por que elas se refletem em diferenças de desempenho nos dois campos visuais? Apesar da lateralidade inicial, isto é, da apresentação a um só lado, ambos os hemisférios têm acesso a todas as informações que entram. Apresentações muito breves de um lado do ponto de fixação asseguram que o estímulo seja inicialmente projetado diretamente em uma metade do cérebro, mas as conexões entre os hemisférios podem transmitir informação sobre o estímulo para o outro lado quase instantaneamente. Por que, então, encontramos diferenças de desempenho entre os campos visuais?

Dois modelos de assimetria hemisférica são geralmente levados em consideração. O primeiro, conhecido como o modelo do acesso direto, admite que a informação será processada pelo hemisfério que a receber primeiro, independentemente das diferenças de habilidade que possa haver entre os hemisférios. Neste modelo, o primeiro hemisfério a receber uma tarefa será aquele que vai controlá-la, mesmo que ele não seja o mais bem preparado para realizar esse trabalho. O modelo do acesso direto preconiza uma vantagem no desempenho de uma informação que alcança o hemisfério com a especialização adequada, porque provavelmente o processamento desse hemisfério será melhor do que o do outro.

O modelo de reposição, por outro lado, admite que a informação é sempre processada pelo hemisfério mais bem equipado para lidar com ela. O material apresentado inicialmente ao hemisfério não especializado, neste modelo, teria de alcançar o hemisfério especializado pelas fibras das comissuras para que o processo pudesse começar. Resultando esta transferência em alguma perda de clareza na informação, os estímulos que atingissem diretamente o hemisfério especializado encontrariam uma vantagem. Alguma evidência de perda de informação na transferência pelo corpo caloso é encontrada na pesquisa com animais. Em macacos, células de um hemisfério sensível à forma do estímulo respondem mais vigorosamente quando um estímulo é apresentado no campo visual situado do lado oposto (o estímulo é enviado diretamente a esse hemisfério), do que quando é apresentado no campo visual do mesmo lado (a informação precisa vir do outro lado do cérebro).[3]

Em ambos os modelos, o do acesso direto ou o de reposição, surgem assimetrias quando os hemisférios não possuem igual capacidade para começar a realizar a tarefa que se apresenta. E em ambos a informação apresentada diretamente ao hemisfério especializado em determinada função deveria produzir um melhor desempenho — isto é, uma resposta mais acurada e mais rápida do que aquela em que a informação fosse primeiro para a outra metade. Diferem, entretanto, nas visões da participação do hemisfério não especializado e no papel desempenhado pelas comissuras cerebrais.

Talvez a evidência mais forte de que as assimetrias entre os campos visuais em pessoas normais refletem diferenças hemisféricas subjacentes seja a similaridade entre essas descobertas e os resultados das pesquisas com pacientes de comissurotomia e pacientes com lesão cerebral. Ainda que uma vantagem do campo visual direito seja encontrada em pessoas normais em várias tarefas com palavras e letras, essas pessoas normais mostram uma vantagem do campo visual esquerdo com estímulos que se julgava sob o controle do hemisfério direito.

Diversos estudos, por exemplo, demonstraram que pessoas normais reconhecem rostos apresentados no campo visual esquerdo mais rapidamente do que aquelas apresentadas no campo visual direito.[4] Outro trabalho mostrou que pessoas normais lembram-se mais precisamente da localização de pontos apresentados em um cartão quando o material é mostrado inicialmente ao hemisfério direito.[5] Essas descobertas dão forte apoio à idéia de que diferenças no campo visual refletem diferenças hemisféricas: a superioridade do campo visual direito reflete uma especialização do hemisfério esquerdo nas funções da linguagem e a superioridade do campo visual esquerdo resulta de uma especialização do hemisfério direito para processar estímulos visuoespaciais.

Devemos apontar, contudo, que estudos utilizando estímulos não-verbais não produziram resultados tão consistentes como aqueles encontrados com palavras ou letras. Alguns estudos que usavam formas sem significado e figuras geométricas não mostraram diferenças nos dois campos visuais.[6] Na maior parte, entretanto, os estudos que indicam diferenças entre os campos mostram que o campo visual esquerdo é superior. O problema é que muitos estudos, que usam estímulos que os pesquisadores acreditavam que seriam processados pelo hemisfério direito, não encontram diferença entre os campos visuais. Essa situação lembra os problemas encontrados quando os pesquisadores começaram a procurar evidência de funções especiais do hemisfério direito em estudos de pacientes com lesão cerebral. As funções do hemisfério direito demonstraram ser mais complicadas do que aquelas do esquerdo. Um quadro semelhante surgiu nos estudos com pessoas neurologicamente normais. Discutiremos estas e outras descobertas mais adiante, neste capítulo, quando examinarmos o que se tem aprendido sobre a natureza das assimetrias hemisféricas, a partir de estudos do campo visual e da audição dicotômica.

USANDO ESTÍMULOS AUDITIVOS PARA ESTUDAR ASSIMETRIAS

As técnicas para lateralizar a informação auditiva também têm sido usadas para estudar as diferenças hemisféricas. Doreen Kimura, trabalhando no Instituto Neurológico de Montreal, notou que, sob certas condições, as pessoas identificavam com mais acerto as palavras apresentadas ao ouvido direito do que as palavras pronunciadas no ouvido esquerdo. Kimura estava utilizando o procedimento da audição dicotômica, no qual as pessoas ouvem simultaneamente duas mensagens faladas de modo diferente, uma em cada ouvido. Ela queria comparar os desempenhos de pessoas com lesão cerebral e de pessoas normais numa tarefa com sobrecarga de informação.

Audição Dicotômica

Os estímulos usados por Kimura consistiam de pares de dígitos falados, por exemplo, "um" e "nove". Os membros de cada par eram alinhados para haver simultaneidade no início e eram gravados em canais separados de fita de áudio. Os testes consistiam na apresentação de três pares de dígitos em rápida sucessão para as pessoas ouvirem por meio de fones de ouvido. Depois de cada teste, pedia-se à pessoa para recordar o maior número possível dos seis dígitos apresentados previamente, em alguma ordem.

Kimura verificou que os pacientes com lesão no lobo temporal esquerdo atuavam com menos eficiência do que os pacientes com lesão no lobo temporal direito, mas, independentemente do local onde a lesão se situasse, as pessoas sempre relatavam com mais correção os dígitos apresentados ao ouvido direito. Esta superioridade do ouvido direito também foi encontrada em pessoas normais.[7]

A descoberta de que pacientes com lesão no hemisfério esquerdo mostravam um desempenho bem pior do que pacientes com lesão no hemisfério direito era previsível. A tarefa de audição dicotômica envolve as habilidades de compreender e de produzir a fala e, sendo ambas funções principalmente do hemisfério esquerdo, poderiam estar interrompidas em alguma extensão nos pacientes com lesão nesse lado. Contudo, a observação de que os ouvidos desempenhavam de modo assimétrico era surpreendente.

Uma revisão da anatomia revela por que razão a assimetria era inesperada. Diferente da retina, que envia projeções para o cérebro contralateralmente, a partir de uma metade de sua superfície e para o mesmo lado, a partir da outra metade, cada ouvido envia informação de todos os seus receptores para ambos os hemisférios. Assim, a informação completa sobre um estímulo apresentado ao ouvido direito é representada inicialmente em ambos os hemisférios e vice-versa. Mesmo que os estímulos da fala pudessem ser processados em um só hemisfério, não poderíamos esperar ver nenhuma evidência da assimetria, porque cada ouvido tem acesso direto a ambos os hemisférios.

O Modelo de Kimura para a Assimetria Auditiva

Para explicar suas descobertas, Kimura citou uma evidência encontrada em estudos de animais, que sugeriam que as projeções do ouvido para o cérebro feitas do lado oposto eram mais fortes que as do mesmo lado.[8] Ela também propôs que, quando dois estímulos diferentes são apresentados simultaneamente a cada ouvido, a diferença de força dos sinais que percorrem os dois caminhos é ampliada, de modo que a informação enviada ao longo da rota situada do mesmo lado é suprimida. Dadas essas suposições, era então possível explicar a superioridade do ouvido direito.

Sob condições de audição dicotômica, o estímulo no ouvido esquerdo pode alcançar o hemisfério esquerdo por um dos dois caminhos: pela rota suprimida situada do mesmo lado, ou pelas trilhas do lado oposto que vão ao hemisfério direito e, em seguida, através das comissuras cerebrais. O estímulo no ouvido direito, entretanto, tem uma tarefa mais simples. Ele tem acesso ao hemisfério esquerdo pela rota do lado oposto. Como ele está apto a chegar ao hemisfério esquerdo para processar melhor que sua contraparte do ouvido esquerdo, surge uma pequena superioridade do ouvido direito. O modelo de Kimura está ilustrado na Figura 3.1.

As idéias de Kimura encontraram alguma sustentação nos estudos que mostravam que basicamente não existe diferença entre os dois ouvidos na capacidade de uma pessoa para detectar ou identificar estímulos apresentados um a um. Certas pessoas podem ter perda de audição em um ou nos dois ouvidos, mas, em geral, quando os dados são coletados de um grande número de pessoas, os dois ouvidos apresentam um desempenho similar.[9] Este resultado sugere que, em situação normal, sem nenhuma competição dos caminhos de lados opostos, as fibras situadas do mesmo lado são suficientes para produzir um bom desempenho.

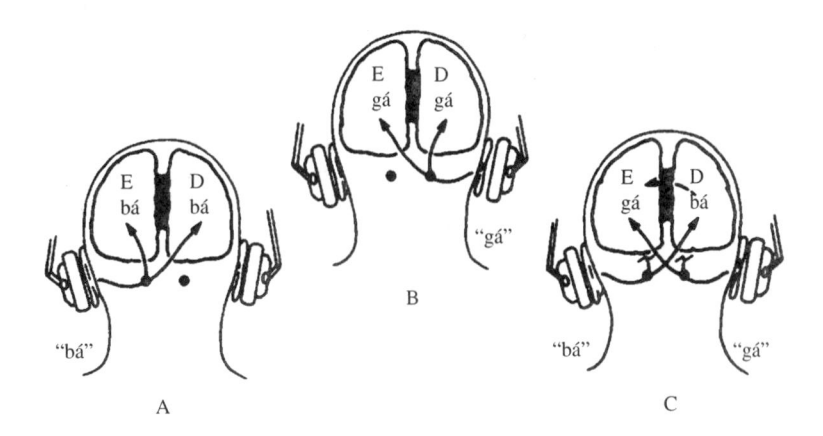

Figura 3.1 – Modelo de Kimura de audição dicotômica em pessoas normais. (A). A sílaba "bá" é relatada corretamente quando é apresentada somente ao ouvido esquerdo; ela alcança os hemisférios esquerdo e direito através dos caminhos do mesmo lado e do lado oposto, respectivamente. (B). Do mesmo modo, a sílaba "gá" é relatada corretamente quando apresentada apenas ao ouvido direito. (C). Numa apresentação dicotômica, presume-se que os caminhos situados do mesmo lado são suprimidos, deixando em pleno funcionamento os caminhos dos lados opostos. A sílaba "bá" é acessível ao hemisfério esquerdo (fala) somente através das comissuras; "gá" é normalmente relatada com mais acerto. Após uma comissurotomia, "bá" não é acessível ao hemisfério esquerdo, porque as comissuras estão cortadas. O paciente informa que só ouviu "gá".

Audição Dicotômica em Pessoas Submetidas a Comissurotomia: Testando as Suposições

Pacientes de comissurotomia podem identificar palavras em cada ouvido igualmente bem, assim como o fazem as pessoas neurologicamente intactas. Esta descoberta mostra que o caminho do mesmo lado — do ouvido esquerdo para o hemisfério esquerdo — funciona nas condições de apresentação do estímulo a um único ouvido. Se, contudo, os estímulos da fala forem apresentados dicotomicamente a pessoas submetidas à comissurotomia, ocorre uma versão dramática e altamente exagerada da assimetria auditiva encontrada em pessoas normais. O paciente típico de comissurotomia relata corretamente os itens do ouvido direito, mas o relato do ouvido esquerdo fica nos níveis da probabilidade. De fato, freqüentemente, os pacientes precisam ser persuadido a adivinhar a identidade dos itens do ouvido esquerdo, porque eles informam que ouvem apenas um estímulo.[10]

Essa situação dos pacientes comissurotomizados é coerente com o modelo de Kimura e ajuda a confirmá-lo. Com o corte do corpo caloso, a comunicação dos hemisférios fica interrompida, mas ambas as projeções de cada ouvido, a situada do mesmo lado e a do lado oposto, permanecem inalteradas. (Esses caminhos são subcorticais e não são cortados durante a cirurgia.) Se, como Kimura sugeriu, os caminhos do mesmo lado são suprimidos sob a estimulação dicotômica, cada ouvido enviaria sua metade da informação para o hemisfério oposto somente pelo caminho do lado oposto. O hemisfério direito receberia estímulo do ouvido esquerdo, e o estímulo no ouvido direito chegaria ao hemisfério esquerdo. Como o hemisfério direito é verbalmente muito limitado, ele não seria capaz de falar sobre a palavra que recebeu do ouvido esquerdo. Ao mesmo tempo, a informação sobre a palavra do ouvido esquerdo não poderia ser transferida para o hemisfério esquerdo, porque o corpo caloso foi cortado. Como conseqüência, os itens do ouvido esquerdo não seriam identificados.

A Assimetria Auditiva Realmente Reflete a Assimetria Hemisférica?

Outro suporte para o modelo de Kimura advém da descoberta de que a superioridade do ouvido é revertida nas pessoas que têm a fala controlada pelo hemisfério direito ao invés do esquerdo. Pacientes testados com sódio amobarbital, para determinar o hemisfério que controla da fala, têm sido submetidos ao teste da audição dicotômica para verificar se a assimetria auditiva estava relacionada com a assimetria hemisférica. Aqueles com centro de fala no hemisfério esquerdo demonstraram claramente a superioridade do ouvido direito; aqueles com fala no hemisfério direito, a superioridade do ouvido esquerdo.[11] O teste com sódio amobarbital, como discutimos no capítulo 1, permite a determinação direta da lateralidade da fala, sem que se tenha de deduzi-la com base na da aptidão manual do paciente. Assim, nos raros casos de destros com fala no hemisfério direito, geralmente seria encontrada a superioridade do ouvido direito. Esses dados são muito importantes para se estabelecer a validade do teste de audição dicotômica como medida da assimetria do cérebro.

Os resultados de outro estudo que utilizava uma abordagem semelhante são ainda mais encorajadores.[12] Pediu-se a pacientes cujos centros da fala tinham sido previamente determinados pelo teste com amobarbital para acompanhar, na seqüência de pares de palavras apresentadas dicotomicamente, a ocorrência de uma certa palavra-alvo, que aparecia ao acaso na série. Os resultados foram computados em termos de números de palavras-alvo corretamente detectadas em cada ouvido, assim como da rapidez com que elas eram detectadas. Incorporando na análise dos dados a porcentagem de identificação correta e os índices do tempo de reação, os pesquisadores foram capazes de classificar corretamente 95% dos pacientes com relação ao hemisfério que detém o controle da fala.

Finalmente, a pesquisa demonstrou que a assimetria auditiva encontrada em uma determinada pessoa difere segundo a natureza dos estímulos apresentados. Tem sido encontrada superioridade no ouvido esquerdo com estímulos que se supunham processados pelo hemisfério direito — estímulos tais como acordes musicais e melodias.[13]

O QUE SE TEM APRENDIDO DAS ASSIMETRIAS VISUAL E AUDITIVA?

Durante os últimos vinte anos, numerosos estudos usaram as técnicas de audição dicotômica e apresentação taquistoscópica lateralizada em pessoas normais. Como na pesquisa com pacientes comissurotomizados, tem ocorrido uma evolução gradual das idéias sobre a natureza das assimetrias hemisféricas, à medida que novos dados sugerem interpretações diferentes do trabalho anterior.

A Natureza da Informação: a Distinção Verbal e Não-verbal

Muitos dos primeiros trabalhos a respeito do cérebro esquerdo e do cérebro direito em pessoas normais levou os pesquisadores a acreditar que os dois hemisférios diferem basicamente em termos da natureza dos estímulos com que tenham melhor preparo para lidar. Uma tarefa visual típica envolvia uma apresentação lateralizada do estímulo que se pedia à pessoa para identificar. Um procedimento semelhante era empregado também com estímulos dicotômicos: dois itens eram apresentados simultaneamente, e se pedia a ela para comunicar o que tinha ouvido.

Algumas vezes a tarefa básica era modificada de modo que se pedia à pessoa para reconhecer um estímulo específico, em vez de identificar cada item e, algumas vezes, o pesquisador estava interessado principalmente na rapidez com que uma pessoa poderia responder a um estímulo, e não na precisão da resposta. Freqüentemente a rapidez e a exatidão eram medidas no mesmo estudo.

Quando apresentados itens no ouvido direito ou no campo visual direito, se o desempenho fosse superior, dizia-se que os estímulos mostravam uma vantagem do hemisfério esquerdo. Presumia-se a superioridade do hemisfério direito, se o desempenho fosse superior quando eram apresentados itens no ouvido esquerdo ou no campo visual esquerdo. As diferenças de desempenho entre os lados eram bastante pequenas — freqüentemente apenas uns poucos pontos percentuais a mais na identificação ou poucos milésimos de segundo de maior rapidez na resposta — mas cerca de 70% a 90% das pessoas destras testadas em um estudo típico mostraram assimetria.

A maior parte dos primeiros estudos indicando superioridade do lado direito usava estímulos relacionados com a linguagem de uma maneira muito óbvia. Palavras apresentadas taquistoscopicamente e mesmo letras únicas produziam superioridade do campo visual direito.[14] A apresentação dicotômica de dígitos falados e palavras faladas também resultava em superioridade do ouvido direito.[15] A vantagem, entretanto, não se limitava a expressões faladas significativas. Estudos mostraram que sílabas sem sentido, como "pá" e "ká" também produzem uma superioridade do ouvido direito e que uma fala de trás para diante também produz superioridade do ouvido direito no seu reconhecimento.[16] Em conjunto, os resultados desses estudos sugerem que os estímulos não precisam ser significativos para produzir uma superioridade do hemisfério esquerdo, mas devem ser verbais ou estar relacionados de algum modo com a linguagem.

É mais difícil sintetizar o quadro do hemisfério direito. Uma ampla variedade de estímulos visuais tem produzido superioridades no campo visual esquerdo e no hemisfério direito. Mencionamos estudos que usaram apresentações de rostos e de pontos como estímulos e obtiveram a superioridade do campo visual esquerdo. Os estudos de audição dicotômica, que resultaram em superioridade do hemisfério direito, são também diferentes. Um desses primeiros estudos demonstrou superioridade do ouvido esquerdo no reconhecimento de trechos melódicos.[17] Duas melodias diferentes de quatro segundos para piano foram apresentadas simultaneamente em cada teste. Foi pedido à pessoa para indicar quais, dentre os quatro trechos apresentados em seqüência logo depois, faziam parte do par apresentado dicotomicamente. Outros estudos revelaram uma superioridade do ouvido esquerdo quando ruídos familiares do meio ambiente eram apresentados dicotomicamente.[18] Num teste típico, pedia-se à pessoa para identificar um par de sons, por exemplo, um cachorro latindo e um trem apitando.

Todos esses estímulos do hemisfério direito compartilham o atributo de serem não-verbais e muitos pesquisadores têm argumentado que a distinção entre as funções dos dois hemisférios se assenta ao longo desta dimensão verbal/não-verbal. Sob este aspecto, todos os estímulos relacionados com a linguagem são, principalmente, tratados no hemisfério esquerdo, e o hemisfério direito é especializado no controle de certos tipos de estímulos não-verbais. Esta conclusão parece ser um resumo claro, razoável e satisfatório dos dados que até agora revisamos. Entretanto, os problemas que emergiram no trabalho mais recente levaram os pesquisadores a procurar outra explicação para as diferenças fundamentais entre o cérebro esquerdo e o cérebro direito.

Trabalhando com o Estímulo:
A abordagem do Processamento da Informação

Consideremos os seguintes experimentos. É dada a uma pessoa uma pequena lista de letras para memorizar e, em seguida, rapidamente, ela vê um objeto familiar no seu campo visual esquerdo ou direito. A tarefa da pessoa é decidir se a primeira letra do nome do objeto está entre as letras da lista memorizada. Que campo visual levaria a uma resposta mais rápida? Ou, supondo que a pessoa, tendo visto letras separadas em vez de desenhos, tivesse de decidir se a letra estava entre aquelas que havia memorizado. O que poderia ser prognosticado quanto à rapidez da resposta neste caso?

Seria razoável esperar uma superioridade do campo visual esquerdo no primeiro caso e uma superioridade do campo visual direito no segundo. Figuras, afinal de contas, são estímulos não-verbais e letras se enquadram claramente no domínio verbal. Na realidade, os resultados obtidos foram completamente opostos. Os estímulos de figuras resultaram em desempenho mais rápido quando eram apresentados ao hemisfério esquerdo e as letras foram respondidas mais prontamente quando eram projetadas inicialmente para o hemisfério direito.[19] Por quê? Parece que, mais importante do que a natureza do estímulo é o que a pessoa faz com o estímulo. No caso das figuras supostamente não-verbais, era pedido à pessoa que identificasse cada figura e descobrisse a letra inicial de seu nome — claramente uma função da linguagem, que é de natureza analítica. Por outro lado, letras separadas eram estímulos verbais por natureza, mas nesta tarefa não teriam de ser tratadas como estímulos verbais. A pessoa podia executar a tarefa imediatamente, de forma holística, confrontando a imagem mental da letra com as imagens da série de letras memorizadas. Teoricamente, a pessoa poderia executar esta tarefa sem saber o nome da letra apresentada.

Esse tipo de explicação enfatiza mais a tarefa, analítica ou holística, a ser executada pela pessoa, do que a natureza do estímulo em si. Reflete uma mudança no enfoque de estímulos aos hemisférios direito e esquerdo, para modos de processar uma informação pelos hemisférios direito e esquerdo. Nesta mesma linha, outros pesquisadores, para descrever as diferenças de processamento pelos hemisférios, fizeram uma conjectura em termos de global (superioridade do hemisfério direito) *versus* local (superioridade do hemisfério esquerdo).[20]

Um outro estudo, que realça um enfoque do processamento da informação na assimetria cerebral, tirou vantagem do fato de haver formas alternativas para as pessoas se lembrarem de pares de palavras. Uma dessas formas é ensaiar as palavras repetindo-as em voz alta ou subvocalmente; uma outra é formar uma imagem dos dois elementos interagindo de alguma forma. Por exemplo, diante da tarefa de recordar "bandeira" e "frango", as pessoas podem repetir várias vezes ou podem formar uma imagem com as duas palavras, tal como um frango carregando uma bandeira. (O uso de imagens desse tipo tem-se mostrado como uma ajuda realmente efetiva para a memória.)

Os pesquisadores levantaram a hipótese de que as estratégias do verbal e da imagem envolveriam diferentes hemisférios cerebrais. Eles propuseram que esta diferença poderia ser obtida fazendo com que as pessoas indicassem se uma imagem projetada no campo visual direito ou esquerdo correspondia a uma das palavras previamente apresentadas. Quando se pedia às pessoas para memorizarem os pares de palavras ensaiando-as subvocalmente, a resposta era mais rápida nas investigações no campo visual direito; quando se pedia que formassem imagens dos pares a serem recordados, a resposta era mais rápida no campo visual esquerdo.[21] Essas descobertas estavam de acordo com as previsões. *

Outra evidência das diferenças entre os hemisférios no modo de processar a informação vem de estudos que utilizam outras línguas, que não o inglês. Na língua japonesa, existem dois sistemas de escrita — *kana* e *kanji*. O sistema *kana* é baseado no som: um símbolo representa o som de uma sílaba desprovido de significado e possui correspondência com a sílaba do tipo um a um. O sistema *kanji* é baseado no significado, tendo cada caractere vários significados alternativos. O *kana* e o *kanji* também diferem em termos da sua complexidade gráfica, sendo os caracteres *kanji* geralmente mais complexos. Exemplos na Figura 3.2.

Estudos com pacientes japoneses afásicos sugeriram algumas diferenças interessantes no modo como esses dois símbolos lingüísticos são processados no cérebro. Sumiko Sasanuma mostrou que um número considerável de pacientes evidencia danos seletivos no processamento do *kana*, enquanto a habilidade para processar o *kanji* permanece relativamente preservada, ou quase intacta. Um número muito menor de pacientes apresenta danos seletivos no processamento do *kanji* enquanto o processamento do *kana* fica relativamente não afetado.[22] A análise dos erros cometidos por pacientes afásicos sugere que são utilizadas diferentes estratégias para cada um dos tipos de símbolos: um processamento visual para o *kanji*, em oposição ao processamento do *kana*, que é fonológico ou baseado no som.[23]

Essas observações levaram Sasanuma e seus colegas a testar a hipótese de que o *kana* e o *kanji* representam diferentes modos de processamento lingüístico envolvendo diferentemente os dois hemisférios.[24] Para testar esta hipótese com japoneses neurologicamente normais, conjuntos de palavras sem sentido em *kana* e *kanji* foram preparados e apresentados, brevemente, um de cada vez, em cada campo visual, esquerdo e direito. Os resultados mostraram que as pessoas apresentaram uma significativa superioridade do campo direito com relação à identificação na tarefa com o *kana* e uma superioridade do campo

---

* No capítulo 2 discutimos os problemas relacionados com o fato de se considerar as imagens como tarefa exclusiva do hemisfério esquerdo ou do hemisfério direito. Os dados ali examinados sugeriam que a natureza específica da tarefa era decisiva para a determinação do resultado. Pelos resultados obtidos no estudo em discussão, parece que os autores foram felizes ao selecionar uma tarefa com imagens que revelou a especialização do hemisfério direito.

esquerdo (mas não significativa) na tarefa com o *kanji*. Os pesquisadores concluíram que os caracteres em *kana* e *kanji* são processados diferentemente nos dois hemisférios; ademais, o processamento do *kanji* é em particular complexo porque provavelmente tanto a função visual como a verbal desempenham um papel que depende da tarefa específica. O *kanji* poderá mostrar superioridade do campo visual esquerdo ou do direito, dependendo, entre outras coisas, da estratégia usada pela pessoa e do modo verbal ou não-verbal da resposta. Vistas em conjunto, as descobertas referentes ao *kana* e ao *kanji* apontam para a importância do tipo de processamento que uma pessoa precisa realizar para a identificação das assimetrias hemisféricas.

Sentido	*KANA*	*KANJI*
Tinta	イ ン キ	墨
Universidade	ダ イ ガ ク	大學 (Grande aprendizado)
Tóquio	ト ウ キ ヨ ウ	東京 (Capital do leste)

Figura 3.2 – As duas formas da escrita no Japão. O *kana* é silábico, com as palavras articuladas sílaba por sílaba. O *kanji* é ideográfico, com cada caractere representando simultaneamente um som e um significado.

A Representação da Informação: o Papel da Freqüência Espacial

Justine Sergent e seus colegas enfatizaram a importância das características físicas do estímulo e das condições sob as quais ele se apresenta nos testes taquistoscópicos.[25] Eles notaram que a duração do estímulo, o brilho e a distância da fixação, entre outras variáveis, podem afetar o resultado dos estudos de lateralidade, independentemente da natureza do estímulo ou da tarefa. Por exemplo, nas investigações de lateralidade, os estímulos são sempre apresentados brevemente (para eliminar os efeitos dos movimentos do olho) e fora do ponto de fixação, isto é, à esquerda ou à direita dele (para assegurar a projeção para o hemisfério oposto). O resultado é que a representação da informação no cérebro é qualitativamente diferente da representação sob condições normais. Sergent apresentou uma evidência mostrando que as assimetrias, numa tarefa taquistoscópica, dependem, pelo menos em parte, da aptidão desigual dos hemisférios para operar nessas representações rebaixadas. Ela argumentou que as condições que tornam mais difícil a apreensão dos atributos do estímulo favorecem ao hemisfério direito.

Sergent sugeriu que esses efeitos são devidos ao modo distinto com que o hemisfério processa os componentes da "freqüência espacial" de um estímulo. O conceito de freqüência espacial pode ser ilustrado por uma simples grade de faixas pretas e brancas alternadas; a freqüência espacial da grade é uma função do número de mudanças de claro-escuro (barras) no estímulo sobre um dado intervalo espacial. Qualquer estímulo visual complexo pode ser representado como um conjunto de muitas variações dessas intensidades, algumas mais altas (mais barras) e algumas mais baixas (menos barras). A entrada de informação visual é dividida pelo cérebro em sinais neurais discretos, que representam essas variações de intensidade. Acredita-se que esse processo seja realizado por "canais" ou por filtros sensíveis a diferentes freqüências espaciais; a produção desses canais reflete a ordem das freqüências espaciais no estímulo.

Sergent sustentou que o hemisfério direito é mais sensível a baixas freqüências espaciais e o hemisfério esquerdo é mais sensível às altas. Os efeitos de redução da capacidade de perceber os estímulos podem explicar a hipótese da freqüência espacial, caso se admita que tais manipulações rompem mais os processos de altas freqüências espaciais do que os de baixas freqüências.

Stephen Christman considerou os efeitos das características perceptuais à luz da hipótese de freqüência espacial examinando fatores que diminuem a disponibilidade das freqüências espaciais mais altas em relação às freqüências espaciais mais baixas.[26] Esses fatores incluem aumento no tamanho, na distância de fixação e na quantidade de manchas, juntamente com diminuições de brilho e do tempo de exposição. De 79 experimentos que ele examinou, 45 mostraram efeitos em que o lado com superioridade hemisférica e das características de percepção eram coerentes com a hipótese da freqüência espacial; 25 experimentos não mostraram efeitos significativos; e 9 mostraram resultados que eram o oposto das previsões de freqüência espacial. Daí, seu exame fornece algum apoio, ainda que não inequívoco, às previsões de freqüência espacial.

Outros estudos tentaram examinar mais diretamente a hipótese de freqüência espacial por meio da apresentação de grades de diferentes freqüências espaciais ou de estímulos tratados com filtros para remover classes de freqüência específica. Aqui também, os resultados são sugestivos mas não definitivos.[27] John Bradshaw sugeriu que a hipótese da freqüência espacial pode ser um caso especial da hipótese analítico (alta freqüência) - holística (baixa freqüência), num nível mais sensorial. Ele notou também que, por sua própria natureza, a hipótese da freqüência espacial pode ser aplicada apenas a estímulos visuais e que sua utilidade é limitada, porque não fornece uma hipótese mais geral para lidar com todas as modalidades sensoriais.[28] Uma vantagem maior desse enfoque é que, ao contrário de algumas outras dicotomias, os prognósticos da hipótese da freqüência espacial podem ser precisamente especificados e rigorosamente testados.[29]

QUESTÕES TEÓRICAS NA INTERPRETAÇÃO DE ESTUDOS DO COMPORTAMENTO

Estudos de apresentação taquistoscópica e de audição dicotômica têm servido como base para muita coisa da nossa teorização atual sobre a natureza do cérebro esquerdo e do cérebro direito em pessoas normais. Há uma correspondência surpreendente entre muitas das diferenças hemisféricas em pessoas normais mostradas por essas técnicas e as idéias coletadas na clínica de lesões cerebrais por várias gerações de neurologistas e neuropsicólogos. Importantes questões referentes a essas técnicas, entretanto, continuam sem solução.

O que os Testes Estão Medindo?

Uma preocupação é que, de forma característica, estes testes comportamentais subestimam a incidência da fala no hemisfério esquerdo em destros, em comparação com a incidência determinada pelos testes com sódio amobarbital (Wada). Os estudos geralmente encontram 80% das pessoas destras apresentando superioridade do ouvido direito ou do campo visual direito para estímulos de linguagem; uma experiência com sódio amobarbital, entretanto, indica que mais de 95% de indivíduos destros têm a linguagem sediada no hemisfério esquerdo. O que causa essa discrepância?

Uma possibilidade é que os testes não sejam apenas uma medida da assimetria cerebral e que outros fatores estejam envolvidos. Talvez diferenças individuais nos caminhos neurais que ligam os olhos e os ouvidos ao cérebro influenciem no resultado dos estudos.

As estratégias que as pessoas adotam nestas tarefas podem também contribuir de forma importante no desempenho.[30] Na audição dicotômica, por exemplo, as pessoas podem ativamente mudar sua atenção para o estímulo do ouvido esquerdo ou para o do ouvido direito. Se os itens do ouvido esquerdo estão em desvantagem por causa da assimetria hemisférica, então, algumas pessoas podem escolher direcionar sua atenção para o ouvido mais fraco, produzindo desse modo uma superioridade do ouvido direito menor do que poderia ser obtida de outra maneira. Outras pessoas, ao contrário, podem focalizar sua atenção no estímulo mais claro, sem tentar identificar nenhum dos dois. Estas pessoas poderiam mostrar uma superioridade do ouvido direito maior do que alguém poderia esperar. M.P. Bryden realizou um exemplo convincente com relação à importância dos efeitos da atenção na audição dicotômica. Concluiu, entretanto, que por um grande número de estudos se confirma a expectativa das assimetrias auditivas, especialmente quando são comparados destros e canhotos.[31] Bryden também adiantou argumentos similares para o estudo e a interpretação de assimetrias do campo visual.[32]

Devemos também observar que a discrepância entre os resultados dos testes de Wada e as medidas comportamentais da assimetria pode ser devida à possibilidade de que estejam sendo captados diferentes aspectos da assimetria funcional. O teste de Wada é usado para determinar o hemisfério que controla a produção da fala. Talvez as tarefas taquistoscópicas e as de audição dicotômica, basicamente testes de percepção e não de produção, reflitam funções que são menos lateralizadas.*

Um outro problema é que as medidas de lateralidade visual e dicotômica não são altamente correlacionadas uma com a outra. Se esses testes estão medindo as mesmas funções lateralizadas, seria razoável esperar que produzissem resultados altamente relacionados entre si. Estudos

---

* Os termos lateralizado e lateralidade são freqüentemente usados para se referir à divisão das funções entre os hemisférios, assim como para se referir à limitação de informação a um hemisfério.

que têm comparado assimetrias em audição dicotômica e tarefas taquistoscópicas nas mesmas pessoas têm encontrado algum relacionamento, mas não em altos níveis.[33] Por quê? Talvez, em última análise, estes testes não estejam medindo a mesma coisa.

Uma outra preocupação, que também tem implicações com os dois problemas precedentes, é que nem sempre os testes repetidos nas mesmas pessoas produzem os mesmos resultados. Um teste é confiável na medida em que aplicações repetidas produzem resultados semelhantes. Alguns estudos descobriram que a confiabilidade dos testes taquistoscópicos e de audição dicotômica é menor do que se poderia esperar.[34] Por exemplo, algumas pessoas que, quando testadas pela primeira vez, mostraram superioridade do ouvido direito para a fala apresentada dicotomicamente, mudaram, mostrando superioridade do ouvido esquerdo quando testadas uma semana depois. Presume-se que a organização do cérebro de um indivíduo seja uma característica estável e não mude com o tempo. Sinais de variabilidade em um indivíduo podem significar que os testes de lateralidade estão captando funções — tais como a formação de estratégias para serem usadas na execução de tarefas — que podem mudar em breve espaço de tempo.

O que os Testes nos Dizem sobre a Natureza das Assimetrias?

Outra questão já levantada pelos estudos taquistoscópicos e de audição dicotômica é se as diferenças hemisféricas são absolutas ou relativas. Uma diferença de desempenho entre os campos visuais significa que só um hemisfério é capaz de executar a tarefa? Ou isso simplesmente reflete o fato de que um hemisfério é melhor nessa tarefa do que o outro? O estudo típico com pessoas normais não nos permite separar essas alternativas, porque o desempenho no campo visual "inferior" pode ser tanto o resultado de um processamento menos eficiente pelo hemisfério não especializado (modelo de acesso direto), como o processamento pelo hemisfério especializado depois da transferência da informação através das comissuras (modelo de revezamento pelo corpo caloso). Em qualquer caso, poderíamos esperar os mesmos resultados: uma diferença de desempenho entre os dois lados.

Uma questão relacionada a essa é se o tamanho da assimetria encontrada em diferentes pessoas pode nos dizer algo sobre o grau de lateralidade para certas funções em determinadas pessoas. Embora as estratégias de uma pessoa possam ter parte na determinação do tamanho dos efeitos da assimetria, independentemente da lateralidade em si, é possível que as diferenças de tamanho da assimetria possam nos dizer algo sobre a extensão da lateralidade? Uma pessoa com uma grande superioridade do ouvido direito é mais lateralizada que uma pessoa com uma pequena superioridade do ouvido direito? Este problema intrigante fez com que os pesquisadores procurassem caminhos para transformar escores que refletem o desempenho de uma pessoa em um indicador significativo da lateralidade.*

Metacontrole

No trabalho com pacientes de comissurotomia examinado no capítulo 2, Jerre Levy e Colwyn Trevarthen distinguiram entre a habilidade de cada hemisfério para executar uma tarefa específica e o grau em que cada hemisfério assume o controle do processamento e do comportamento.[35] Eles demonstraram que o hemisfério que assume o controle de uma tarefa nem sempre era o hemisfério com maior habilidade para aquela tarefa; eles usaram o termo *metacontrole* para se referir aos mecanismos neurais que determinam que hemisfério será encarregado.

Joseph Hellige afirmou que o conceito de metacontrole é particularmente importante ao se tentar entender o processamento num cérebro intacto.[36] Em muitas situações, ambos os hemisférios são capazes de realizar a tarefa, pelo menos em algum grau, mas o fazem de modos diferentes. Quando a mesma informação está disponível para ambos os hemisférios, o que determina como a informação será processada?

Hellige tem abordado este problema experimentalmente usando tarefas escolhidas que podem ser executadas por ambos os hemisférios, mas de maneiras qualitativamente diferentes. Ele e seus colegas apresentaram os estímulos em três diferentes condições: campo visual direito (hemisfério esquerdo), campo visual esquerdo (hemisfério direito) e bilateral (ambos os campos visuais simultaneamente). Comparando o

---

* A questão de como computar medidas de lateralidade a partir de escores de testes comportamentais é importante e complexa. Nos testes em que a porcentagem correta é a variável dependente, é possível usar escores diferenciais (esquerdo menos direito, ou suas variações) como índice de lateralidade. Contudo, tais escores não são independentes do desempenho total. Alguns pesquisadores têm afirmado que uma medida de lateralidade deveria ser independente da forma como alguém se sai; outros têm sustentado que a informação sobre o desempenho total pode estar, ela mesma, relacionada com a lateralidade.

desempenho nos testes bilaterais com os desempenhos em que os estímulos são apresentados a somente um hemisfério, Hellige concluiu que é possível determinar se o padrão qualitativo dos resultados nos testes bilaterais se equipara com aquele de uma das outras duas condições. Em vários desses estudos, o modo de processar nos testes bilaterais tem sido idêntico àquele observado em apresentações a um hemisfério, mas não ao outro. Além disso, o modo de processar encontrado nos testes bilaterais nem sempre era o modo usado pelo hemisfério com maior habilidade para a tarefa, uma descoberta que lembra os estudos de comissurotomia de Levy e Trevarthen.[37] Foram também observadas diferenças individuais entre as pessoas. Em geral, 75% a 85% das pessoas destras apresentaram o mesmo padrão de resultados em qualquer estudo. Os restantes 15% a 25%, nos testes bilaterais, apresentaram um modo de processar semelhante àquele do outro hemisfério. Se essas variações representam diferenças significativas entre as pessoas com relação ao "metacontrole", ainda não está claro.

Hellige escreveu: "Um importante desafio com que se defrontam os neuropsicólogos do conhecimento é explicar o emergir de um processamento unificado da informação de um cérebro que consiste numa variedade de subsistemas de processamento. Os hemisférios cerebrais, o esquerdo e o direito, podem ser caracterizados como dois subsistemas muito gerais, com diferentes propriedades e tendências de processamento. Entender a interação inter-hemisférica e as condições do metacontrole pode fornecer elementos-chave relativos ao emergir do processamento unificado de informação".[38] Estamos de pleno acordo com Hellige.

TENDÊNCIAS DE ATENÇÃO PODEM EXPLICAR AS ASSIMETRIAS?

Quando introduzimos o trabalho taquistoscópico e de audição dicotômica, afirmamos que as assimetrias refletem a lateralidade inicial da informação do estímulo no hemisfério mais capacitado para lidar com o material. Esse tipo de explicação para as diferenças tem sido caracterizado como a explicação "instalação elétrica", porque as assimetrias resultam da fiação do sistema nervoso e das diferenças de processamento entre os hemisférios. Uma informação lateralizada no hemisfério não especializado estava em desvantagem porque precisava atravessar os caminhos do corpo caloso para alcançar o hemisfério mais apropriado, ou tinha de ser processada pelo hemisfério menos competente. Outra explicação completamente diferente para esses resultados também tem sido oferecida. Marcel Kinsbourne propôs que as assimetrias observadas na audição dicotômica e nos estudos taquistoscópicos refletem esquemas ocultos na atenção a um lado do espaço após a ativação de um hemisfério.[39] Ele argumentou que o hemisfério especializado para uma certa tarefa torna-se diferencialmente ativo ou "preparado" quando um material apropriado é apresentado a uma pessoa e que esta preparação "transborda" para os centros que controlam a atenção no lado oposto do espaço.

Por exemplo, na opinião de Kinsbourne, a superioridade do ouvido direito em tarefas com a fala apresentada dicotomicamente é uma conseqüência da ativação do hemisfério esquerdo, seguida por uma maior atenção no ouvido do lado oposto, o direito. Uma superioridade do ouvido esquerdo em uma tarefa musical dicotômica refletiria um envolvimento diferencial do hemisfério direito e um esquema concomitante de atenção para o lado esquerdo do espaço.

O modelo atencional de assimetrias de Kinsbourne é similar ao da explicação da "instalação elétrica", a partir da suposição de que existem diferenças funcionais básicas entre os hemisférios. Difere do modelo da "instalação elétrica" na sua explicação de como as diferenças hemisféricas ocasionam as diferenças no desempenho que são estudadas nos testes de comportamento.

Kinsbourne e seus colegas mostraram que tarefas que normalmente não apresentam assimetria no campo visual podem ser feitas para mostrar a superioridade do lado direito, pedindo-se que as pessoas ensaiem subvocalmente uma pequena lista de palavras, enquanto vêem estímulos apresentados lateralmente.[40] Supõe-se que o ensaio ative o hemisfério esquerdo e produza uma mudança da atenção para o lado direito, um processo que resulta num desempenho mais preciso nesse campo visual.

De modo semelhante, a superioridade do ouvido direito, na agilidade ao responder a certas sílabas apresentadas dicotomicamente, torna-se uma ligeira superioridade do ouvido esquerdo quando é pedido à pessoa para comparar uma breve melodia apresentada imediatamente antes de cada par de sílabas com uma melodia apresentada imediatamente depois.[41] Um enfoque atencional pretenderia que os estímulos musicais "prepararam" o hemisfério direito, daí produzindo um esquema de atenção no ouvido esquerdo, o que iria cancelar o esquema no ouvido direito, que ordinariamente ocorre quando a fala é apresentada.

Vários estudos têm fornecido sustentação à hipótese da orientação da ativação,[42] como o modelo atencional é também conhecido, embora poucos pesquisadores acreditem que ela seja uma explicação completa para as assimetrias observadas nos testes lateralizados. Ao mesmo tempo, muitos pesquisadores questionam a adequação da explicação da "instalação elétrica" e estão inclinados a pensar que ambas as visões podem exercer um papel nos fenômenos que estivemos examinando. Ambos os modelos podem ser combinados, se supusermos que preparar um hemisfério serve para facilitar o processamento dos estímulos que são apresentados diretamente a ele.[43]

PESSOAS QUE OLHAM PARA A ESQUERDA E PESSOAS QUE OLHAM PARA A DIREITA

No exercício de sua profissão, o psicólogo clínico M.E. Day notou que os pacientes sempre tendiam a olhar para a esquerda ou para a direita ao responder as perguntas. Day sugeriu que a direção desses movimentos laterais dos olhos (LEMs)* podia estar associada a certas características da personalidade.[44] Paul Bakan estendeu esta idéia e sugeriu que a atividade cognitiva que ocorresse principalmente em um hemisfério iria acionar os movimentos dos olhos para o lado oposto e, dessa forma, os movimentos podiam ser vistos como um indicador da atividade relacionada com os dois hemisférios em um indivíduo.[45] A hipótese de Bakan está baseada no fato bem estabelecido de que os movimentos dos olhos para um lado são controlados por centros no lobo frontal do hemisfério do lado oposto.

Bakan viu a direção dos movimentos laterais dos olhos como uma característica estável de cada indivíduo, refletindo a hemisfericidade do indivíduo — tendência para confiar o processamento a uma metade

---

* LEM — Sigla formada pelas iniciais da expressão *lateral eye movement*. (N. do T.)

do cérebro. Pesquisas posteriores consideraram o papel exercido pelo tipo de questão utilizada para provocar os movimentos dos olhos.[46] Questões que exigem análise verbal, argumentavam, tenderão a ativar o hemisfério esquerdo na maioria dos destros; questões que envolvem uma análise de relações espaciais ativarão o hemisfério direito. A ativação diferenciada das metades do cérebro estariam, então, refletidas nos LEMs à direita e nos LEMs à esquerda, respectivamente.

Para acionar o hemisfério esquerdo, tem sido pedido às pessoas para interpretar provérbios, soletrar palavras e resolver problemas lógicos (Al é mais esperto do que Sam e Al é menos inteligente do que Rick. Quem é mais esperto?). Para ativar o hemisfério direito, têm sido usadas questões sobre visualização (Quantas arestas tem um cubo?) e aptidões musicais (identificação de melodias ao piano). Quando eram encontradas diferenças de direção, predominavam LEMs à direita nas respostas às perguntas do primeiro grupo e ocorriam LEMs à esquerda após questões do segundo tipo.[47]

Outros estudos têm sugerido que a posição de quem aplica o teste afeta o resultado dos estudos de LEM. Especificamente, foi relatado que quando o aplicador do teste estava encarando as pessoas, elas olhavam para um único lado, independentemente da natureza da pergunta. Quando o aplicador se posicionava atrás das mesmas pessoas, os movimentos de seus olhos se relacionavam com o tipo de pergunta feita.

Os LEMS medem realmente a ativação do cérebro?

Que evidência, exatamente, liga os LEMs à assimetria do cérebro? Uma análise recente do trabalho nesta área notou que a ligação é indireta e fraca, baseada principalmente nas concepções dos pesquisadores a respeito do que constitui uma pergunta dirigida ao hemisfério esquerdo ou ao hemisfério direito.[48]

Especialmente difícil é o fato de que aproximadamente metade dos estudos nessa área não conseguiu encontrar as diferenças previstas. *A priori*, as questões usadas nesses estudos aparecem apenas como "hemisfério esquerdo" ou apenas como "hemisfério direito", da mesma forma que aquelas empregadas nos estudos que relatam sucesso. O problema lógico de se estabelecer uma relação entre os movimentos dos olhos e a assimetria no cérebro torna-se um círculo vicioso se alguém tiver de definir a atividade do hemisfério direito e do esquerdo em termos de questões que produzam os resultados esperados.

Na ausência de uma verificação independente para provar que os movimentos dos olhos estão relacionados com a atividade cognitiva diferenciada dos hemisférios, seria prudente interpretar com cautela os resultados dos estudos dos LEMs. Uma análise, da qual Bakan foi um dos coautores, afirmou que a convergência das evidências provenientes de várias técnicas dá sustentação ao modelo de LEM.[49] Todavia, a evidência é fraca, levando-nos a concluir que é prematuro postularem-se conclusões referentes a assimetrias cerebrais e processamento de diferentes espécies de perguntas, com base na direção dos movimentos dos olhos.

FAZENDO DUAS COISAS AO MESMO TEMPO:

Mapeamento do espaço funcional do cérebro.

Todos sabemos que certas combinações de tarefas são relativamente fáceis de fazer ao mesmo tempo, enquanto outras tarefas parecem interferir entre si. Por exemplo, muita gente pode ouvir música e ler simultaneamente, embora as mesmas pessoas sejam incapazes de acompanhar uma conversação enquanto lêem. Intuitivamente, parece que tarefas que solicitam áreas bem diversas do cérebro, quando realizadas ao mesmo tempo, mostram menos interferência do que tarefas que contam com as mesmas áreas básicas.

Marcel Kinsbourne, utilizando essas observações, pesquisou aquilo que ele chamava de "espaço funcional do cérebro".[50] Ele propôs que a distância entre as áreas do cérebro que controlam diferentes movimentos se reflete quando vários movimentos são empreendidos simultaneamente, à medida que exista competição ou cooperação. Num estudo, pediu-se a pessoas destras para equilibrar uma vareta de madeira nos seus dedos indicadores em silêncio e enquanto repetiam frases curtas. Os resultados indicaram que, quando a pessoa estava falando, a mão direita não conseguia manter o equilíbrio tão bem ou por tanto tempo quanto conseguia estando em silêncio. Não era o caso dos canhotos, entretanto, que se saíam igualmente bem nas duas condições.[51]

Embora não existam conexões diretas entre o centro de controle da fala e qualquer centro de controle dos membros, Kinsbourne presumia que a região do controle da fala é mais próxima do centro de controle do braço direito do que do centro de controle do braço esquerdo. Por isso, havia um maior rompimento quando a fala acompanhava a mão direita equilibrando a vareta.

Um estudo posterior mostrou que um material mais difícil ensejava à mão esquerda menor tempo de equilíbrio do que um material mais fácil; os tempos de equilíbrio da mão esquerda não eram afetados pela dificuldade. Interessantemente, sob a condição de verbalização, os canhotos mostravam interrupções nos tempos de equilíbrio de ambas as mãos, de forma convergente com a evidência que sugere que os canhotos, como um grupo, têm as funções verbais menos claramente lateralizadas.[52] Outros estudos usando a abordagem dupla tarefa/mesmo tempo, com diferentes tarefas, forneceram uma maior sustentação.[53]

Embora os experimentos com interferência de tarefas duplas sejam inteligentes e realmente interessantes, permanecem algumas restrições importantes com relação a essa abordagem. Por exemplo, não há nenhuma validação do espaço funcional que seja independente do estudo usado para demonstrá-lo. Se duas tarefas interferem entre si, presume-se que elas estejam mais próximas no espaço funcional do que duas tarefas que interfiram menos ou não interfiram de forma alguma. Por si mesmo, esse tipo de raciocínio é circular demais para ser adequado.

Além disso, têm havido muitos relatos de falhas contestando as descobertas básicas. As razões por que alguns pesquisadores não têm obtido sucesso não estão claras, mas é óbvio que o resultado dos estudos com interferência de tarefas duplas é influenciado por muitos fatores. É necessária mais pesquisa para que a interpretação e a validade desta abordagem possam ser estimadas.

NOVAS DIREÇÕES

O desenvolvimento de modelos cada vez mais sofisticados de funções do mais alto nível mental em pessoas normais, tem contribuído para a intensificação do interesse nas pesquisas neuropsicológicas em pessoas normais. O que aprendemos com pacientes da clínica médica deve ajudar o desenvolvimento de modelos para o funcionamento normal e as pesquisas neuropsicológicas em pessoas normais permitem testes diretos de algumas das idéias geradas valendo-se do trabalho clínico.

O apelo do trabalho com pessoas normais é evidente. Primeiro, são evitadas as limitações que se colocam na pesquisa clínica e de comissurotomia pela escassez de pacientes. Segundo, um trabalho com pessoas neurologicamente normais oferece aos pesquisadores mais liberdade nos tipos de experimentos que podem ser imaginados. Terceiro, e talvez o mais importante, um trabalho com pessoas normais permite o estudo de assimetrias no mesmo sistema que, afinal, está se tentando entender: o cérebro humano normal.

Embora os estudos do campo visual e da audição dicotômica tenham sido os mais amplamente usados, outras abordagens, também, estão agora merecendo atenção. Como veremos no próximo capítulo, técnicas eletrofisiológicas e de imagens do cérebro oferecem a oportunidade de se observar diretamente correlações na atividade cerebral em pessoas normais durante uma tarefa em andamento. Observando padrões da atividade cerebral como uma função da atividade cognitiva, usando esses paradigmas, os pesquisadores esperam construir uma compreensão mais clara dos processos envolvidos nos atos mentais de nível mais elevado.

4

MEDINDO O CÉREBRO E SUA ATIVIDADE:
Correlatos Fisiológicos da Assimetria

Talvez a forma mais direta de pesquisar as diferenças entre os hemisférios seja medir a atividade do próprio cérebro. Essa estratégia difere das abordagens consideradas no capítulo 3, nas quais as inferências sobre o cérebro foram obtidas com base no comportamento em situações especiais de teste. Medições mais diretas da atividade cerebral evitam muitas das suposições necessárias nos estudos tradicionais do comportamento. Também tornam possível o estudo de grupos especiais de pessoas, tais como crianças ou animais, que poderiam ser incapazes de responder conforme o modo exigido nos testes de comportamento.

Há várias maneiras diferentes de determinar a anatomia do cérebro e de acompanhar a atividade cerebral. Talvez o mais óbvio seja medir o tamanho e a forma dos hemisférios. Novas técnicas tornaram possível estudar as assimetrias anatômicas *in vivo*, isto é, em pessoas vivas.

A atividade do cérebro é muito complexa, incluindo vários processos químicos e elétricos num *continuum* de funções micro e macroscópicas. A comunicação eletroquímica microscópica entre milhões de neurônios produz mais padrões globais de atividade elétrica do que pode ser registrado pelos eletrodos no couro cabeludo. As "ondas cerebrais" registradas em vários pontos da cabeça e mesmo fracos campos magnéticos produzidos pela atividade neural podem ser estudados quanto a diferenças, dentro dos hemisférios e entre eles.

Os processos metabólicos microscópicos dos neurônios exigem que o sangue leve oxigênio e glucose aos tecidos cerebrais e remova os produtos residuais. Medidas do fluxo de sangue nos dois lados do cérebro, assim como diferenças no metabolismo de nutrientes específicos, podem fornecer medidas úteis da atividade cerebral em cada lado ou em pequenas regiões do cérebro. O recente desenvolvimento técnico tem possibilitado, cada vez mais, a produção de imagens sofisticadas dessa atividade e da distribuição de alguns dos elementos químicos envolvidos na transmissão de sinais dos neurônios. O rápido crescimento do campo da "neuroimagem funcional" está cativando a imaginação daqueles que vêem tal pesquisa como que olhando para a mente em atividade. Outros sentem que as expectativas com relação ao que pode ser realizado com as imagens do cérebro podem ser exageradas.

Neste capítulo, vamos examinar primeiramente a evidência apoiada nas assimetrias anatômicas e nos registros das atividades elétricas do cérebro. Em seguida abordaremos alguns dos trabalhos atuais que examinam a organização cerebral com a tecnologia de imagem, e tentar apresentar uma visão equilibrada do potencial deste trabalho excitante, que estuda mais diretamente a atividade do cérebro esquerdo e do cérebro direito.

ASSIMETRIAS ANATÔMICAS NOS DOIS HEMISFÉRIOS

Um relato de 1968, de Norman Geschwind e Walter Levitsky, demonstrou inequívocas assimetrias anatômicas nos dois hemisférios do cérebro humano, nas regiões importantes para a fala e a linguagem.[1] Publicado em uma revista amplamente lida por cientistas de várias disciplinas diferentes, o artigo causou grande excitação entre aqueles interessados na assimetria hemisférica das funções.

Entretanto, Geschwind e Levitsky não foram os primeiros pesquisadores a observar tais assimetrias no cérebro. Assimetrias têm sido relatadas esporadicamente desde a segunda metade do século XX, época em que as diferenças eram em geral consideradas triviais e insuficientes para explicar as diferenças funcionais entre o cérebro esquerdo e o direito.

No final da decada de 1960, contudo, a ocasião era propícia à reconsideração da possibilidade de que as assimetrias funcionais entre os hemisférios pudessem ter uma base física em nível anatômico, não microscópico. Desde a publicação do relato de Geschwind e Levitsky, vários outros pesquisadores estudaram o problema, ampliando a pesquisa das assimetrias para recém-nascidos e primatas não-humanos. Neste capítulo, vamos examinar evidências enfocando as assimetrias no cérebro humano adulto. Deixaremos a discussão do trabalho com recém-nascidos e primatas não-humanos para o capítulo 9.

Medindo os Hemisférios

As assimetrias encontradas por Geschwind e Levitsky estavam na extensão do plano temporal (*planum temporale*), a superfície superior da região do lobo temporal atrás do córtex auditivo. De 100 cérebros medidos após a morte, foram encontrados 65 que tinham um plano temporal maior no hemisfério esquerdo do que no direito, 11 tinham um plano temporal maior no hemisfério direito e 24 não apresentavam nenhuma diferença. Em média, o plano temporal era um terço mais longo no esquerdo do que no direito. A Figura 4.1 mostra a localização dessas assimetrias.

Embora o tamanho dessas assimetrias seja expressivo, a sua localização é mais significativa. O plano temporal faz parte da área de Wernicke, região assim chamada por causa de Karl Wernicke, o primeiro a notar que uma lesão nessa área ocasiona com freqüência vários sintomas afásicos. Geschwind e Levitsky propuseram que as assimetrias observadas por eles eram compatíveis com as assimetrias funcionais que se acreditava controladas por esta região.

Vários grupos usando diversos procedimentos para medir o plano temporal confirmaram as observações de Geschwind e Levitsky.[2] Setenta por cento das 337 amostras de cérebro (incluindo os 100 cérebros estudados por Geschwind e Levitsky) apresentaram uma assimetria que favorecia o hemisfério esquerdo em extensão ou na área do plano temporal.

O esquerdo torna-se maior ou é o direito que fica menor? Numa recente reavaliação dos dados anatômicos usados por Geschwind, o neurologista Albert Galaburda e associados encontraram uma relação interessante entre o grau de assimetria e o tamanho de cada plano temporal. Geschwind havia previamente presumido que a assimetria observada era resultante de um maior ou mais rápido desenvolvimento do lado esquerdo. Ele preconizou que cérebros simétricos são resultado de um lado esquerdo menos desenvolvido.

Galaburda, entretanto, descobriu que o plano esquerdo (plano temporal) permanece com o tamanho aproximadamente constante (corrigido por uma variação no tamanho total do cérebro), mas que o plano direito é maior em cérebros simétricos e menor em cérebros assimétricos.[3] Assim, os cérebros simétricos tendem a ter dois grandes planos, enquanto a maioria dos cérebros assimétricos tem um plano esquerdo grande e um plano direito pequeno. Galaburda considerava que quaisquer fatores que exercessem um papel no desenvolvimento dessas assimetrias agiam controlando a extensão do desenvolvimento do lado direito na maioria das pessoas.

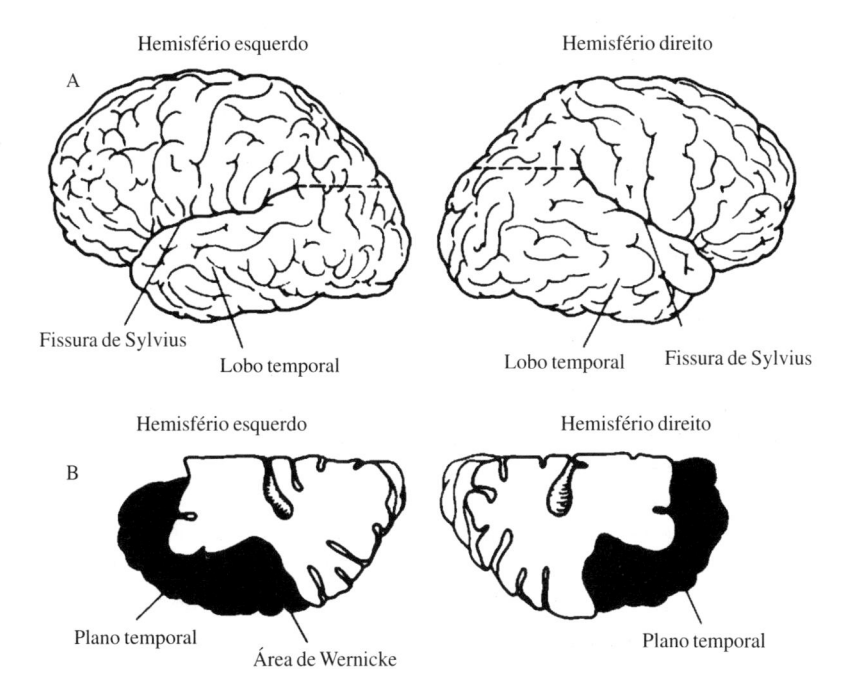

Figura 4.1 – Assimetrias anatômicas no córtex do cérebro humano. (A) A fissura de Sylvius, que define a margem superior do lobo temporal, sobe mais abruptamente no lado direito do cérebro. As linhas pontilhadas representam o plano da seção na figura B. (B) (vista de cima) O plano temporal que forma a superfície superior do lobo temporal é geralmente muito maior no lado esquerdo. Esta região do hemisfério esquerdo é considerada parte da área de Wernicke, uma região envolvida na linguagem. [De Geschwind, "Specializations of the Human Brain", *Scientific American, Inc.*, 1979. Todos os direitos reservados.]

119

Medidas no Cérebro Vivo

Os estudos anatômicos considerados até este ponto têm envolvido medições tiradas de cérebros examinados após a morte. Outra evidência sugere que também é possível encontrar assimetrias no cérebro vivo. Tais técnicas são particularmente valiosas porque permitem aos pesquisadores correlacionar as descobertas anatômicas com o desempenho medido em pessoas vivas.

Angiografia cerebral. Uma técnica tira vantagem do fato de os caminhos dos grandes vasos sangüíneos no cérebro refletirem a anatomia do tecido cerebral que os envolve. Em particular, a artéria cerebral média segue pela região específica da linguagem no lobo temporal. Por muitos anos os neurologistas têm usado um procedimento conhecido como angiografia cerebral para visualizar esse grande vaso sangüíneo com o objetivo em determinar se as regiões do cérebro próximas a ele foram lesadas. Uma tinta injetada dentro da artéria carótida, no pescoço (a mesma artéria usada no procedimento de Wada), flui na artéria cerebral média, tornando a artéria visível quando é feito um raio-x do crânio. Majorie LeMay e seus colegas têm uma evidência que sugere que assimetrias esquerda-direita, consistentes com aquelas encontradas nas medições de cérebros após a morte, podem ser observadas com o procedimento angiográfico.[4]

Tomografia computadorizada. Outra técnica usada para medir a assimetria no cérebro vivo é a tomografia computadorizada (rastreamento TC). Num rastreamento TC, uma fonte de raios-x gira numa superfície em torno da cabeça enquanto detectores acompanham continuamente a intensidade do feixe de luz do raio-x, que passa para o outro lado. Um computador armazena essa informação e, então, usa-a para reconstruir a imagem de uma fatia do cérebro. A Figura 4.2 mostra uma representação do rastreamento TC.

Esta técnica vem sendo usada há muitos anos para definir a localização de lesões em casos de danos no cérebro. LeMay e seus colegas também usaram ativamente os dados do rastreamento TC para estudar assimetrias, com algum sucesso.[5]

Imagem por ressonância magnética. As técnicas de angiografia cerebral e de rastreamento TC dependem de radiação do raio-x. Uma técnica de imagem do cérebro chamada imagem de ressonância magnética (IRM) é capaz de gerar excelentes imagens transversais da estrutura do cérebro sem a penetração de radiações. A técnica usa o princípio da ressonância magnética nuclear, freqüentemente designada pela abreviação RMN. No procedimento de RMN é usada uma combinação de ondas de rádio e de um campo magnético forte (gerado por um grande eletromagneto), para detectar a distribuição de moléculas de água no tecido vivo (os átomos de hidrogênio na água "ressoam" pelo efeito combinado das ondas de rádio e do campo magnético). Desse modo, as densidades do tecido cerebral podem ser calculadas com bastante exatidão e uma imagem pictórica excelente pode ser gerada por computador.[6] A Figura 4.3 mostra um exemplo da resolução alcançada por um rastreamento IRM.

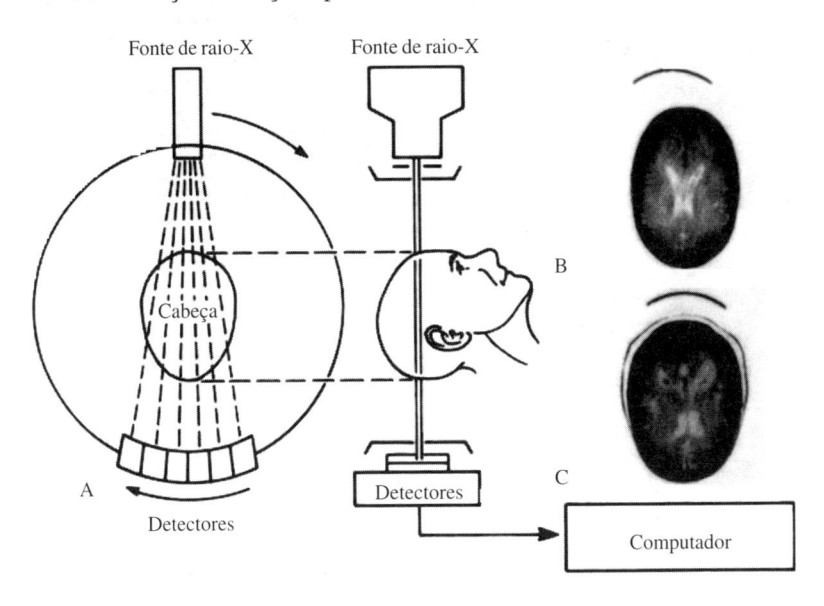

Figura 4.2 – (A) Um rastreamento de tomografia computadorizada (TC) usa um feixe de raios-x e uma série de detectores em torno da cabeça da pessoa, para calcular a densidade dos tecidos numa determinada fatia do cérebro. Um computador reconstrói uma figura bidimensional do cérebro na superfície varrida pelos raios-x. As imagens de TC mostradas aqui são: (B) normal, sem evidência alguma de patologia e (C) anormal, com alargamento dos ventrículos (espaços cheios de fluido — áreas centrais claras), especialmente à direita, atrofia moderada, e infarto frontotemporal (derrame cerebral).

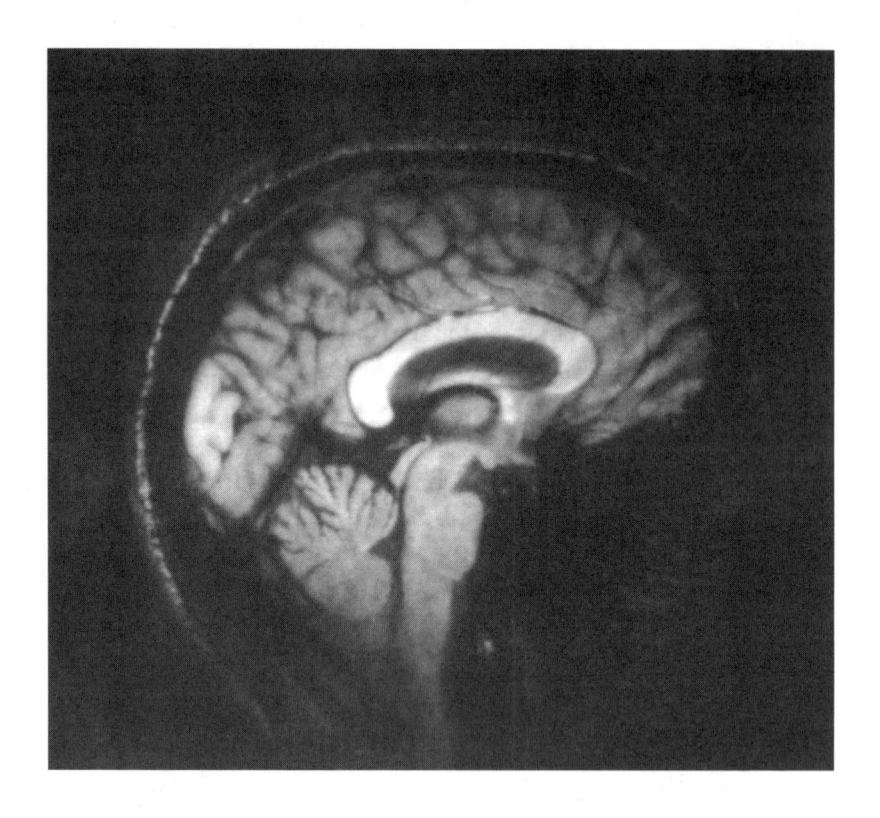

Figura 4.3 – Rastreamento de ressonância magnética nuclear (RMN). Uma imagem da seção transversal de um cérebro normal reconstruída por computador, usando dados derivados de RMN de hidrogênio nas moléculas de água da cabeça de uma pessoa. [Cortesia do dr. Hoby Hetherington, Center for Nuclear Imaging Research, Universidade de Alabama, Birmingham.]

O que as Assimetrias Anatômicas nos Contam?

Muito do interesse nas técnicas que podem medir assimetrias no cérebro vivo diz respeito ao problema básico de interpretar as assimetrias anatômicas. As assimetrias identificadas se relacionam de forma significativa com as assimetrias funcionais entre os hemisférios? Ainda não sabemos. A maioria dos dados relativos às assimetrias anatômicas advém das medidas após a morte e freqüentemente nada se sabe dos tipos de assimetrias funcionais que possam ter existido antes da morte. Em muitos casos é desconhecida até mesmo a habilidade manual dos indivíduos.

Procedimentos que permitem medições no cérebro vivo nos oferecem uma forma de coletar muita informação decisiva. Baterias de testes de comportamento e testes eletrofisiológicos, projetados especificamente para o estudo da distribuição de funções entre os hemisférios, podem ser usados paralelamente a medições da assimetria do cérebro, nos mesmos indivíduos, para verificar a ocorrência de relações. Os dados indicam que, em geral, os canhotos apresentam menos assimetria anatômica do que os destros.[7] É claro, entretanto, que os pesquisadores apenas começaram a estudar como se relacionam as assimetrias anatômicas, as assimetrias funcionais e as habilidades cognitivas.

ATIVIDADE ELÉTRICA NO CÉREBRO ESQUERDO E NO CÉREBRO DIREITO

Em 1929, o psiquiatra austríaco Hans Burger descobriu que padrões de atividade elétrica poderiam ser registrados com eletrodos colocados em vários pontos do couro cabeludo. Esses padrões foram chamados de eletroencefalograma (EEG), que significa, literalmente, "escrita elétrica do cérebro". Embora o EEG seja acompanhado com base no couro cabeludo, Burger conseguiu demonstrar que parte da atividade que ele registra tem origem no próprio cérebro e não se deve simplesmente à musculatura do couro cabeludo.

Os dispositivos para registrar o EEG tornaram-se um lugar-comum em clínicas médicas, logo que os pesquisadores demonstraram que anormalidades do cérebro, tais como epilepsia e tumores, são acompanhados por padrões distintos de atividade elétrica. Seu potencial como instrumento de pesquisa também foi rapidamente reconhecido e realizaram-se numerosos estudos procurando correlações do EEG com a personalidade, a inteligência e o comportamento.

Usando o EEG para Estudar Assimetria

Até o final da década de 1960, os registros de EEG eram tipicamente feitos com eletrodos colocados em diferentes pontos do topo da cabeça ou apenas em um lado da cabeça. Supunha-se que a atividade fosse idêntica nos dois lados. Quando os eletrodos eram colocados em ambos os lados, entretanto, poucos estudos relatavam assimetrias em EEG. As assimetrias pareciam estar relacionadas com a preferência manual, mas não de uma maneira simples. David Galin e Robert Ornstein, do Instituto Neuropsiquiátrico Langley Porter, em São Francisco, foram dois dos primeiros pesquisadores a estudar detalhadamente essas assimetrias e a relacioná-las com a natureza da tarefa realizada pela pessoa enquanto o EEG era registrado.[8]

Galin e Ornstein registraram a atividade de EEG de posições simétricas em cada lado da cabeça, enquanto as pessoas realizavam tarefas verbais, como escrever uma carta, e tarefas espaciais, como construir um padrão geométrico memorizado com blocos multicoloridos. Os resultados foram analisados em termos da razão entre a força do EEG do hemisfério direito (D) e a força do EEG do hemisfério esquerdo (E). A força do eletroencefalograma é simplesmente a soma da energia elétrica que é produzida por unidade de tempo. Eles descobriram que a razão D/E de força nas tarefas verbais era significativamente maior do que nas tarefas espaciais.

À primeira vista, esses resultados parecem ser exatamente o oposto do que se poderia prever, porque a escrita da carta é uma tarefa do hemisfério esquerdo e deveria produzir uma atividade relativamente maior do hemisfério esquerdo do que a tarefa com blocos. Este "problema", contudo, resolve-se logo, ao se considerar que têm sido identificados vários ritmos diferentes de atividade constituindo o registro do EEG.

Figura 4.4 – Eletroencefalogramas típicos. A "cabeça" à esquerda de cada registro mostra a colocação apropriada dos eletrodos. (A) Em repouso, com os olhos abertos. (B) Em repouso, com os olhos fechados. As ondas de grande magnitude, que ocorrem a uma freqüência de 8 a 12 por segundo, são as ondas alfa. (C) Os intensos sinais agudos associados com um ataque epilético. (D) "Morte no cérebro" ou "morte cerebral". Embora o coração possa estar pulsando, o registro eletricamente imóvel mostra que o paciente está clinicamente morto. (E) Registro simultâneo da atividade de EEG do temporal esquerdo e do temporal direito, enquanto a pessoa executa uma tarefa de organização dos blocos. À direita, os gráficos dos registros de cada hemisfério representam uma análise da "força" relativa de várias freqüências em forma de ondas de EEG. Notar que o registro esquerdo contém uma maior quantidade de alfa, evidenciada pelos picos de 8 a 12 ciclos, no gráfico de freqüências. Durante a fala e a escrita, é registrada mais freqüência alfa no lado direito. O grau e a direção da assimetria varia conforme a tarefa. [Parte E adaptada de Galin e Ornstein, "Lateral Specialization of Cognitive Mode: An EEG Study" Fig. 1, p.417, *Psychophysiology* (1972) 9 (The Society for Psychophysiological Research, 1972) e de Doyle, Ornstein e Galin, "Lateral Specialization of Cognitive Mode: II. EEG Frequency Analysis", Fig.1, p.571, *Psychophysiology* (1974) 11 (The Society for Psychophysiological Research). Reimpresso com permissão do editor.]

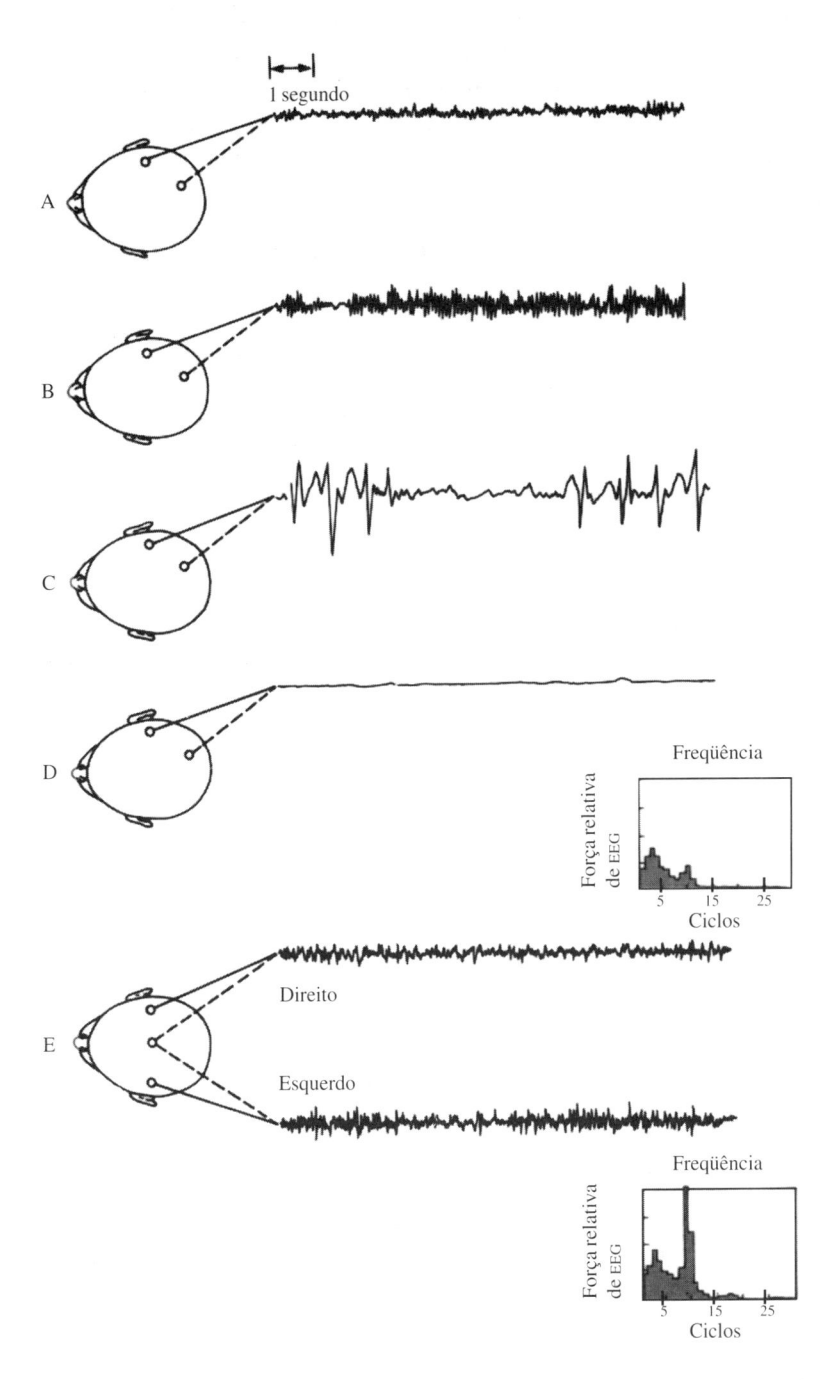

1 segundo

A

B

C

D

Freqüência

Força relativa de EEG

5 15 25
Ciclos

E

Direito

Esquerdo

Freqüência

Força relativa de EEG

5 15 25
Ciclos

O primeiro a ser descoberto é também o mais famoso: o ritmo alfa. A atividade alfa é a constituição de ciclos rítmicos na atividade elétrica, que ocorrem de 8 a 12 vezes por segundo. É a atividade predominante no EEG quando a pessoa está descansando calmamente com os olhos fechados. Os outros ritmos que integram o EEG são também identificados por letras gregas. A Figura 4.4 mostra formas de ondas de EEG em quatro estados diferentes do cérebro.

Uma análise dos resultados de Galin e Ornstein mostrou que o ritmo predominante nos registros de EEG era alfa. Como alfa reflete um estado de repouso do cérebro, seria de se esperar menos atividade alfa para acompanhar um maior envolvimento em uma determinada tarefa. Assim, o hemisfério esquerdo deveria revelar relativamente menos alfa, quando uma pessoa estivesse executando uma tarefa de linguagem, em oposição à quantidade alfa presente quando a pessoa estivesse executando uma tarefa espacial, como o problema de organização dos blocos. Foi isso, precisamente, que se encontrou.

Vantagens e Desvantagens do EEG

As medições eletroencefalográficas da assimetria tornaram-se populares para muitos pesquisadores. Como não se baseiam em uma resposta clara da pessoa, elas podem ser usadas para estudar as assimetrias cerebrais de crianças, pacientes afásicos e outras pessoas das quais poderia ser difícil obter tais respostas. Além disso, o EEG é uma medida em tempo contínuo e pode ser usada para estudar a atividade em processo no cérebro enquanto a pessoa executa tarefas longas e complexas.

Embora a medição do EEG, em sua forma mais recente, seja muito útil para alguns estudos, é difícil ver, no EEG, mudanças que se refiram à ocorrência de estímulos específicos. De fato, as complexas formas de ondas do EEG não parecem mudar muito com diferentes tipos de alimentação sensorial, mas, ao contrário, parecem refletir o nível geral de ativação do cérebro.

O Potencial Evocado

Uma cuidadosa análise do EEG, contudo, revela que ocorrem alterações específicas em resposta à apresentação de um estímulo, tal como um foco de luz, mas elas são escondidas pela atividade total do *background* do cérebro. Para tornar visível a alteração em resposta a um estímulo específico, é usado um computador para tirar a média dos registros das formas das ondas após repetidas apresentações do mesmo estímulo. A atividade elétrica que ocorre por acaso, em relação à apresentação do estímulo, será por esse método cancelada, enquanto a atividade que ocorre numa relação fixa de tempo com o estímulo emergirá como o potencial evocado pelo estímulo.

O potencial evocado (PE) consiste em uma seqüência de mudanças positivas e negativas com referência a uma linha-base e dura cerca de 500 milésimos de segundo depois do término do estímulo. Cada potencial pode ser analisado em termos de certos componentes ou parâmetros, tais como amplitude e latência (a soma de tempo desde o início do estímulo até o início da atividade).

A natureza do estímulo (auditivo, visual, somato-sensorial) é um dos fatores que afeta a forma precisa do potencial evocado. Além disso, a região de cada hemisfério que gera atividade máxima é diferente para cada tipo de estímulo. A Figura 4.5 mostra PEs típicos de estímulos em diferentes modalidades. Nossa principal preocupação aqui é se o PE gerado por um estímulo é o mesmo quando os registros são feitos de pontos equivalentes nos dois lados da cabeça.

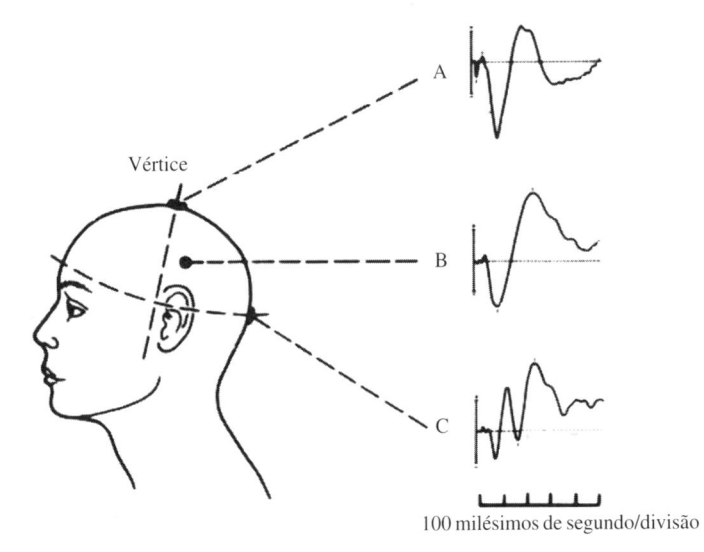

100 milésimos de segundo/divisão

Figura 4.5 – Potenciais evocados característicos da estimulação (A) auditiva, (B) somato-sensorial e (C) visual. As linhas interrompidas indicam a localização aproximada no couro cabeludo a partir de onde são registrados os picos mais pronunciados. [Adaptado de Thompson e Patterson, eds., *Bioelectric Recording Techniques* (Nova York: Academic Press, Inc.)]

Os psicólogos Dennis Molfese e seus colegas coletaram extensos dados sobre PEs de estímulos verbais e não-verbais.[9] Em um estudo, eles descobriram que a amplitude de parte do PE de estímulos verbais era maior no hemisfério esquerdo do que no direito. Esta diferença foi vista até quando a pessoa simplesmente ouvia os estímulos sem tentar identificá-los. Estímulos não-verbais, entretanto, produziam atividades de amplitude maior no hemisfério direito.

Vários estudos também se voltaram para a forma como as assimetrias são afetadas pela tarefa que a pessoa está executando, enquanto o PE é registrado. Em um desses estudos, era apresentada às pessoas uma seqüência de sílabas faladas produzidas sinteticamente, que podia diferir na consoante inicial ("bá" *versus* "dá") ou no tom (alto ou baixo).[10] Em uma metade dos testes, as pessoas eram instruídas a ouvir cada ocorrência de "bá", sem fazer caso do seu tom. Na outra metade, as pessoas eram instruídas a ouvir sílabas em tom alto, independentemente de seus nomes.

Em cada caso foram registrados os potenciais evocados pelo tom alto de "bá" no hemisfério esquerdo e no direito. Este procedimento capacitava os pesquisadores a estudar o efeito de duas atividades mentais diferentes na assimetria do PE, enquanto eram mantidas exatamente as mesmas condições de estimulação. Os resultados mostraram uma diferença nos PEs produzidos durante as tarefas de nomear e as de discriminação de tom, mas apenas no hemisfério esquerdo. Essas descobertas levaram os pesquisadores a sugerir que há diferenças hemisféricas na habilidade de identificar uma sílaba, mas não existem diferenças na habilidade de determinar o tom de uma sílaba.

Potenciais Evocados por Sonda durante a Atividade Mental

Os experimentos comuns de PE limitavam-se a gravar respostas a estímulos curtos, geralmente simples. A sondagem do potencial evocado é um desenvolvimento mais recente, que expandiu grandemente as aplicações dos métodos de PE no estudo das relações cérebro/comportamento, envolvendo uma atividade mental mais complexa. Em vez de examinar a resposta a uma estimulação repetida sobreposta a uma de estado de descanso, o aplicador do teste pede à pessoa para realizar uma tarefa, durante a qual é introduzido repetidamente algum estímulo irrelevante como "sonda" (por exemplo, um estalido ou um piscar de luz). O que interessa é a extensão em que o PE, excitado regularmente pelo estímulo-sonda, é suprimido pela atividade ou pela tarefa que a pessoa está executando.

Presume-se que o cérebro pode realizar bem apenas um número limitado de tarefas simultâneas. Assim, quanto mais complexa a tarefa de fundo, maior é a redução da resposta normal do cérebro a um estímulo intermitente de sonda. A sondagem de PEs pode ser registrada simultaneamente em várias regiões do cérebro. Acredita-se que a mudança de amplitude na sondagem do PE é determinada pelo grau de exigência da tarefa e pelas áreas envolvidas na execução da tarefa.

Num estudo que usa essa abordagem, o engajamento relativo das regiões temporal e parietal do hemisfério esquerdo e do direito foi acompanhado durante uma tarefa de aritmética e uma tarefa visuoespacial por registros de PEs, tendo como sonda um som apresentado por fones de ouvido.[11] Em todas as condições, as pessoas viam as mesmas séries de estímulos, que consistiam em partes fragmentadas ao lado de uma forma geométrica completa, com números impressos dentro de cada fragmento e dentro da forma completa. Na série visuoespacial, as pessoas assinalavam com o movimento de um dedo se os fragmentos criariam a forma geométrica inteira mostrada ao lado. Nos testes de aritmética, as pessoas indicavam se os números dentro dos fragmentos somavam o número da figura completa.

A amplitude dos PEs nas sondagens com o som variavam de acordo com a tarefa que as pessoas estavam executando. Comparados com os controles, os PEs pela sonda foram significativamente reduzidos na área temporal esquerda durante os cálculos aritméticos. A tarefa visuoespacial produzia uma redução maior da sonda na região parietal direita.

Esses resultados confirmam, certamente, o envolvimento do hemisfério esquerdo em operações "analítico-seriais", como aquelas envolvidas na fala e no cálculo, e no envolvimento do hemisfério direito em certos processos visuoespaciais. Além disso, este estudo é um bom exemplo de um projeto experimental, em que as instruções para os sujeitos são variadas, em tarefas que envolvem estímulos idênticos e respostas idênticas, permitindo aos pesquisadores isolar melhor as mudanças de função cerebral resultantes de diferenças na função psicológica ou mental.

Experimentos semelhantes têm sido usados para investigar cuidadosamente o envolvimento hemisférico no reconhecimento do tom emocional na fala.[12] As pessoas ouviam as mesmas conversas sob duas condições de tarefas, uma na qual elas tinham de relatar, ao fim da apresentação, quantas vezes a sílaba "ná" ocorria. Na outra situação, elas relatavam as emoções comunicadas por locutor durante a conversa. A redução nas sondagens de PEs, com um estalido apresentado repetidamente, foi maior no hemisfério esquerdo sob a condição de descoberta de sílabas e maior no hemisfério direito, durante os julgamentos dos tons emocionais. Assim, evidenciou-se que a mesma conversa era processada em maior extensão pelo hemisfério esquerdo quando a atenção era requerida para os sons da fala e, pelo hemisfério direito, quando eram necessários julgamentos emocionais do som. (Uma discussão complementar do papel do hemisfério direito na emoção é encontrada no capítulo 7.)

Até onde os Registros da Atividade Elétrica do Cérebro pelo Couro Cabeludo Podem nos Levar?

Nos últimos anos, Alan Gevins e colegas levaram as medidas de EEG e de resposta evocada a um novo nível de sofisticação pelo registro de nada menos que 125 eletrodos colocados sobre toda a cabeça de uma pessoa. Por meio de uma complexa análise, por computador, das mudanças do EEG em todos os pontos com eletrodo, associadas aos vários estágios das condições de uma tarefa repetida, Gevins relatou várias descobertas referentes às regiões cerebrais ativadas por diferentes operações cognitivas.[13] Muitas dessas descobertas são relatadas em termos de "co-variação" de múltiplas regiões cerebrais entre si durante a estimulação, resposta ou tomada de decisão. As regiões que mudam conjuntamente num EEG são identificadas como parte da "rede" de neurônios envolvida na tarefa ou num estágio particular da tarefa.

Este trabalho é controvertido, mas tem promovido vários conceitos inovadores, incluindo a busca de correlações em mudanças de atividade cerebral em oposição à simples identificação dos locais de maior mudança de atividade. Retornaremos a esse conceito quando discutirmos os estudos de imagens metabólicas, adiante, neste capítulo.

Muitos eletrofisiólogos sustentam que os registros com base no do couro cabeludo não são suficientes para isolar a atividade elétrica do cérebro com alguma precisão e que são necessárias técnicas diferentes para se fazer inferências relativas a essa atividade em muitas regiões do cérebro. O desenvolvimento da magnetoencefalografia foi estimulado por tais considerações.

MAGNETOENCEFALOGRAFIA

A atividade neural não apenas gera campos elétricos mas também produz campos magnéticos. Nos últimos anos, tornou-se tecnologicamente possível registrar e isolar os campos magnéticos que acompanham os campos elétricos gerados pela atividade dos neurônios, dentro de regiões específicas do cérebro. Os campos magnéticos criados pela atividade de neurônios isolados são extremamente pequenos, mas, sob certas condições, os campos magnéticos de vários neurônios simultaneamente ativos se combinam para produzir campos que são suficientemente fortes para serem medidos na superfície da cabeça. Tal registro é chamado de magnetoencefalograma (MEG), a contrapartida magnética do EEG. Cálculos baseados em medições do MEG permitem a localização tridimensional dos grupos das células que geraram o campo medido. Assim, a maior vantagem desta técnica sobre o EEG é sua capacidade de localizar melhor, dentro do cérebro, a fonte da atividade que está sendo registrada. A Figura 4.6 ilustra o equipamento.

Para captar os campos magnéticos muito fracos do cérebro são necessárias bobinas de supercondutores especiais e as medições são feitas rotineiramente em salas especiais blindadas magneticamente. O coração de uma sonda MEG é um instrumento sensível chamado dispositivo de interferência no *quantum* supercondutor (SQUID),* imerso em hélio líquido. Movendo uma única sonda ou usando sondas múltiplas colocadas em diferentes posições, o procedimento MEG cria "mapas de isocontornos", isto é, mapas com círculos concêntricos, que representam diferentes intensidades do campo magnético (ver Figura 4.7). Valendo-se desses mapas pode ser calculada a localização tridimensional dos neurônios geradores do campo.

Os pesquisadores tentaram inicialmente usar o MEG para estabelecer a localização e a profundidade das correntes elétricas das descargas em tecidos epiléticos mais precisamente do que era possível só com o EEG. Foram muito bem-sucedidos; por exemplo, num paciente a atividade epilética foi localizada numa região exata de 10 a 11 milímetros abaixo do seu couro cabeludo.[14]

Campos Evocados

A resposta a um estímulo externo pode ser medida com MEG, utilizando um sistema análogo ao do potencial evocado (PE). Vimos como um estímulo auditivo, somato-sensorial ou visual repetido vai gerar uma res-

---

* Expressão original em inglês: *superconducting quantum interference device*. (N. do T.)

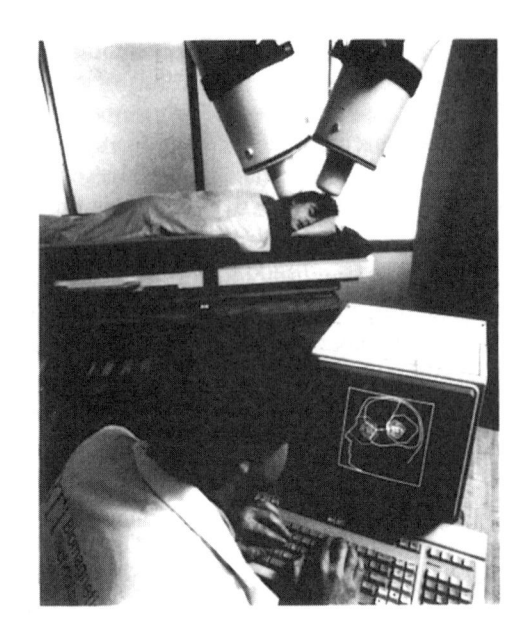

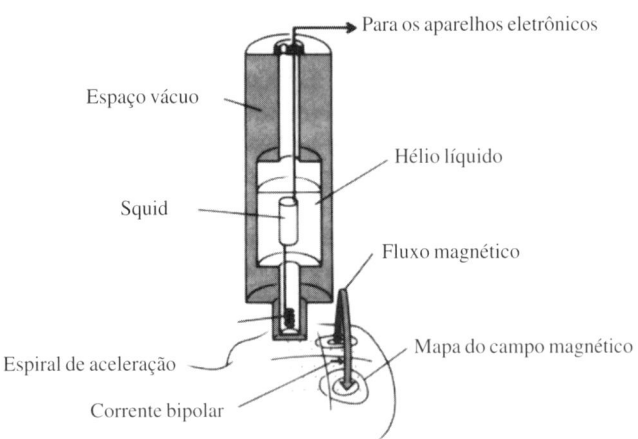

Para os aparelhos eletrônicos

Espaço vácuo

Hélio líquido

Squid

Fluxo magnético

Espiral de aceleração

Mapa do campo magnético

Corrente bipolar

Figura 4.6 – (A) Um paciente sendo submetido a um rastreamento cerebral que utiliza um neuromagnetômetro de 14 canais. O processo rastreia a função elétrica do cérebro, detectando campos magnéticos gerados por corrente elétrica dentro do cérebro. [Cortesia de Biomagnetic Technologies, Inc., San Diego, CA.] (B) Os campos magnéticos do cérebro são medidos com o uso de um amplificador supercondutor (SQUID; ver texto) acoplado a bobinas especiais. O hélio líquido mantém o sistema em baixa temperatura, necessária para a supercondutividade. [Cortesia do dr. Jackson Beatty, Universidade da Califórnia, Los Angeles, CA.]

posta mensurável ou uma mudança em relação à média das formas das ondas do EEG. O mesmo estímulo produz um formato característico de onda no campo magnético registrado em regiões cerebrais específicas, cuja fonte é muito mais fácil de localizar do que a fonte de um PE. Por exemplo, a fonte de padrões do campo magnético evocada por estalidos repetidos (campos evocados, ou CEs) foi claramente localizada no córtex temporal auditivo de cada hemisfério.[15]

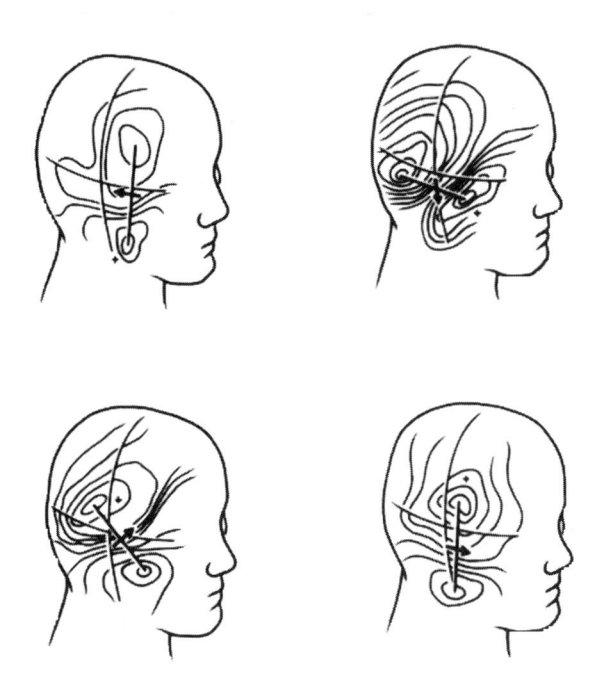

Figura 4.7 – Exemplos de mapas de isocontornos mostrando os campos magnéticos gerados por atividade epilética no hemisfério direito de um paciente. Essas gravações MEG permitem a localização precisa das fontes de atividade do ataque. Os registros deste paciente indicaram múltiplas fontes no lobo temporal direito. [De Beatty, Barth, Richer e Johnson, "Neuromagnetometry", Fig. 2-10, p.38, in *Psychophysiology*, ed., Coles, Donchin, and Porges (Nova York, Guilford Press, 1986).]

Um estudo posterior determinou as fontes de atividade dentro de um hemisfério associadas à estimulação do ouvido, seja no mesmo lado ou do lado oposto da cabeça. Os campos magnéticos evocados na estimulação do ouvido esquerdo e direito foram registrados no hemisfério direito em oito pessoas e as coordenadas da fonte resultante foram projetadas nas imagens estruturais de IRM (imagem por ressonância magnética) da cabeça de cada pessoa.

O MEG não só mostrou que a fonte de atividade incide na vizinhança do córtex auditivo em cada pessoa, como também mostrou que a fonte era ligeiramente diferente na estimulação do mesmo lado e do lado oposto, um resultado que indica que regiões adjacentes, mas separadas, no córtex auditivo direito são ativadas pela estimulação do ouvido esquerdo *versus* ouvido direito. Os pesquisadores sugeriram que esses resultados indicam a precisão potencial e a aplicabilidade do MEG no estudo dos processos sensório-motores e de conhecimento no homem.[16]

A pesquisa magnetoencefalográfica vem sendo geralmente estendida ao estudo tanto da fisiologia básica como da função mental mais complexa. Devido a complexidades técnicas e de custos, a maior parte dos instrumentos de MEG tem tipicamente consistido em 7 a 14 canais, contidos em um ou dois conjuntos, um fator que limita as regiões do cérebro que podem ser estudadas simultaneamente. A nova instrumentação de MEG, contudo, proporciona muito mais canais e até inclui uma versão que abrange toda a cabeça, com mais de 100 conjuntos de SQUID separados. Esses instrumentos permitirão melhores estudos dos processos entre os hemisférios durante atividade cognitiva complexa, incluindo a medição das assimetrias hemisféricas.

O FLUXO DO SANGUE NOS HEMISFÉRIOS

O fluxo de sangue através dos tecidos do corpo varia conforme o metabolismo e a atividade existentes nesses tecidos. O fluxo de sangue, que provê os nutrientes necessários e remove os produtos residuais, é muito sensível às minúsculas mudanças da atividade celular. De fato, as mudanças de atividade em várias regiões do cérebro parecem refletir na variação da quantidade de sangue que flui através dessas regiões. Essa descoberta tornou possível identificar e estudar a interação de várias áreas do cérebro no decorrer do comportamento humano, medindo-se as alterações regionais do fluxo sangüíneo.

Uma técnica para medir o fluxo sangüíneo na região cortical, num ser humano acordado e em funcionamento, foi desenvolvida por Niels

Lassen, David Ingvar e outros.[17] Eles injetaram um isótopo radioativo especial — xenon 133 — numa artéria que vai para o cérebro e acompanharam o fluxo com uma bateria de detectores colocada próxima à superfície da cabeça. A técnica, inicialmente usada em pacientes que necessitavam do teste por razões médicas, foi aperfeiçoada até o ponto em que fosse possível acompanhar o fluxo sangüíneo das pessoas simplesmente fazendo com que elas respirassem uma mistura especial de ar e xenon e colocassem sua cabeça junto a uma máquina contendo os detectores especiais.*

Tem sido impressionante o resultado de estudos com medidas do fluxo sangüíneo cerebral durante diferentes tipos de atividades físicas e mentais. As previsões clássicas com relação às áreas do cérebro envolvidas em funções psicológicas foram corroboradas. As regiões de cada hemisfério envolvidas na visão, por exemplo, mostram o aumento do fluxo de sangue se a pessoa está olhando para algo em movimento. Os estímulos da fala fazem aumentar o fluxo sangüíneo nas áreas auditivas dos dois lados.

Lassen, Ingvar e Skinhoj, pesquisadores do fluxo sangüíneo, relataram que ficaram impressionados com a similaridade dos padrões de fluxo sangüíneo nos dois hemisférios, mesmo durante atividades altamente lateralizadas como a fala.[18] As mudanças mais impressionantes durante as tarefas e a atividade mental pareciam acontecer mais ao longo da dimensão ântera-posterior do cérebro do que na dimensão esquerda-direita.

Com o uso de técnicas que permitiam o estudo do fluxo regional do sangue nos dois hemisférios simultaneamente, foram encontradas diferenças entre os hemisférios. Num dos primeiros estudos, Jarl Risberg comparou o padrão do fluxo sangüíneo de homens destros voluntários durante duas tarefas, uma delas, um teste de analogias verbais e a outra, um teste de "fechamento" perceptivo. Na tarefa de fechamento, as pessoas tinham de ver figuras desenhadas muito escassamente e imaginar o que elas representavam.[19]

Foram encontradas, nas duas condições, diferenças hemisféricas de aproximadamente 3% no fluxo sangüíneo — diferenças pequenas, mas altamente significativas. Como era esperado, o principal fluxo do hemisfério esquerdo era maior durante as tarefas de analogias verbais e

---

* O baixo nível de radiação gama emitido pelo isótopo não é considerado prejudicial e é dispersado da corrente sangüínea dentro de 15 minutos.

o principal fluxo do hemisfério direito era maior durante a tarefa de completar figuras. Risberg foi capaz de medir as regiões dentro de cada hemisfério que mais contribuíram para as diferenças de fluxo sangüíneo entre os hemisférios. Nos testes verbais, as maiores diferenças foram encontradas nas regiões frontal, frontotemporal e parietal. Em estado de repouso, eram muito pequenas as diferenças entre as regiões correspondentes nos dois hemisférios.

Uma outra série de experimentos comparou várias tarefas que, segundo se pensava, envolviam principalmente processos no hemisfério direito.[20] Dezenove pessoas destras realizaram três tarefas: julgamento da orientação de linhas, rotação mental de conjuntos de cubos tridimensionais e um quebra-cabeças de juntar fragmentos. Exemplos dos estímulos apresentados visualmente são mostrados na Figura 4.8.

Na tarefa da rotação, as pessoas julgavam se os desenhos de dois conjuntos tridimensionais de cubos vistos na projeção eram idênticos, porém apresentando rotações no espaço. Na tarefa do quebra-cabeças, as pessoas julgavam se as figuras fragmentadas podiam formar a figura completa mostrada simultaneamente. Na orientação das linhas, era apresentado um *slide* mostrando um par de linhas, durante quatro segundos, e em seguida era apresentada uma série de linhas em forma de leque, com setas apontando para duas dessas linhas. A pessoa tinha de decidir se o ângulo formado pelas linhas indicadas pelas setas era o mesmo do par apresentado previamente.

Foram observadas assimetrias no fluxo hemisférico (maior no lado direito) apenas nas condições de orientação de linhas e de rotação mental. A assimetria era maior na tarefa de rotação, na qual os aumentos do fluxo sangüíneo eram especialmente proeminentes nas áreas parietais. Com base nesses resultados, os autores sugeriram que a rotação mental usa as "habilidades" do hemisfério direito com mais exclusividade do que as outras tarefas examinadas. Se a natureza dessas habilidades é revelada mais pela tarefa de rotação do que pela tarefa de orientação das linhas, naturalmente, é um outro assunto. A rotação mental envolve "manipulação mental" no espaço, um conceito já mencionado no contexto da superioridade do hemisfério direito em certas tarefas experimentadas com pacientes comissurotomizados (ver capítulo 2). No capítulo 8, vamos considerar os dados do fluxo sangüíneo no cérebro, mostrando diferenças de sexo na rotação mental.

Um outro estudo examinou dados de 121 estudos do fluxo sangüíneo cerebral regional, realizados em diversas condições de diferentes estímulos, modalidades de resposta e requisitos de tarefas.[21] Esses exa-

A

B

C

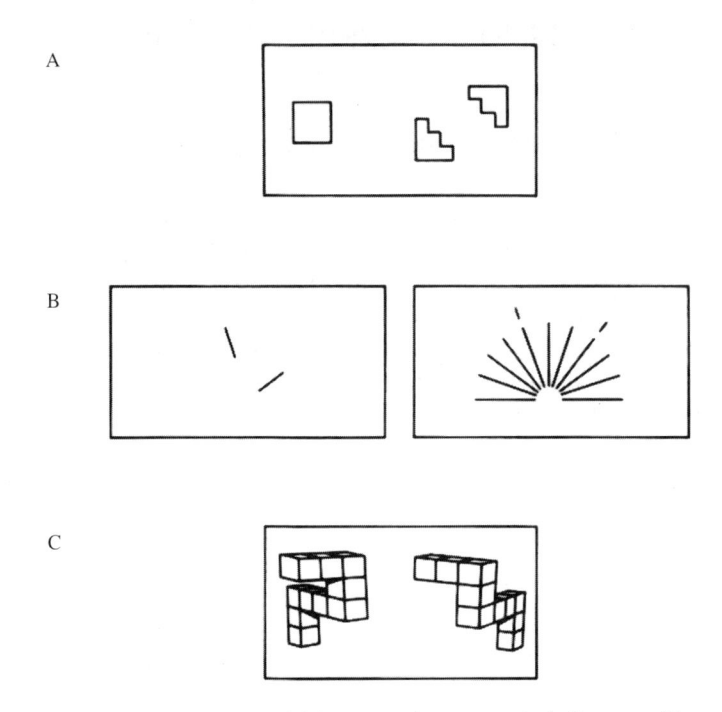

Figura 4.8 – Exemplos de material de teste usado num estudo de fluxo sangüíneo no cérebro, comparando três tarefas visuoespaciais. (A) Tarefa de quebra-cabeças de juntar fragmentos. (Os fragmentos do lado direito formam a figura do lado esquerdo?) (B) Tarefa de orientação das linhas. (O ângulo formado pelas duas linhas é o mesmo que o ângulo formado pelas linhas apontadas pelas setas?) (C) Tarefa de rotação mental. (Girar mentalmente cada uma das três figuras para ver se elas são idênticas). [De Deutsch et al., 1988].

mes foram comparados com exames realizados enquanto as pessoas estavam em repouso, quando o fluxo sangüíneo fica quase emparelhado nas regiões homólogas dos dois hemisférios. Foram encontradas diferenças hemisféricas significativas nas regiões frontais quando todas as tarefas eram combinadas. O fluxo no lado direito era maior do que no lado esquerdo, especialmente nas tarefas que exigiam mais. O estudo concluiu que a ativação observada na região frontal direita pode ser devida às exigências da atenção geral e não limitada às tarefas usualmente atribuídas ao hemisfério direito. Essa descoberta sugere um papel bastante generalizado do hemisfério direito na atenção ou na vigilância e é especialmente interessante à luz dos dados clínicos relativos à síndrome da omissão e outras desordens associadas às lesões do hemisfério direito (ver capítulo 7).

O METABOLISMO DO CÉREBRO EM IMAGENS:

O PET e outras tecnologias

As técnicas de verificação do fluxo sangüíneo cortical pelo xenônio têm algumas limitações como medida da atividade do cérebro. Os estudos descritos anteriormente não proporcionam informação precisa das regiões mais profundas do cérebro. A maior parte dos padrões observados encontra-se nas camadas corticais. As novas tecnologias estão agora proporcionando meios de se "imaginar" ou visualizar o fluxo sangüíneo cerebral através do cérebro, bem como de acompanhar outros aspectos do metabolismo cerebral num cérebro vivo e em funcionamento.

Tomografia de Emissão

A tomografia de emissão é uma técnica de visualização que produz uma imagem da distribuição de uma substância qualificada radioativamente em qualquer secção transversal desejada do corpo ou da cabeça. Na tomografia da emissão unicamente de fótons (SPECT), elementos bioquímicos, escolhidos conforme o interesse específico, são qualificados com compostos radioativos que emitem raios gama em todas as direções. Essas substâncias, chamadas radiofarmacêuticas, são injetadas na corrente sangüínea da pessoa. Quando essas substâncias radiofarmacêuticas alcançam o cérebro, detectores que circundam ou giram em torno da cabeça captam essas emissões, e programas de computador "reconstroem" o que deve ter sido a distribuição da substância qualificada que gerou o padrão de emissões percebido pelos detectores. Até aqui, os procedimentos SPECT têm sido usados para medir o fluxo sangüíneo e o volume de sangue no cérebro em secções transversais tridimensionais do cérebro.

Estudos do Fluxo Sangüíneo no Cérebro por HMPAO SPECT

A forma mais comum da SPECT do cérebro utiliza o elemento radiofarmacêutico ^{99m}Tc-Hexametilpropilenoamina oxima (HMPAO) como "sinalizador" que, injetado intravenosamente, atravessa o tecido cerebral (e fica retido) numa razão proporcional à razão do fluxo cerebral. O rastreamento, por meio da tomografia, dos fótons de raios gama emitidos pela combinação permite ao pesquisador visualizar a distribuição do sinalizador HMPAO, que reflete o fluxo sangüíneo no cérebro no momento da injeção. Como a quantidade e a localização do sinalizador retido no tecido cerebral depende do fluxo sangüíneo cerebral no momento da injeção, esta técnica permite aos pesquisadores "aprisionar" o estado da atividade cerebral na ocasião. Como resultado, tem sido possível captar o fluxo sangüíneo cerebral durante um ataque epilético, injetando HMPAO durante o ataque e examinando o paciente mais tarde.[22] A Figura 4.9 mostra a localização precisa do começo da atividade do ataque.

De modo semelhante, os efeitos da estimulação ou da atividade mental podem ser aprisionados enquanto a pessoa está executando uma tarefa e posteriormente analisados. Esta propriedade foi usada recentemente para estudar pessoas durante a realização da tarefa de rotação mental antes descrita.[23] Uma pessoa recebeu a injeção enquanto estava deitada num quarto escuro realizando a tarefa apresentada numa tela. Meia hora depois, ela foi examinada enquanto repousava e estava deitada em silêncio. O exame mostrou maior atividade na região parietal direita, quando comparado com o exame da mesma pessoa tendo recebido a injeção de HMPAO enquanto descansava.

Esses resultados são semelhantes àqueles mostrados em estudos anteriores do fluxo sangüíneo no córtex, realizados durante a execução de uma tarefa, e ambos servem para reforçar as primeiras descobertas e para validar este intrigante uso de HMPAO SPECT. A propriedade de apreender um estado na técnica da HMPAO SPECT será muito útil para estudar tarefas e estados (por exemplo, o sono), o que não pode ser feito facilmente enquanto a pessoa está sendo rastreada. Também propicia uma melhor oportunidade para estudar pacientes que normalmente não podem ser rastreados sem sedação, como crianças autistas. Injetar HMPAO antes da sedação e do rastreamento pode permitir aos pesquisadores visualizar a atividade cerebral tal como ela era antes da sedação.

A mesma propriedade de apreensão que tem o sinalizador da HMPAO e faz com que ele seja muito útil para processar certas questões também limita os rastreamentos da SPECT ao estudo de apenas uma situação de cada vez, porque leva dois dias para o sinalizador desaparecer da cabeça. Vários métodos estão sendo examinados para contornar essa limitação nos estudos do fluxo sangüíneo cerebral por SPECT. Entretanto, os estudos mais comuns de tarefas e condições múltiplas, por meio da ima-

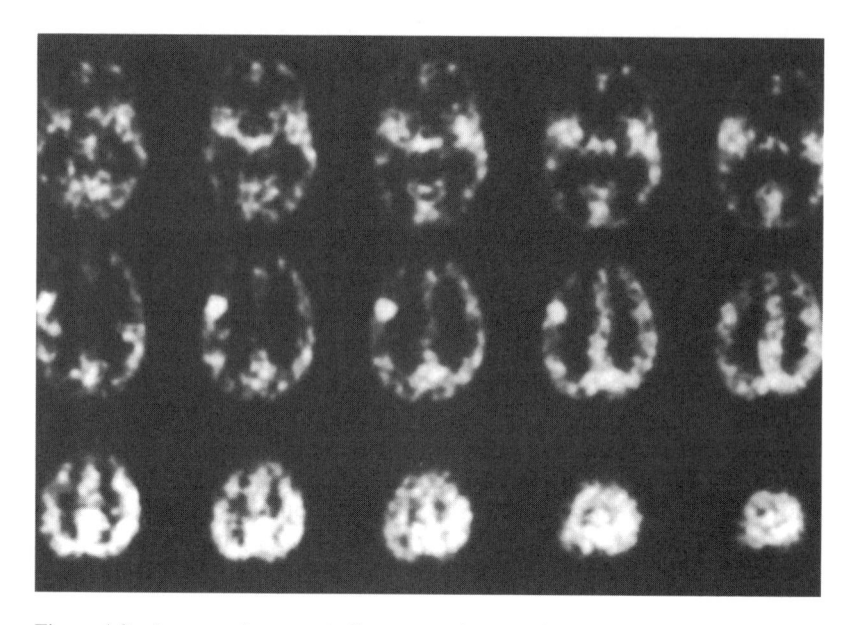

Figura 4.9 – Imagens de SPECT do fluxo sangüíneo cerebral captando o começo de um ataque num paciente epilético. As imagens do cérebro são secções transversais horizontais começando no nível médio do cérebro (canto superior da mão esquerda) e continuando em direção ao alto do cérebro (canto inferior da mão direita). Quatro cortes na fileira do meio mostram o começo do ataque, indicado pelo alto fluxo de sangue (pontos brilhantes) no lado esquerdo. Isto corresponde ao córtex motor direito do paciente, uma vez que a orientação da imagem é como se ela fosse vista a partir dos pés do paciente. Em exames estruturais ordinários, nenhuma anormalidade era evidente nessa região. (e.g. CT ou MRI). (Cortesia dos drs. James M. Mountz e Ruben Kuzniecky, da Universidade do Alabama, em Birmingham.)

gem, são realizados com a utilização do processo, muito mais caro, da tomografia de emissão de pósitron (PET).

Tomografia de Emissão de Pósitron

A tomografia de emissão de pósitron (PET) utiliza as propriedades da radiação especial gerada por substâncias que emitem pósitron, que geram pares de fótons que caminham em direções exatamente opostas. A simultaneidade e o sentido direcional das emissões de pósitrons permitem aos pesquisadores determinar precisamente a localização de qualquer substância especialmente qualificada. A tomografia de emissão de pósitron é a única técnica desenvolvida até o ponto de poder produzir uma quantificação regional tridimensional do metabolismo de glicose e oxigênio no cérebro humano vivo.

O metabolismo da glicose é uma medida mais direta da função do tecido neural do que o fluxo do sangue no cérebro, especialmente em pacientes com danos no cérebro ou doenças que podem afetar os mecanismos reguladores normais dos vasos. O trabalho inicial com rastreamento por PET do metabolismo da glicose foi realizado durante uma simples estimulação sensorial. As imagens da PET delineavam claramente as áreas no córtex temporal associadas com a estimulação auditiva e as áreas no lobo occipital, que estão ativas durante a estimulação visual (Figuras 4.10 e 4.11).

Os pesquisadores começaram a usar a PET para estudar as mais altas funções mentais. Infelizmente, a incorporação e o rastreamento dos compostos de glicose qualificados para emitir pósitrons levam cerca de 40 minutos, um período longo demais para manter, com segurança, um estado mental ou as condições da maioria das tarefas. Os mais novos elementos radiofarmacêuticos, incluindo o uso de oxigênio qualificado com pósitrons (^{15}O), permitem medir o consumo de oxigênio e o fluxo de sangue em uma região do cérebro com a PET, numa questão de minutos.

Um estudo procurou identificar as áreas cerebrais ativadas pelas funções específicas da linguagem por meio de sucessivas inspeções de PET em sete pessoas normais, durante uma seqüência de tarefas em quatro estágios.[24] A situação básica consistia na fixação visual de um símbolo (+) apresentado num monitor de vídeo. O segundo estágio era a observação de substantivos simples. A repetição oral de palavras sugeridas incluía o elemento motor. Na situação final, diante da apresentação do nome de um objeto, a pessoa devia responder com um verbo descrevendo algum uso do objeto, sendo assim acrescentada à situação a exigência de um processamento semântico.

Subtraindo a quantidade de sangue medida durante um estágio da tarefa daquela de outro estágio da tarefa, os pesquisadores tentaram isolar algumas mudanças causadas por uma atividade mental relativamente específica. Eles descobriram que a vocalização produzia aumentos bilaterais do fluxo na faixa sensório-motora e em várias regiões do lobo frontal. A tarefa semântica causava uma ativação assimétrica na parte baixa do lobo frontal esquerdo, em comparação com a situação de controle (simples repetição oral). Talvez o mais interessante fosse o fato de, apesar da tentativa de isolar a atividade em razão da estimulação daquela dos processos cognitivos, os pesquisadores encontrarem ainda, em áreas de associação do hemisfério esquerdo, uma atividade lateralizada

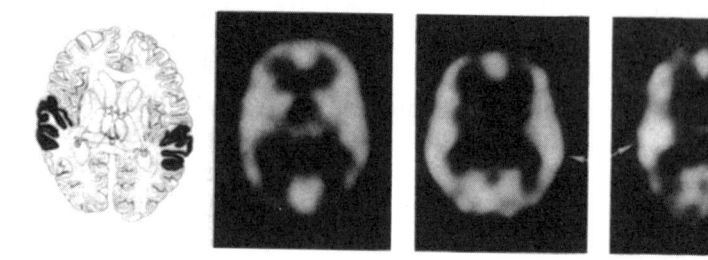

Figura 4.10 – (A) O córtex auditivo primário está indicado esquematicamente, em preto, no esboço do cérebro. (B-D) Imagens tomográficas de emissão de pósitrons dos cérebros de uma pessoa sem o controle da estimulação (B), e uma pessoa ouvindo uma história real com o ouvido esquerdo (C); uma pessoa estimulada de forma idêntica no ouvido direito (D). As áreas brilhantes correspondem às regiões de metabolismo cerebral mais alto em glicose. As regiões ativadas em C e D parecem estender-se além do córtex auditivo primário (flechas). [De Reivich e Gur, "Cerebral Metabolic Effects of Sensory Stimuli", Fig. 1, p. 332, em *Positron Emission Tomography*, ed. Reivich e Alavi (Nova York, Alan R. Liss, 1985).]

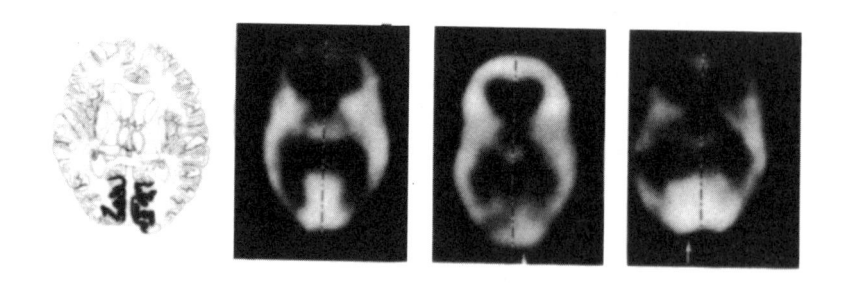

Figura 4.11 – (A) Representação esquemática de um corte horizontal através do cérebro. O córtex (visual primário) estriado está indicado em preto. (B-D) Imagens tomográficas de emissão de pósitrons em pessoas não estimuladas (B) e estimuladas (C; D). Uma linha pontilhada define a linha média de cada imagem. (B) Numa pessoa com os olhos vendados, o metabolismo de glicose no córtex visual do pólo occipital é simétrico. (C) A estimulação do campo visual esquerdo produz um metabolismo de glicose assimétrico. O córtex direito estriado é 25 a 30 vezes mais ativo do que o esquerdo. (D) A estimulação do campo visual direito produz um padrão inverso. O córtex estriado esquerdo apresenta um metabolismo 18% maior do que a área homóloga no hemisfério direito. [De Reivich e Gur, "Cerebral Metabolic Effects of Sensory Stimuli", Fig. 2, p. 332, em *Positron Emission Tomography*, ed. Reivich e Alavi (Nova York, Alan R. Liss, 1985).]

associada com "apenas olhar" para as palavras. Os pesquisadores sugeriram que as pessoas estariam fazendo reflexivamente alguma análise lingüística das palavras sugeridas como estímulo, embora não existisse, em si, uma exigência de tarefa de linguagem. O nível da atividade não mudou nessas áreas do hemisfério esquerdo durante a atividade de leitura/vocalização e durante a tarefa semântica — um resultado que dá sustentação à idéia de que as pessoas já tinham realizado automaticamente alguma forma de análise lingüística durante a passiva apresentação das sugestões de palavras.

Estudos de Reconhecimento de Rostos por meio da PET

Um estudo mais recente de PET usou o rastreamento ^{15}O PET do fluxo sangüíneo cerebral para identificar a ativação específica do cérebro para o reconhecimento de rostos.[25] Para isso, uma situação de reconhecimento de rosto era comparada com uma situação que requeria o processamento de outra propriedade dos rostos — categorização pelo gênero — que não é tipicamente afetada em pacientes com lesão cerebral, que apresentam problemas de reconhecimento de rostos, ou prosopagnosia. Foi utilizada uma situação básica que envolvia a fixação do olhar numa tela do monitor e também foram empregadas as duas situações: ver padrões simples e ver objetos comuns.

Comparadas com a situação básica, foram encontradas mudanças do fluxo sangüíneo cerebral na situação de padrões simples no córtex visual primário do lobo occipital (córtex estriado) de ambos os hemisférios. A ativação do córtex visual primário não se alterou em nenhuma das situações de tarefas experimentais.

Categorizar rostos pelo gênero resultou em ativação de regiões posteriores do hemisfério direito justamente fora do córtex visual. A tarefa de identificação de rostos produzia uma ativação adicional nas regiões do lobo temporal direito, estendendo-se profundamente, a ativação, para dentro do lobo temporal, em direção ao hipocampo. A ativação cerebral durante a tarefa de reconhecimento de objetos ocorria no córtex temporal posterior esquerdo e não envolvia as regiões do hemisfério direito ativadas especificamente durante a tarefa de reconhecimento de rostos.

Assim, este estudo forneceu a primeira evidência, em pessoas normais, do importante papel das regiões do temporal central do hemisfério direito no reconhecimento de rostos. Como há dados e opiniões conflitantes a respeito do papel do hemisfério esquerdo no reconhecimento de rostos, os investigadores de PET realizaram um estudo adicional, usando a apresentação de rostos lateralizada em um campo visual, como aquelas usadas nos estudos com o campo visual dividido, descritos no capítulo 3. Eles constataram a superioridade do hemisfério direito apenas na primeira apresentação lateralizada de cada rosto. Depois que as pessoas se familiarizavam com os rostos, havia total superioridade do hemisfério esquerdo na tarefa. Os pesquisadores concluíram que os conflitos das evidências com referência ao papel do hemisfério esquerdo no reconhecimento de rostos devem-se a dados reunidos em situações experimentais artificiais envolvendo apresentação repetida e superfamiliarização com os estímulos utilizados nos testes.[26] Um reconhecimento diário e normal de rostos, sustentam eles, depende essencialmente do hemisfério direito, como os resultados de PET demonstram.

A extensão em que o reconhecimento de objetos e a identificação de rostos envolviam atividades em diferentes regiões cerebrais foi uma das descobertas mais surpreendentes deste estudo. A organização do córtex dissocia objetos de rostos, utilizando diferentes regiões — e, provavelmente, estratégias e mecanismos fisiológicos —, para lidar com o tipo de informação que é retirada desses dois tipos de estímulos visuais pelos humanos.

Medindo Correlações Inter-regionais na Ativação

Os estudos que vimos examinando são todos baseados na análise de aumento do metabolismo regional ou do fluxo sangüíneo. Embora este seja o modo mais óbvio de focalizar as alterações que ocorrem durante as tarefas, não é a única maneira e talvez não seja a melhor.

Um estudo recente ilustra como as assimetrias hemisféricas, associadas a várias tarefas visuoespaciais, não eram evidentes somente pelo exame de simples aumentos, mas tornaram-se evidentes, quando foi feita uma análise da interação de regiões cerebrais específicas durante a realização de tarefas. Alguns pesquisadores têm afirmado que, além dos aumentos tipicamente imprescindíveis na atividade de regiões específicas, o desempenho característico do cérebro depende da interação de regiões cerebrais específicas entre si. Assim, a extensão em que as regiões funcionam conjuntamente ou mudam juntas (em oposição às que aumentam mais) pode indicar as áreas mais envolvidas na tarefa.

Um estudo de PET feito por James Haxby e seus associados, no *National Institutes of Health,* usou a técnica ^{15}O PET para examinar as alterações do fluxo cerebral regional, enquanto voluntários realizavam a tarefa de comparar rostos e a tarefa de localizar pontos.[27] Os pesquisadores usaram essas situações porque tanto os dados neuropsicológicos obtidos com animais como os da clínica humana sugerem a existência de dois sistemas visuais no cérebro, um dedicado à visão de objetos e envolvendo geralmente a região occipital e a temporal, e um dedicado à localização espacial e que inclui mais caminhos occiptoparietais. Quando a análise foi feita da maneira mais tradicional, em que uma tarefa de controle era simplesmente subtraída de uma situação de tarefa cognitiva mais complexa, os pesquisadores, de fato, descobriram o que previam: o reconhecimento de rostos parecia ativar a região occipital e temporal, enquanto a tarefa de localização ativava a área occipital e a parietal. Este padrão de ativação ocorria em ambos os hemisférios.

Contudo, quando foi realizada uma análise de correlação, examinando a extensão em que as regiões mudavam juntas em cada tarefa, surgiu uma outra descoberta: as regiões posteriores, que auxiliam na comparação de rostos e na comparação da localização de pontos, tinham interações funcionais muito mais fortes no hemisfério direito do que no esquerdo. Eles concluíram que a ativação bilateral vista nas análises de simples crescimento regional pode, de fato, ocorrer em virtude das mudanças que têm origem no hemisfério direito, mas, por causa do corpo caloso, também ativam o hemisfério esquerdo.

Essa conclusão sugere que talvez muitos estudos de imagem, que examinam os efeitos das tarefas na atividade do cérebro, deixam escapar as reais assimetrias hemisféricas de função graças a tendência do cérebro para mostrar crescimentos simétricos da atividade, ainda que a tarefa seja iniciada realmente por um lado e não pelo outro. Esta é uma explicação possível para o grau surpreendente de ativação bilateral visto nos estudos do fluxo sangüíneo com xenônio na produção da fala, examinados anteriormente. Novas abordagens, como a análise de covariância na atividade há pouco descrita, podem oferecer formas de contornar esta limitação dos estudos das assimetrias hemisféricas pela imagem.

Imagens do Metabolismo
Através da Ressonância Magnética Nuclear:

Novas Tendências

A imagem mostrada na Figura 4.3 é um bom exemplo das possibilidades NMR para construir imagens estruturais. O uso da NMR estendeu-se, mais recentemente, também ao campo da imagem funcional. Em vez de medir as freqüências associadas com moléculas de água influenciadas magneticamente, como na MRI estrutural, a imagem espectroscópica de ressonância magnética (MRSI) "sintoniza" as freqüências características emitidas durante perturbações magnéticas de outras moléculas encontradas no cérebro — aquelas associadas com vários aspectos do metabolismo cerebral.

Atualmente, os pesquisadores podem reconstruir imagens da distribuição de fósforo associada a ciclos de energia de ATP e imagens de aspectos do metabolismo de glicose (fluxo glicósico e produção de lactato).[28] A MRSI está num estágio relativamente inicial de desenvolvimento e as imagens que ela produz parecem relativamente cruas, comparadas com as obtidas pela MRI estrutural. Todavia, a informação proporcionada é extremamente válida e é gerada sem o uso de radiação ionizante, como no PET e SPECT. Este fator abre portas para múltiplos rastreamentos da atividade metabólica sob diferentes condições de estudo em pessoas normais, porque não há a preocupação com a exposição à radiação.

Imagens da Ativação Funcional por Ressonância Magnética

Um processo desenvolvido muito recentemente, de elaboração da imagem funcional por MR, permite a visualização indireta, mas rápida, da ativação do cérebro durante a estimulação, baseada nas mudanças de nível de oxigenação do sangue, algumas vezes chamadas de BOLD MRI (imagem de ressonância magnética dependente do nível de oxigenação do sangue).[29] Como as áreas ativas do cérebro tornam-se levemente ingurgitadas com o sangue oxigenado e porque as propriedades magnéticas do sangue oxigenado são diferentes daquelas do sangue não oxigenado, uma seqüência especial de rastreamentos por MRI pode identificar regiões cerebrais que são ativadas durante a estimulação, a atividade motora e a atividade cognitiva. A Figura 4.12 mostra imagens de ativações superpostas numa MRI estrutural de uma pessoa voluntária, realizando uma tarefa de movimento de oposição do dedo polegar da mão direita.

Embora no seu início, esta técnica poderá revolucionar verdadeiramente o estudo da função cerebral ativada em pessoas normais, porque pode fornecer dados na resolução temporal de alguns segundos, pode rastrear a ativação em qualquer tarefa muitas vezes e/ou pode fornecer informação, quase contínua, sobre as variações na atividade cerebral que ocorrem durante a mudança das condições do estudo. Essas capacidades podem permitir aos pesquisadores examinar fatores tais como efeitos de

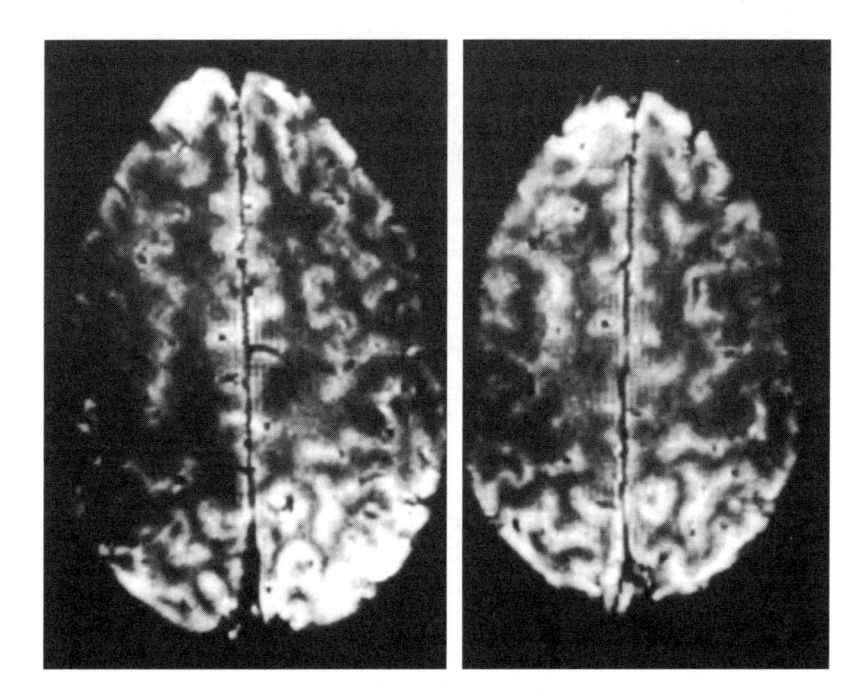

Figura 4.12 – Aumentos da atividade cerebral associados a (A) movimentos de dedos da mão esquerda e (B) movimentos de dedos da mão direita. As manchas claras representam aumentos do nível de oxigenação do sangue, medidos por métodos de MRI funcional. Estas são imagens anatômicas regulares do cérebro, superpostas em MRI. As regiões ativadas correspondem ao córtex sensório-motor no hemisfério direito e no esquerdo, respectivamente (a orientação de imagem é a partir dos pés da pessoa, de modo que o hemisfério direito está à esquerda e o hemisfério esquerdo à direita em cada fatia do cérebro). A área brilhante na parte mais baixa da figura B é um artefato devido à drenagem venosa. (cortesia dos drs. Donald Twieg e Hoby Hetherington, da Universidade de Alabama, junto ao Centro de Birmingham de Pesquisa em Imagem Nuclear.)

habituação e mudanças de estratégias individuais internas da pessoa.

QUESTÕES LEVANTADAS POR MEIO DE TÉCNICAS QUE MEDEM A ATIVIDADE DO CÉREBRO

Mensurações eletrofisiológicas, estudos do fluxo regional do sangue e outras formas de medir processos metabólicos, tudo isso oferece aos pesquisadores a oportunidade de estudar as relações entre a atividade do cérebro e o comportamento. Todos esses processos têm sido de grande valia para confirmar fisiologicamente alguns dos discernimentos relativos à função do cérebro, obtidos pela pesquisa psicológica, em pessoas com danos cerebrais e em pessoas normais. Eles estão também começando a contribuir com novas descobertas referentes à organização do cérebro, incluindo as diferenças hemisféricas, antes não evidenciadas pelos estudos da clínica médica.

Medir a atividade do cérebro durante a realização de tarefas tem levantado algumas questões referentes às postulações mais exageradas em matéria de assimetria hemisférica. Há pouca evidência para amparar a noção de que um ou outro hemisfério realiza sozinho uma tarefa específica. Cada um dos processos de medir examinados aponta para o envolvimento de muitas áreas do cérebro, mesmo nas tarefas mais simples. Essas descobertas nos lembram que as diferenças hemisféricas são apenas um dos vários e diferentes esquemas organizacionais do cérebro. Existem assimetrias na atividade entre os hemisférios, certamente, mas elas podem ser muito sutis, um fato que deve nos afastar da idéia de especialização hemisférica em termos muito simplistas.

Limitações da Pesquisa com Neuroimagem

A neuroimagem funcional tornou-se um poderoso instrumento para o estudo das relações do comportamento do cérebro. Possibilitando a visualização de atividades no cérebro vivo, sem interferência, abriu as portas para estudos de uma infinidade de questões a respeito das funções, tanto no cérebro normal como no anormal. As possibilidades parecem enormes, aparentemente limitadas apenas por recursos financeiros e pela nossa habilidade para fazer perguntas certas e observações cuidadosas.

Alguns indivíduos, inspirados pelos primeiros sucessos de ver, num painel, o envolvimento de regiões do cérebro em tarefas exatamente conforme o previsto por cem anos de pesquisa neuropsicológica, apressam-se em predizer que logo teremos "mapas" de como o cérebro gera a maior parte das operações mentais. Ao ouvir isso, alguém poderia começar a se preocupar com o fato de que a imagem do cérebro logo poderia ser capaz de expor os mais recônditos pensamentos de alguém. Esta é, todavia, uma preocupação sem fundamento. Tão excitante é este campo da pesquisa que as expectativas do que pode ser realizado com a neuroimagem funcional precisam ser temperadas com uma apreciação de suas limitações, tanto práticas como conceituais. Primeiro, deve-se lembrar que a maior parte da neuroimagem implica medir a distribuição de um sinalizador que, por sua vez, representa o nível relativo de algum aspecto do metabolismo cerebral. O metabolismo regional assim traçado também não é somente um reflexo do grau da atividade nas diferentes regiões cerebrais e não pode representar, em si ou por si mesmo, o mecanismo fisiológico real que está por trás da atividade mental estudada. E tampouco o ato de localizar a região que apresenta a maior atividade durante uma tarefa ou uma operação mental explica os processos do cérebro que ocorrem por trás do processo mental. A neuroimagem fornece, na melhor das hipóteses, um mapa relativamente cru de onde ocorrem alguns acontecimentos associados a uma determinada tarefa.

Deve também ser lembrado que toda neuroimagem metabólica representa "instantâneos" cumulativos ou de tempo-médio dos acontecimentos do cérebro, que ocorrem dentro do período global de tempo que o traçador de imagens leva para se distribuir adequadamente e/ou o tempo que o processo de rastreamento leva para medir a distribuição. Este intervalo é, na melhor das hipóteses, de aproximadamente um minuto para os rastreamentos normais do fluxo do sangue pela PET e é consideravelmente mais longo para a maior parte de outros processos de PET e SPECT. Assim, as mudanças na atividade que ocorrem em intervalos mais curtos são perdidas ou apreendidas fora da proporção real. Esta capacidade de discriminação do tempo, ou resolução temporal, dos processos de geração de imagem está se aperfeiçoando, especialmente com o advento da imagem de MR funcional, mas ainda continua muito lenta, se comparada às velocidades de comunicação dos neurônios e das mudanças na atividade elétrica do cérebro.

Além disso, existem problemas conceituais mais sérios envolvidos com a "regulação do tempo" e a localização dos "pensamentos" na imagem funcional. A neuroimagem tenta capturar uma operação mental com um registro instantâneo — ou, à medida que a tecnologia progride — numa série de instantâneos. Esse procedimento pode funcionar, de modo limitado, para funções sensório-motoras básicas ou mesmo para algumas situações de tarefas específicas. Entretanto, provavelmente nunca será adequado para caracterizar a atividade cerebral associada a uma corrente pessoal de pensamento, e muito menos fornecer ao pesquisador das imagens cerebrais informação suficiente para a "leitura" do pensamento.

Os pesquisadores têm de confiar na média de muitas repetições da mesma tarefa ou na utilização de muitas pessoas realizando a mesma tarefa, para separar algum aspecto da atividade cerebral, que é comum numa tarefa, de algo a mais na atividade, associado a diferenças individuais e muitos outros "ruídos". Além disso, até as simples tentativas dos pesquisadores de PET para isolar operações mentais específicas, por meio das técnicas de subtração antes descritas, são acompanhadas de muitas suposições e problemas de interpretação.[30] Uma operação mental complexa é, realmente, a simples soma dos passos simples que podemos estudar isoladamente? Adicionar um novo "estágio" não afeta as operações que acontecem nos "estágios" anteriores? As experiências têm, realmente, começos e fins definíveis? Realmente, não sabemos quando os pensamentos começam ou terminam, ou se um acontecimento mental pode ser o mesmo quando repetido.

Finalmente, todas as experiências com geração de imagens que objetivam estabelecer a atividade do cérebro subjacente a processos mentais são, naturalmente, guiadas pela teoria psicológica adotada e pela própria visão do pesquisador quanto a como dividir e isolar as operações mentais. A real organização dos processos mentais — assim como os processos cerebrais subjacentes — naturalmente não é governada por nossa conceituação deles. Embora normalmente assumamos que os modelos pobres sejam excluídos ou modificados pelos resultados empíricos reais, nos casos da psicologia e da neuroimagem, a situação é tão complexa e o número de variáveis nas imagens tão vasto, que as descobertas "esperadas" podem facilmente ser induzidas ou "vistas" nos dados. Também é fácil cair na "falácia do psicólogo" — projetar um experimento baseado numa certa visão da função mental, cujos resultados reforçarão essa visão, simplesmente porque o projeto experimental compelia os resultados nessa direção.

Essas considerações não têm a intenção de desacreditar a pesquisa de neuroimagem funcional, nem de insinuar que não é tão grande o seu potencial para o estudo das funções tanto do cérebro normal como do anormal. Desejamos meramente informar o leitor algumas importantes restrições que tornam ainda mais desafiador o esforço para estudar, com essa nova tecnologia, o cérebro esquerdo e o direito.

A BIOQUÍMICA DOS HEMISFÉRIOS

Os neurônios se comunicam através da química. Embora a atividade elétrica seja associada à estimulação dos neurônios e suas interações, os mecanismos básicos que geram esta atividade são químicos e os mecanismos que transferem sinais de uma célula do cérebro para outra também são químicos. As células do cérebro se comunicam com outras células do cérebro usando substâncias químicas transmissoras, chamadas neurotransmissores. Têm sido descobertos muitos neurotransmissores e os anatomistas e os químicos estão atarefados mapeando os grupos de células e os caminhos definidos pelos neurônios ao utilizar cada substância química transmissora específica.

As primeiras evidências de reais assimetrias neuroquímicas no cérebro humano foram reunidas em 1978, quando foi descoberto que o neurotransmissor norepinefrina estava distribuído desigualmente nas metades direita e esquerda do tálamo — uma estrutura subcortical que, entre outras coisas, serve como principal centro de distribuição dos impulsos sensoriais para o córtex.[31] Os níveis mais altos de norepinefrina foram encontrados no lado direito.

Em 1981, um grupo de cientistas italianos mostrou que existiam assimetrias neuroquímicas também no nível cortical. Eles descobriram que uma área do lobo temporal esquerdo apresenta uma atividade maior com a enzima colina acetiltransferase (CAT) do que a área correspondente do hemisfério direito.[32] A CAT está envolvida nos processos químicos associados à acetilcolina, o principal neurotransmissor que circunscreve extensas redes de neurônios no cérebro.

A lista de sistemas de neurotransmissores descobertos no cérebro continua a aumentar e há evidências crescentes de que um certo número de transmissores esteja representado desigualmente nos hemisférios esquerdo e direito. A dopamina, outro importante neurotransmissor, pode também circunscrever redes de neurônios mais extensas no hemisfério esquerdo.[33] Há alguma especulação de que os caminhos suplementares definidos pela norepinefrina no hemisfério direito complementam os caminhos suplementares definidos pela dopamina no hemisfério esquerdo, em termos de tipos de mecanismos de atenção que auxiliam, e que, por sua vez, conduzem a algumas das mais bem documentadas assimetrias de função.[34]

A dopamina tem sido vista como envolvida no controle do movimento fino, especialmente na iniciação das seqüências de ações. Assim, a predominância dos caminhos definidos pela dopamina pode ser a base da especialização do hemisfério esquerdo em operações motoras complexas, como a fala. A norepinefrina, ao contrário, parece facilitar o despertar provocado por estímulos novos. Assim, a abundância de caminhos definidos pela norepinefrina pode ser a base da especialização do hemisfério direito em certas operações de percepção visuoespaciais.[35]

A tomografia de emissão de pósitron, examinada anteriormente neste capítulo, promete muito com relação ao estudo de neurotransmissores e neurorreguladores no cérebro humano vivo. Muitos metabólitos — compostos orgânicos produzidos pelo metabolismo cerebral — podem se tornar elementos radiofarmacêuticos emissores de pósitrons, sem que se alterem suas propriedades clínicas ou fisiológicas. Assim, com uma apropriada classificação dos raios, os pesquisadores já são capazes de gerar imagens de PET com base em neurônios específicos de dopamina e dos caminhos neurais em seres humanos.[36] Esse tipo de trabalho está apenas começando e espera-se que se desenvolva sensivelmente em poucos anos. Muito pode vir a ser revelado sobre a bioquímica do cérebro em repouso, assim como do cérebro mentalmente ativo.

FISIOLOGIA E PSICOLOGIA:

Construindo o Elo

As medidas anatômicas, as gravações da atividade elétrica, os estudos do fluxo sangüíneo e o rastreamento dos processos metabólicos oferecem aos pesquisadores a oportunidade de estudar as relações entre os processos mentais, o comportamento e a atividade do cérebro. Essas técnicas têm, pelo menos parcialmente, validado alguns dos discernimentos teóricos sobre a função do cérebro e a assimetria hemisférica desenvolvida pela clínica médica de lesões cerebrais e pelas pesquisas psicológicas com pessoas normais.

Alguns pesquisadores têm afirmado que as ferramentas fisiológicas oferecem a resolução final das questões que tratam das relações entre a mente e o cérebro; outros argúem contra uma confiança exagerada nessas medidas, sejam no campo filosófico, ou no da prática. É claro que certas questões devem ser confrontadas para se tentar estabelecer relações entre os processos fisiológicos e as funções psicológicas. Embora essas questões sejam importantes para o estudo das assimetrias hemisféricas, sua importância se estende para além da área específica da pesquisa e é aplicável ao estudo das relações do comportamento do cérebro em geral.

Uma decorrência é o problema de selecionar, dentre as várias medidas fisiológicas disponíveis, aquelas que se provarem mais informativas. Como todos os outros tecidos do corpo humano, o cérebro depende de complexos processos metabólicos para seu funcionamento. Uma grande parte da bioquímica do cérebro, contudo, é singular e envolve a comunicação da informação entre os neurônios. Os processos bioquímicos que operam em cada célula geram potenciais elétricos e as substâncias bioquímicas que operam entre as células transmitem efetivamente impulsos elétricos entre os grupos de neurônios.

Não sabemos quais os aspectos desta atividade que melhor refletem o funcionamento do cérebro — nossa preocupação no momento. Se, por exemplo, apenas queremos saber quais são as áreas do cérebro mais ativas durante determinados comportamentos humanos, podemos observar o fluxo do sangue no cérebro, pois ele responde rapidamente às mudanças na atividade metabólica. No entanto, tais medidas podem não ser indicativas das reais estratégias de processamento da informação ou dos códigos do cérebro. Tais códigos poderiam envolver caminhos químicos que se estendessem por muitas áreas do cérebro ou poderiam, talvez, estar refletidos nos padrões de atividade da onda elétrica. Tampouco estariam necessariamente correlacionadas com a atividade metabólica regional.

Mesmo após decidir qual a medida a estudar, podemos nos defrontar com outras escolhas. O potencial evocado, por exemplo, pode ser subdividido em vários componentes e analisado de diferentes modos. Na falta de uma teoria que compreenda o sentido desses componentes, os pesquisadores precisam decidir a melhor forma de analisar seus dados para procurar as assimetrias ou outros efeitos. Os anatomistas, também, devem decidir quais medições, e de quais regiões do cérebro, seriam as mais úteis para o problema em foco.

Outra questão envolve o conceito de localização da função em geral. Quanto contribui o fato de se atribuir uma atividade psicológica a alguma área específica do cérebro para o discernimento referente a essa atividade? Certamente, as descobertas relativas às localizações têm sido de enorme valor clínico. Além disso, as relações entre localização e função podem ajudar a estabelecer os componentes de um comportamento complexo ou de uma tarefa, em termos de processos mais básicos. Num exemplo hipotético, pode ser demonstrado que a memória de como chegar a algum lugar envolve processos lingüísticos do hemisfério esquerdo, assim como processos de imagem no hemisfério direito. Não está claro, entretanto, até onde este tipo de abordagem pode nos levar. Afinal, é provável que dividir o cérebro em termos de "onde" não responda completamente a questão de "como".

Descobrir as relações cérebro/comportamento e cérebro/mente não é apenas um problema experimental e, certamente, não apenas de localização de função. Os problemas são pelo menos muito conceituais por natureza. O que estamos tentando explicar? Como estamos definindo as coisas? Em que sentido uma atividade neuropsicológica que acompanha um evento mental explica algo a respeito do evento? O que constituiria uma "explicação" satisfatória sobre algum evento mental ou comportamental?

Os pesquisadores tornaram-se mais sofisticados, pelo menos com respeito às questões da localização. Agora, falam do "estado da atividade no sistema", em vez de "onde". Eles entendem que a maioria das funções psicológicas deve estar associada com as mudanças de atividade em múltiplas áreas ou em caminhos definidos no cérebro. Também entendem que estas podem ser flexíveis, variar no tempo e, talvez, ser até probabilísticas.[37]

Um maior desenvolvimento conceitual terá a ver com a natureza de nossas questões e definições, incluindo uma melhor apreciação dos níveis de explicação envolvidos. No momento, parece que a interação da psicologia com a fisiologia deve ser frutífera para os estudos da mente e do cérebro. Os tipos de lesões fisiológicas estudados por neuropsicólogos tiveram impacto no modo como classificamos as funções mentais. A geração de imagens fisiológicas, como a descrita neste capítulo, ainda tem potencial para se reorganizar. As questões psicológicas estão também dirigindo pelo menos algumas pesquisas para os processos anatômicos e fisiológicos. Embora as tentativas de interação das duas disciplinas tenham freqüentemente levado a conclusões simplistas, estamos sendo mais bem-sucedidos.

5

O ENIGMA DO CANHOTO

A esmagadora maioria dos seres humanos usa quase exclusivamente a mão direita para escrever e para outras atividades unimanuais que exijam habilidade. Os estudos que comparam diferentes culturas apontam a incidência de destros em cerca de 90% da população. Várias evidências indiretas sugerem que isso ocorre desde os tempos pré-históricos.[1] Desenhos de pessoas encontrados nas paredes de cavernas e no interior das tumbas egípcias mostram pessoas em atividade utilizando a mão direita, e uma análise das ferramentas paleolíticas e das armas sugerem que elas foram feitas com e para a mão direita.

Um estudo de traços à mão, conforme se acredita, feitos pelo homem Cro-Magnon, mostrou que mais de 80% deles foram feitos com a mão esquerda. Se admitirmos que os artistas desenhavam com suas próprias mãos, tais dados também apontam para uma grande preferência da mão direita nas atividades que exigiam habilidade. Um estudo de 1180 trabalhos de arte abarcando um período de cinco mil anos, desde 3000 a.C. até 1950, revelou que a utilização da mão direita e da esquerda na pintura não apresentou nenhuma mudança ou tendência significativa no decorrer do tempo, sendo 7% a 8% a média de utilização da mão esquerda. Talvez a evidência mais engenhosa da preferência pela mão direita entre os primeiros seres humanos venha da análise de fósseis babuínos — crânios com fraturas. Com base na localização das fraturas, o pesquisador concluiu que as lesões resultaram de golpes desferidos pelos primeiros humanos empunhando clavas com a mão direita.

Por que a maioria dos seres humanos é destra? Por outro lado, por que uma porcentagem significativa da população utiliza a mão esquerda, apesar da pressão social sutil, mas algumas vezes pública, para adequação ao padrão manual da maioria?

Mencionamos nos primeiros capítulos que a habilidade manual está relacionada com os complexos modos de distribuição das funções entre o cérebro esquerdo e o direito. Qualquer análise da assimetria no cérebro precisa encarar este problema, para ser completa. Que fatores determinam a habilidade manual? De que forma os canhotos diferem dos destros?

Neste capítulo, vamos considerar as teorias modernas propostas para avaliar as variações na habilidade manual e os estudos planejados para examinar as possíveis diferenças entre destros e canhotos. Vamos rever brevemente algumas antigas idéias relativas à habilidade manual a fim de proporcionar um contexto histórico para o trabalho recente.

CONCEITUAÇÕES HISTÓRICAS DO USO DA MÃO ESQUERDA

Há algo sinistro em ser canhoto?

O *Terceiro Dicionário Internacional Webster* elenca várias definições para o adjetivo *left-handed* (canhoto), inclusive o seguinte:

> *a: marcado por falta de jeito ou inépcia: desajeitado; b: apresentando desvio ou falta de direção: oblíquo, não intencional; c: obs.: dado a esquema malévolo ou trama: sinistro, desleal.*

Os canhotos são, freqüentemente, chamados de "sinistros" e o *Roget's Thesaurus* relaciona canhoto como sinônimo para falta de habilidade. Em outras línguas, também, os termos esquerdo ou canhoto possuem, quase sempre, pelo menos um significado depreciativo variando de "desajeitado" ou "inepto" a "pernicioso". A expressão francesa para esquerdo, *gauche*, também significa "desajeitado"; *mancino* é a forma italiana para esquerdo, bem como para fraudulento. No idioma espanhol, *no ser zurdo* significa "ser muito esperto". A tradução literal é "não ser canhoto". Exemplos existem em abundância.

Os antropólogos nos forneceram vários exemplos de como as associações simbólicas com esquerdo e direito são parte de diferentes culturas.[2] Por exemplo, considera-se que o piscar involuntário de uma pálpebra é significativo para o povo nativo de Marrocos. Para eles, piscar a pálpebra direita significa o retorno de um membro da família ou outras boas notícias, enquanto piscar a pálpebra esquerda é presságio de morte na família. Houve um tempo, em outro lugar do mundo, em que os maoris da Nova Zelândia acreditavam que um tremor durante o sono significava que um espírito havia se apoderado do corpo. Um tremor do lado direito significava boa sorte, ao passo que um tremor do lado esquerdo significava má fortuna e, possivelmente, morte.

A Bíblia, também, reflete um preconceito contra a mão esquerda ou o lado esquerdo. Um exemplo do Novo Testamento, que é especialmente notável, é a Visão do Julgamento, em Mateus 5,25:

E ele colocará a ovelha em sua mão direita, mas os cabritos na esquerda. Então o Rei dirá àqueles que estão à sua direita: "Vinde, abençoados por meu Pai, recebei o reino preparado para vós desde a criação do mundo...

Então, ele dirá ainda àqueles que estão ao seu lado esquerdo: "Retirai-vos de mim, amaldiçoados, para o fogo eterno, preparado para os demônios e seus anjos...

E estes irão para o castigo eterno; mas os justos para a vida eterna".

Michael Barsley, autor de *Left Handed People* (*Pessoas canhotas*), sustentou que a Visão do Julgamento tem sido responsável por "fixar o preconceito contra os canhotos (mais) do que qualquer outro pronunciamento, e que este preconceito atravessou os tempos, sendo adotado por inquisidores, juízes, soldados, artistas, professores, pagens e pais, como o exemplo máximo da associação de pessoas canhotas com perversidade e o Demônio".[3] Esteja Barsley certo ou não, está claro que a associação de esquerdo com mau é de longa data.

Qual a origem deste preconceito? No momento, podemos apenas especular. Carl Sagan, da Universidade de Cornell, sugeriu uma possibilidade em *The Dragons of Eden*, (Os dragões do Éden), seu livro sobre a evolução da inteligência.[4] Sagan observa que nas sociedades préindustriais, tanto nas de hoje como nas do passado, a mão tem sido usada para higiene pessoal após a defecação. Este uso da mão é, ao mesmo tempo, antiestético e potencialmente danoso, porque pode espalhar doença, mas estes empecilhos podem, de algum modo, ser reduzidos pelo uso exclusivo da outra mão para comer e cumprimentar os outros. Pessoas destras realizariam atividades como comer e atirar com armas com a mão direita, deixando a higiene para a esquerda. Sagan sugere que a mão esquerda ficou associada com as atividades excretórias, que tem uma longa história de associações negativas nas culturas humanas. Dessa forma, a cadeia ligando esquerdo e mau foi forjada.

Essa explanação admite que os seres humanos começam com uma preferência para usar a mão direita em atividades que requerem controle fino. Precisamos ainda explicar o fundamento para esta preferência. São abundantes as especulações com relação a essa matéria, mas graças às ferramentas da ciência moderna temos agora uma boa chance de resolver a questão de forma satisfatória.

As teorias do século XIX referentes à habilidade manual

Vamos primeiramente considerar algumas idéias propostas no século XIX para explicar a habilidade manual. Uma teoria popular foi conhecida como "distribuição visceral". Os proponentes dessa teoria argumentavam que a situação assimétrica dos órgãos viscerais, como o fígado, coloca o centro de gravidade do corpo humano ligeiramente à direita da linha média e, como conseqüência, os seres humanos são mais capazes de se equilibrar sobre o pé esquerdo. Esta circunstância deixa a mão direita livre, de modo que, com o tempo, os músculos do lado direito ficam mais bem desenvolvidos. Essa noção, entretanto, não explica por que algumas pessoas são canhotas, a não ser admitindo-se uma reversão na orientação das vísceras.

Explicações para a habilidade manual com base na evolução social também foram populares no século XIX. Há diversas variações em torno deste tema geral, sendo a mais comum a teoria da espada e do escudo.[5] De acordo com esta teoria, atribuída ao ensaísta e historiador inglês Thomas Carlyle e outros, a maioria dos soldados, quando empenhados numa batalha, segura o escudo com sua mão esquerda para proteger o coração, e usa sua mão direita para segurar a arma. Conseqüentemente, durante eras de conflito armado, a mão direita ganhou em habilidade manipulativa e veio a ser usada igualmente em outras atividades unimanuais. De novo, não há nenhuma tentativa de explicar a habilidade manual esquerda ou a evidentemente alta incidência de habilidade manual direita em seres humanos, antes da invenção do escudo.

A idéia da dominância cerebral emergiu no último quarto do século XIX e, com ela, surgiu ainda uma outra teoria de habilidade manual. D.J. Cunningham, um anatomista escocês, resumiu esta concepção em 1902, no *Huxley Memorial Lecture*: "A habilidade manual direita é devida a uma preeminência funcional transmitida pelo cérebro esquerdo. A atuação do cérebro esquerdo não é o resultado, mas, através da evolução, tornou-se a causa da habilidade manual direita".[6] Como está colocado, esta concepção não explicaria muito facilmente os canhotos com a fala sediada no hemisfério esquerdo, como ocorre com 70% da totalidade dos canhotos. Além disso, falha ao explicar as razões da preeminência funcional transmitida pelo cérebro esquerdo.

A DIFICULDADE PARA DETERMINAR A DOMINÂNCIA MANUAL

Antes de examinarmos as teorias mais modernas de dominância manual, é importante considerar como a dominância manual é realmente determinada. Poderíamos admitir que o melhor meio para descobrir se uma certa pessoa é canhota ou destra é simplesmente perguntar. Infelizmente, esta abordagem direta nem sempre funciona. Poucas pessoas usam exclusivamente uma mão para todas as atividades unimanuais e uma simples autoclassificação não indica como alguém pondera as várias atividades, quando faz a determinação. Uma outra abordagem é perguntar às pessoas qual a mão utilizada em atividades específicas. O pesquisador pode, então, calcular a preferência manual de cada indivíduo tendo por base o mesmo esquema de ponderação.

Um questionário usado largamente para medir a preferência manual foi desenvolvido na Universidade de Edinburgh. Pede-se às pessoas para indicar sua mão preferida, se houver, e a intensidade da preferência para: escrever, desenhar, atirar, cortar com tesouras, escovar os dentes, cortar com faca sem o garfo, usar uma colher, segurar uma vassoura (mão mais alta), segurar um fósforo enquanto o acende e segurar uma tampa, enquanto a remove da caixa. O questionário produz um cociente de lateralidade que varia de -100 para canhotos extremos, passando por 0 para utilização igual de ambas as mãos, até +100 para destros extremos.

Numa pesquisa de mais de 1 000 estudantes da Universidade de Edinburgh, a maioria apresentou preferência constante por uma das mãos; poucos não mostraram nenhuma preferência.[7] Aqueles que apresentaram preferência pela direita, entretanto, tendiam a demonstrar mais fortemente suas preferências do que aqueles que apresentavam preferência pela esquerda. Isto é, a distribuição de escores positivos e negativos era diferente. Os escores positivos estavam concentrados no topo da escala, enquanto os escores negativos estavam distribuídos mais uniformemente ao longo da escala de valores. Descobertas como essas levaram alguns investigadores a falar em destros e não-destros, em vez de destros e canhotos.

O modo pelo qual as pessoas são classificadas em diferentes grupos de dominância manual é perigoso para o resultado da pesquisa que investiga a dominância manual como uma variável. A maioria dos estudos que usam questionários tenta classificar as pessoas em termos de dominância manual com base em seus escores. Surgem problemas, entretanto, porque a dominância manual não consiste em uma dimensão simples do tipo tudo ou nada — deve ser tomada uma decisão, em geral apropriadamente arbitrária, estabelecendo limites entre as categorias dos grupos de dominância manual.

Numa tentativa de evitar este problema, outros estudos não formam grupos baseados nos escores dos testes, mas usam os escores reais da medida da dominância manual. Em cada uma dessas abordagens, porém, diferentes tipos de questionários podem produzir classificações diferentes para um grupo de pessoas. À luz desses estudos, não deve surpreender o fato de experiências que investigam os efeitos da dominância manual produzirem, às vezes, resultados conflitantes. As diferenças na maneira como as pessoas são classificadas podem ser responsáveis por grande parte desse conflito.

OLHOS, OUVIDOS E PÉS

A dominância manual é evidentemente a assimetria humana mais óbvia. A maior parte das pessoas, entretanto, também possui um olho, ouvido e pé preferido ou dominante. Qual é a natureza dessas preferências e, em caso de existir, qual a sua relação com a assimetria do cérebro? Nesta parte, vamos rever rapidamente algumas evidências que conduzem essas questões.

Preferência Ocular

A preferência por um dos olhos pode ser medida de diferentes maneiras. Quando a predominância da acuidade está sendo medida, o olho dominante é aquele que demonstra, relativamente, o melhor desempenho nos testes padronizados de acuidade visual (por exemplo, o olho que consegue ler as letras situadas mais abaixo na tabela de Snellen). A predominância visual pode ser facilmente verificada com a identificação do olho utilizado para observar por um telescópio ou ao longo de uma pistola.

Que relação existe entre a preferência ocular e a assimetria hemisférica? A evidência experimental mostra a existência de pouca relação — descoberta que não deve causar surpresas com uma análise mais ampla.[8] Como foi mostrado nos capítulos 2 e 3, o sistema visual está organizado de tal forma que cada olho envia informação para ambos os hemisférios, a partir de diferentes metades da retina. Por causa dessas organizações neuroanatômicas, a preferência visual pelo olho esquerdo ou direito não é simplesmente o reflexo do uso preferencial de um hemisfério.

Preferência Auditiva

A preferência auditiva pode ser medida em tarefas que não permitam à pessoa usar os dois ouvidos simultaneamente — por exemplo, pressionar um ouvido contra um relógio para ouvir o tic-tac. Também pode ser avaliada a sensibilidade dos dois ouvidos, um em relação ao outro. Dentro da extensão normal do limiar auditivo, não há nenhuma relação entre a sensibilidade auditiva e a preferência do ouvido em tarefas que exijam escolha entre os ouvidos. Além disso, há pouca evidência de relação entre a preferência manual e a preferência auditiva e apenas uma relação muito fraca entre preferência auditiva e assimetria auditiva medida em audição dicotômica.[9]

Pé Dominante

Dominância de um pé significa o pé preferido para tarefas como chutar uma bola, segurar um pequeno objeto com os dedos dos pés ou pisar num pequeno objeto. Relativamente poucos estudos voltaram a atenção para a preferência do pé, mas aqueles que o fizeram sugerem que as diferentes medidas de preferência dos pés são altamente correlacionadas entre si. Num estudo em larga escala de preferências[10] de mão, pé, olho e ouvido, as correlações de preferências entre os quatro tipos citados foram todas positivas e estatisticamente significativas — resultado que mostra que as várias preferências estavam relacionadas. A correlação mais alta estava entre a preferência da mão e a preferência do pé, embora nenhuma das relações fosse excepcionalmente forte. Assim, vimos que os seres humanos apresentam preferências de lateralidade de outras formas e não apenas a da mão. Na parte restante deste capítulo, porém, vamos dirigir nossa atenção para a preferência manual, porque ela parece ser a preferência lateral mais proximamente ligada com as assimetrias do cérebro.

A DOMINÂNCIA MANUAL É HEREDITÁRIA?

A dominância manual, assim como a cor dos olhos, o tipo sangüíneo e a constituição física em geral é determinada geneticamente? A probabilidade de pai e mãe destros terem um filho canhoto é de 0,02. Se um dos pais é canhoto, sobe para 0,17 e para 0,46 se ambos forem canhotos.[11] Essas cifras são coerentes com a hipótese de que os genes têm um papel na determinação da dominância manual. O problema ao interpretar os dados, entretanto, é que os fatores ambientais também podem ser responsáveis por essas diferenças.

Pai e mãe canhotos poderiam proporcionar a uma criança diferentes experiências relevantes para a determinação da preferência manual, da mesma forma que podem determinar genes específicos. A natureza (genes) e a educação (experiência) são confundidas nessas cifras, o que torna impossível separar a contribuição de cada uma.

A Visão Ambientalista

Robert Collins assumiu uma posição ambientalista extremada, defendendo que a preferência manual é transmitida de uma geração para outra por tendências culturais e ambientais. Collins baseou sua conclusão, em grande parte, na sua pesquisa de preferência de pata em ratos. Este trabalho (discutido mais extensamente no capítulo 9) mostrou que, individualmente, os ratos, ao alcançar a comida num tubo de vidro, demonstram consistentes preferências de pata. Estas preferências não estão sujeitas à seleção genética: não é possível criar ratos que preferem a pata direita por várias gerações acasalando ratos que apresentam preferência pela pata direita. A descendência de tais animais mostrará a mesma distribuição de preferência de pata encontrada entre os ratos em geral: 50% de preferência pela esquerda e 50% pela direita.[12] Collins também mostrou que filhotes de ratos, que ainda não tenham demonstrado preferência por uma pata, tornaram-se predominantemente destros, se o tubo de vidro era colocado à direita, tornando mais fácil o acesso com a pata direita do que com a esquerda.[13]

A ênfase de Collins no papel das tendências ambientais e culturais na determinação da preferência manual é coerente com os pontos de vista expressos por outro pesquisador, que, após reanalisar as evidências existentes até 1946, concluiu: A preferência lateral não é um traço herdado. Não há, absolutamente, nenhuma evidência que ampare a afirmação de que a dominância manual, ou qualquer outra, é uma capacidade humana inata ou predeterminada.[14]

O autor argumentou que a dominância manual direita é uma resposta aprendida num mundo de destros e que a preferência manual esquerda ocorre quando esta resposta não é aprendida, como resultado de um defeito físico, uma falha da educação, problemas emocionais ou coisa semelhante. Entretanto, um modelo ambiental de determinação da dominância manual deve ser responsável pelo fato de a dominância da mão direita ter sido encontrada nas culturas estudadas e em todos os períodos históricos com evidências disponíveis. Resta explicar por que não ocorreram influências do ambiente em favor da mão esquerda.

Modelos Genéticos

Pode-se avaliar uma evidência a favor de um modelo genético de dominância manual contrário aos modelos ambientais com a formulação de modelos específicos de como a dominância manual pode ser transmitida de geração em geração pela ação dos genes. Modelos diferentes resultam em diferentes prognósticos de situações reais. A conformidade dos prognósticos de um modelo específico aos dados reais apontaria os fatores genéticos como responsáveis pela maior parte das variações de dominância encontrada entre as pessoas.

Um dos primeiros modelos genéticos propôs que a preferência manual é conseqüência da ação de um único gene que possui duas formas diferentes — os alelos[15]. Um alelo, R, dominante e codificado para dominância manual direita; um segundo alelo, I, recessivo e codificado para dominância manual esquerda. Um indivíduo que herdasse o alelo R de cada um dos pais seria destro, como o seria alguém com um genótipo RI (R de um dos pais e I do outro). Aqueles indivíduos que herdassem o alelo I de ambos os pais seriam canhotos. Esse modelo, contudo, não pode explicar o fato de que 54% da descendência de pai e mãe canhotos são destros. Conforme a previsão do modelo, toda a descendência desses pais deveria ser de canhotos, porque o alelo I é o único que pais canhotos podem transmitir. Houve tentativas de salvar este modelo com a introdução do conceito de penetrância variável, que propõe que todos os indivíduos possuidores do mesmo genótipo não manifestam esse genótipo da mesma forma. Neste caso, alguns indivíduos com o genótipo RI serão canhotos. Estes canhotos poderiam transmitir um alelo R para a sua descendência, responsável pela incidência não-zero de destros entre as crianças de pai e mãe canhotos. Mesmo com a introdução da penetrância variável no modelo, entretanto, a "boa conformação" do modelo aos dados reais é insatisfatória.

Marion Annett, da Universidade de Hull, na Inglaterra, propôs um tipo diferente de modelo genético para a dominância manual.[16] Ela levantou a hipótese de que não existe nenhum gene para a dominância manual esquerda ou direita como tal, mas sim um gene dominante (RS+) responsável pelo desenvolvimento da fala no hemisfério esquerdo, que, por sua vez, aumenta as chances de maior habilidade na mão direita. Annett refere-se à sua teoria como a teoria do "esquema à direita" (*right shift*). Ela propôs a existência de uma forma recessiva do gene (RS-) que resulta na ausência de uma tendência sistemática para um lado, tanto para a fala como para a dominância manual. Fatores de probabilidade iriam, então, atuar independentemente da direção da lateralidade na fala e na dominância manual.

Se ambos os alelos ocorrem com igual freqüência na população e se a união com respeito a este gene é fortuita, então 50% da população será RS+RS-, 25% RS +RS+ e 25% RS-RS-. As pessoas dos primeiros dois grupos (RS+RS- e RS+RS+) apresentariam um esquema à direita (linguagem no hemisfério esquerdo e destros). O grupos RS-RS-, entretanto, não teriam nenhum esquema à direita, e na visão de Annett os efeitos ambientais determinariam a preferência manual. Na ausência de qualquer tendência ambiental forte, seria de se esperar que aproximadamente metade desses 25% seriam canhotos e metade destros. A cifra de 12,5% de pessoas canhotas prevista pelo modelo de Annett é bem próxima do número de canhotos de fato encontrados na população em geral. O mesmo raciocínio também pode facilmente explicar o fato de cerca de 50% da descendência de pais canhotos ser canhota e a descoberta de que os canhotos apresentam um padrão muito variado de assimetria em outras medidas, como a da lateralidade da fala e a da dominância do olho.

Embora tenhamos mais a dizer sobre a relação entre a dominância manual e as habilidades cognitivas, mais adiante, devemos mencionar aqui que Annett propôs especificamente essa relação. Ela sugeriu que o genótipo RS+RS+ (duplo esquema à direita) pode levar a um desempenho pobre da mão esquerda e a deficiências espaciais, enquanto a pessoa RS-RS- pode estar sujeita à dificuldade para ler. O genótipo RS+RS- seria ótimo, de acordo com Annett, e favorável à continuidade da presença tanto de RS+ como de RS- na população.

PREFERÊNCIA MANUAL ESQUERDA COMO PATOLOGIA

A incidência de canhotos em gêmeos é de cerca de 20%, aproximadamente o dobro da que ocorre na população dos não-gêmeos. Os gêmeos também apresentam uma incidência desproporcionadamente alta de problemas neurológicos e outras desordens, considerados conseqüência do prejuízo pela aglomeração intra-uterina durante o desenvolvimento do feto.[17] Isso naturalmente sugere que a elevada incidência de canhotos em gêmeos se deve, pelo menos em parte, a esses fatores.

A idéia de que um dano cerebral mínimo pode estar por trás de muitos casos de dominância manual esquerda em gêmeos foi proposta pela primeira vez em 1920.[18] Vários elementos de evidência apoiam esta sugestão. Primeiro: a incidência de dominância manual esquerda é muito mais alta em populações que podem ter sofrido um dano cerebral mínimo, antes ou durante o nascimento. Nos retardados mentais, por exemplo, a incidência é de 20%. A preferência manual esquerda também é muito comum em crianças com dificuldade de aprendizagem e em epiléticos. Talvez o dano cerebral mínimo, que é a causa do problema em muitos casos, seja também responsável pela mudança de preferência manual em pessoas que, de outro modo, teriam sido destras.

Segundo: os dados clínicos do trabalho com sódio amobarbital sugerem a existência de uma relação entre a dominância manual e um dano anterior no cérebro. Em um estudo, a maioria dos pacientes canhotos com evidência de dano anterior no cérebro esquerdo apresentou evidência de linguagem no hemisfério direito, enquanto canhotos sem sinais de danos anteriores possuíam linguagem no hemisfério esquerdo.[19] Esta descoberta sugere que um dano no hemisfério esquerdo, no começo da vida, pode resultar numa mudança do hemisfério da fala e da preferência manual.

Paul Bakan e associados afirmaram que toda dominância manual esquerda é essencialmente patológica na sua origem, e que traumas ocorridos no nascimento ou o estresse do nascimento podem explicá-la.[20] Eles sugeriram que a preferência manual esquerda é o resultado de uma disfunção motora do hemisfério esquerdo que ocorre após uma hipoxia, ou redução do suprimento de oxigênio durante o nascimento. De acordo com Bakan, a condição canhoto ocorre em famílias por causa de uma tendência herdada para partos difíceis ou gravidez anormal, e não porque a habilidade manual seja em si determinada geneticamente.

Os dados relevantes na hipótese de Bakan estão confusos.[21] Alguns estudos mostraram uma relação entre complicações de parto e preferência manual, ao passo que outros não conseguiram revelar tal relação. Contudo, todos se basearam em dados retrospectivos, isto é, na informação relativa à presença ou ausência de estresse natal, a partir de relatos subjetivos de mães ou dos indivíduos, muitos anos após o fato. Para reduzir os erros inerentes aos relatos retrospectivos, Murray Schwartz empreendeu um estudo longitudinal prospectivo que começa acompanhando crianças com a idade de dois anos, e inclui registros hospitalares, assim como relatos maternais na avaliação do estresse de parto.[22]

A avaliação Apgar é um sistema simples de avaliação neonatal, no qual baixos escores podem refletir uma hipoxia e uma possível anormalidade neurológica. De todos os fatores de estresse/risco e complicações examinadas por Schwartz, somente uma — a avaliação Apgar feita um minuto após o nascimento — apresentou uma relação com uma subsequente preferência esquerda, com uma grande incidência de preferência esquerda associada a baixos escores na escala de Apgar.

Assim, a evidência relacionando o estresse no nascimento à condição de canhoto continua confusa. Em qualquer caso, os dados incidem bem perto de embasar a hipótese original de Bakan — de que toda dominância manual esquerda é o resultado de estresse do parto. Outros pesquisadores têm assumido pontos de vista menos radicais quanto ao papel da patologia. Paul Satz, por exemplo, sugeriu que fatores patológicos podem ser responsáveis por uma boa parte da incidência elevada de dominância esquerda entre certas populações clínicas, assim como uma parte da dominância manual esquerda na população em geral.[23] Os canhotos restantes são, segundo seu ponto de vista, canhotos "naturais", cuja preferência manual esquerda é originariamente genética.

Satz e seus colegas interessaram-se por outras mudanças que podem ocorrer nos indivíduos que são canhotos por causa de um dano cerebral anterior. Eles viam a mudança na dominância manual como uma da várias alternativas do desenvolvimento lateral que forma o que eles chamam de síndrome de preferência patológica pela mão esquerda (PLH).[24] Mencionamos antes uma dessas mudanças — uma mudança na especialização hemisférica para a fala. Canhotos com um histórico de lesão cerebral anterior têm três vezes mais possibilidade de ter a linguagem controlada pelo hemisfério direito do que a têm os canhotos que não sofreram de nenhuma lesão cerebral anterior.

Outro componente da PLH, de acordo com Satz, é a deficiência na habilidade visuoespacial. Ele e seus colegas citaram o trabalho anterior de Herbert Lansdell com um grupo de epiléticos com lesões no cérebro esquerdo — um trabalho que sugeria uma ligação entre o dano anterior no cérebro esquerdo e a deficiência na habilidade visuoespacial.[25] Lansdell examinou a associação entre a idade em que apareceram os primeiros sintomas neurológicos e a diferença entre os fatores verbais e não-verbais, segundo a escala de inteligência de Wechsler-Bellevue. Ele notou que os fatores verbais foram menos afetados pelas primeira lesões, enquanto os fatores não-verbais sofreram menos com as últimas lesões (cinco anos). Lansdell supôs que nos anos iniciais uma lesão no hemisfério esquerdo podia mudar as funções de linguagem para o hemisfério direito, rompendo e deslocando assim as funções visuoespaciais que, de outro modo, se desenvolveriam ali. Uma lesão tardia não produziria esta mudança, mas resultaria em prejuízo de função no hemisfério esquerdo e deixaria intacta a habilidade visuoespacial no hemisfério direito.

Um terceiro componente da síndrome de PLH é a falta de desenvolvimento pleno do lado direito do corpo. Satz e colegas citaram estudos das décadas de 1930 e 40, mostrando que a diminuição do desenvolvimento de parte ou de toda a metade do corpo pode ocorrer após uma lesão no hemisfério do lado oposto no início da vida. Suas pesquisas medindo o tamanho de pés mostrou que os pacientes epiléticos, cujos ataques começaram antes de dois anos de idade, tinham o pé direito mais curto, se a lesão estava localizada no hemisfério esquerdo, enquanto pacientes com lesões ocorridas no mesmo período, no lado direito, possuíam o pé esquerdo mais curto.

Ainda há a necessidade de muito trabalho para que a existência da síndrome de PLH seja estabelecida com certeza. Indivíduos com a síndrome seriam relativamente raros e os estudos para testar adequadamente a hipótese necessitariam que todos os componentes fossem pesquisados ao mesmo tempo, e não apenas um ou dois isoladamente. A evidência existente, porém, parece suficiente para sustentar a posição básica de que algumas dominâncias manuais esquerdas são originalmente patológicas, embora poucos pesquisadores assumiriam o ponto de vista extremo de que toda habilidade manual esquerda pudesse ser explicada dessa forma.

A popularidade do modelo patológico da dominância manual esquerda tem levado pesquisadores a comparar as habilidades cognitivas de canhotos e de destros. A base lógica para tais estudos é simples. Se a dominância manual esquerda for uma conseqüência de lesão cerebral, ainda que branda, então tal lesão poderia se refletir no rebaixamento da habilidade em várias das mais elevadas funções mentais. Vamos rever os estudos que exploram esta possibilidade numa seção posterior.

DOMINÂNCIA MANUAL E ASSIMETRIA FUNCIONAL

De que modo a organização do cérebro dos canhotos se diferencia da dos destros? Tanto os estudos clínicos como os comportamentais têm ajudado a responder essa questão. No capítulo 1 observamos que o teste com sódio amobarbital mostrou que mais de 95% de destros têm a fala localizada no hemisfério esquerdo, e que 70% dos canhotos apresentam o mesmo padrão.[26] A maioria dos 30% restantes evidencia representação bilateral da fala.[27] A partir desta configuração, poder-se-ia concluir que a maioria dos canhotos é exatamente como os destros.

Outros dados clínicos, entretanto, sugerem que o quadro é mais complexo. Vários estudos relataram que o prognóstico de recuperação da afasia após um derrame é muito melhor em canhotos do que em destros.[28] Muitos pesquisadores acreditam que a recuperação de uma lesão maciça no hemisfério da fala é uma função da extensão em que o hemisfério não danificado pode assumir o comando. Sendo assim, emerge a sugestão de que as funções da linguagem podem ser representadas bilateralmente em mais pessoas do que apenas naqueles canhotos identificados pelos dados obtidos com o sódio amobarbital. Os canhotos com a fala controlada predominantemente por um hemisfério podem ter o outro hemisfério "de reserva" numa extensão muito maior do que os destros.

Estudos de comportamento com pessoas normais geralmente confirmam essa complexidade. Os estudos taquitoscópicos lateralizados e de audição dicotômica que comparam o desempenho de canhotos e destros mostram menos evidência de assimetria nos canhotos.[29] Como regra geral, qualquer assimetria encontrada nos destros será menor e talvez em sentido contrário quando estudada nos canhotos.

Essas afirmações sumárias, porém, não nos permitem, por si mesmas, diferenciar entre uma situação em que os canhotos verdadeiramente não apresentam assimetria nessas tarefas e uma situação em que os números aproximadamente iguais mostram uma superioridade esquerda ou direita. Quando são examinados dados de sujeitos individuais, descobrimos que as pessoas canhotas apresentam assimetrias menores do que as destras, embora existam alguns canhotos com forte superioridade esquerda ou direita. Essas descobertas se coordenam bem com a evidência clínica que aponta para uma maior bilateralidade nos canhotos.

Dominância Esquerda na Família

A organização do cérebro de canhotos parece ser mais complexa do que alguém poderia esperar a partir dos dados obtidos com o sódio amobarbital. Outro trabalho clínico sugeriu que parte da variação entre canhotos pode ser explicada determinando-se se um determinado canhoto tem parentes de primeiro grau (pais, irmãos ou filhos) canhotos.[30]

Os canhotos com o histórico de canhotos na família (canhotos na família mais próxima) apresentavam freqüências similares de distúrbios de linguagem após lesão no lado esquerdo ou no lado direito do cérebro. Nos canhotos sem canhotos na família, os distúrbios da linguagem eram quase inexistentes após a lesão no hemisfério direito. Esta diferença sugere que há pelo menos duas espécies de canhotos e que os padrões de organização do cérebro dos dois grupos são diferentes.

Os estudos com pessoas normais têm considerado o efeito da ocorrência de canhotos na família na realização dos testes de lateralidade. Vários estudos fornecem base para a idéia de que os canhotos com parentes canhotos são diferentes daqueles que não os têm. Infelizmente, as descobertas quanto à natureza de tal diferença não são consistentes.[31] As evidências que apontam para a existência de diferenças na organização do cérebro entre pessoas com ou sem histórico familiar de canhotos têm sido admitidas por alguns como um sinal do componente genético na dominância manual. A mesma relação, contudo, pode ser vista também como apoio para um determinante ambiental da dominância manual.

Posições Invertidas e Não Invertidas ao Escrever

Jerre Levy e Mary Lou Reid identificaram outra variável — a posição da mão — que, segundo acreditavam, poderia ajudar a classificar os canhotos em diferentes grupos, com base na organização do cérebro.[32] Alguns canhotos escrevem numa posição invertida ou curvada, segurando a caneta ou o lápis acima da linha da escrita. Os outros canhotos, assim como quase todos os destros, seguram seus instrumentos de escrita abaixo da linha da escrita.

Levy e Reid afirmam que a posição invertida da mão significa que o hemisfério da fala está do mesmo lado da mão preferida. Assim, a fala de um canhoto que inverte a mão seria controlada pelo hemisfério esquerdo. A fala de um destro que inverte a mão (esses indivíduos são raros) seria controlada pelo hemisfério direito. A fala de pessoas que não invertem a mão ao escrever seria controlada pelo hemisfério oposto à mão preferida. Seus pontos de vista conflitam com a sabedoria convencional, que sugere que a posição da mão é devida unicamente ao treino.

A base para as conclusões de Levy e Reid são os dados obtidos a partir de dois testes taquitoscópicos com apresentação lateralizada dos estímulos; um exigindo a identificação de sílabas de três letras e o outro a recordação de um ponto que aparece ao acaso, em 1 dentre 20 localizações possíveis. Os destros apresentaram superioridade do campo visual direito na tarefa das sílabas e superioridade do campo visual esquerdo na espacial. Os canhotos que escrevem com a posição não invertida apresentaram o oposto. Em contraste, os canhotos com a posição da mão invertida tinham o mesmo desempenho dos destros que não invertiam a posição. O destro que escrevia com a posição invertida produzia dados comparáveis com aqueles dos canhotos que escreviam de forma não invertida.

Vários pesquisadores tentaram estender essas descobertas a outras tarefas e medidas de assimetria hemisférica, em geral com resultados não muito significativos; contudo, alguns estudos registraram dados favoráveis[33]. Os dados clínicos, infelizmente, apresentam o mesmo quadro confuso. Um grupo de pesquisadores declarou que "a presença ou a ausência da afasia numa hemiparesia direita ou esquerda tem estado conforme o que tinha sido previsto pela posição da mão durante a escrita."[34] Estes dados clínicos, entretanto, não foram publicados. Outros pesquisadores não conseguiram encontrar evidências dessa relação em pacientes submetidos ao teste com sódio amobarbital.[35] Neste ponto, existem muitas inconsistências nos dados para se concluir que a posição da mão pode ser utilizada para prever a assimetria do cérebro.

DOMINÂNCIA MANUAL E AS MAIS ALTAS FUNÇÕES MENTAIS

Os canhotos diferem dos destros em outros aspectos além da organização do cérebro? A procura da relação entre a dominância manual e a assimetria cerebral levou muitos pesquisadores a considerar as conseqüências desta relação em outras funções. Lembre-se, por exemplo, do modelo patológico da preferência pela mão esquerda. De acordo com este ponto de vista, alguns canhotos sofreram, muito cedo, uma lesão cerebral mínima que resulta numa mudança do que deveria ter sido uma preferência manual direita, para a preferência da mão esquerda. O modelo patológico conduz prontamente à previsão de que uma lesão cerebral mínima resultará na redução da habilidade em vários testes com as funções mentais mais elevadas.

Avaliando o Caso de Deficiências em Canhotos

Estudos que comparam os desempenhos de canhotos e destros, nos testes com as funções mentais mais elevadas, pouco renderam na direção de dados que confirmassem os prognósticos de desempenhos inferiores em canhotos. Uma revisão da literatura apontou 14 estudos que examinavam habilidade de leitura. Somente um deles encontrou uma diferença entre canhotos e destros, e registrou que os canhotos eram superiores.[36] Usando medidas em procedimentos acadêmicos, um estudo não encontrou nenhuma diferença entre os grupos, enquanto outro estudo relatou que os canhotos saíram-se menos bem num exame vestibular para a universidade. Três estudos mencionaram que os canhotos não fizeram tão bem as tarefas perceptuais, embora o único estudo a tentar repeti-lo em trabalho subseqüente não conseguiu mostrar uma diferença.

Apesar de um conjunto relativamente pequeno de evidências empíricas documentando diferenças de desempenho entre canhotos e destros, persiste a associação de canhotos a deficiências. Essa crença provavelmente é, na maior parte, um resultado da alta incidência de canhotos entre os retardados mentais e os incapacitados para ler. Esta associação sugere que parte da dominância da mão esquerda, nestes grupos selecionados pelas deficiências, é de origem patológica. A mesma lesão que produz o dano pode ser também responsável pela mudança para o uso da mão esquerda. Isso não implica, entretanto, que uma relação semelhante seja válida para grupos não selecionados de pessoas, obtidos fora do ambiente clínico.

O modelo patológico de dominância esquerda, portanto, tem sido responsável por grande parte do interesse pela relação entre preferência manual e aptidão cognitiva. Uma outra abordagem teórica desta questão foi empreendida por Levy.[37] Ela notou que muitos canhotos mostraram evidência de alguma habilidade de linguagem no hemisfério direito, além da habilidade de linguagem no hemisfério esquerdo. Quais são, perguntou ela, as conseqüências disso para as funções visuoespaciais tipicamente controladas pelo hemisfério direito nos destros?

Ela propôs que a função de linguagem e a função visuoespacial lutam por um tecido neurônico disponível dentro de um hemisfério e que as funções de linguagem predominam à custa dos outros, "atropelando" os centros visuoespaciais. Deste modo, preconizou que os canhotos deveriam sair-se menos bem do que os destros nas tarefas visuoespaciais, mas realizariam igualmente as tarefas verbais.

Para testar sua hipótese, recrutou dez estudantes canhotos e quinze destros do curso de graduação do Instituto de Tecnologia da Califórnia e aplicou-lhes a Escala Wechsler de Inteligência Adulta (Wechsler Adult Intelligence Scale — WAIS). A WAIS pode ser dividida em duas partes: uma com componente verbal e uma com componente de desempenho. Os subtestes verbais incluem uma informação geral, vocabulário e semelhanças (simples abstração). Os testes de desempenho incluem projeto com blocos (blocos de Koh), reunião de objetos (quebra-cabeças de juntar peças) e complementação de figuras (descobrir erros em desenhos).*

Levy descobriu que os escores no componente verbal eram os mesmos em canhotos e destros. Os escores de desempenho dos canhotos foram, entretanto, significativamente menores do que os dos destros. Assim, estava manifesto o que Levy havia previsto com relação à deficiência em tarefas visuoespaciais.

É importante lembrar, contudo, que esta "deficiência" é apenas relativa. Os sujeitos de Levy, tanto os canhotos como os destros, apresentaram, marcadamente, escores superiores em ambas as partes da escala WAIS, se comparados com a população em geral. Os escores de desempenho dos canhotos, porém, eram menores do que os seus escores verbais, enquanto não havia nenhuma diferença entre os escores dos dois testes para os destros.

O trabalho de Levy gerou um interesse considerável e diversas tentativas de repetir a experiência, com resultados confusos.

Leonardo da Vinci Era Canhoto

Alguns pesquisadores têm sugerido que a maior distribuição bilateral da função de linguagem, que parece caracterizar os canhotos, pode implicar habilidades superiores. O argumento tem sido que a criatividade poderia ser realçada em indivíduos cujos cérebros permitissem uma maior interação entre as habilidades verbais e as não-verbais, em virtude de estarem ambas alojadas dentro do mesmo hemisfério. Estudos ocasionais relataram um desempenho superior entre os canhotos, mas estes estudos não pintam um quadro mais claro do que aqueles que apontam deficiências nos canhotos. Os proponentes, entretanto, são impetuosos ao mencionar que Leonardo da Vinci, Benjamin Franklin e Michelangelo eram todos canhotos.

---

* Os subtestes verbais parecem mais sensíveis a danos no hemisfério esquerdo, provavelmente porque são muito dependentes da linguagem. Os subtestes de desempenho são conhecidos por serem igualmente sensíveis a lesões em cada hemisfério, especialmente na região parietal. Além disso, os testes de desempenho parecem ser mais sensíveis do que os testes verbais a lesões cerebrais em geral, especialmente a lesões difusas. Eles são os primeiros a mostrar declínio com o aumento da idade e são os testes mais afetados por trauma cerebral e processos patológicos difusos.

É interessante notar que a incidência da preferência pela mão esquerda é consideravelmente mais alta entre os artistas do que entre a população em geral. Por exemplo, num estudo comparando estudantes universitários com menos de dois anos de treinamento em arte, com estudantes matriculados num programa de graduação em arte, 20% dos artistas eram canhotos, em comparação com 7% entre os não artistas. A habilidade manual mista ocorria em 27% dos artistas e apenas em 15% dos não artistas.[39] O significado dessas descobertas é incerto. Elas apresentam claramente problemas para o modelo de deficiência cognitiva nos canhotos apresentado por Levy, a menos que se argumente que a deficiência na habilidade visuoespacial ocorra em apenas uma parte dos canhotos. Uma outra interpretação é que o interesse em e a experiência com a arte leva a uma maior utilização da mão esquerda, em vez daquela segundo a qual a organização do cérebro dos canhotos diretamente os predispõe a uma maior habilidade artística.

Não obstante a sugestão de deficiências em canhotos e a restrição amplamente justificada referida anteriormente, é evidente que algumas diferenças nas habilidades cognitivas de canhotos e destros são em geral muito pequenas e de pouca importância prática. Uma variação individual dentro de um grupo é muito maior do que a diferença estatística entre grupos. Entretanto, o resultado das diferenças estatísticas no funcionamento cognitivo e na preferência manual continuará a ser perseguido por causa de sua importância para as teorias da variabilidade e da organização do cérebro.

NOVAS IDÉIAS REFERENTES À DOMINÂNCIA MANUAL

Este capítulo tratou de assuntos básicos relacionados à preferência manual — suas origens, suas implicações para as habilidades humanas e suas relações com a assimetria hemisférica de função. Nesta seção, vamos discutir duas idéias relativamente novas e muito especulativas relativas à habilidade manual.

Dominância Manual Esquerda e o Sistema Imunológico

A possível relação entre a dominância da mão esquerda e o sistema imunológico corporal tem sido objeto de muito interesse e controvérsia, desde que foi proposta pela primeira vez, no início da década de 1980. A idéia surgiu numa reunião em Boston, em 1980, quando Norman Geschwind comentou que aqueles interessados em estudar a genética da dislexia não deveriam limitar-se a examinar a freqüência de dislexia entre os parentes dos disléxicos — deveriam também procurar a presença de outras condições nessas famílias.* Além de psicólogos e neurologistas, a audiência à palestra de Geschwind era composta de um grande número de pais de crianças disléxicas, que contaram mais tarde a Geschwind histórias de suas famílias quanto a desordens de imunidade e enxaqueca. Estas observações levaram Geschwind a uma série de estudos com Peter Behan — estudos que demonstraram um inesperado elo entre a dominância da mão esquerda e tais desordens.

Nos dois primeiros estudos, foram comparadas 500 pessoas com forte dominância da mão esquerda e 900 pessoas com forte dominância da mão direita.[40] Os canhotos possuíam um índice de desordens de imunidade 2,5 vezes maior do que os destros, e um índice de desordens de aprendizagem 10 vezes maior. No segundo estudo, compondo um grupo de controle, 652 pessoas fortemente destras e 440 fortemente canhotas foram estudadas, juntamente com 304 pacientes com comprovadas desordens na auto-imunidade.[41] No grupo de controle, a incidência de enxaqueca, alergias, dislexia, gagueira, má-formações do esqueleto e desordens da tireóide era significativamente mais alta entre os canhotos. Entre os pacientes com comprovadas desordens na auto-imunidade, a proporção de canhotos era significativamente mais alta do que na população em geral, em cinco dentre as oito diferentes desordens de auto-imunidade incluídas neste grupo.

Essas observações levaram Geschwind e o neurologista Albert Galaburda a desenvolver uma teoria de lateralidade de grande alcance, que pudesse responder por essas descobertas, assim como por muitas outras.[42] Eles propuseram que um fator comum pode ser responsável tanto pela dominância da mão esquerda como pela suscetibilidade a desordens de imunidade. Pensavam que provavelmente esse fator estaria mais relacionado com o homem, porque a incidência da dominância da mão esquerda e das desordens de desenvolvimento da linguagem e da cognição é mais elevada nos homens. Com efeitos semelhantes, embo-

---

* Dislexia é o termo aplicado a casos de dificuldades de leitura sem a existência de outros problemas tais como distúrbios sensórios. A dislexia é discutida em mais detalhes no capítulo 10.

ra menos marcantes, ocorrem em mulheres, o fator deve também ter potencial para afetar mulheres. O hormônio sexual masculino testosterona ajusta-se a esses critérios. Fetos de ambos os sexos estão expostos à testosterona, embora os fetos femininos estejam expostos a menores quantidades.

Geschwind e Galaburda propuseram que a testosterona diminui o crescimento de partes do hemisfério esquerdo durante a vida fetal, de modo que as regiões correspondentes no hemisfério direito desenvolvem-se relativamente mais rápido. Eles afirmam que, em conseqüência, pessoas do sexo masculino apresentarão um maior grau de alterações para a participação do hemisfério direito na dominância manual e na linguagem e, com maior probabilidade, terão as habilidades do hemisfério direito aumentadas. O atraso no desenvolvimento do hemisfério esquerdo, em alguns casos, pode resultar numa desordem permanente no desenvolvimento da aprendizagem, com incidência maior entre as pessoas do sexo masculino.

Ao mesmo tempo em que a testosterona está afetando o desenvolvimento do hemisfério esquerdo, Geschwind e Galaburda acreditavam que ela poderia também afetar o desenvolvimento do sistema imunológico, aumentando assim a suscetibilidade a subseqüentes desordens de imunidade. Por essa razão, a testosterona poderia ser responsável pela clara associação entre a incidência de dominância da mão esquerda e a incidência de desordens imunológicas.

As idéias de Geschwind e Galaburda são intrigantes e sugerem uma grande quantidade de possibilidades interessantes. Por exemplo, eles notaram que, em alguns casos, o desenvolvimento mais rápido do hemisfério direito, intermediado pela testosterona, pode propiciar habilidades especiais. Indivíduos autistas, por exemplo, apresentam ocasionalmente uma habilidade artística muito superior (ver discussão mais ampla no capítulo 10).

Os efeitos da testosterona no hemisfério esquerdo poderiam ser responsáveis pela falta de habilidade que a pessoa apresentava, enquanto o acompanhamento do desenvolvimento acentuado do hemisfério direito seria responsável pela "ilha" de desempenho superior.

Tal mecanismo poderia até mesmo ser responsável por certos tipos de desempenho superior nas pessoas que não apresentam deficiências cognitivas. No estudo de um grande grupo predominantemente masculino de crianças matematicamente bem-dotadas, os sujeitos tinham cinco vezes o índice de alergia e duas vezes o índice de dominância manual esquerda do que um grupo menos dotado.[43] Poderia a hipótese da testosterona explicar isso também? Geschwind e Galaburda sugeriram, por tentativa, que poderia — dependendo do ritmo preciso e dos níveis de testosterona presentes no útero, as conseqüências destruidoras da diminuição do desenvolvimento do hemisfério esquerdo poderiam ser evitadas, ao mesmo tempo em que as vantagens do aumento no hemisfério direito poderiam se realizar.

É verdade que resta muito trabalho a ser feito para verificar ou refutar (e, sem dúvida, mesmo esclarecer) os prognósticos da teoria de Geschwind e Galaburda de lateralidade cerebral. Muitos estudos já foram empreendidos, alguns dos quais confirmam e alguns invalidam aspectos da teoria.[44] O esforço, sem dúvida, continuará por muito tempo, dada a complexidade e a natureza ampla do modelo.[45]

Dominância da Mão Esquerda e Mortalidade

Outra série de descobertas controvertidas vem do trabalho de Stanley Coren, na Universidade de British Columbia. Coren estava intrigado com os dados que obtivera, pois mostravam que a proporção de canhotos — 13% em pessoas com 20 anos de idade — diminuía para menos de 1%, em pessoas com 80 anos. Seriam reais estas diferenças de incidência na dominância da mão esquerda e, nesse caso, o que significariam? Coren e sua colega Diane Halpern começaram analisando os dados relativos à dominância manual e à idade na ocasião da morte de 2 272 jogadores de beisebol, citados na Enciclopédia de Beisebol.[46] Escolheram estes dados para a análise porque a preferência manual é parte importante do perfil de um jogador de beisebol e seria mencionada em destaque na descrição de um jogador falecido.

Computando uma diferença menor do que 0,5% no risco de morrer, o estudo não revelou nenhuma diferença entre destros e canhotos até a idade de 33 anos. Desta idade em diante a porcentagem média de destros que sobreviviam era aproximadamente 2% mais alta do que a porcentagem dos canhotos. Nos últimos anos das idades mais avançadas as diferenças entre canhotos e destros tornavam-se mais marcantes. O sobrevivente canhoto mais velho tinha 91 anos de idade; o sobrevivente destro mais velho estava com 109. Mais de 2,5% dos destros viveram até 90 anos, enquanto menos de 0,5% dos canhotos alcançaram aquela idade.

Em seguida, Coren realizou outro estudo com um enfoque diferente e com uma amostragem abrangendo maior número de sujeitos.[47] A informação sobre a preferência manual das pessoas recentemente falecidas era obtida por intermédio do parente mais próximo, sem que soubesse a finalidade do estudo. Os resultados apresentaram uma vantagem geral para a mulher (média de idade da morte nas mulheres: 77,55; média da idade da morte nos homens: 71,61). Em relação à preferência manual, entretanto, foi encontrada uma diferença muito mais ampla. A média de idade da morte era 75,34 anos para os destros e para os canhotos 66,20 anos. Essas descobertas são coerentes com as do estudo de beisebol. Como elas podem explicar isso? No começo deste capítulo vimos evidências de que uma parte da dominância da mão esquerda é de origem patológica. Talvez os fatores patológicos que produzem essa dominância também produzam outras condições que afetam a mortalidade. Acabamos também de examinar os dados do trabalho de Geschwind e seus colegas, que mostram uma associação entre dominância da mão esquerda e desordens imunológicas; esta relação também pode afetar a mortalidade.

Ao reconhecer o papel desses fatores, Coren propôs ainda a possibilidade de uma outra consideração — uma maior incidência de acidentes entre canhotos. No estudo feito por meio do parente mais próximo, Halpern e Coren pediram informações com relação à causa da morte e perguntaram se tinha havido lesões relacionadas com acidentes.[48] Eles descobriram que os canhotos tinham seis vezes mais possibilidade de morrer por lesões relacionadas com acidentes do que os destros. Separando os acidentes com veículos, descobriram que os canhotos tinham quatro vezes mais probabilidade de morrer em acidentes ao dirigir um carro. Coren concluiu, por sua análise, que grande parte da diferença entre canhotos e destros com referência à mortalidade pode ser explicada pelos acidentes que diminuem a sobrevivência dos canhotos, em comparação com os destros.

O trabalho de Coren e Halpern relacionando canhotismo e mortalidade é altamente controvertido. A controvérsia se situa na interpretação e não tanto nos dados em si, embora alguém tenha argumentado que respostas tendenciosas podem ter afetado o resultado do estudo baseado nas perguntas ao parente mais próximo.[49] Enquanto Coren e Halpern concluíram que os canhotos eram eliminados da população pela mortalidade precoce, outros vêem as diferenças na média de idade da morte entre os canhotos e os destros na relação entre a idade e a incidência de dominância manual esquerda encontradas na população como um resultado artificial devido à pressão cultural.[50]

Kenneth Hugdahl e seus colegas têm-se referido a esta última interpretação como hipótese de modificação,[51] em oposição à hipótese de eliminação proposta por Coren e Halpern. De acordo com a hipótese de modificação, as diferenças na incidência de canhotos entre jovens e idosos são por causa das normas sociais de mudança — as pessoas mais velhas provavelmente estiveram expostas a uma pressão mais forte para alterar o uso da mão esquerda para a direita, gerando uma incidência mais baixa na população mais velha. Assim, há menos canhotos, proporcionalmente, entre os idosos, não por causa da morte precoce, mas porque as pessoas mais velhas estiveram mais sujeitas a sofrer na infância a imposição do uso da mão direita.

Hugdahl e seus associados tentaram testar diretamente a hipótese de modificação coletando dados do uso atual da mão e da mudança de mão na infância simultaneamente nas mesmas pessoas. Trabalhando com dados de quase três mil pessoas, os pesquisadores relataram que o declínio do uso da mão direita na idade avançada era contrabalançado por um aumento semelhante de pessoas que tinham trocado o uso da mão esquerda pelo uso da direita para escrever.

A mudança de mão, porém, parece não ser totalmente responsável pela distribuição da dominância manual no decorrer da idade e os resultados da dominância manual e suas implicações continuam sendo de grande interesse. À medida que mais pesquisadores abordam o problema com crescente sofisticação, podemos esperar obter respostas melhores.

6

MAIORES EVIDÊNCIAS DA CLÍNICA MÉDICA:
Afasia, Apraxia, Agnosia

NEUROPSICOLOGIA CONTEMPORÂNEA

No capítulo l examinamos, sob uma perspectiva histórica, como a conceituação das assimetrias do cérebro se desenvolvia a partir dos dados provenientes de pacientes com lesão cerebral. Neste capítulo, continuaremos nossa revisão dos discernimentos das funções do cérebro obtidos com base em estudos dos efeitos de várias lesões nos hemisférios cerebrais. Esta busca é o campo da neuropsicologia clínica, experimental e cognitiva. Na época anterior aos rastreamentos da tomografia computadorizada e outros métodos de se obter imagens do cérebro, os neuropsicólogos enfatizavam o uso de suas habilidades clínicas para prever a localização de lesões em pacientes que apresentavam vários distúrbios funcionais ou comportamentais. Até certo ponto, a neuropsicologia moderna ainda faz isso, quando as técnicas neurológicas e fisiológicas apresentam dados questionáveis; mas a ênfase está na avaliação compreensiva de toda disfunção mental ou comportamental que acompanha uma evidência de lesão cerebral, geralmente para fins clínicos, mas freqüentemente também para conhecimento teórico.

A moderna neuropsicologia procura estender o nosso conhecimento dos processos psicológicos, examinando as maneiras segundo as quais eles se subdividem. Algumas vezes, um pensamento que era tido como um processo mental unitário revela-se uma interação complexa;

outras vezes, os pesquisadores descobrem que o que se considerava como atividades mentais separadas surge realmente dos mesmos mecanismos cerebrais. A memória, a linguagem e a emoção estão entre os processos psicológicos que têm sido estudados. A informação obtida na clínica de lesões cerebrais deve ser interpretada com muito cuidado. Os neuropsicólogos que estudam as relações entre cérebro e comportamento devem se basear em lesões que ocorrem naturalmente ou nas lesões provocadas por cirurgiões, por razões médicas. Essas condições geralmente não constituem o ideal para responder às questões específicas que um pesquisador gostaria de propor. As lesões naturais, como as causadas por derrame, não respeitam os limites anatômicos. Uma lesão pode destruir uma área do cérebro envolvida em algum processo psicológico, pode desconectar áreas que contribuem para esse processo ou pode fazer ambas as coisas.

Há também outros problemas desconcertantes. No capítulo 1, mencionamos a tendência do cérebro para, na presença de uma lesão, adaptar suas operações da melhor forma possível. Como apontou o neurologista John Hughlings Jackson, há um século, o comportamento anormal, observado depois de uma lesão cerebral, reflete o funcionamento do tecido cerebral restante. Esse tecido pode compensar a lesão e, assim, minimizar a deficiência. Entretanto, pode também reagir de maneira contrária e atuar mais pobremente, aumentando assim a deficiência — um conceito chamado diasquisia.

Neuropsicologia Cognitiva

O advento da neuropsicologia cognitiva, introduzida no capítulo 1, não chegou a mudar a importância dos problemas anteriormente discutidos, mas relacionou-os de forma mais clara com as idéias subjacentes à abordagem neuropsicológica cognitiva. No capítulo 1, descrevemos brevemente uma hipótese da neuropsicologia cognitiva, aquela chamada "modularidade" dos processos mentais, que considera que a atividade mental é o resultado da atividade coordenada de muitos "módulos" diferentes, cada um dos quais assume sua própria forma de processar, independentemente de atividade dos outros.

Várias outras suposições estão também implícitas na abordagem assumida pelos neuropsicólogos cognitivos.[1] Essas incluem as seguintes idéias:

Especificidade neurológica ou isomorfismo: a hipótese de que existe uma correspondência entre a organização da mente e a organização do cérebro;

Transparência: a hipótese de que o prejuízo do desempenho subseqüente à lesão cerebral nos fornecerá uma base para determinar qual módulo do sistema foi rompido;

Subtração: a hipótese de que o desempenho conseqüente à lesão cerebral reflete o aspecto cognitivo anteriormente intacto menos aqueles sistemas que foram prejudicados e de que o cérebro inteiramente desenvolvido não produz novos módulos.

As duas primeiras hipóteses são, para a maioria, implícitas em toda pesquisa neuropsicológica, passada e presente, que procura estabelecer as relações cérebro/comportamento a partir dos efeitos de uma lesão cerebral. Quanto à terceira hipótese, a neuropsicologia cognitiva é algo mais explícita em relação a como uma lesão cerebral afeta a hipotética organização modular do cérebro. Uma forma muito literal (ou forte) da hipótese de subtração implica que a lesão cerebral não afeta a função normal dos módulos não diretamente danificados pela lesão; por essa razão, o desempenho que se segue à lesão cerebral reflete a operação normal de todos os módulos não lesionados.

Esta última afirmação é certamente quase uma supersimplificação, porque pelos menos parte do cérebro não lesionado tende a ajustar algum aspecto de sua operação normal. A maioria dos neuropsicólogos cognitivos está de acordo com essa conclusão; todavia, insistem em que o que importa não é que os módulos antigos possam ser colocados em novo uso, mas que módulos novos não passarão a existir após uma lesão cerebral.[2] Eles acreditam que se o cérebro pode, verdadeiramente, reorganizar sua estrutura e gerar novos módulos após uma lesão, então não é possível aprender muito sobre a função de um cérebro normal a partir de distúrbios clínicos. Entretanto, todas as indicações são de que a maior parte da destruição neural, uma vez ocorrendo, é permanente e que a compensação e a recuperação deve depender das mudanças no cérebro poupado. É relativamente seguro, portanto, admitir que um cérebro lesionado só funciona com os módulos preexistentes poupados, embora estes possam modificar suas operações à medida que a recuperação progride e novas estratégias são desenvolvidas com o tempo.

Apesar de dificuldades práticas e conceituais, a neuropsicologia gerou uma substancial estrutura de dados e teorias que classificam e tentam explicar a maior parte das disfunções na relação entre cérebro e comportamento. Um debate sobre as desordens neuropsicológicas envolve muitos conceitos e definições que têm sido desenvolvidos durante anos por pesquisadores notáveis.[3] Não vamos tentar traçar este desenvolvimento, mas apresentar certos conceitos estabelecidos e citar os estudos mais novos que tratam das assimetrias hemisféricas. O leitor interessado é encaminhado a alguns dos excelentes textos que revisam a neuropsicologia clínica em geral.[4] Vamos discutir brevemente alguns dos conceitos mais gerais das relações entre estrutura e função no cérebro, obtidos valendo-se do estudo de lesões cerebrais, porém nos concentraremos em como os dados mais recentes têm ampliado nossa compreensão das funções intrínsecas de cada hemisfério cerebral.

DESORDENS DA FALA E DA LINGUAGEM

A linguagem é uma habilidade complexa e multifacetada que compreende a formação de sons, o desenvolvimento de sofisticados sistemas de regras e a existência de uma vasta quantidade de informação de sentidos e significados. A lingüística, estudo formal da linguagem, desenvolveu muitos conceitos que tratam da estrutura da linguagem e se aplicam a todas as línguas.

Os lingüistas definiram os quatro mais importantes componentes da linguagem: fonologia (que trata da produção e do processamento dos sons da fala); sintaxe (que envolve as regras da ordem e da forma, ou gramática); semântica (o processamento do significado); e pragmática (que envolve a entonação na fala, a significação prática e o contexto).

O termo afasia tornou-se o título geral para uma ampla classe de disfunções da fala e da linguagem, causadas por lesões neurológicas. Examinamos aqui as principais categorias de afasia no tocante a como elas surgem de lesão em diferentes áreas do cérebro e ao quanto elas esclarecem a organização dos processos lingüísticos. O estudo das afasias também fornece exemplos clássicos das controvérsias teóricas que podem surgir quando as teorias psicológicas são formuladas tomando-se por base dados clínicos.

As Afasias

As duas categorias principais de afasia são a afasia expressiva (motora) e a afasia receptiva (sensorial). Nem todos os pesquisadores, entretanto, aderem a essa distinção.

A afasia expressiva (ou de Broca) é uma deficiência que envolve fundamentalmente a fala do paciente; a compreensão que o paciente tem da fala de outros permanece relativamente intacta. Este tipo de afasia está associado à lesão nas regiões frontais do hemisfério esquerdo que controlam a produção da fala, particularmente a região chamada de área de Broca. A área de Broca, mostrada na Figura 6.1, está localizada logo na frente da zona motora principal da musculatura da fala (lábios, língua, queixo, e assim por diante). Estas áreas motoras da fala, entretanto, são poupadas nos casos da afasia clássica de Broca; isto é, não há paralisia do aparato da fala.*

Um paciente com a afasia de Broca fala muito pouco. Quando a fala é tentada, há uma hesitação — o paciente tem dificuldade de exprimir as palavras. Há uma ausência de pequenas partes gramaticais da fala e de uma inflexão característica. Tal fala é freqüentemente chamada de fala telegráfica ou agramatismo. Por exemplo, em resposta a um desenho mostrando uma mulher lavando pratos, uma pia transbordando e algumas crianças derrubando um banquinho, enquanto tentam alcançar um pote de doces, um paciente com a afasia de Broca poderia dizer "Pia... água... m... menino... cai... passo". Em casos graves, o paciente será, muitas vezes, capaz de vocalizar apenas uma ou duas palavras, repetidamente, numa tentativa de falar ou descrever alguma coisa.

Quando um paciente fala uma palavra, ela é geralmente pronunciada razoavelmente bem. A capacidade de dar nome aos objetos é pobre, mas uma sugestão ajuda significativamente. Esses fatos ajudam a justificar o ponto de vista de que a deficiência não está simplesmente no nível da articulação. A maior parte dos afásicos de Broca parece entender a linguagem falada ou escrita, de modo que se considera que o problema está localizado mais no estágio da produção motora da linguagem do que na compreensão. Os pacientes também parecem estar conscientes da maior parte de seus erros. Alguns pesquisadores argumentaram, entretanto, que a compreensão dos afásicos de Broca não é tão intacta

---

* O prejuízo da fala (como a pronúncia inarticulada), devido à paralisia parcial da musculatura da fala, chama-se disartria.

como muitos acreditam. Edgar Zurif afirmou que muitos desses pacientes entendem uma sentença somente inferindo o que faz sentido com base nos principais substantivos e verbos.[5] Quando a estrutura sintática de uma sentença é mais complexa, a compreensão diminui seriamente. Os pacientes parecem incapazes de utilizar apropriadamente a informação transmitida por uma estrutura gramatical complexa.

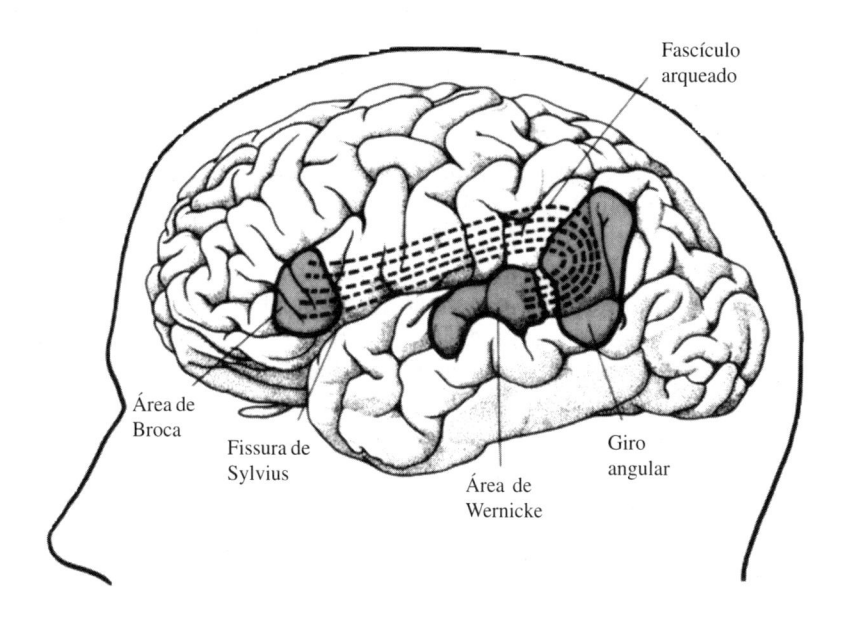

Figura 6.1 – As áreas do hemisfério esquerdo associadas à fala e à linguagem, nos seres humanos. O fascículo arqueado é um feixe de fibras nervosas abaixo do córtex, ligando a área de Broca à de Wernicke. [Adaptado de Geschwind, "Language and the Brain", Scientific American, Inc., 1972. Todos os direitos reservados.]

A afasia receptiva (ou de Wernicke) é o distúrbio em que o paciente tem grande dificuldade de entender a fala. Está associada a uma lesão na região posterior do primeiro giro temporal, ou a área de Wernicke (ver Figura 6.1). A fala de um paciente com afasia receptiva é muito mais fluente do que a de um afásico expressivo, mas, dependendo da extensão da lesão, pode variar entre ser levemente estranha e completamente sem sentido. Freqüentemente, os pacientes usam palavras inadequadas (parafasia) ou não existentes (neologismos). Em alguns casos, os sons produzidos pelo paciente parecem uma perfeita gíria ou uma "salada de palavras", embora o ritmo e o fluxo da fala pareçam estar preservados. Um paciente, quando se perguntou como estava, respondeu: "Eu me sinto pior porque não posso mais reter na mente, a partir da mente das mentes para me proteger da mente e acima no ouvido que pode ser encontrar no meio de nós mesmos".[6] Nos casos graves, pode consistir geralmente de expressões sem sentido, embora soe com fluência, como no seguinte diálogo [exclamações do examinador entre parênteses]

> *Examinador*: Como é que você ficou doente?
> *Paciente*: Eeh, oh doete? Eeeh, favilidade? Capainca to cuida. Capainpa to pa fica aqui. (Ficar aqui?) Caparinva onte. (Ontem?) e então incadessim fee aaah, sim fee, si navio, onti e cavainpaca. Capi fesee, capi fepasia, capi dei e moresti, voo cademi. Capi fico doete. (Ficou doente?)[7]

Esses pacientes muitas vezes parecem não saber que sua fala não é normal ou sem sentido e continuam a falar como se nada estivesse errado.

A leitura e a escrita são igualmente prejudicadas. Há pacientes afásicos que fazem os movimentos de estar lendo um livro em voz alta, mas produzem apenas uma linguagem desarticulada. Alguns pesquisadores acreditam que a afasia de Wernicke seja o resultado de lesão nos arquivos da memória verbal ou semântica,[8] diferindo de um defeito nos mecanismos sintáticos e articuladores envolvidos na afasia de Broca.

Além da Distinção Expressivo-Receptiva

Embora ocorram formas relativamente puras de afasia expressiva e receptiva, a divisão da afasia nessas duas categorias implica uma distinção mais clara do que geralmente acontece. Freqüentemente os pacientes apresentam sintomas atribuídos a ambos os tipos de afasia e alguns pesquisadores sentem que a distinção é muito artificial — não representando verdadeiramente o modo de organização da linguagem no cérebro. Vamos examinar algumas dessas críticas mais tarde, mas precisamos primeiro considerar várias outras categorias de afasia. Além da distinção expressivo-receptiva, os pesquisadores catalogaram outras formas de afasia, de acordo tanto com os padrões de lesão cerebral como com os de deficiência da linguagem. Algumas dessas categorias são controvertidas, não obstante muitos neuropsicólogos e patologistas da fala argumentarem que, verdadeiramente, elas representam distintas síndromes clínicas recorrentes.

Além da afasia receptiva, Wernicke, que lhe deu o nome, anunciou outro tipo de afasia, que, segundo ele afirmava, surgiria de uma lesão que interrompesse os caminhos neurais entre os centros de produção da fala (área de Broca) e de compreensão da fala (área de Wernicke). Esta afasia, agora chamada de afasia de condução, caracteriza-se por uma incapacidade do paciente para repetir em voz alta o que ouve. Além disso, a fala espontânea pode ser sem sentido, como um jargão fluente (como na afasia de Wernicke), mas, diferentemente do que ocorre com a compreensão na afasia de Wernicke, permanece amplamente intacta a compreensão daquilo que é falado ou escrito. Esses sintomas podem ser explicados como emergentes de uma separação dos centros cerebrais de linguagem receptiva e de linguagem expressiva. De fato, tem sido implicada em tais casos uma lesão no trato neural chamado fascículo arqueado, que liga as áreas de Broca e de Wernicke (ver Figura 6.1).[9] Stuart Dimond afirmou que o fascículo arqueado, junto com algumas estruturas subcorticais (a região do tálamo), está envolvido na integração dos aspectos de alimentação e produção da fala.[10] Ele sugeriu também que estes tratos neurais e as estruturas associadas a eles formam um depósito de informação lingüística e podem agir como geradores de linguagem.

O modelo anatômico para a afasia de condução foi elaborado posteriormente por Norman Geschwind para explicar várias outras combinações de sintomas observados em pacientes afásicos.[11] As afasias transcorticais envolvem lesões que poupam as áreas da fala e seus principais caminhos de interconexão, mas, de várias formas, isolam essas áreas do resto do cérebro. Conforme a lesão cerebral isola a área de Wernicke (afasia transcortical sensorial), a área de Broca (afasia transcortical motora), ou ambas (afasia transcortical mista), ocorrem vários graus de problemas de compreensão e de fala espontânea. Estes pacientes, porém, são capazes de repetir muito bem o que se disser a eles. Os afásicos transcorticais, em casos extremos, podem repetir tudo que ouvem, condição conhecida como ecolalia. Esta preservação da habilidade para repetir é o que distingue a afasia transcortical das afasias de Broca, de Wernicke ou da afasia de condução, nas quais a repetição é perturbada. Vários outros tipos de afasia também devem ser mencionados.

A surdez a palavras é produzida por uma lesão que desliga a área de Wernicke da alimentação auditiva. A compreensão é prejudicada somente com relação à linguagem falada; a capacidade de ouvir sons em geral não é afetada. A compreensão da escrita é normal, assim como a expressão verbal e escrita, embora a fala do paciente também possa sofrer conseqüentemente, porque falta ao paciente a adequada realimentação da sua própria fala.

A afasia anômica envolve a dificuldade de dar nome aos objetos. Embora esta condição esteja presente na maioria dos afásicos, uma forma mais "pura" ou isolada é o resultado de uma lesão limitada à área cortical, na junção dos lobos temporal, parietal e occipital — a área chamada giroangular (ver Figura 6.1). Um paciente puramente anômico terá uma compreensão normal e será capaz de falar quase normalmente numa conversação casual espontânea. Quando em confronto com objetos, porém, ou quando tenta pensar em uma palavra ou em um nome, o paciente vacilará muito. Tem-se sugerido que este prejuízo é resultado da ruptura das associações que envolvem diferentes modalidades sensoriais (e, conseqüentemente, diferentes regiões do cérebro) que fazem parte do ato de nomear.

A afasia global se refere a um prejuízo severo em todas as funções relacionadas com a linguagem. A compreensão, assim como a produção da fala, são imperfeitas ou ausentes na afasia global. Pode ser tentada a comunicação por um sistema de símbolos — por exemplo, aprendendo a usar objetos plásticos para significar palavras —, mas até mesmo esta abordagem é difícil e, às vezes, sem sucesso. A afasia global resulta de uma lesão muito extensa no hemisfério esquerdo, envolvendo a maior parte das áreas que, conforme se considera, exercem algum papel na linguagem.

Resultados Teóricos Emergentes da Classificação das Afasias

A concepção de que existem centros cerebrais distintos realizando aspectos específicos no processamento da linguagem tem sido chamada concepção localizacionista-conexionista.* Ela tem servido para classificar os vários distúrbios de linguagem observados nos ambientes clínicos e, até certo ponto, para prognosticar o tipo de distúrbio que alguém poderia esperar depois de determinados tipos de lesão cerebral. Avaliar

---

* Esta concepção é algumas vezes chamada localizacionista-associacionista, no sentido de que a maior parte dos conceitos modernos que atribuem funções a áreas específicas do cérebro também dão importância às interações entre essas áreas em qualquer atividade mental complexa.

o distúrbio de linguagem do paciente também pode possibilitar o contrário, isto é, predizer onde a lesão poderia estar.

No entanto, a abordagem localizacionista tem sido criticada pelos pesquisadores que a consideram excessivamente simplista na concepção do cérebro e da organização da linguagem baseado no "diagrama do fluxo". Tais críticas podem remontar à visão holística da função do cérebro, do século XIX, quando neurologistas como Jackson argumentaram que toda afasia está associada a um defeito na compreensão, isto é, que a afasia sensorial é a base de todas as outras. Alguns pesquisadores da atualidade têm sustentado que o ponto de vista localizacionista dá muita ênfase aos componentes ou depósitos independentes interligados por uma rede nervosa.[12]

Os neuropsicólogos cognitivos não criticaram a idéia dos componentes independentes em si; em vez disso, enfatizaram a necessidade de reorganizar nossas concepções com relação ao que realmente são os componentes ou "módulos".[13] A maioria dos neuropsicólogos, contudo, concordou com o fato de que a situação real é mais dinâmica do que o ponto de vista conexionista tradicional, e envolve interações simultâneas de muitas áreas em qualquer função da linguagem. A já mencionada evidência das deficiências de compreensão na afasia de Broca sustenta este ponto de vista.

O neurologista Jason Brown propôs uma alternativa para a visão localizacionista cortical padrão.[14] Sintetizando o trabalho de vários dos primeiros teóricos, descreveu a organização do cérebro em termos de camadas evolutivas modificadas pelo crescimento ocorrido com a maturação.[15] As áreas de Broca e de Wernicke são apenas as "pontas" do último estágio, não apenas em termos de evolução do cérebro, mas também em termos da função do cérebro e da formação da linguagem. A fala e a linguagem emergem simultaneamente nestas áreas corticais valendo-se dos estágios lingüísticos mais primitivos que atuam abaixo. Assim, as lesões no córtex não só desligam o fluxo cortical de informação necessária à linguagem, como forçam o sistema de linguagem a operar num nível mais primitivo e incompleto.

Algum apoio para uma tal visão hierárquica da organização da linguagem vem da evidência de que certas estruturas subcorticais, particularmente o tálamo, desempenham um papel importante na linguagem.

A Afasia Subcortical: O Papel do Tálamo

Lesões profundas nas estruturas cerebrais, especialmente no tálamo, podem produzir perturbações na linguagem. O tálamo, mostrado na

Figura A.1 do Apêndice, é também dividido nas metades direita e esquerda. Um dano no tálamo esquerdo afeta a fluência verbal, conforme tem sido relatado, criando a hesitação para encontrar as palavras, assim como a perseverança (repetição do mesmo som ou da mesma palavra várias vezes).[16] Como foi mencionado na discussão da afasia de condução, tem sido sugerido que o tálamo é um centro de integração entre as áreas frontal e posterior da linguagem no córtex.

O neurocirurgião George Ojemann relatou os efeitos da estimulação elétrica do tálamo, usando um procedimento similar ao dos testes de estimulação cortical descritos no capítulo 1. A estimulação do tálamo esquerdo conduzia tipicamente à suspensão da fala ou a problemas para dar nome a objetos, juntamente com a perseverança na sílaba inicial da palavra que o paciente estava tentando dizer. Ojemann também relatou que ocorria em geral lentidão, pronúncia desarticulada e distorção da fala. Ele sugeriu que o tálamo tem duas funções gerais na fala: (1) servir tanto como um mecanismo de alerta para direcionar a atenção para a informação verbal no ambiente como também para recuperar adequadamente a informação verbal da memória verbal; (2) controlar, pelo menos em parte, algumas das condições de base física da fala, tal como a respiração e a musculatura da fala.[17]

Hemisferectomia Esquerda

A hemisferectomia, ou a remoção de uma metade do cérebro, é uma operação rara e, apesar do nome, normalmente envolve apenas a remoção do córtex do hemisfério. Algumas vezes, é realizada em crianças que sofrem de sérios defeitos de nascimento no cérebro. Por causa da idade, essas crianças, freqüentemente, se recuperam e se desenvolvem extraordinariamente bem após a operação. Vamos analisar a hemisferectomia infantil no capítulo 9.

Muito raramente, a hemisferoctomia é realizada em adultos e em geral para a extirpação de tumores malignos. Quase nunca a operação é realizada no hemisfério dominante devido a conseqüências muito severas. Todavia, as hemisferectomias do lado esquerdo oferecem aos pesquisadores a oportunidade de examinar as funções do hemisfério direito isoladamente. O neuropsicólogo Aaron Smith e outros estudaram extensivamente tais pacientes.[18] Vários deles tiveram recuperações significativas, embora inicialmente apresentassem a função da linguagem prejudicada de modo acentuado. Posteriormente, eram capazes de expressar sentenças curtas mais ou menos corretas do ponto de vista gramatical. A maioria dos pacientes de hemisferectomia do lado esquerdo apresenta uma surpreendente compreensão verbal, embora suas habilidades voluntárias de falar, ler e escrever fiquem severamente prejudicadas.

Um caso importante para nossa compreensão de como os dois hemisférios podem interagir, quando um é danificado, foi descrito por Smith em 1969, quando um paciente foi submetido a uma cirurgia para remoção da maior parte do hemisfério danificado — o direito.[19] A linguagem do paciente melhorou após a cirurgia! Este resultado sugere que o hemisfério direito danificado atrapalhava o potencial do hemisfério esquerdo. É muito provável que a comunicação normal entre os hemisférios envolva um número substancial de sinais inibitórios, um intercâmbio que serve para coordenar a função e impedir uma duplicação ou competição desnecessária. Quando um hemisfério é danificado, seus efeitos inibitórios no outro podem tornar-se patológicos ou pelo menos inadequados ao restabelecimento da função. A extensão em que isto é verdade torna a interpretação dos efeitos de um dano focal no cérebro muito mais difícil. É possível também que a compreensão da inibição patológica possa finalmente permitir aos cirurgiões desenvolver um fundamento lógico para a ocasião de remover um tecido cerebral danificado por razões terapêuticas.

Leitura e Escrita

Algumas formas de afasia, e especialmente as decorrentes de lesões posteriores, são acompanhadas de distúrbios na leitura e na escrita. Mencionamos o exemplo de alguns afásicos com comprometimento na área de Wernicke, que têm a sensação de estar lendo em voz alta, mas produzem apenas palavras sem sentido. Ler e escrever, porém, podem ser prejudicados exclusivamente, isto é, uma deficiência de escrever ou uma deficiência de ler pode ser o principal problema depois de certas lesões no cérebro, mesmo que a produção da fala e a compreensão permaneçam relativamente intactas.*

---

* Nossa análise das desordens da leitura e da escrita considera aqui apenas aquelas adquiridas na seqüência de uma lesão, depois que a pessoa tenha desenvolvido suas habilidades. Algumas desordens ocorridas em crianças, durante o desenvolvimento, serão discutidas no capítulo 10.

A maior parte das desordens da leitura e da escrita envolve um dano direto no giro angular esquerdo ou uma lesão nas regiões adjacentes.

Como foi mencionado na análise da afasia anômica, o giro angular está situado na junção dos lobos parietal, temporal e occipital e, conforme se acredita, integra a informação sensorial, auditiva e visual processada respectivamente em cada uma dessas regiões. Esta posição central, junto aos principais sistemas sensoriais e de compreensão da linguagem do cérebro, parece fazer com que o giro angular esquerdo seja fundamentalmente importante para a leitura e a escrita.

Os pesquisadores subdividiram as desordens de leitura e de escrita em duas categorias principais: alexia com agrafia (falta de habilidade para ler e escrever) e alexia sem agrafia (inabilidade para ler com preservação da habilidade de escrever). A alexia com agrafia quase sempre envolve um dano no giro angular. Além das deficiências na leitura e na escrita, é acompanhada freqüentemente por algumas deficiências afásicas, como dificuldades de encontrar palavras e de dar nomes. Observar a alexia sem agrafia pode ser um tanto surpreendente, pois pacientes com esta desordem podem escrever de modo correto uma sentença, tanto espontaneamente como a partir de um ditado, mas quando esta escrita é apresentada aos pacientes, eles não conseguem lê-la.

A alexia sem agrafia tem sido explicada como uma "desconexão" entre certas áreas do cérebro que processam a visão e o giro angular. Parece surgir quando as lesões danificam o lobo occipital esquerdo e uma parte dos tratos neurais que formam o corpo caloso. A lesão no corpo caloso desliga o lobo occipital direito intacto do giro angular esquerdo, deixando pouca ou nenhuma informação visual fluir para as áreas que processam a linguagem.[20] Assim, esses pacientes não conseguem ler, embora ainda possam ver. A escrita é preservada porque o giro angular está intacto e porque a escrita pode prosseguir com uma realimentação visual mínima.

Foi descrita uma forma mais controvertida de alexia, classificada como dislexia profunda, e, conforme se acredita, demonstra algumas habilidades de leitura do hemisfério direito.[21] (A natureza das habilidades de linguagem do hemisfério direito será analisada na próxima seção.) Quando se pede a alguns pacientes aléxicos com lesão no hemisfério esquerdo, por exemplo, para ler em voz alta a palavra impressa — *mesa*, responderão "cadeira". Esse tipo de erro é chamado paraléxico e envolve uma resposta errada que, entretanto, é significativamente relacionada com a palavra em questão. Tem sido proposto que, nesses pacientes, as lesões do cérebro tenham desativado inteiramente os mecanismos normais de leitura do hemisfério esquerdo. O hemisfério direito, possuindo algumas habilidades semânticas (de significado), entende a palavra e comunica alguma informação significativa para o hemisfério esquerdo.

O hemisfério esquerdo, então, forma a pronúncia de uma palavra com um sentido relacionado, porque ele não "sabe" exatamente que palavra o hemisfério direito viu. A informação semântica transmitida pelo hemisfério direito não é suficiente para distinguir entre sinônimos ou palavras proximamente relacionadas e, assim, os erros paraléxicos são cometidos pelo hemisfério esquerdo, que comanda a fala.

Como parte da evidência que sustenta esta teoria, há o fato de os pacientes que dão respostas paraléxicas na tentativa de ler agirem desse modo com relação às palavras concretas, tais como nome de objetos, enquanto apresentam pouca ou nenhuma resposta às palavras abstratas. Como vamos ver, há evidências de que as habilidades de compreensão estão limitadas a palavras que descrevem objetos.

O PAPEL DO HEMISFÉRIO DIREITO NA LINGUAGEM

O processo semântico, isto é, a compreensão dos sentidos das palavras, é severamente interrompido em pacientes com dano nas regiões posteriores do hemisfério esquerdo, como aquele encontrado na afasia de Wernicke. Não se pode demonstrar nenhum rompimento similar nas lesões do hemisfério direito. Contudo, como mencionado em nossa discussão a respeito de pacientes comissurotomizados no capítulo 2, os pesquisadores demonstraram que o hemisfério direito pode apresentar compreensão de certas palavras, especialmente nomes de objetos. Algumas pesquisas com pessoas normais sugerem que a extensão em que o sentido de uma palavra é entendida pelo hemisfério direito depende de quanto ela é concreta (em oposição a abstrato).[22] Assim, a correta compreensão de palavras como justiça, harmonia e ódio parece depender mais exclusivamente do modo de processar do hemisfério esquerdo do que acontece com a compreensão de palavras como mesa, carro e hospital, que o hemisfério direito também pode compreender.

A capacidade do hemisfério direito de entender certas palavras, entretanto, provavelmente não contribui muito para as nossas habilidades de fala e linguagem, porque o esquerdo pode fazer a mesma coisa e mais ainda. Mas será que o hemisfério direito traz alguma contribuição especial para nossa capacidade de comunicação pela linguagem? A resposta, baseada na observação de muitos pacientes e de diversos estudos com pessoas normais, parece ser afirmativa.

Entonação

A comunicação por meio da fala e da linguagem envolve muitas nuances sutis, que não fazem parte daquilo que está óbvio na estrutura e no conteúdo das sentenças. Os padrões de entonação e o tom emocional exercem um papel evidentemente importante. Muitos pacientes afásicos com dano no hemisfério esquerdo podem discriminar o propósito de uma expressão vocal. Os afásicos de Broca, apesar de seus problemas com a produção verbal, tentam usar o padrão correto para fazer uma declaração (em oposição a uma pergunta).[23] Entretanto, os pacientes com dano no hemisfério direito, freqüentemente falam com uma entonação monótona; também têm dificuldade de julgar o tom emocional da fala produzida pelos outros.[24] Os pacientes com lesão no hemisfério direito são conhecidos por acrescentar frases intercaladas em sua fala para enfatizar seus sentimentos, por exemplo: "Estou furioso (e é isso mesmo)".[25] Este comportamento ocorre depois que o paciente percebe que sua fala não é suficientemente forte ou emocional para evocar a resposta desejada.

O neurologista Elliot Ross desenvolveu um modelo de como as lesões em diferentes áreas do hemisfério direito produzem o rompimento dos aspectos rítmicos e de entonação da linguagem ("prosódia") de forma análoga ao modo como as lesões no hemisfério esquerdo rompem os aspectos sintáticos e semânticos da linguagem. Assim, Ross afirmou que existe uma "aprosódia de condução" e uma "aprosódia transcortical sensorial", e assim por diante.[26] Este modelo, embora em parte apoiado pela evidência geral a favor do papel do hemisfério direito na entonação, continua controvertido em termos de suas distinções mais específicas.

Terapia da Entonação Melódica

A preservação da entonação e do canto, que freqüentemente ocorre em pacientes afásicos (ver capítulo 1), tem sido explorada na terapia planejada para ensinar frases a esses pacientes por meio de canções. O programa, chamado de terapia de entonação melódica, tem sido bem-sucedido com certos pacientes que têm compreensão razoavelmente boa, mas uma produção pobre na fala, como os afásicos de Broca. Primeiramente as seqüências de palavras são incorporadas numa canção, e a melodia é gradualmente desenfatizada, até que o paciente possa falar a frase sem cantar. Presume-se que o hemisfério direito, intacto, aprende as frases desse modo e, em decorrência, desenvolve mais habilidades de produção de linguagem, que compensa, até certo grau, a deficiência do hemisfério esquerdo. Os especialistas que desenvolvem esse programa afirmam que alguns pacientes afásicos que não haviam apresentado nenhuma fala significativa por mais de um ano após o derrame são capazes de conduzir conversações curtas e com significado com um ou dois meses de terapia.[27]

Metáfora e Humor

Há diversas outras habilidades relacionadas com a linguagem que apresentam o envolvimento do hemisfério direito. Estas habilidades são demonstradas pelas deficiências que se encontram nos pacientes com lesão no hemisfério direito, mas não são encontradas em pacientes afásicos (com lesão no hemisfério esquerdo) e parecem envolver aspectos mais conceituais da comunicação de linguagem. Por exemplo, os pacientes com lesão no hemisfério direito têm tendência a ser excessivamente literais na sua interpretação de palavras, histórias e desenhos animados. Numa situação de escolha, freqüentemente selecionam as interpretações literais para declarações metafóricas ("uvas azedas") e ditos populares ("Um tostão economizado é um tostão ganho").[28] Com bastante freqüência, também, escolhem finais completamente inadequados para as tiras de história em quadrinhos, como se o humor estivesse no final com a surpresa.[29]

Vemos novamente que o hemisfério direito contribui de maneira importante para a comunicação da linguagem. Além de possuir algumas habilidades de compreensão, como já discutimos, ele realmente complementa o processo da fala e da linguagem do hemisfério esquerdo por meio de habilidades de comunicação mais sutis, mas definitivamente importantes. A entonação emocional, uns aspectos da metáfora e algumas qualidades do humor parecem depender das habilidades do hemisfério direito. Permanece ainda a ser determinada a extensão em que o hemisfério direito enriquece outras habilidades de linguagem.

O Papel do Hemisfério Direito na Cura da Afasia

A cura parcial ou total de deficiências inicialmente severas, após um derrame ou ferimentos graves na cabeça, não é incomum. Os relatos geralmente mostram que a maioria das melhoras acontece nos primeiros 6 a 12 meses, dependendo de alguns fatores como idade, causa e gravidade dos sintomas originais. O fato de a cura ocorrer levanta várias questões com relação aos mecanismos responsáveis por isso e à plasticidade do sistema nervoso central.

Uma das hipóteses para explicar a recuperação da linguagem após uma lesão no hemisfério esquerdo é que as estruturas do hemisfério direito intacto passam a se envolver mais no processamento da linguagem. Wernicke foi, provavelmente, o primeiro a propor esta idéia, que continua a interessar os pesquisadores até hoje. Várias linhas de evidências dão sustentação a essa hipótese. No final da década de 1800, foi observado que afásicos recuperados, que tinham sofrido lesões no hemisfério esquerdo, recaíram após novas lesões no hemisfério direito.[30]

Bem mais recentemente, Marcel Kinsbourne estudou o efeito de uma injeção de barbituratos na carótida (o procedimento de Wada) em três pacientes que estavam se recuperando de uma afasia devida a lesões no hemisfério esquerdo.[31] Ele descobriu que, embora a injeção na artéria carótida esquerda não tivesse piorado a fala, a injeção na carótida direita produziu uma suspensão da fala em dois dos três pacientes.

Outra evidência do envolvimento do hemisfério direito na recuperação da linguagem, embora indireta, vem do estudo da semi-extirpação do córtex esquerdo, ou hemisferoctomia, em bebês e crianças ainda novas, que aparentemente desenvolvem uma linguagem normal (ver análise no capítulo 9), assim como de estudos de casos como aquele de uma paciente de 54 anos que se recuperou de uma afasia global, embora tivesse sofrido uma destruição total das regiões têmporo-parietal do hemisfério esquerdo.[32]

Diversos estudos recentes examinaram essas recuperações usando medidas fisiológicas mais diretas da atividade do cérebro. Um estudo de sondagem do potencial evocado apresentou uma participação maior do que a normal do hemisfério direito durante uma tarefa de linguagem,[33] em pacientes que haviam se recuperado da afasia.

Alguns dados do fluxo sangüíneo no cérebro também sustentam a participação aumentada do hemisfério direito na recuperação da afasia.[34]

Outro mecanismo com possível participação na recuperação da função tem a ver com a resolução de "diasquisia". Mencionamos antes rapidamente a diasquisia, ao analisar como o tecido cerebral, não afetado diretamente por uma lesão ou um derrame, pode, todavia, reagir de modo adverso e operar com menos eficiência. Considera-se que isso ocorre porque a lesão interrompe os caminhos neurais e a informação que normalmente estimula a área envolvida. Os rastreamentos de imagens do cérebro em funcionamento mostraram, recentemente, que na realidade esse é o caso de regiões cerebrais sem lesão em alguns pacientes de derrame cerebral: algumas áreas do cérebro à parte do derrame são menos ativas do que seriam normalmente, apesar do adequado suprimento de sangue. Assim, a diasquisia imediatamente após o derrame cerebral pode explicar algumas deficiências do paciente e, quando a área se recupera, pode explicar também a cura dessas deficiências.[35]

O "modelo de resolução da diasquisia" e o "modelo do hemisfério não afetado que assume novas funções" são explicações de recuperação que competem, mas não necessariamente se excluem mutuamente. Provavelmente ambas ocorrem em muitos casos.

DISTÚRBIOS NO MOVIMENTO INTENCIONAL

Nossas atividades diárias envolvem muitos movimentos que se tornaram quase automáticos. Realizamos muitos atos complicados sem ter de pensar como fazê-los, desde pegar uma caneta, beber de um copo, até passar um perfume. Padrões de movimentos complexos aprendidos são organizados em termos de posição e de tempo e desenvolvem seqüências complicadas estabelecidas pela experiência. A apraxia é a falta de habilidade para realizar certos movimentos aprendidos ou intencionais, apesar de não haver paralisia ou perda sensorial. Este colapso no movimento pode ocorrer de diversas maneiras.

A apraxia cinética (ou motora) é mais freqüentemente associada a lesões da área pré-motora do lobo frontal do lado do corpo oposto ao lado afetado. Esta forma de apraxia afeta os movimentos mais finos de uma extremidade superior, como segurar corretamente uma caneta ou colocar uma carta num envelope. Apanhar e segurar adequadamente um objeto consiste numa ampla série de movimentos inconscientes, que dependem da memória, desenvolvida com o tempo, de atos realizados de forma semelhante. A apraxia cinética pode ser vista como um colapso no programa ou na "memória" das seqüências normais necessárias para realizar algum ato básico.

A apraxia ideomotora é geralmente por causa da lesão no lobo parietal do hemisfério esquerdo (dominante), mas parece ter efeitos bilaterais no que se refere ao comportamento. Os pacientes são incapazes de efetuar muitos atos complexos quando solicitados, embora possam realizá-los espontaneamente em situações apropriadas. A dificuldade é em especial notável quando se pede que os pacientes façam uma pantomima, por exemplo, quando lhes é pedido o seguinte: "Finja que você está escovando os dentes" ou "Como você risca um fósforo?", ou "Como você dá adeus?" Os pacientes parecem saber o que lhes é falado, mas são incapazes de fazê-lo. Apresentados objetos reais e um contexto apropriado, geralmente os pacientes desempenharão muito melhor. O principal distúrbio parece ocorrer na recordação voluntária de alguma ação e não na sua execução real. Portanto, parece que a memória motora da ação não está perturbada, como acontece na apraxia cinética (motora). A apraxia ideomotora é considerada como sendo conseqüência da interrupção de caminhos entre o centro de formulação verbal de um ato motor e as áreas motoras do lobo frontal.

A apraxia ideativa compreende a falta de habilidade para formular uma seqüência de atos de forma apropriada ou para usar objetos apropriadamente. Os pacientes parecem saber realizar os movimentos isolados, como riscar um fósforo, mas não o fazem de maneira apropriada. Por exemplo, se lhes derem uma vela e uma caixa de fósforos, podem friccionar a vela na caixa de fósforos. Algumas vezes, as seqüências complexas são feitas fora de ordem: os pacientes podem iniciar os movimentos da mão próprios da escrita antes de pegar a caneta.

A avaliação dos pacientes, a respeito do que estão fazendo, freqüentemente parece incorreta, de forma que se tem sugerido que essa apraxia é uma forma de agnosia — deficiência para conhecer ou perceber o objeto apropriadamente. A definição do lugar da lesão nessas desordens é controvertida. A visão clássica afirmava que a apraxia ideativa se originava de lesões no lobo parietal do hemisfério esquerdo (dominante) ou no corpo caloso. Entretanto, ela é encontrada mais freqüentemente em casos de dano bilateral difuso, como conseqüência de uma interrupção do fornecimento de oxigênio ao cérebro (anoxia).

A apraxia construtiva implica a perda da habilidade de reproduzir ou construir figuras, desenhando ou montando. Parece haver uma perda da orientação visual ou um dano na visualização da produção manipulativa, embora as funções visuais e motoras básicas pareçam estar intactas. Ocorre em certos casos de lesão no córtex occipital e parietal e possivelmente nos caminhos entre eles.

Embora a incidência das deficiências chamadas, por vários pesquisadores, apraxia construtiva pareça ser a mesma tanto nos casos de lesões no hemisfério esquerdo como no direito, as análises mais recentes mostram que existem diferenças características quanto à qualidade do desempenho nas tarefas de construção entre os pacientes com lesão no hemisfério esquerdo e aqueles com lesão no direito.[36] Por exemplo, quando o hemisfério esquerdo é lesionado, os pacientes desenham pinturas que preservam a configuração geral de objetos, mas tendem a perder detalhes; este resultado dá sustentação para o ponto de vista de que o hemisfério direito é melhor na percepção de relações espaciais globais. Quando o hemisfério direito é lesionado, os pacientes desenham figuras com muitos detalhes, mas falta coerência global. A proporção e as relações espaciais são freqüentemente muito pobres.

O Papel dos Hemisférios nas Desordens da Apraxia

Como se observou, a apraxia ideomotora e, possivelmente, a apraxia ideativa envolvem muito mais freqüentemente lesões no hemisfério esquerdo do que no direito. O modelo anatômico da apraxia ideomotora explica isso como uma desconexão entre as áreas posteriores do cérebro responsáveis pela formulação verbal de um ato e as áreas do lobo frontal que geram a produção motora.

Há alguma dúvida no que se refere à extensão do envolvimento verbal nas desordens de apraxia em geral, no sentido de que uma "fala interna" pode mediar muitas espécies de movimento. Há alta incidência de apraxia em pacientes afásicos, mas o fato de as duas desordens poderem ocorrer mais ou menos independentemente sugere que os distúrbios da apraxia envolvem memórias motoras que, de alguma forma, podem ser separadas do sistema da fala. Todavia, é intrigante especular que existe uma similaridade entre os mecanismos exigidos na produção da fala e aqueles exigidos na produção dos movimentos finos dos membros. Retornaremos a esse tópico e sua relação com a preferência manual no capítulo 12.

A apraxia construtiva, como vimos, parece ser não uma, mas muitas desordens diferentes, envolvendo cada um dos hemisférios ou ambos. O neuropsicólogo Arthur Benton proporcionou alguma perspectiva no que se refere à identificação da apraxia construtiva dentre as várias espécies de deficiências visuais.[37] Ele discriminou as deficiências visuoconstrutiva, visuoperceptiva e visuoespacial e afirmou que o hemisfério direito está mais envolvido nas duas últimas. Nas tarefas visuoconstrutivas — aquelas que envolvem projetos e construção com blocos e desenho de figuras — normalmente ambos os hemisférios estão envolvidos, embora de formas diferentes, como se demonstrou na breve discussão da apraxia construtiva. Nas tarefas visuoperceptivas — aquelas que consistem em separar uma figura de um campo complexo, reconhecer objetos deformados, discriminar rostos — o hemisfério direito desempenha um papel maior do que o esquerdo. Finalmente, nas tarefas visuoespaciais — aquelas que envolvem julgamento da profundidade, orientação da linha e confronto de padrões simples — o hemisfério direito exerce um papel quase exclusivo.

DESORDENS PERCEPTIVAS

Nossa interação com o mundo exterior depende de processos sensoriais e perceptivos íntegros nos dois hemisférios. Todos sabemos que um dano nos órgãos externos de nossos sentidos, como nos olhos e ouvidos, acaba efetivamente com o uso de uma modalidade sensorial. Da mesma forma, uma lesão nas áreas do cérebro que recebem informação neural diretamente de um órgão sensorial leva à cegueira, surdez, e assim por diante. Há, entretanto, muitos outros danos mais sutis aos nossos sistemas perceptivos, danos que acarretam sintomas tais como uma pessoa não entender o que está vendo. Vamos analisar como algumas dessas desordens têm sido classificadas e o que se aprendeu com elas do funcionamento do cérebro esquerdo e do cérebro direito.

Agnosia

A agnosia geralmente é definida como uma falha no reconhecimento que não é devida nem à diminuição da informação sensorial, nem à confusão ao nomear, como aquela vista na afasia.* Por exemplo, os pacientes agnósicos não seriam capazes de dizer o que estão observando, mas alguém poderia demonstrar que o paciente pode ver o objeto e ao segurá-lo não tem nenhuma dificuldade para dizer o que é. As definições de agnosia apresentam a dificuldade de especificar criteriosamente a diferença entre perda sensorial e perda do reconhecimento em "alto nível",

---

* No enfoque técnico, a falha do paciente também não deve ser por causa de prejuízo intelectual geral, como o observado na demência.

porque, de fato, não há uma linha divisória bem definida. Em geral, a distinção é baseada em algumas das diferenças práticas observadas nos pacientes com várias espécies de problemas de percepção. Várias agnosias têm sido classificadas de acordo com a modalidade sensorial afetada e o tipo de objetos ou de sons que não podem ser reconhecidos.

A agnosia de objetos visuais, como foi mencionado, é uma falha no reconhecimento de objetos por razões não atribuíveis a um defeito na acuidade visual e tampouco à redução intelectual ou da linguagem. Nem todos os médicos clínicos insistem que a boa acuidade visual tenha de ser demonstrada, como é o caso nas formas "mais puras" de agnosia visual. Certos casos de perda perceptiva e sensorial mista também têm sido chamados de agnosia. Freqüentemente é muito difícil de definir se uma deficiência visual é um problema puramente sensorial ou um problema de percepção em alto nível. A maioria dos casos incide em algum ponto entre os dois. A maior parte das agnosias graves com relação a objetos ocorre após uma lesão bilateral nas regiões parietais e occipitais do cérebro ou após uma lesão que envolva essas áreas no hemisfério esquerdo dominante, acompanhada de dano nos caminhos inter-hemisféricos. Acredita-se que a última situação simula o dano bilateral, por desligar, dos centros de linguagem do hemisfério esquerdo, todas as áreas de processamento visual que tenham permanecido intactas. Um paciente com agnosia visual ainda pode ser capaz de reconhecer objetos pelo tato, embora uma extensa lesão parietal acarrete muitas vezes problemas de ambas as modalidades.

Com freqüência se tem feito distinção entre agnosia "associativa" de objetos e agnosia "aperceptiva" de objetos. Na agnosia associativa, um paciente demonstra a percepção da forma (configuração) e do detalhe — por exemplo, evidenciada pela capacidade de copiar um desenho — mas este paciente ainda assim é incapaz de reconhecer ou identificar objetos. Na agnosia aperceptiva, o paciente não só é incapaz de reconhecer objetos, como também apresenta problemas na percepção e na cópia de formas. Conforme essas definições, a agnosia aperceptiva apresenta-se como uma deficiência mais básica na percepção, talvez da visão, do que a agnosia associativa, que se apresenta como uma deficiência no estágio final do reconhecimento do objeto.

A condição em que os pacientes com audição perfeita falham ao reconhecer ou distinguir o que ouvem constitui agnosia auditiva. Entre os sons não ouvidos podem-se incluir os sons musicais ou os ruídos familiares, como um telefone tocando ou água correndo. Podem também limitar-se aos sons da fala, mas essa agnosia auditiva — conhecida como surdez de palavra — é comumente considerada um tipo de afasia, como se observou no início deste capítulo. A agnosia auditiva está associada a lesão em regiões do lobo temporal do hemisfério esquerdo dominante, embora estes distúrbios sejam mais severos quando a lesão é bilateral.

A astereognose é um colapso de percepção tátil da forma (stereognose). O paciente não pode reconhecer objetos familiares tocando ou apalpando, mesmo que a sensação nas mãos se apresente normal. Esta situação geralmente é produzida por lesão nas regiões do lobo parietal adjacente às áreas de projeção somato-sensoriais (ver Figura A.3 no Apêndice). Acredita-se que tal lesão interfira nas memórias táctil-cinestésicas adquiridas e armazenadas durante anos e constituídas como percepções de forma, tamanho e textura. As evidências provenientes dos estudos clínicos sugerem que o hemisfério direito exerce um papel particularmente importante na percepção táctil da forma. Vários estudos relataram condições astereognósticas em pacientes com lesões na região posterior direita.[38]

Os Hemisférios Direito e Esquerdo na Percepção

Das agnosias que acabamos de analisar, apenas a astereognose resulta de lesão somente no hemisfério direito. Nossa discussão a respeito da agnosia visual de objetos não apontou a implicação do hemisfério direito nesta desordem, mas para a lesão no hemisfério esquerdo ou em ambos. Esta associação talvez surpreenda o leitor, se é considerada a natureza visuoespacial geral atribuída ao hemisfério direito. De fato, alguém poderia não admitir que o termo visuoespacial não se refira à visão ou à percepção visual. Ambos os hemisférios estão totalmente equipados para tratar da maioria dos tipos de informação visual. Embora reconhecidamente vago, o termo visuoespacial implica operações mais complexas com os estímulos visuais, tais como aquelas apresentadas na Figura 1.4, no capítulo 1, ou em tarefas que envolvem julgamento de relações espaciais.

As evidências posteriores fornecidas pela clínica médica, assim como pelos estudos de neuroimagem funcional, sugerem várias diferenças interessantes nas contribuições dos hemisférios para a percepção. Algumas dessas evidências vêm do estudo de pacientes com agnosia seletiva em relação a rostos.

Prosopagnosia. Podemos reconhecer um rosto familiar quase instantaneamente, apesar das infinitas expressões e posições que um rosto pode assumir e podemos distingui-lo entre centenas de rostos parecidos na multidão. Os pacientes com prosopagnosia, entretanto, não serão capazes de reconhecer um rosto previamente conhecido e, em alguns casos, têm dificuldade de reconhecer sua própria face num espelho. Contudo, os pacientes não têm nenhuma dificuldade de reconhecer que o rosto é realmente um rosto. Originalmente tida como uma deficiência do hemisfério direito, os sintomas prosopagnósicos foram mais tarde descritos como envolvendo lesões em ambos os hemisférios. Arthur Benton trouxe alguma luz para a controvérsia ao distinguir duas formas de erro no reconhecimento de rostos.[39] Uma é a agnosia para distinguir rostos familiares, ou a verdadeira prosopagnosia, e a outra consiste em falha na discriminação de rostos não familiares ou para apreender novos rostos. Benton afirmou que a verdadeira prosopagnosia é geralmente devida a deficiências no hemisfério direito, mas também envolve o hemisfério esquerdo. As regiões parietal-occipitais de ambos os hemisférios precisam manter a lesão para que a deficiência se manifeste claramente. Entretanto, uma falha na discriminação de rostos novos (não familiares) — uma desordem muito mais comum — pode resultar apenas da lesão no hemisfério direito posterior.

Essas descobertas, naturalmente, levantam a questão da existência de mecanismos especializados na discriminação facial e qual seria sua relação com as outras habilidades do hemisfério direito. Com freqüência tem-se especulado que o reconhecimento facial é realizado tão rapidamente porque envolve uma análise global ou holística, em oposição ao processo aspecto por aspecto. Isto é, sem dúvida, aquilo que muitos têm especulado — a diferença nas estratégias de processamento dos dois hemisférios.

No capítulo 4, descrevemos um estudo com elaboração de imagens do cérebro por meio da tomografia de emissão de pósitrons, que relatava o papel quase exclusivo do hemisfério direito na tarefa de reconhecimento de rostos. Justine Sergent, a principal pesquisadora nesse estudo, também relatou que os estudos com os campos visuais divididos apresentavam uma superioridade do hemisfério direito no reconhecimento de rostos somente na primeira vez em que os rostos eram apresentados — depois mostravam uma superioridade do hemisfério esquerdo.[40] Esses dados são claramente consistentes com a sugestão de Benton de que as diferenças hemisféricas, ao processar um rosto, são baseadas na distinção: familiar *versus* não-familiar.

O mesmo estudo de tomografia de emissão de pósitrons também descobriu que a categorização visual de objetos parecia necessitar quase exclusivamente do aumento da atividade no hemisfério esquerdo. Essas descobertas são coerentes com os dados clínicos neuropsicológicos que associam, na maioria das vezes, a agnosia visual de objetos com lesões no hemisfério esquerdo. Assim, os papéis do hemisfério esquerdo e do hemisfério direito deveriam ser caracterizados, respectivamente, em termos de reconhecimento de objetos e de análise de novos rostos? Outras evidências indicam que este é um ponto de vista simples demais, que não identifica os princípios mais gerais na especialização hemisférica que na realidade estão por trás dessas diferenças.

Novos Enfoques da Agnosia Visual. Um estudo recente de diversos pacientes de prosopagnosia, nenhum dos quais possuindo lesão na parte posterior do hemisfério esquerdo, mostrou que todos falhavam ao reconhecer objetos vistos de uma perspectiva inusitada — por exemplo, identificar um balde ou um chapéu observados de cima — ao passo que reconheciam perfeitamente os mesmos objetos quando observados de ângulos mais característicos.[41] Esta descoberta sugeriu que a contribuição do hemisfério direito para o reconhecimento de objetos fica muito mais difícil quando devem ser executadas operações perceptivas que envolvam correções, transformações ou rotação do estímulo.

Algumas observações relacionadas com esse enfoque são encontradas nas descrições das categorias da agnosia visual feitas pelo neuropsicólogo Elkonon Goldberg.[42] Goldberg identificou a agnosia aperceptiva como uma perda na capacidade de reconhecer um objeto como o mesmo objeto, quando visto sob diferentes condições.* O paciente necessariamente não tem problema para identificar o que um objeto é (por exemplo: "É um chapéu"), mas não será capaz de identificá-lo como "o mesmo chapéu", se o objeto for observado de uma outra direção ou perspectiva.

Ao contrário, na agnosia visual típica, induzida por lesão no hemisfério esquerdo, fica diminuída a habilidade para reconhecer o objeto como integrante de uma categoria geral. Goldberg sugeriu que o reconhecimento de rostos, sendo nitidamente uma questão específica de identificação física (isto é, identificar especificamente John Smith como distinto de Bob Taylor), depende mais da função do hemisfério direito.[43]

---

* O termo agnosia aperceptiva, como expusemos anteriormente, também têm sido usado para descrever a ruptura de um estágio inicial, mais sensorial, do reconhecimento de objetos, que ocorre antes que a significação e a compreensão estejam concluídos.

No capítulo 12 retornaremos a algumas dessas distinções e veremos, ao considerar diversos modelos teóricos de lateralidade cerebral, como elas podem refletir até mesmo diferenças mais gerais na função hemisférica.

Uma Perspectiva Neuropsicológica Cognitiva

Alguns neuropsicólogos cognitivos vêem as distinções, tais como aquela entre a agnosia aperceptiva e outras agnosias, apenas como um ponto de partida. Acreditam que seja necessária uma teoria mais complexa para explicar algumas das questões levantadas pelos estudos recentes da agnosia. Têm mencionado, por exemplo, outras formas em que podem ocorrer as falhas no reconhecimento de objetos. Um paciente pode ser incapaz de perceber corretamente as formas dos objetos. Outro paciente pode perceber as formas sem nenhum problema, mas falha ao formar uma representação completa, que combine traços específicos e globais do objeto. Outro paciente, ainda, pode reconhecer e mesmo representar por mímica o uso dos objetos vistos, mas ser incapaz de identificá-los verbalmente. Assim, habilidades complexas, como o reconhecimento de objetos, se organizam com vários componentes ou módulos funcionais que podem se desvincular, cada um podendo ser lesado seletivamente.[44]

Os neuropsicólogos cognitivos construíram um modelo de reconhecimento de objetos que explica algumas das deficiências que analisamos em pacientes de agnosia de modo um pouco diferente. Considera-se que o reconhecimento visual de objetos se origina por uma seqüência de três tipos de representação: 1) uma representação inicial ou um "esboço primitivo", em que a luminosidade muda e é gerada a geometria bidimensional do objeto; 2) uma "representação centrada no expectador", em que é gerada interiormente a localização espacial das superfícies do objeto visíveis da posição do expectador. (Esta representação — algumas vezes chamada "esboço de duas dimensões e meia" — não contém generalidade, porque descreve o objeto apenas sob o ponto de vista do observador.); 3) é gerada uma "representação centrada no objeto", ou a verdadeira representação tridimensional.[45]

O reconhecimento de objetos é efetuado pela comparação da representação centrada no observador e da representação centrada no objeto com as descrições estruturais de objetos conhecidos já armazenadas. A representação semântica do objeto — o "significado" — é alcançada quando a representação visual de um objeto visto corresponde a uma descrição de objeto dentre as descrições de objetos conhecidos armazenadas.

Assim, os casos de agnosia em que o paciente tem grave prejuízo na percepção de formas e falta de habilidade para copiar objetos vistos envolveriam diminuição de capacidade de construir representações centradas no observador. Os pacientes que têm problemas de identificar vistas incomuns de objetos teriam as representações centradas no objeto prejudicadas.

Danos na formação da representação centrada no objeto, contudo, não interferirão na habilidade de reconhecer objetos com base em uma vista mais comum ou prototípica, porque o módulo de representação centrada no observador, sendo distinto, estaria intacto.[46]

O último caso, aquele com prejuízo na representação centrada no objeto, descreve essencialmente a situação que Goldberg tratou como agnosia aperceptiva e relacionou a dano no hemisfério direito. O primeiro caso, aquele com prejuízo na representação centrada no observador, constitui uma situação mais grave, na qual os processos visuais do paciente parecem ser perturbados num estágio anterior mais básico. É a situação mais tradicionalmente descrita como agnosia aperceptiva — não especificamente associada a lesão em nenhum dos hemisférios.

É interessante notar como, apesar das diferenças nos enfoques e até nas definições, grande parte da pesquisa moderna em neuropsicologia está produzindo distinções semelhantes quanto ao modo como os processos cerebrais se organizam. Enquanto o trabalho progride, incluindo aquele baseado numa visão mais modular da organização do cérebro, esperamos ver novas distinções, alguma reorganização das questões e, confiantemente, descobertas novas e precisas a respeito dos processos cerebrais envolvidos na percepção.

Como há uma relação muito próxima entre os sistemas cerebrais utilizados na percepção e aqueles envolvidos no armazenamento da memória, voltaremos ao tópico da percepção ao analisar a amnésia e a memória humana, no próximo capítulo.

7

OUTROS DISCERNIMENTOS DA CLÍNICA MÉDICA:
Omissão, Amnésia, Música e Emoção

A SÍNDROME DA OMISSÃO

Um paciente, num hospital de reabilitação, levanta-se de manhã e começa a fazer a barba. Quando ele deixa o barbeador para ir fazer sua refeição matinal, alguém nota que está barbeado apenas do lado direito. Ao tomar o seu café da manhã, o paciente começa a procurar ansiosamente pela xícara de café, até que alguém lhe indique que a xícara está ligeiramente à esquerda de seu prato. No almoço ou no jantar, ele pode nem tocar na comida que está na metade esquerda do seu prato, e ficar pedindo mais, até ser lembrado de que ainda há comida no prato. Quando se pede a ele para desenhar um relógio, o paciente desenhará corretamente um círculo, mas vai amontoar todos os números na metade direita. Pedindo-se a ele para desenhar uma pessoa, vai desenhar somente o lado direito do corpo, deixando-a sem o braço e a perna esquerdos. Se questionado quanto aos desenhos, o paciente dirá que está tudo bem para ele.

Esse fenômeno, conhecido como omissão ou falta de atenção à metade do espaço, é observado em vítimas de derrame ou de acidente, que sofreram lesões razoavelmente extensas nas regiões posteriores do hemisfério direito (regiões parietal ou occipito-parietal).[1] Algumas vezes ocorre após lesão semelhante no hemisfério esquerdo, mas com muito menor freqüência e de forma mais suave. A impressão que se tem, ao observar tais pacientes, é de que eles se comportam como se toda a parte esquerda do espaço, e algumas vezes até o lado esquerdo de seu próprio corpo, simplesmente não existissem. A Figura 7.1 mostra desenhos feitos por um paciente que apresenta a omissão.

Há muito tempo diversas questões têm sido levantadas sobre essa síndrome. Por que existe essa omissão tão gritante de uma metade do espaço? Até que ponto ela está relacionada com a lesão no sistema visual? Por que pacientes com lesão no hemisfério direito têm mais probabilidade de apresentar sintomas de omissão com longa persistência do que pacientes com lesões equivalentes no hemisfério esquerdo? As respostas ainda não estão claras, mas o fenômeno da omissão traz alguns indícios consideráveis da relação de trabalho entre o cérebro esquerdo e o cérebro direito.

Embora inicialmente possam não estar conscientes disso, muitos pacientes de omissão são realmente cegos em seu campo visual esquerdo. Como a informação da metade esquerda do espaço visual é inicialmente processada na área visual do hemisfério direito, uma lesão nessa região pode produzir um observador hemianótico (literalmente "semicego"), que não pode ver nenhum objeto à esquerda do ponto de fixação. Esta semicegueira, entretanto, não explica, por si só, a falta de atenção dos pacientes com a síndrome da omissão.

Pode-se encontrar muitos exemplos de pacientes que são cegos para a metade do campo visual, mas não apresentam omissão dessa metade do espaço. Os pacientes com lesão restrita aos caminhos do nervo óptico ou às áreas visuais primárias de cada hemisfério compensam sua semicegueira de forma típica, por meio de movimentos do olho ou da cabeça. Os pacientes com lesão no hemisfério esquerdo, cegos no campo visual esquerdo, raramente apresentam omissão funcional persistente de uma metade do espaço, apresentada por pacientes com lesão no hemisfério direito.

Além disso, alguns pacientes com omissão não são de forma alguma semicegos. Em situações de teste, podem relatar corretamente estímulos visuais simples lampejados somente no campo visual esquerdo. Entretanto, quando os estímulos são apresentados de maneira simultânea em ambos os campos visuais, experimentalmente ou em situações cotidianas, vão relatar apenas os itens da metade direita do espaço visual. A informação visual que provém do campo direito, e alcança o hemisfério esquerdo intacto, parece interferir na capacidade cerebral de processar a informação do campo esquerdo que vem para o hemisfério direito lesionado. A metade esquerda do estímulo é "extinta" pela direita, mas os pacientes vêem claramente a metade esquerda do objeto, se apresentado separadamente.

Modelo   Cópia do paciente

Figura 7.1 – Desenhos feitos por um paciente com omissão.

Os efeitos da extinção observados nesses pacientes podem explicar pelo menos uma parte da falta de atenção do paciente com omissão para a metade esquerda do seu mundo. Acontecimentos no campo visual direito podem extinguir continuamente a informação no campo esquerdo afetado e, por conseqüência, levar à orientação apenas para o lado direito.

O que ocorre com a informação do campo esquerdo que foi extinta? Perdeu-se realmente? Ou está presente no sistema nervoso, embora não disponível à experiência consciente? Muitas linhas de pesquisa remeteram-se a essa questão. Alguns pesquisadores descobriram que, sob certas circunstâncias, os pacientes são capazes de relatar o que apareceu no campo esquerdo, mesmo havendo estimulação simultânea no campo direito. Se forçados a considerar várias possibilidades de escolha, seu desempenho ultrapassa muito a possibilidade de acerto por acaso, embora nunca reconheçam realmente ter visto o objeto no campo visual esquerdo.[2]

Numa linha de pesquisa um tanto diferente, pacientes que normalmente extinguiam o estímulo do campo esquerdo quando apresentados dois objetos distintos não tinham a mesma reação em frente de um único e extenso objeto que cruzasse a linha mediana entre os campos esquerdo e direito, ainda que a metade direita do desenho não lhes proporcionasse informação suficiente para reconhcê-lo.[3] A informação do campo esquerdo aparentemente não é processada na mesma extensão em que é a do direito, mas está disponível em algum nível pré-consciente. Alguém chegou a especular que a omissão resulta basicamente da capacidade visual limitada (pela lesão no hemisfério direito), associada a uma tendência do hemisfério esquerdo de racionalizar o que vê. Existe algo paralelo a isso no trabalho com pacientes comissurotomizados, em que se tem mostrado que o hemisfério esquerdo com freqüência "completa" figuras parcialmente desenhadas ao relatar o que viu numa apresentação taquistoscópica ou, ainda, fabrica respostas verbais incorretas baseadas na informação visual parcial disponível.[4]

Têm sido propostas outras explicações para a natureza assimétrica da síndrome de omissão. Uma possibilidade é a de que os mecanismos que controlam a atenção seletiva, ou mesmo a estimulada, estão lateralizados no hemisfério direito. Outra possibilidade é a de que o hemisfério direito seja em geral mais competente espacialmente e, assim, na sua ausência, o esquerdo realiza um trabalho pobre na compreensão do espaço.

As teorias atencionais da omissão postulam uma assimetria na extensão em que cada hemisfério controla a orientação para os estímulos no espaço extrapessoal, isto é, para o que acontece fora do corpo. Marcel Kinsbourne propôs que cada hemisfério tem um campo direcional de atenção no espaço do lado oposto, que pode também inibir o outro hemisfério. As tendências direcionais de cada hemisfério, assim, se contrapõem, mas não se igualam em força, tendo o hemisfério esquerdo uma direcionalidade mais forte (para o espaço direito).[5] Como evidência, Kinsbourne descobriu que os recém-nascidos tendem a se virar para a direita, os adultos tendem a se voltar para a direita e as pessoas normais preferem pinturas com o conteúdo informativo à direita. Uma severa omissão de eventos no lado esquerdo ocorre após uma lesão no cérebro direito, porque a superioridade direcional normal do hemisfério esquerdo no campo visual direito torna-se mais acentuada.

Kenneth Heilman propôs uma concepção atencional diferente. Sugeriu que o hemisfério direito é dominante em matéria de atenção e estimulação.[6] O esquerdo dirige a atenção ao lado oposto, mas o direito pode direcionar a atenção para o espaço do mesmo e do outro lado. A evidência para este modelo consistia num número expressivo de descobertas na literatura do eletroencefalograma, de estudos a respeito do fluxo sangüíneo e de outros experimentos fisiológicos, que mostravam a ativação da região parietal direita em tarefas com orientação ou observação de ocorrências tanto à esquerda como à direita do espaço. A omissão semi-espacial esquerda ocorre, segundo este ponto de vista, porque a lesão parietal direita deixa intactos só os mecanismos da atenção do hemisfério esquerdo, e estes dirigem a atenção somente para o lado direito do espaço.

Utilizando testes de rastreamento visual e de exploração táctil, Sandra Weintraub e Marcel Mesulam descobriram que muitos pacientes com lesão no hemisfério direito não apenas apresentavam omissão do lado esquerdo do espaço, como também uma significativa omissão de acontecimentos no direito — eles omitiam consideravelmente mais itens no mesmo lado da lesão do que o faziam os pacientes com lesão no hemisfério esquerdo. Weintraub e Mesulam acreditavam que esses dados forneciam uma sustentação fundamental para o modelo segundo o qual o hemisfério direito está envolvido na distribuição da atenção em ambos os lados do espaço.[7]

Nossa análise da semicegueira e da extinção deu ênfase aos componentes perceptivos e sensoriais da omissão. Os outros estudos e modelos que acabamos de analisar enfatizaram o papel da atenção e de fatores exploratórios, como aqueles medidos por rastreamento visual e testes de exploração manual. Alguns pesquisadores acham que pensar sobre a omissão em termos de percepção e mesmo de atenção não apreende todas as suas manifestações, nem, talvez, a verdadeira base do problema.[8] Uma história sobre um paciente de omissão serve para ilustrar este ponto.

Pediram a um paciente italiano que apresentava omissão para se imaginar entrando numa conhecida praça de Milão, chamada Piazza del Duomo, pelo extremo norte e para descrever o que via. Essa praça era muito familiar ao paciente antes do derrame. O paciente começou a descrever todos os edifícios situados a oeste — isto é, à direita de onde teria entrado — mas falhou ao mencionar algumas das construções do lado leste. Então, pediram a ele para se imaginar entrando na praça pelo lado sul e descrever o que via. O paciente começou a descrever todos os prédios na metade leste da praça.[9]

Essa história sugere que a omissão pode ser independente dos acontecimentos sensoriais efetivos, porque afeta até a lembrança de imagens pela memória. Será a omissão uma desordem de atenção ou uma desordem em processos de percepção mais altos? Não há ainda uma resposta conclusiva, mas outros discernimentos podem estar prestes a surgir com as novas pesquisas sobre a memória e sua relação com a percepção, um tópico que discutiremos na próxima seção.

AMNÉSIA E LOCALIZAÇÃO DA MEMÓRIA

Os conceitos de localização no cérebro, há muito tempo, incluíram a idéia de que existem lugares específicos para a armazenagem das memórias humanas. A procura pelo *engrama*, a unidade de armazenamento da memória, perdura por décadas. Karl Lashley, acompanhando longas experiências em ratos, cujos cérebros eram lesionados de modo sistemático com relação à localização e ao tamanho, concluiu que a memória era afetada de modo crucial pela quantidade de córtex removida (princípio da ação da massa), e não pela área removida; isto é, todas as áreas do córtex seriam igualmente importantes para a memória (princípio da eqüipotencialidade).[10] Lashley não conseguiu reduzir de maneira significativa o desempenho de um rato numa tarefa aprendida após a remoção de pequenas áreas do tecido cerebral de qualquer uma das grandes regiões do cérebro. Ao destruir, entretanto, uma porção razoavelmente grande em qualquer lugar no cérebro, ele produzia de modo significativo a memória daquilo que o rato havia aprendido.

Ao longo de anos, os dados clínicos humanos forneceram a evidência de que aspectos, que vagamente denominamos memória, são organizados no cérebro tanto de modo difuso como focalizado. Os estudos de estimulação elétrica realizados por Wilder Penfield e seus associados, alguns dos quais estão descritos no primeiro capítulo, foram usados para justificar o conceito de localização das memórias de longa duração.[11] Respostas interessantes foram obtidas com a estimulação de pontos nos lobos temporais, incluindo o hipocampo e a amígdala (ver Figura 7.2), que são estruturas situadas bem no interior dos lobos temporais. Às vezes os pacientes relatavam experiência de memórias auditivas ou visuais vívidas, como se as estivessem vivendo novamente. Contudo, a extirpação de toda a área não pareceu apagar nenhuma memória. Esta e outra evidência têm levado à idéia de que o maior dano na memória após uma lesão cerebral numa região particular não é tanto a remoção de *engramas* localizáveis, mas a interferência nos mecanismos envolvidos na formação ou na restauração das memórias.

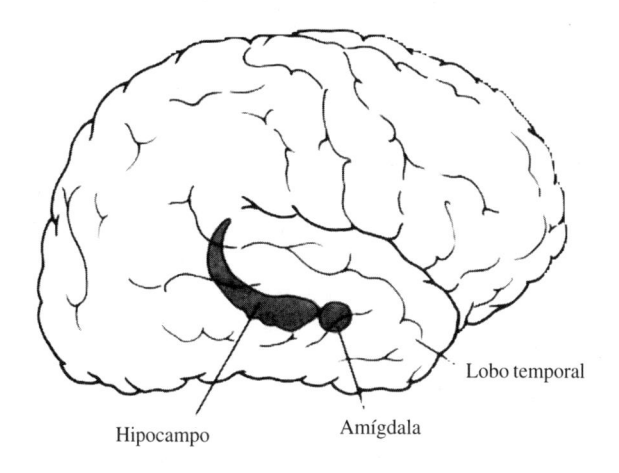

Lobo temporal

Hipocampo   Amígdala

Figura 7.2 – Áreas do cérebro humano envolvidas nas desordens da memória. Certos processos de memória parecem estar associados com estruturas na superfície mais profunda dos lobos temporais, tais como o hipocampo e a amígdala. Tem-se relatado que as lesões unilaterais destas estruturas afetam a memória seletivamente, conforme o hemisfério envolvido. As lesões bilaterais são conhecidas como causadoras de severas desordens de memória.

A maior parte das desordens neurológicas que afetam uma função mental elevada produz algum impacto na memória. A lesão neurológica difusa, como a observada numa lesão acidental na cabeça, resulta tipicamente em marcantes desordens da memória. A perda da memória, nestes e em muitos outros tipos de pacientes, envolve o esquecimento de fatos anteriores ao acidente (amnésia retrógrada) e a perda da capacidade de aprender coisas novas (amnésia anterógrada). A amnésia retrógrada comumente diminui de forma ordenada, com as memórias mais antigas voltando primeiro. De forma característica, ambos os tipos de perda de memória diminuem no mesmo espaço de tempo durante a recuperação. Afinal, somente a lembrança de certos acontecimentos após o acidente podem parecer perdidos. O mal de Alzheimer é uma doença que afeta mais freqüentemente os idosos. Ocorre uma degeneração difusa do tecido cerebral e uma degeneração acentuada dos lobos temporais posteriores, produzindo uma marcante desordem de memória.[12] Embora os sintomas "senis" desta doença envolvam a maior parte das funções intelectuais, os prejuízos mais óbvios são as deficiências de orientação e de memória. Pacientes com o mal de Alzheimer geralmente conservam as memórias mais antigas até os últimos estágios da sua doença — isto é — lembranças de pessoas e de fatos ocorridos mais cedo em suas vidas.

Desordens Isoladas de Memória

Além da perda de memória, que freqüentemente pode acontecer nas desordens neurológicas que afetam outras funções, surpreendentes desordens de memória podem ocorrer isoladamente, isto é, fora de proporção em relação a qualquer outra deficiência de uma função mais alta. Tais desordens isoladas estão associadas a lesão em áreas relativamente específicas do cérebro, notadamente os lobos temporais, o hipocampo e várias outras estruturas mais aprofundadas no interior do cérebro (ver Figura 7.2). Pacientes com algum dano nessas estruturas podem parecer normais numa observação casual e podem ter capacidade intelectual normal. A deficiência deles consiste, primariamente, na aquisição e retenção de novas memórias. Muitos se lembram em vários graus de suas histórias passadas e dos acontecimentos mais antigos.

A maioria das síndromes de amnésia não apresenta uma eliminação convincentemente verdadeira das memórias de longa data. Quando as memórias mais antigas são afetadas, há evidência de que a falha está no acesso às memórias, porque a maior parte, na verdade, "volta" quando os pacientes se restabelecem. Um paciente amnésico pode também recobrar muitas memórias sendo instigado ou recebendo dicas.

Dividindo a Memória

Considera-se que os diferentes processos fisiológicos constituem duas formas básicas de representações da memória: memória de curta duração e memória de longa duração. O material, na memória de curta duração, pode ser retido somente por um curto período de tempo e pode conter uma quantidade muito limitada de informação.[13] Lembrar-se de um número de telefone por alguns segundos é um exemplo. Uma pessoa está sempre muito consciente da informação da memória de curta duração. O material da memória de longa duração, ao contrário, é armazenado por um longo período e pode representar uma grande quantidade de informação. Normalmente não estamos cientes ou ativamente conscientes desta informação, a menos que ela seja ativada e, provavelmente, reintroduzida na memória de curta duração. O conceito de "memória ativa" foi proposto para descrever o que deve ocorrer na maioria das tarefas mentais. A aritmética mental, a leitura, a solução de problema e o raciocínio em geral, tudo isso requer não apenas alguma forma de armazenagem temporária, mas também uma interação entre a informação que está armazenada temporariamente e o conjunto maior do conhecimento armazenado.[14] Assim, a memória ativa corresponde à informação ativada na memória de longa duração, a informação da memória de curta duração e o processo de decisão que controla que informação é ativada.[15] Acredita-se que os lobos frontais estejam envolvidos no sistema de tomada de decisão que, seletivamente, ativa a informação na memória de longa duração e "troca" a informação na memória de curto prazo ou para fora dela quando é necessário realizar uma tarefa.

O padrão das deficiências e dos resíduos da memória observados em pacientes com lesão cerebral levou os pesquisadores a "dividir" os processos da memória de várias outras maneiras. Estas incluem: episódico *versus* semântico, explícito *versus* implícito, consciente *versus* inconsciente e declarativo *versus* não-declarativo.

Essas distinções não conflitam necessariamente entre si, mas cada uma efetivamente sublinha diferentes aspectos da memória. A maior parte foi idealizada para justificar certas dissociações naquilo que era tipicamente afetado (primeiro item de cada par) em contraste com aquilo que foi poupado (segundo item de cada par), na maioria dos pacientes amnésicos. Uma grande parte da pesquisa neuropsicológica da memória tem-se voltado para confirmar ou contestar tais distinções.

Memória episódica versus *semântica; lesões no córtex* versus *lesões no hipocampo.* Muitos pesquisadores da memória têm concordado em reconhecer dois tipos de memória de longa duração: a episódica e a semântica. A memória episódica grava informação sobre acontecimentos específicos dentro do contexto de outros acontecimentos na vida da pessoa — por exemplo, ter a memória de aprender a jogar futebol quando no primeiro nível da escola. A memória semântica diz respeito ao nosso conhecimento permanente do mundo; isto é, ela diz respeito fundamentalmente a fatos, conceitos, regras e significados.* Ela contém a informação necessária para o reconhecimento perceptivo e das habilidades motoras complexas, incluindo a fala (para nós todos) e tocar piano ou escrever à máquina (para alguns de nós). Acredita-se que o córtex cerebral auxilia a memória semântica. A perda da informação do significado, em certas afasias, e a perda do reconhecimento do objeto, em certas agnosias, podem ser vistas como perda de memórias semânticas, resultante de lesão nas regiões da linguagem e nas regiões perceptivas do cérebro, respectivamente. Assim, a perda de memória associada à lesão nas regiões corticais pode ser relativamente específica, como na afasia de Wernicke, onde a lesão no lobo temporal esquerdo parece interferir no entendimento da linguagem.

Diferentemente do papel do córtex na memória semântica, acredita-se que o hipocampo (e estruturas associadas) está primordialmente envolvido na memória episódica, porque as lesões bilaterais no hipocampo, que ocorrem em conjunção com a lesão profunda no meio dos lobos temporais, produzem grande perda para novas informações episódicas.[16] Pacientes com esse tipo de lesão rapidamente esquecem as ocorrências nas suas vidas diárias: onde estão, o que comeram no almoço, onde puseram seu talão de cheques, ou se, de fato, preencheram um cheque. Suas habilidades verbais, entretanto, podem permanecer intactas e eles são capazes de manter conversações normais, pelo menos sobre os acontecimentos ocorridos antes de suas lesões. Quando a lesão é restrita ao hipocampo, os pacientes podem aprender a realizar novas tarefas, tais como um novo jogo de cartas. Serão capazes de usar seu conhecimento das regras e jogar corretamente, quando testados depois de algum tempo, sem se lembrar de como ou quando aprenderam o jogo.

Memória explícita versus *memória implícita*. A maior parte dos testes diretos ou "explícitos" de memória em pacientes amnésicos revela profundas deficiências na recordação de acontecimentos, rostos, novos

---

* Neste contexto, o termo semântico tem uma definição mais ampla do que na lingüística, em que ele se refere aos significados verbais. A memória semântica se refere a uma espécie mais geral de conhecimento compreendendo os códigos perceptivos, as habilidades motoras e outras informações de "como" e "o quê".

fatos, e assim por diante. Contudo, um teste cuidadoso do desempenho de um paciente em geral revela que uma informação apresentada previamente tem, de fato, algum impacto permanente, embora inconsciente, sobre o paciente.

Os testes "implícitos" de memória não fazem referência ao passado, mas avaliam se há alguma evidência de memória para um item ou qualquer treino, inferindo-a pelo desempenho. Por exemplo, não tendo sido, o paciente, capaz de se lembrar de algumas palavras apresentadas num teste prévio, pode-se pedir a ele para fornecer as terminações dos radicais das palavras. Por exemplo: completar "chuv_____". Os pacientes amnésicos com freqüência vão usar uma terminação que crie uma palavra relacionada com uma das que lhes foram apresentadas no teste anterior (mas que não conseguiam "recordar"). Podem dizer "chuveiro", por exemplo, porque previamente lhes havia sido mostrada a palavra "banho", em vez de optar por muitas outras terminações também possíveis.

Este efeito é chamado de preparação semântica, porque os significados ou categorias da informação previamente apresentada influenciam ou "preparam" as escolhas feitas em testes subseqüentes. Geralmente outros tipos de efeitos da preparação são testados também, incluindo a forma simples em que a preparação é feita com as próprias palavras que podem ser úteis mais tarde na tarefa de completar os radicais de palavras — por exemplo, apresentar a palavra "chuveiro" antes de uma tarefa para completar "chuv_____".

Formas implícitas de memória são também reveladas pela capacidade de um paciente amnésico de realizar uma tarefa que exige destreza ou de praticar um jogo aprendido numa sessão anterior ao teste, embora o paciente possa nem se lembrar de que a sessão tenha acontecido, como descrevemos anteriormente.

Outras desordens neuropsicológicas, como a omissão e a afasia, também têm sido objeto de exame minucioso em termos da distinção do teste explícito/implícito. Como a distinção explícito/implícito parece produzir resultados semelhantes em muitas desordens, considera-se agora que ela sugere um princípio geral de organização do cérebro. Muitos pesquisadores sentem que os testes explícito-implícito revelam basicamente os processos cerebrais consciente e inconsciente, respectivamente.

Memória consciente versus *memória inconsciente; processo modular* versus *processo central*. A amnésia é agora descrita, em quase todos os casos, como uma deficiência apenas da recordação consciente da informação adquirida recentemente e não como uma falha global para retê-la.[17] A análise cuidadosa dessas desordens, em termos de interrupções dos estágios inconsciente e consciente no desempenho da tarefa, pode ser a melhor forma para se identificar, nestes pacientes, o nível em que ocorre o prejuízo da função cerebral.

O neuropsicólogo Morris Moscovitch elaborou uma teoria da memória que compreende a distinção consciente/inconsciente. Moscovitch distinguiu, no cérebro, os processos "modulares" e "centrais". Os processos modulares são empregados nos estágios mais automáticos e, freqüentemente, nos estágios elementares das operações cerebrais. Os processos envolvidos podem ser de fato muito complicados, mas "rasos" no sentido de que são estágios que ocorrem automaticamente, sem esforço ou modificação consciente. Os módulos operam estritamente dentro de um domínio (e.g., informação visual), lidam com um tipo limitado de informação e têm uma produção não acessível à manipulação consciente.[18]

No caso da memória, acredita-se que múltiplos módulos representam o estágio de alimentação das diferentes modalidades sensoriais. Estes módulos são modificados pela estimulação: aspectos específicos dos eventos criam "registros" nos módulos de alimentação pela modificação do circuito neural, em resposta à estimulação. O hipocampo, onde, como dissemos, uma lesão tem maiores conseqüências na produção de desordens de amnésia, também é considerado modular na organização e na operação. O processo de recuperação do hipocampo é automático e resulta na experiência freqüentemente descrita como memória "estalando" de modo automático na mente da pessoa uma vez que seja dada alguma dica. Não temos acesso consciente ou ciência da maior parte do processo que leva a isso. (O fato de não estarem envolvidas estratégias ou modificações conscientes é uma razão pela qual Moscovitch considerou o sistema modular do hipocampo como de produção "rasa".)

A maior parte das tarefas, entretanto, incluindo qualquer recordação efetiva de eventos passados, envolve estratégias e avaliações, das quais estamos quase sempre conscientes. Acredita-se que elas envolvam os "sistemas centrais" do cérebro, especialmente os lobos frontais. Moscovitch sustentava que pacientes com lesões no lobo frontal proporcionavam uma dramática demonstração de como a memória poderia funcionar se contasse apenas com a produção "rasa" do sistema do hipocampo. Tais pacientes parecem confabular, porque as histórias que produzem não têm ordem temporal nem contexto espacial. As histórias não são pura invenção,[19] entretanto, mas parecem, porque são quase sempre totalmente fora do contexto com relação a quando e onde os eventos aconteceram e são confusas quanto à ordem dos eventos.

Muitos outros pesquisadores concordam que os lobos frontais exercem um papel fundamental no controle das operações conscientes de recuperação da memória. Mencionamos antes, por exemplo, que se acredita que os lobos frontais controlem qual a informação, na memória de longa duração, foi levada para a memória de curta duração para formar a memória ativa.[20] Se as funções do lobo frontal na memória representam ou não processos modulares é, em parte, uma questão de definição que deve ser resolvida quando os neuropsicólogos cognitivos aperfeiçoarem suas abordagens e conceituações com base em novas descobertas experimentais.

Diferenças Hemisféricas na Memória

Há muitos anos vêm sendo relatadas diferenças nos tipos de memória perdida após a produção de lesões no lobo temporal esquerdo ou direito. As assimetrias mais impressionantes relacionadas com a função da memória foram observadas em casos que envolviam a remoção cirúrgica de um lobo temporal. Estas lobotomias temporais unilaterais foram realizadas para remover o tecido responsável por ataques epiléticos ou tumores. A lobotomia temporal esquerda, ou dominante, levava à dificuldade de aprender e reter matéria verbal. Esta deficiência era sempre evidente, sendo a matéria apresentada visualmente ou por meios auditivos e ocorria quando a memória era testada por recordação direta ou por procedimentos de reconhecimento.[21]

A lobotomia temporal direita levava a dificuldades com matéria não-verbal, fosse apresentada visual ou auditivamente.[22] ("Matéria não-verbal" envolve estímulos que são difíceis de nomear ou codificar verbalmente, tal como padrões abstratos.) Alem disso, Brenda Milner mostrou que pacientes com remoção do lobo temporal direito têm dificuldade de aprender a andar no labirinto, seja por meios visuais ou proprioceptivos (toques exploratórios).[23]

Assim, deficiências de memória procedentes de lesões lateralizadas, tal como remoções unilaterais do lobo temporal, parecem envolver perda em habilidades específicas da memória semântica. Freqüentemente, entretanto, estão ligadas a alguma deficiência na informação contextual (episódica) envolvendo o hipocampo, uma vez que esta estrutura aprofundada no lobo temporal também pode ser danificada.

A análise de pacientes submetidos à comissurotomia tem confirmado a evidência proveniente dos estudos de algumas diferenças nos processos de memória dos dois hemisférios em cérebros lesionados. Como foi mencionado no segundo capítulo, quando testado da forma convencional, parece que o corte apenas do corpo caloso tem efeitos insignificantes na memória de um paciente. Entretanto, quando os hemisférios são testados separadamente, verifica-se que cada um pode aprender e recordar diferentes tipos de informação.[24] Quando se usam os procedimentos dos testes lateralizados, a linguagem é a informação primordialmente melhor retida pelo hemisfério esquerdo e a informação visuoespacial, pelo hemisfério direito. Os estudos do fluxo sangüíneo no cérebro também mostraram uma maior ativação do lobo temporal direito durante tarefas de reconhecimento que envolvem a informação visuoespacial.[25] Essas diferenças eram naturalmente previstas com base em outros dados analisados nos capítulos anteriores, no que se refere ao tipo de informação com que cada hemisfério está mais preparado para lidar.

Outros estudos, empreendidos a partir de uma perspectiva neuropsicológica, também mostraram assimetrias na forma como a memória é afetada por lesões hemisféricas. Por exemplo, a armazenagem da memória fonológica de curta duração parece ser seletivamente diminuída por lesão na região mais baixa ("inferior") do lobo parietal esquerdo posterior.[26] Tem-se verificado que a memória visuoespacial de curta duração é seletivamente diminuída por lesões em áreas específicas do hemisfério direito posterior.[27] Na próxima seção, apresentam-se dados adicionais que dão sustentação a um modelo recente de função da memória.

Estudos de Neuroimagens da Memória
Declarativa *versus* Não-declarativa

Os primeiros registros de tentativas de dividir a memória incluíam a distinção declarativa/não-declarativa. Este esquema de classificação é um esforço para modificar a velha dicotomia episódico-semântica, que nem sempre parecia explicar todas as formas como a memória entrava em colapso. Memórias declarativas são as memórias de fatos específicos e de eventos e são, de fato, memórias explícitas. A memória declarativa compreende, assim, toda memória episódica, mas inclui também algum conhecimento semântico no sentido de memória de semblantes, palavras, objetos, e assim por diante. A memória não-declarativa está por baixo dos hábitos de resposta a estímulos (condicionamento) e de várias habilidades motoras e cognitivas que se tornaram essencialmente automáticas. É de fato memória implícita e é revelada pelos procedimentos de testes implícitos tais como aqueles que examinam os efeitos indiretos de uma sessão de teste em outra sessão subseqüente. As habilidades motoras inconscientes e os efeitos da preparação são exemplos.

O neuropsicólogo Larry Squire e seus colegas, propagadores da distinção declarativa/não-declarativa realizaram, recentemente, estudos de rastreamento com tomografia de emissão de pósitrons (PET) em pessoas normais, testando diversos estágios da memória. De acordo com Squire, os resultados destes estudos, combinados com as descobertas relatadas dos estudos eletrofisiológicos, indicavam que as memórias declarativa e não-declarativa estão associadas com a atividade dos neurônios em diversos locais do cérebro e em diferentes hemisférios.

O estudo de tomografia de emissão de pósitrons forneceu uma evidência direta para a importância do córtex posterior direito, exatamente fora do córtex visual primário (ou estriado), na preparação com as palavras. Essa preparação era medida fazendo as pessoas classificarem palavras em termos de semelhanças e diferenças, e, em seguida, realizarem a tarefa de complementar radicais formando palavras, com a possibilidade de serem usadas as palavras da tarefa anterior.[28] Quando houve a preparação prévia, o fluxo do sangue no cérebro na região exterior ao córtex estriado direito era significativamente mais baixo durante a complementação dos radicais das palavras, do que na situação de controle, sem preparação.

Uma explicação para a atividade reduzida quando há preparação é que, no período subseqüente àquele em que o estímulo perceptivo foi apresentado, menos atividade neural é exigida para processar o mesmo estímulo. Squire propôs um papel fisiológico ou neural para a característica psicológica essencial da preparação — na segunda vez em que um estímulo é apresentado, é necessário menos informação para que ele seja percebido e identificado.[29]

Os pesquisadores também mediram a memória explícita usando radicais de palavras como dicas para recordar palavras previamente apresentadas. Constataram a ativação das regiões do hipocampo direito durante esta tarefa de recordação. Além disso, o aumento geral do fluxo sangüíneo no cérebro era significativamente maior durante a condição de recordação mediante dicas do que durante a preparação.

Estudos neurofisiológicos recentes de potenciais relacionados a evento (ERPs) em pessoas normais também apontam para a participação de diferentes sistemas cerebrais na memória declarativa e não-declarativa.[30] A amplitude, latência e distribuição no couro cabeludo verificadas nos ERPs referentes à memória declarativa (recordação ou reconhecimento de palavras) eram diferentes das mesmas características verificadas nos ERPs referentes à preparação para complementação de radicais de palavras e à preparação para identificação perceptiva.

Num estudo, o ERP associado à recordação alcançava o mais alto nível a uma latência de 500 a 800 milésimos de segundo, enquanto o ERP associado à preparação atingia o nível mais alto a uma latência de 400 a 500 milésimos de segundo. O ERP referente à recordação era maior com a colocação dos eletrodos na região anterior esquerda, enquanto o ERP referente à preparação era maior com os eletrodos situados na parte posterior.

Juntos, os experimentos de PET e ERP evidenciaram o papel do hemisfério posterior direito nas situações de memória com preparação. A situação de recordação, porém, levou a duas descobertas diferentes: um local de ativação no hemisfério direito, pelo estudo de PET, e um local do hemisfério esquerdo nos estudos eletrofisiológicos. Contudo, os dois estudos descobriram que a condição de recordação produzia atividades distintamente diferentes do experimento de preparação.

Squire sustentou que estes estudos apóiam fortemente a idéia de múltiplas formas de memória e a posição de que a memória declarativa e a não-declarativa estão com certeza associadas a processos neurais distintos e independentes. Ele postulava que os efeitos da preparação podem ser apoiados pelas funções do córtex posterior direito, que operam antes da análise do significado. Os processos da memória em seus últimos estágios envolvem o hipocampo e áreas corticais mais espalhadas e produzem recordação verdadeiramente consciente — o item é lembrado declarativamente, isto é, em relação ao significado do item e em relação ao contexto em que o item foi apresentado.[31] Esses estudos aguardam uma réplica e mais esclarecimentos sobre as descobertas, mas é intrigante ver que uma evidência, que atua na formação da memória, pode sucumbir ao longo das linhas hemisféricas.

Memória e Percepção, a Nova Síntese

A descoberta, na década de 1960, pelos fisiologistas David Hubel e Thornton Wiesel, de que muitos neurônios no córtex visual são responsáveis somente por aspectos extremamente seletivos dos estímulos visuais, como a específica orientação de uma linha, e de que há uma organização hierárquica destes neurônios levando a uma sempre crescente especificidade de resposta, gerou uma visão do processamento da informação e até mesmo da função geral do cérebro, relativamente unidirecional. Neste modo de ver, os "primeiros" neurônios sensoriais, ou os de "nível inferior", selecionam detalhes relevantes de milhares de dados do mundo real e enviam os resumos para os neurônios de "nível alto". Esta informação torna-se apurada e integrada à medida que avança nesta cadeia de processamento hierárquico. O produto final, que é guardado na memória, consiste, de algum modo, na "essência destilada, embora completa, de uma experiência", algo como um filme cinematográfico completo.[32]

Esta visão, embora talvez correta na avaliação da primeira fase da análise dos dados sensoriais, apresenta diversos problemas. Um é que parece categorizar a arte de perceber como algo semelhante a uma pequena pessoa (ou "homúnculo") assistindo ao filme pronto. Outro é que, se cada experiência é codificada individualmente na sua totalidade e armazenada em separado, então, a nossa biblioteca mental teria de ser absurdamente vasta.

Há uma concepção alternativa: em vez de armazenar cada imagem possível nos altos centros do cérebro, o cérebro tenta reconstruí-los reativando fragmentos sensoriais em diferentes padrões. As perspectivas atuais enfatizam a estreita relação entre o local da armazenagem e o local dos sistemas de processamento que são ativados durante a percepção, o processamento e a análise da matéria que se está aprendendo.[33] As contribuições de uma certa estrutura do cérebro para a memória são em geral estreitamente relacionadas com as suas funções mnemônicas.[34] Por exemplo, lesões no córtex temporal posterior inferior — uma área importante para a discriminação visual — danificam o reconhecimento visual e a memória associativa.[35] Lesões no córtex temporal superior — uma área importante para a discriminação auditiva — danificam a memória de reconhecimento auditivo.[36]

Vários estudos de PET tentaram registrar em imagens a extensão da ativação do córtex durante o processo de imaginar e relembrar e, na verdade, relataram crescimento significativo da atividade nas regiões do cérebro consideradas inteiramente dedicadas aos processos sensoriais.[37] Pedia-se às pessoas para imaginar ou visualizar acontecimentos mantendo os olhos fechados. Foram observados aumentos do fluxo sangüíneo no cérebro não somente nas áreas de associação de alto nível, mas também no córtex sensorial primário (ver o Apêndice para mais explicações sobre essas regiões). Estes dados fornecem sustentação à visão de que a recordação de acontecimentos envolve alguma atividade cerebral nas regiões utilizadas na análise sensorial original e na percepção do evento.

Zonas de Convergência Perceptiva e Memória

O neurologista Antonio Damasio expandiu a idéia anterior sugerindo a existência de um tipo específico de organização cortical hierárquica, que poderia ser utilizada com eficiência na reconstrução das memórias. Ele propôs a expressão *zonas de convergência* para designar regiões que combinam a constelação dos detalhes necessários para distinguir um objeto de outro, em oposição à armazenagem de memórias de objetos individuais. No caso da prosopagnosia, Damasio sugeriu que os pacientes perderam as zonas de convergência de alguma imagem visual única (do rosto e, em muitos casos, de específicos tipos de carro). As zonas inferiores que ligam o menor número de características que alguém precisa para dizer que um rosto é um rosto, permanecem inalteradas. As zonas mais altas que ligam diversos aspectos como o modo de andar, a voz, o semblante e o nome permanecem inalteradas. As zonas intermediárias que distinguem um rosto (ou carro) de outro é que são atingidas.[38]

Baseado nos dados de lesões cerebrais que obteve de muitos pacientes, Damasio propôs que hierarquias similares às das zonas de convergência cobrem o córtex cerebral — zonas de convergência do conhecimento genérico alimentando zonas de conhecimento mais específico. As zonas de convergência armazenam apenas a informação que une fragmentos de conhecimento, não os próprios fragmentos. Os fragmentos — por exemplo, a cor dos olhos ou a forma do nariz — permanecem espalhados nos distintos córtices sensoriais. Para lembrar uma imagem, as zonas de convergência precisam reativar os diversos fragmentos. Damasio mencionou que esta idéia reconcilia a fluidez das imagens mentais com a capacidade limitada de armazenagem do cérebro.[39]

Só recentemente a tecnologia que possibilita o encaminhamento de tais assuntos assumiu seu lugar. Nossos conceitos de memória ainda são um tanto vagos e mal definidos: uma compreensão útil dos processos do cérebro por trás das funções da memória ainda requer, pelo menos, um esclarecimento conceitual das muitas funções psicológicas a que nos referimos, vagamente, como memória. Os cientistas da área neurológica acreditam que tal esclarecimento virá com uma análise mais ampla das desordens da memória.

A MÚSICA E OS HEMISFÉRIOS

No primeiro capítulo apresentamos alguma evidência do papel do hemisfério direito na música. Pacientes que tinham sofrido de derrame no hemisfério esquerdo afetando a linguagem, freqüentemente não eram afetados na habilidade para cantar. De modo inverso, derrames no hemisfério direito freqüentemente acarretavam perda das habilidades musicais, enquanto a fala ficava inalterada.

As primeiras pesquisas foram consistentes com a idéia de que a maior parte dos aspectos de percepção musical são funções do hemisfério direito. Testes pré e pós-operatórios de habilidade musical foram realizados em pacientes dos quais foram extirpados o lobo temporal esquerdo ou o direito, para a remoção de tecido epilético.[40] Verificou-se que a remoção no hemisfério direito aumentou os erros nos testes de padrão melódico, sonoridade, duração do som e timbre. No hemisfério esquerdo, a remoção não produziu mudança no desempenho. A habilidade para cantar também foi pesquisada em pacientes submetidos a anestesia temporária do hemisfério direito, com o processo de Wada. O canto ficou totalmente prejudicado e, embora os elementos rítmicos estivessem preservados, a melodia reduziu-se a um tom uniforme.[41]

A evidência a partir de outros casos clínicos, entretanto, sugeriu que a predominância do hemisfério direito na música nem sempre é completa. Estudos adicionais, com a utilização do sódio amobarbital, revelaram um quadro mais complexo: como era de se esperar, ocorreu interferência no canto após a injeção no lado direito; entretanto, após a injeção no lado esquerdo, também houve interferência, embora menos severa.[42] Um exame da literatura referente à percepção musical após lesão cerebral realizado por Robert Zatorre mostrou que deficiências no processamento de padrões de tonalidade e no processamento de diferenças de timbre acompanham consistentemente as lesões no lado direito.[43] Lesões no lado esquerdo, independentemente da ocorrência ou não de deficiência afásica, causam problemas para a nomeação ou a identificação de melodias familiares.

Músicos que tinham sofrido de derrame no hemisfério esquerdo apresentaram deficiência documentada de pelo menos algumas de suas habilidades: o compositor Maurice Ravel (1875-1937), no auge de sua carreira, sofreu um derrame (presumivelmente no hemisfério esquerdo) e desenvolveu uma afasia do tipo Wernicke. Muitas das habilidades musicais de Ravel permaneceram intactas; ele podia reconhecer melodias, distinguir os mínimos erros na música executada e julgar se um piano estava bem afinado. Ao contrário dessas habilidades preservadas, porém, Ravel experimentou uma perda substancial na capacidade de identificar (classificar) notas musicais e de reconhecer uma música escrita. Ele também não conseguia tocar piano e escrever música, mesmo por meio de ditado.[44]

Embora alguém possa argumentar que a maior parte das deficiências musicais de Ravel pareça relacionada com o seu problema de linguagem (como na perda de suas habilidades para escrever e ditar) e com alguns problemas de atuação motora (como na sua incapacidade de tocar piano), a pesquisa com pessoas normais aponta para o envolvimento do hemisfério esquerdo em certos aspectos do processo musical. Num estudo de audição dicotômica visando ao descobrimento de mudanças de tom e de ritmo, o ouvido direito provou ser mais acurado em detectar mudanças no ritmo, bem como na tonalidade, em seqüências de cinco notas.[45]

Outros pesquisadores relataram descobertas sugerindo que as diferenças de lateralidade na percepção da música são função do treinamento.[46] Numa tarefa de reconhecimento de memória, os não-músicos apresentaram uma vantagem do ouvido esquerdo, enquanto ouvintes com treino musical apresentaram superioridade no ouvido direito. Os pesquisadores sugerem que os ouvintes ingênuos focalizam o contorno melódico total, enquanto os ouvintes experientes percebem uma melodia como um conjunto articulado de elementos componentes. Contudo, descobertas conflitantes em trabalho posterior tornam esses resultados controvertidos.[47]

De modo geral, entretanto, os dados relativos à música e aos hemisférios sugerem que, assim como todos os componentes da linguagem não parecem ser igualmente lateralizados no hemisfério esquerdo, todos os aspectos da habilidade musical não residem, exclusivamente, no hemisfério direito. Aqueles aspectos do processo musical que requerem julgamentos sobre duração, ordem temporal, seqüência e ritmo envolvem, diferencialmente, o hemisfério esquerdo, enquanto o hemisfério direito é diferencialmente envolvido quando são exigidos julgamentos sobre memória tonal, timbre, reconhecimento de melodia e intensidade.

Os Módulos nos Músicos: Evidências Provenientes de Estudos de PET do Fluxo Sangüíneo no Cérebro

Justine Sergent, do Instituto Neurológico de Montreal, conduziu recentemente um ambicioso estudo de PET criando imagens do fluxo sangüíneo cerebral de dez músicos treinados na forma clássica.[48] A principal condição experimental consistia na apresentação, num monitor de televisão, de uma música pouco conhecida, que cada um tocava com a mão direita num teclado, ouvindo ao mesmo tempo os sons produzidos. Além disso, foram feitos rastreamentos de PET durante seis outras situações de "controle", que incluíam a simples fixação visual do monitor de televisão ligado, a audição de escalas musicais, tocar escalas no teclado com a mão direita, dar respostas simples com as mãos a um ponto mostrado na tela, ler uma partitura musical e ouvi-la tocando. Foram tiradas as médias dos rastreamentos de todas as pessoas em cada uma das situações de teste e a seguir elas foram comparadas par a par (tarefa menos controle) para isolar as operações que compunham as tarefas sucessivamente mais complexas. Cada um dos três componentes da tarefa experimental principal (jogar, ouvir e ler) envolvia áreas corticais específicas. A ativação relacionada com a audição de escalas musicais foi detectada no córtex auditivo de ambos os hemisférios (como era de se esperar com estímulos auditivos) e na região temporal superior do hemisfério esquerdo, sendo as escalas tocadas pelo ou para o sujeito. A audição de uma peça musical ativava as mesmas áreas, mas envolvia também a região temporal superior direita — resultado que apresentava a atividade bilateral dos lobos temporais, não evidente na simples audição da escala.

Só a leitura de uma partitura musical ativava o córtex visual em ambos os lobos occipitais (como era de se esperar com estímulos visuais), mas não envolvia outras áreas, normalmente ativadas no processamento visual de palavras. Em vez disso, era ativada uma área na junção dos lobos occipital e parietal esquerdos, envolvidos no processo espacial. Sergent sugeriu que, ao contrário da leitura de palavras, a informação relevante na notação musical é proporcionada pela análise da localização espacial das notas na pauta (que é diretamente relacionada com os intervalos dos tons).Quando feitas conjuntamente a leitura e a audição de uma partitura, são ativadas em ambos os hemisférios áreas no lobo parietal inferior não envolvidas quando em separado. Sergent sugeriu que essas áreas realizam um mapeamento entre a notação musical e seus sons ou melodias correspondentes. Funções semelhantes de mapeamento do visual para o sonoro são realizadas pelos lobos parietais, no caso de leitura de palavras, não na mesma região, mas em áreas adjacentes.* Assim, "o mapeamento de uma notação musical impressa e sua representação auditiva ocorrem em áreas distintas das estruturas responsáveis pelo mapeamento das representações visuais e auditivas das palavras, ainda que próximas".[49]

Finalmente, duas outras regiões foram ativadas quando foi realizada a principal tarefa experimental. Uma envolvia o lobo parietal superior em ambos os hemisférios. Considerava-se que esta atividade representava as tranformações da notação musical para o posicionamento do dedo com base em orientação visual, envolvidas na execução da peça musical. A outra área de ativação envolvia a região do lobo frontal esquerdo imediatamente acima da área de Broca. Como a área de Broca exerce papel fundamental na organização da seqüência motora necessária à produção da fala, Sergent sugeriu que um papel semelhante é exercido pela área adjacente durante uma execução ao teclado. Este estudo indicou que a leitura da música e a execução musical resultam na ativação de áreas corticais distintas, mas próximas daquelas que atuam nas operações verbais similares. Sergent notou que este resultado explica a razão pela qual alguns músicos, sofrendo de lesão no hemisfério esquerdo e de afasia, também têm suas aptidões musicais reduzidas. Sergent também sugeriu que estas descobertas são coerentes, tanto com a visão modular da organização do cérebro, que enfatiza competências únicas de regiões cerebrais específicas, como com a visão distribuída, que os múltiplos processos envolvidos na execução musical e na maior parte de outras formas de expressão humanas tornam necessária.

EMOÇÃO

A emoção envolve muitos tipos de estados, reações e atitudes mentais do homem; alguns relacionam-se quanto aos mecanismos cerebrais

---

* Baseado na lesão observada em casos de alexia sem agrafia, analisados no capítulo 6.

envolvidos, outros não. A informação emocional se reflete em nossas expressões faciais e em outros sinais fisiológicos menos visíveis. A informação emocional pode ser transmitida diretamente pela fala ou pode se sobrepor ao tom em que outra informação é transmitida pela fala. As respostas onde e como os processos emocionais ocorrem no cérebro, como em outros estudos das relações cérebro-comportamento, dependem em grande parte dos aspectos do comportamento emocional que estão sendo pesquisados.

Modelos de Emoção

Três modelos significativos têm sido propostos para explicar a base da sensibilidade emocional.

Realimentação visceral. A realimentação visceral, ou teoria de James-Lange, propõe que os estímulos que provocam emoção produzem mudanças corporais ou "viscerais", e que a emoção é essencialmente a experiência da ocorrência dessas mudanças.[50] Por exemplo, considera-se que "a sensação de indisposição no intestino" associada à ansiedade e alguns distúrbios, ou as sensações de "fluxo de adrenalina" no torso superior, associados com o perigo ou o medo, representam mudanças viscerais que interpretamos como estados emocionais.

Embora esta teoria exista há cem anos e tenha sido ridicularizada e repudiada por muitos psicólogos, algumas pesquisas modernas demonstram que diversas reações corporais podem ser associadas a diferentes emoções[51] e que certas drogas que afetam somente o corpo (e não atravessam o cérebro) podem reduzir a ansiedade e o medo em homens e animais.[52] Além disso, há algumas evidências de que pacientes com lesões na parte alta da medula espinhal, que desligam as vísceras do cérebro, experimentam menor número de estados emocionais do que pacientes com lesões na parte mais baixa da medula espinhal.[53]

A teoria da realimentação visceral ou "somática" pode não ser um modelo abrangente da emoção, mas identifica um aspecto importante da experiência emocional, freqüentemente negligenciado.

Estimulação cognitiva. A teoria da estimulação cognitiva de Maranon-Schacter propõe que um estado cognitivo deve interagir com a estimulação para produzir emoção.[54] O psicólogo Stanley Schacter pretendeu refutar a teoria James-Lange de realimentação visceral ao mostrar que a estimulação fisiológica induzida por droga não produzia um estado emocional em si e por si mesma. No experimento de Schacter, as pessoas atribuíam diferentes emoções ao mesmo estado de estimulação (produzido por uma injeção de adrenalina), conforme as variações do seu estado mental, influenciado pela forma diversificada que os pesquisadores utilizavam para preparar cada pessoa para a experiência.[55]

Muito citado recentemente, este estudo tem sido criticado pelas generalizações amplas feitas com base numa metodologia muito limitada, incluindo o uso de apenas uma droga.[56] Entretanto, alguns neuropsicólogos acreditam que a teoria da estimulação cognitiva é coerente com a observação clínica dos efeitos de lesões no hemisfério esquerdo e direito sobre a emoção.

Teorias centrais. As teorias centrais da emoção sustentam que os sentimentos ou as emoções subjetivas dependem inteiramente da atividade no sistema nervoso central, isto é, somente da atividade do cérebro e não de mudanças fisiológicas no corpo. Em 1927 Cannon propôs que o tálamo, uma estrutura profunda do cérebro, era a estrutura essencial.[57] Ele achou que os sinais procedentes do tálamo não só eram importantes para a expressão da emoção, como também, ao atingir o córtex, eram responsáveis por uma experiência emocional subjetiva. Desde o tempo de Cannon, outras teorias da emoção "centradas" no cérebro deslocaram o órgão principal da emoção para o hipotálamo,[58] outra estrutura cerebral profunda, e depois, para um circuito mais amplo, envolvendo também o hipotálamo, o hipocampo e o córtex.[59]

Muito provavelmente um modelo abrangente da emoção ou da experiência emocional terá de incluir o papel das estruturas centrais do cérebro e uma avaliação de quanto a nossa experiência emocional depende do estado do nosso corpo. A reação visceral enfatizada pela teoria de James-Lange é também claramente determinada pelo cérebro, mas isso parece ocorrer de uma forma automática, quase instantânea. Assim, tanto a avaliação cognitiva como as mudanças viscerais associadas à situação que provoca a emoção são controladas pelo cérebro. As questões são: o que vem primeiro, as mudanças viscerais ou a avaliação cognitiva? E qual é a importância relativa de cada uma? Uma outra questão é: regiões específicas do cérebro são responsáveis por mudanças relacionadas com a emoção, sejam viscerais ou cognitivas? A maioria das pesquisas sobre as assimetrias hemisféricas relacionadas com a emoção destacou a última questão e simplesmente procurou as diferenças que acompanhavam as lesões no hemisfério esquerdo *versus* no hemisfério direito ou buscou, em voluntários normais, evidências de assimetrias na expressão emocional e na percepção.

Respostas Emocionais a Lesões Hemisféricas

Diversas pesquisas focalizaram o comportamento emocional de pacientes com lesões cerebrais unilaterais. Pacientes com lesão no hemisfério esquerdo, conforme tem sido informado, manifestam sentimentos de desespero, desesperança ou raiva (freqüentemente referidos como uma reação catastrófico-disfórica), enquanto uma lesão no hemisfério direito produz o que é conhecido como reação de indiferença eufórica, na qual são comuns a minimização de sintomas, placidez emocional e exaltação. Um estudo freqüentemente citado, por exemplo, comparou a freqüência das reações catastróficas e de indiferença, em 150 pacientes com lesões cerebrais unilaterais. Entre os pacientes com lesões no hemisfério esquerdo, 62% apresentavam reação catastrófica, enquanto esta resposta era observada em apenas 10% dos pacientes com lesão no lado direito. A incidência de reações de indiferença, entretanto, era de 38% entre aqueles com lesões no lado direito e apenas de 11% entre aqueles com lesões no lado esquerdo.[60]

Reações emocionais extremas também têm sido relatadas depois da aplicação de uma injeção unilateral de sódio amobarbital na artéria carótida (teste de Wada). Vários pesquisadores observaram, após a injeção no lado esquerdo, reações disfóricas, quase sempre acompanhadas de choro.[61] Reações de indiferença eufórica foram encontradas em um número significantemente menor de pacientes. Um pesquisador descreveu a reação catastrófica da seguinte maneira: "O paciente, especialmente numa conversa, se desespera e exprime sentimento de culpa, de inutilidade, de indignidade e se preocupa com seu próprio futuro e o de seus parentes".[62] Após a injeção no lado direito, entretanto, as reações de indiferença e de euforia eram mais comuns do que as reações disfóricas, às vezes com os pacientes explodindo em acessos de riso quando se dissipava o efeito do sódio amobarbital. O mesmo pesquisador descreve a reação de indiferença que ocorre como "uma reação emocional completamente oposta, uma reação eufórica que em alguns casos pode alcançar a intensidade de uma reação maníaca. O paciente mostra-se sem apreensão, sorri e dá gargalhadas e, tanto por mímica como por palavras, exprime uma considerável vivacidade e sensação de bem-estar".[63]

Embora nem todos os pesquisadores tenham relatado resultados consistentes com estes,[64] as descobertas que acabamos de analisar sugerem, com grande força, que os dois lados do cérebro dão sustentação a diferentes estados emocionais. Entretanto, há dois problemas nesta interpretação. Primeiro, as referidas mudanças emocionais, que acompanham os prejuízos a cada metade do cérebro, podem não resultar da interrupção dos mecanismos cerebrais subjacentes à emoção, mas podem, ao contrário, ser conseqüência da reação do paciente às deficiências provenientes do dano no cérebro. Desse modo, a reação catastrófica que advém da lesão ou desativação do hemisfério esquerdo pode ser vista como uma reação à incapacidade de falar e não representando a lateralidade da emoção por si só. Embora uma explanação análoga para explicar a reação eufórica após uma lesão no hemisfério direito não seja intuída de forma óbvia, é possível, apesar de tudo, que ambas as reações, disfórica e eufórica, sejam manifestações secundárias de outras deficiências e não o resultado direto de alterações nos mecanismos de lateralidade que contribuem para a emoção.

O segundo problema tem a ver com a relação das duas partes do cérebro com os estados emocionais em discussão. Por exemplo, a lesão em um lado do cérebro poderia produzir reações emocionais por seus efeitos no mesmo hemisfério, ou poderia exercer influência no lado oposto à lesão, talvez pela destruição de regiões que normalmente inibem certas atividades do outro hemisfério. Para entender a natureza da assimetria hemisférica no que se refere à emoção, é importante determinar qual desses dois problemas realmente ocorre.

O psicólogo Harold Sackheim e seus colegas examinaram casos de risos e choros patológicos, nos quais os pacientes apresentavam emoções espontâneas e incontroláveis, não relacionadas com acontecimentos objetivos.[65] Essa análise mostrou que os pacientes com risadas patológicas tinham três vezes mais probabilidade de possuir lesões no lado direito do que no esquerdo, enquanto o choro patológico era duas vezes mais freqüente em pacientes com lesão no lado esquerdo. Sackheim sustentou que o riso e o choro patológicos freqüentemente precedem o aparecimento de outras deficiências e, muitas vezes, são os primeiros sinais de uma lesão. Portanto, concluíram: esses dados sustentam a hipótese de que os dois lados do cérebro realmente diferem ao dar suporte aos estados emocionais positivos e negativos.

Então, Sackheim examinou casos de explosões emocionais incontroláveis de risos e choros que algumas vezes acompanham os ataques epilépticos. Nos 91 pacientes que apresentavam explosões de riso, a probabilidade de foco no lado esquerdo era duas vezes maior do que no direito. Foram encontrados muito menos casos de choro. Nos seis casos de relato de choro, entretanto, foi observado um padrão diferente. Concluiu-se que quatro pacientes possuíam foco no lado direito, um no esquerdo e um indeterminado.

Nos casos de lesões cerebrais, o riso patológico foi fortemente associado a lesões no lado direito. Contudo, no caso de riso incontrolável induzido pela epilepsia, o foco epilético ocorria mais freqüentemente no lado esquerdo do que no direito. Da mesma forma, os resultados eram revertidos nos poucos casos estudados de choro patológico e de choro induzido pela epilepsia.

Embora os resultados possam parecer conflitantes, são realmente muito coerentes. Os ataques são associados a hiperexcitabilidade nas regiões incluídas no foco, enquanto as lesões envolvem destruição do tecido. Estes dados sugerem que as explosões incontroláveis de riso podem resultar de uma excitação na metade esquerda do cérebro (como ocorre na epilepsia) ou da desinibição do lado esquerdo, em conseqüência de uma lesão no lado direito (como ocorre no caso de lesão cerebral). As conclusões relativas ao choro incontrolável são mais tentativas, devido ao pequeno número de casos. Entretanto, os dados que existem são coerentes com a idéia de que o choro incontrolável provém da excitação na metade direita do cérebro, ou da desinibição do hemisfério direito após uma lesão no hemisfério esquerdo.

A noção de desinibição, como é usada aqui, implica que normalmente as duas metades do cérebro exercem efeitos inibitórios entre si, no tocante à expressão emocional, resultando daí o equilíbrio normal, livre de explosões incontroláveis de qualquer espécie. No caso de lesão em um lado, porém, esta inibição mútua é rompida e o lado danificado não exerce mais o mesmo grau de inibição sobre o seu par; conseqüentemente, o outro hemisfério fica desinibido.

O modelo de controle hemisférico da experiência emocional emergente deste estudo é, assim, aquele em que o lado esquerdo do cérebro tipicamente auxilia as emoções positivas, enquanto o lado direito, tipicamente as negativas. O modelo é uma hipótese de trabalho útil que ajuda a explicar uma grande parte dos dados que acabamos de estudar, embora esteja longe de ser aceito completa e universalmente.

A Percepção da Emoção

Dados clínicos. Como foi mencionado no estudo das desordens da linguagem, a evidência clínica sugeriu a existência de um papel do hemisfério direito no processamento da informação emocional. Kenneth Heilman e seus colegas, por exemplo, relataram que os pacientes com lesão no hemisfério direito têm maior dificuldade para perceber as mensagens emocionais transmitidas pela entonação da voz do que os pacientes com lesão no hemisfério esquerdo.[66] Os pacientes ficavam sentados diante das figuras de quatro rostos — um alegre, um triste, um zangado e um indiferente — e ouviam sentenças lidas em diferentes tons de voz. As sentenças eram neutras; a informação emocional era transmitida apenas pelo modo como o examinador fazia a leitura. A tarefa do paciente era apontar o rosto que melhor ilustrava o tom emocional que o examinador expressava em cada teste. Os pacientes afásicos, até mesmo um com afasia global, se saíam muito bem na tarefa; muitas vezes, impecavelmente. Ao contrário, pacientes com lesões no hemisfério direito tinham grande dificuldade.

Um outro estudo, projetado para questionar se esta falha por parte de pacientes com lesão no hemisfério direito se devia à falta de habilidade para identificar a expressão emocional — isto é, uma perda na percepção — ou a uma perda nos conceitos daquilo que as diferentes emoções significam — isto é, uma perda cognitiva. Os pesquisadores pediram a pacientes com lesões no hemisfério direito para discriminar entre pares de sentenças que tinham as mesmas palavras, mas eram faladas tanto com entonações idênticas ou com diferentes. Os pacientes não tinham de identificar a emoção, mas tinham apenas de dizer se as sentenças soavam de maneira igual ou diferente.

Os pacientes com lesões no hemisfério direito, como aqueles do estudo de Heilman, realizaram esta tarefa com mais dificuldade do que as pessoas afásicas do grupo de controle. Mas quando os pacientes com lesões no hemisfério direito foram testados para se verificar se conseguiam identificar a emoção transmitida pelo contexto de uma história, realizavam tão bem como os do grupo de controle. A interpretação destes resultados evidencia que os pacientes com lesão no hemisfério direito não tinham perdido o conceito ou a compreensão das diferentes emoções, mas realmente apresentavam dificuldade para lidar com a percepção de sinais comuns indicativos da emoção.[67]

Os estudos mais recentes em geral (mas não unanimemente) continuaram a defender a idéia de que uma lesão no hemisfério direito interfere mais na percepção da emoção do que uma lesão no hemisfério esquerdo. Um estudo descobriu que os pacientes com lesões no cérebro direito eram significativamente mais prejudicados nas tarefas de discriminação e identificação que incluíam palavras emocionais do que em testes do mesmo tipo com palavras não referentes à emoção.[68] Os pacientes com lesões no hemisfério esquerdo e as pessoas normais do grupo de controle não apresentavam a mesma dissociação. Contudo, um outro estudo recente, ao examinar a compreensão do tom emocional (ou prosódia) em diversas falas, apresentaram deficiências equivalentes, tanto em pacientes com lesões no hemisfério esquerdo como no direito.[69] Joan Borod, no seu estudo de pesquisa recente enfocando a emoção, sugeriu que muitas aparentes discrepâncias na literatura podem ser resolvidas com um exame mais acurado daquilo que está sendo estudado: qual o "modo de processamento" (expressão ou percepção), qual o "canal de comunicação" (facial, prosódico ou léxico) e qual a "valência emocional" (positiva ou negativa).[70] Ela afirma que, acima de tudo, as descobertas das pesquisas indicam que o hemisfério direito é dominante na percepção da emoção a partir da informação facial ou léxica (i. e., vocabulário emocional) não importando se as emoções envolvidas são positivas ou negativas. A situação dos estudos que examinam a expressão emocional é mais complexa, pois neles, muitas vezes, exercem os aspectos positivos e negativos da emoção papéis importantes, assim como o fato de tratar-se ou não de comunicação facial. Numa visão geral, ela notou que o conceito de dominância do cérebro direito, tanto para a expressão emocional positiva como negativa, encontra sustentação nos estudos de produção da entonação apropriada na fala (prosódia). As conclusões relativas à localização do controle da expressão emocional na face, entretanto, ficam na dependência de serem as emoções examinadas positivas ou negativas, como veremos a seguir.

Testes de comportamento em pessoas normais. Os estudos com pessoas normais também confirmam o papel principal do hemisfério direito na percepção da emoção. Em um estudo que enfocava possíveis assimetrias na expressão das emoções, fotografias de rosto inteiro e sua inversão especular foram cortadas na linha média.[71] Fez-se a montagem juntando dois lados esquerdos e dois lados direitos. Pedia-se às pessoas para avaliar a intensidade da expressão emocional evidente numa série de fotos que mostravam diferentes emoções. A Figura 7.3 mostra um desses rostos e as montagens formadas.

As montagens com o lados esquerdos foram consideradas como as que exprimiam a emoção com mais intensidade do que as montagens com os lados direitos. Os pesquisadores notaram a preponderância de projeções do lado oposto controlando os músculos faciais e afirmaram que estes resultados apontam para o maior envolvimento do hemisfério direito na produção da expressão emocional. Diversas pesquisas posteriores chegaram a resultados semelhantes.

Todavia, quando as expressões são divididas em categorias positivas e negativas, as descobertas são conflitantes. Alguns pesquisadores constataram diferenças no padrão de assimetria das expressões positivas e negativas. Joan Borod e seus colegas, por exemplo, descobriram

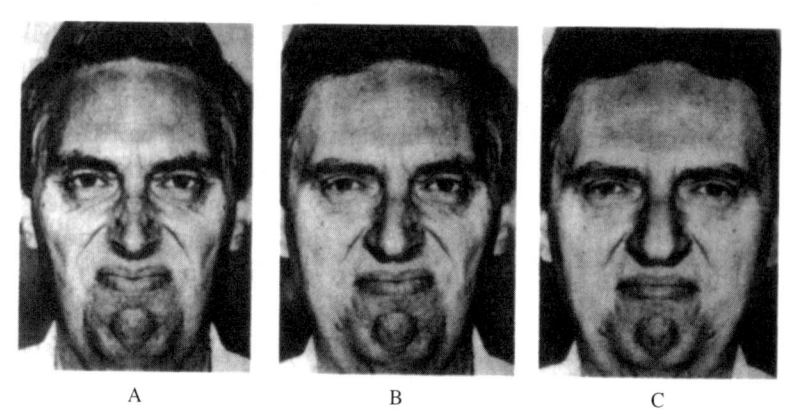

A   B   C

Figura 7.3 – Comparação da intensidade da expressão emocional em rostos compostos. A. Montagem com o lado esquerdo. B. Rosto original. C. Montagem com o lado direito. [De Sackheim, "Emotions Are Expressed More Intensely on the Left Side of the Face", Fig. 1, p.434, *Science* (1978) 202. American Association for the Advancement of Science.]

que as expressões negativas eram expressas de modo consistente e significativo no lado direito, enquanto as expressões positivas não eram sistematicamente lateralizadas.[72] Outros estudos, porém, mostraram efeitos no lado esquerdo, tanto para estímulos positivos como negativos, sob certas condições.[73] Outros, ainda, relataram diferentes assimetrias faciais em resposta a estímulo emocional positivo e negativo: os estímulos positivos produziam mudanças mais claras no lado direito do rosto, enquanto os estímulos negativos produziam expressões faciais mais fortes nas expressões do lado esquerdo do rosto.[74]

Outros testes com pessoas neurologicamente normais mostraram um padrão de resultados em que apenas o hemisfério direito parece estar especificamente envolvido no reconhecimento de estados emocionais, enquanto o hemisfério esquerdo não exerce um papel especial. Num estado de audição dicotômica, usando sons humanos não-verbais como o riso e a tosse, foi encontrada uma pequena vantagem do ouvido esquerdo. E um estudo, no qual se pedia às pessoas para identificar tanto a entonação emocional como o conteúdo verbal de sentenças apresentadas dicotomicamente, constatou uma leve vantagem do ouvido esquerdo na identificação do tom emocional das sentenças.[75] Um estudo utilizando estímulos visuais apresentados aos campos visuais esquerdo e direito também mostrou a evidência do envolvimento hemisférico diferencial. Os estímulos consistiam em cinco desenhos de personagens de histórias em quadrinhos, cada um com cinco expressões emocionais — extremamente positiva, medianamente positiva, neutra, medianamente negativa e extremamente negativa — apresentadas brevemente, uma de cada vez no campo visual esquerdo ou direito. A tarefa do indivíduo era julgar se a expressão emocional era a mesma que a de um segundo desenho apresentado no centro do campo visual. Os resultados mostraram a superioridade do campo visual esquerdo, coerente com a superioridade do hemisfério direito na tarefa.[76]

Comentários Finais: o Hemisfério Direito é Dominante na Emoção?

De qualquer modo, parece ser uma boa causa acreditar que o hemisfério direito está mais envolvido do que o esquerdo, tanto no processamento da informação emocional como na produção de expressões emocionais. Poder-se-ia apenas especular por que seria assim. Joan Borod sugeriu que "o processamento emocional envolve estratégias e funções em que o hemisfério direito é superior: as estratégias chamadas não-verbal, sintética, integrativa, holística e Gestalt e funções como percepção de padrões, organização visuoespacial e imaginação visual".[77] Howard Gardner sugeriu que o papel essencial do hemisfério direito no processo emocional é o espacial, isto é, que ele tem uma sensibilidade para o relacionamento entre as emoções que determina qual o comportamento adequado a uma determinada situação.[78]

Kenneth Heilman sugeriu que o hemisfério direito está mais "ligado" nos sistemas subcorticais, que são importantes para a estimulação e a intenção.[79] A alta incidência de omissão semi-espacial decorrente de lesões no hemisfério direito, analisada antes, neste capítulo, dá alguma sustentação para este ponto de vista. Outra evidência nesse sentido vem de relatos de uma associação entre a patologia do hemisfério direito e a resposta anormal dos batimentos cardíacos e das alterações na condutância da pele, ambos componentes do sistema nervoso autônomo.[80]

Heilman sugeriu que a teoria da estimulação cognitiva (que ele designa como modelo de auto-atribuição da emoção) parece ser coerente com a descoberta de que os pacientes com lesões no hemisfério direito tendem ao enfraquecimento dos sentimentos e os pacientes com desordem no hemisfério esquerdo tendem à depressão e à reação catastrófica.[81] Como os pacientes com lesão no hemisfério direito têm dificuldade para compreender a entonação na fala e para reconhecer a emoção nas expressões faciais, estas deficiências podem interferir no desenvolvimento do estado cognitivo adequado para interpretar ou interagir com alguma estimulação fisiológica que ocorra no próprio paciente. A situação pode ser ainda mais exacerbada com as indicações de que a própria estimulação fica reduzida após uma lesão no hemisfério esquerdo.[82]

Os pacientes com lesões no hemisfério esquerdo, ao contrário, não devem ter nenhuma dificuldade para interpretar a entonação ou as expressões faciais, nem para interpretar adequadamente os seus próprios estados fisiológicos. Além disso, eles devem ter a estimulação aumentada, como resultado da liberação dos mecanismos de estimulação do hemisfério direito pelo controle do hemisfério esquerdo e, assim, ficar suscetível à reação catastrófica.

Assim como são interessantes estas especulações, é importante ter em mente que a lateralidade da emoção está longe de ser definida — os dados antes analisados, apontando para o papel especializado do hemisfério esquerdo na expressão das emoções positivas, são relativos a uma única abordagem. Falar do hemisfério direito como especializado na emoção obviamente simplifica em demasia aquilo que conhecemos da assimetria hemisférica, assim como o que chamamos de emoção.

Aumentando ainda mais a complexidade deste quadro, estão os dados examinados no capítulo 10, tratando de um possível papel das diferenças hemisféricas na psicopatologia. Aguardamos pesquisas futuras (e talvez alguma reconceitualização do que está sendo estudado) para fornecer indícios de como tudo isso se ajusta ao conjunto.

8

SEXO E ASSIMETRIA

Considere o simples experimento a seguir. Numa situação, pede-se às pessoas para percorrerem mentalmente o alfabeto e contar o número de letras que contenham a letra *e* com o som de *i*, quando pronunciada.* Numa segunda situação, pede-se às pessoas para contar o número de letras que contêm curvas, quando impressas em maiúsculas. Em ambas as situações, as pessoas precisam realizar a tarefa "na sua cabeça". Não é permitido escrever ou falar em voz alta. Solicita-se aos participantes que façam cada conta o mais rápido possível, porque os resultados são contados tanto pela rapidez como pela exatidão.

Qual é a tarefa mais difícil: contar sons ou contar curvas? O resultado deste estudo depende de estarem sendo testadas pessoas do sexo masculino ou feminino. Homens são mais exatos e ligeiramente mais rápidos na tarefa de forma; mulheres realizam melhor a tarefa de som.[1]

Este é um dos muitos estudos que mostram diferenças de sexo em certas habilidades humanas — neste caso, a habilidade verbal e a espacial.[2] Evidências consideráveis sugerem que em média, as mulheres são superiores aos homens numa ampla série de habilidades que requerem o uso de linguagem, como fluência verbal, rapidez de articulação e gramática. As mulheres também tendem a ser mais rápidas do que os homens em tarefas que envolvem rapidez de percepção (a capacidade de

---

* Na língua inglesa, muitas vezes a letra *e* é pronunciada com o som de *i*. (N. do T.)

rapidamente identificar itens correlatos), precisão manual e cálculo aritmético. Os homens, por outro lado, realizam melhor, em média, tarefas de natureza espacial, incluindo o desempenho em labirinto, compor figuras, composição com blocos, rotação mental e habilidades mecânicas. Além disso, os homens se saem melhor do que as mulheres nos raciocínios matemáticos e na descoberta de seu caminho numa estrada. Eles também são mais precisos ao dirigir ou interceptar projéteis. A Figura 8.1 mostra alguma dessas diferenças.

É intrigante observar que os tipos de habilidades que diferem com o sexo são aproximadamente os mesmos que diferenciam os hemisférios em termos de função. As diferenças de sexo nas habilidades cognitivas estão de alguma forma relacionadas com as diferenças de sexo na organização do cérebro? Há diferenças entre homens e mulheres na assimetria hemisférica? Neste capítulo vamos analisar as fascinantes e freqüentemente conflitantes evidências produzidas pelas diferenças de sexo na organização do cérebro e como elas podem estar relacionadas com a cognição.

LESÃO CEREBRAL, ATIVIDADE E ANATOMIA

Evidências de Diferenças entre os Sexos

Se os hemisférios do cérebro se organizam de modo diferente nos homens e nas mulheres, pode-se esperar encontrar alguma evidência dessas diferenças refletidas nos efeitos de lesões cerebrais. Herbert Lansdell, trabalhando no National Institutes of Health, estava entre os primeiros pesquisadores a notar que as conseqüências de lesões em uma metade do cérebro pareciam ser diferentes em homens e mulheres.[3] Lansdell estava interessado em estudar os efeitos da remoção de parte do lobo temporal de um lado da cabeça nos pacientes operados para aliviar ataques epilépticos. Abundantes pesquisas anteriores levaram-no a prever as maiores deficiências nas tarefas visuoespaciais após a cirurgia no hemisfério direito, e as maiores deficiências nas tarefas verbais após

Figura 8.1 – Tarefas verbais e espaciais em que existem diferenças de sexo na realização. [De Kimura, "Sex Differences in the Brain", Scientific American, Inc., 1992. Todos os direitos reservados.]

Tarefas de Resolução de Problemas que Favorecem as Mulheres

As mulheres tendem a realizar melhor do que os homens testes de rapidez perceptiva, nos quais as pessoas devem identificar rapidamente os itens que combinam. Por exemplo, escolher o par da casa à esquerda:

Além disso, as mulheres se lembram se um objeto ou uma série de objetos foram deslocados:

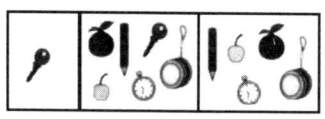

Em alguns testes de fluência ideativa — por exemplo, aqueles em que as pessoas devem registrar os objetos da mesma cor — e nos testes de fluência verbal, em que os participantes devem registrar as palavras que começam com a mesma letra, as mulheres também são superiores aos homens:

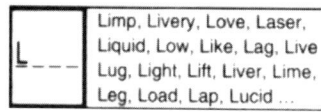

As mulheres realizam melhor as tarefas de precisão manual — isto é, aquelas que envolvem coordenação motora fina — como colocar os pinos nos furos de uma prancha:

E as mulheres realizam melhor do que os homens testes de cálculos matemáticos:

77	$14 \times 3 - 17 + 52$
43	$2\,(15 + 3) + 12 - \dfrac{15}{3}$

Tarefas de Resolução de Problemas que Favorecem os Homens

Os homens tendem a realizar melhor do que as mulheres certas tarefas espaciais. Saem-se melhor nos testes que envolvem a rotação mental de um objeto ou manipulá-lo de uma certa maneira, como imaginar este objeto tridimensional girando

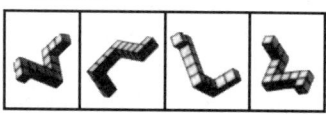

ou determinar onde os furos feitos numa folha de papel dobrada cairão, quando o papel for desdobrado:

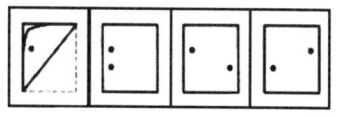

Os homens também são mais precisos do que as mulheres nas habilidades motoras para atingir um alvo, tal como guiar ou interceptar projéteis:

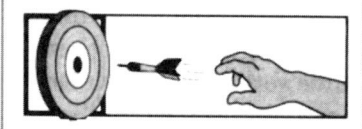

Eles são melhores nos testes em que devem encontrar uma forma simples, como aquela à esquerda, quando escondida no meio de uma figura mais complexa:

E os homens tendem a se sair melhor do que as mulheres nos testes de raciocínio matemático:

1.100	Se apenas 60% das semeaduras vão sobreviver, quanto é preciso plantar para se obter 660 árvores?

241

a cirurgia no hemisfério esquerdo. Seus prognósticos foram confirmados, mas apenas para os pacientes homens. Estas inesperadas descobertas levaram Lansdell a especular que alguns mecanismos fisiológicos subjacentes às habilidades visuoespaciais e verbais poderiam se sobrepor nas mulheres, mas se localizar nos hemisférios opostos no cérebro do homem.

O trabalho posterior apontou as mesmas conclusões. Por exemplo, a psicóloga Jeannette McGlone relatou os dados de 85 adultos destros com lesão no lado esquerdo ou no lado direito do cérebro.[4] A maior parte tinha sofrido um derrame, embora alguns casos fossem de tumor. Cada paciente foi submetido a uma bateria de testes psicológicos, inclusive o Wechsler Adult Intelligence Scale (WAIS) e um teste de afasia, para determinar se o padrão de deficiências verbais e não-verbais que emergia era uma função de ambos: sexo e lado da lesão.

Os resultados, quanto aos danos na linguagem, foram surpreendentes. A afasia, após lesão no hemisfério esquerdo, ocorria três vezes mais freqüentemente nos homens do que nas mulheres. Mesmo quando os pacientes que apresentavam sinais de afasia eram excluídos da análise, as deficiências nas tarefas verbais superiores, nos pacientes remanescentes, continuavam a ser mais comuns e mais severas nos homens.

Ao contrário, o desempenho nos subtestes de habilidade não-verbal da WAIS não apresentou diferenças significativas de acordo com o sexo ou o lado da lesão. Mas quando o desempenho nos testes não-verbais foi comparado com o desempenho nos testes verbais, novamente apareceram as diferenças em razão do sexo e do lado da lesão. A medida relevante é a diferença entre a contagem de pontos nos itens do QI não-verbal e a contagem no QI verbal. Nos homens, a lesão no hemisfério esquerdo danificava mais o QI verbal do que o QI não-verbal e uma lesão no hemisfério direito reduzia o desempenho não-verbal em relação ao verbal. As mulheres não apresentavam nenhum efeito em razão do lado da lesão. As contagens do seu QI verbal e não-verbal não eram significativamente diferentes com a lesão no lado esquerdo ou direito. Estes dados também sustentam a especulação de Lansdell, de que tanto as habilidades de linguagem como as espaciais são controladas mais bilateralmente nas mulheres do que no homens.

As Diferenças de Sexo Sempre Estiveram Presentes?

Como se pode conciliar estas descobertas com os quase cem anos de pesquisas clínicas da assimetria hemisférica, em que não se referiram diferenças de sexo? Uma explicação é que muitos dos estudos mais antigos incluíam populações de pacientes predominantemente masculinos. Pacientes de hospitais para tratamento de veteranos têm sido estudados extensivamente e eles eram quase exclusivamente do sexo masculino. Pacientes que sofriam de lesão cerebral relacionada com a guerra também têm sido objeto de muitas pesquisas; a maioria também é do sexo masculino. Populações que passaram por cirurgia no lobo temporal são igualmente tendenciosas. A maior parte das cirurgias desse tipo é feita para aliviar a epilepsia, uma doença que é muito mais comum entre pessoas do sexo masculino.

Um outro fator importante para explicar a falha dos primeiros trabalhos no registro de diferenças de sexo é simplesmente que ninguém a procurava. Há uma enorme variação de paciente para paciente (até de um mesmo sexo) nos efeitos de uma lesão cerebral unilateral. A lesão no hemisfério esquerdo de algumas pessoas destras pode produzir um rompimento maciço das habilidades da linguagem, enquanto uma lesão semelhante em outros indivíduos produz um efeito mínimo. Esta variabilidade nos efeitos da lesão cerebral, em grupos de homens e mulheres, torna difícil encontrar diferenças entre homens e mulheres, a menos que o pesquisador esteja trabalhando com uma ampla população de sujeitos e esteja procurando especificamente as diferenças.

Com essas idéias na mente, James Inglis e J.S. Lawson realizaram uma interessante reanálise de vários estudos mais antigos que pesquisavam os efeitos da lesão cerebral unilateral nas habilidades verbais e espaciais sem procurar diferenças de sexo.[5] Inglis e Lawson previam que esses estudos, que relatavam deficiências verbais e espaciais significativas em grupos com lesão no cérebro esquerdo e no direito, respectivamente, incluiriam muito mais pacientes do sexo masculino do que do feminino. Eles sustentavam que aqueles estudos que não conseguiram encontrar esse padrão de deficiências deveriam incluir mais pacientes do sexo feminino, porque os efeitos da lateralidade reduzida nas mulheres iria mascarar os efeitos mais marcantes encontrados nos homens. A reanálise sustentou firmemente estas hipóteses e proporcionou outras evidências da importância das diferenças de sexo no estudo da lesão no cérebro e da lateralidade cerebral.

Diferenças na Anatomia do Cérebro

No capítulo 4 foram examinadas algumas evidências apontando para diferenças anatômicas entre os hemisférios. O interesse crescente pelas diferenças de sexo na lateralidade tem encorajado os pesquisadores a verificar se o sexo é um fator nessas assimetrias, e descobertas sugerindo que sim começaram a aparecer.

Embora não haja referências a dados sobre sexo em alguns estudos, uma ampla pesquisa obteve informação relativa ao gênero da maior parte dos cérebros examinados após a morte.[6] Os resultados foram apresentados sob a forma de proporção entre o comprimento do plano temporal direito e o comprimento do plano temporal esquerdo, em cada cérebro. No total, esta razão era menor do que um, refletindo um plano mais alongado do lado esquerdo. Todavia, dentre as pessoas que apresentavam uma inversão desse padrão, a maioria era do sexo feminino. Aceitando-se que a inversão reflete maior bilateralidade de função, as descobertas nos seres humanos são coerentes com os outros dados examinados até aqui. As pessoas do sexo feminino parecem ser menos lateralizadas.

As diferenças de sexo na assimetria cerebral também têm sido relatadas com relação a uma espécie de rato branco.[7] Marian Diamond e suas colegas descobriram que os ratos machos apresentavam significativamente, em todas as idades, os hemisférios direitos mais grossos, exceto quando muito velhos. Ao contrário, as fêmeas apresentavam hemisférios esquerdos um pouco mais grossos, embora as diferenças nas fêmeas não fossem estatisticamente significativas.

Nesta série de estudos também foram observadas assimetrias nas estruturas subcorticais. As medidas do hipocampo — analisado no capítulo 7 como exercendo um importante papel na memória — mostram também os efeitos da lateralidade. O rato macho apresenta grandes e significativas diferenças a favor do hipocampo direito desde o início da vida: estas diferenças diminuem consideravelmente com a idade. A fêmea apresenta uma assimetria inversa; o hipocampo esquerdo é mais grosso do que o direito, e as diferenças alcançam significação estatística somente entre 21 e 90 dias de vida.

Outros dados mostraram o efeito dos hormônios sexuais no desenvolvimento do corpo caloso nos ratos. O tamanho do corpo caloso é maior no macho do que na fêmea. Com a administração de testosterona em fêmeas de ratos recém-nascidos, o corpo caloso torna-se maior. Fetos machos expostos a um anti-andrógeno (uma droga que interfere na testosterona), por outro lado, têm um corpo caloso menor.[8]

Será que o corpo caloso apresenta diferenciação sexual nos homens? Um recente estudo de rastreamento cerebral em 146 pessoas saudáveis, realizado pela neuroanatomista Laura Allen e pelo neuroendocrinologista Roger Gorski, da UCLA, mostrou uma marcante diferença de sexo na forma do corpo caloso.[9] Embora não existissem significativas diferenças no tamanho total do corpo caloso segundo o sexo, o esplênio (a última quinta parte do corpo caloso) tinha uma forma mais bulbosa nas fêmeas e mais tubular no machos. Não se sabe se esta diferença está relacionada à diferença de sexo no número ou nas distribuições relativas dos axônios. Se assim fosse, poderia, pelo menos em parte, ser a base das diferenças de sexo na lateralidade cerebral.

Devemos reenfatizar, entretanto, que a relação entre as assimetrias anatômicas e as assimetrias funcionais é, atualmente, uma hipótese não testada. Aquela relação deve estar firmemente estabelecida antes que dados anatômicos possam ser usados para inferir a função.

O Fluxo de Sangue no Cérebro

Uma análise da pesquisa referente às diferenças de sexo na habilidade espacial concluiu que as grandes diferenças, favorecendo os homens de forma consistente, foram encontradas somente nas medidas de habilidade de rotação mental.[10] Algumas pesquisas recentes, usando o fluxo do sangue no cérebro, focalizou as diferenças de sexo durante uma tarefa de rotação mental.[11] (ver Figura 4.8)

As mulheres conseguiam números de pontos significativamente mais baixos do que os homens, em termos tanto de exatidão quanto de números de itens completados, mas tanto os homens como as mulheres apresentavam maior ativação do hemisfério direito durante a tarefa — resultado que sugere não haver diferenças de sexo. Entretanto, quando foi analisado o padrão regional do aumento no hemisfério direito, constatou-se que os homens apresentavam aumentos muito maiores no lobo frontal direito, enquanto as mulheres apresentavam maiores aumentos na região temporal-parietal (Fig. 8.2).

Não se sabe se esta diferença na ativação regional no hemisfério direito se relaciona de algum modo com o desempenho mais fraco da mulher. Contudo, num estudo em outra situação, envolvendo uma tarefa lingüística (identificação de palavras incluindo o som de "br", dentre uma série de fitas gravadas que continham muitas palavras com sons semelhantes, tal como "pr"), homens e mulheres também apresentaram uma diferença similar no padrão de ativação regional observado no hemisfério esquerdo, apesar do fato de os dois grupos executarem a tarefa igualmente bem. Os homens apresentavam aumentos maiores do fluxo no frontal posterior, enquanto as mulheres nos lobos temporais.

No geral, a diferença de sexo mais aparente nestes estudos foi que os homens apresentaram maiores assimetrias na atividade do lobo frontal enquanto executavam as duas tarefas completamente diferentes. Essas descobertas sugerem que as outras diferenças de sexo na lateralidade relatadas podem provir especificamente de diferenças de sexo na organização ou na utilização das regiões frontais de cada hemisfério. Existem dados neuropsicológicos recentes que também sustentam a presença de diferenças de sexo na organização dos lobos frontais esquerdo e direito. Um modelo de lateralidade hemisférica, que descreveremos com mais detalhes no capítulo 12, propôs que as diferenças hemisféricas na organização frontal ocorrem em termos de "esquema de mudança" (no hemisfério direito) e de manter um "esquema de constância" (no hemisfério esquerdo). Isto é, o lobo frontal direito exerce o papel principal na habilidade de alterar a estratégia ou a abordagem nas tarefas, enquanto o lobo frontal esquerdo está envolvido na habilidade de avançar com uma abordagem.

Estudos iniciais para testar este modelo usaram pacientes do sexo masculino com lesões no lobo frontal e, de fato, encontraram o lado da lesão conforme o esperado, com um teste preparado para medir as tendências de "mudança" e de "constância".[12] Além disso, quando os pacientes tanto do sexo masculino como feminino com lesão no lobo frontal foram estudados recentemente com testes semelhantes, as mulheres não apresentaram os efeitos previstos. Este resultado sustenta a idéia da existência de uma diferença de sexo na organização do lobo frontal esquerdo e do direito.[13]

Figura 8.2 – Diferenças de sexo no fluxo de sangue frontal, durante uma tarefa de rotação mental. Os gráficos assinalam o fluxo sangüíneo cerebral em 16 pontos em cada hemisfério, durante o repouso e durante a realização mental de operações de rotação, em complexas organizações de cubos. O quadro suplementar mostra as posições aproximadas dos detectores. F: frontal; C: central; T: temporal; P: parietal; O: occipital. Note-se como o fluxo esquerdo e o direito seguem em par através de regiões equivalentes dos dois hemisférios quando os pacientes estão em repouso. Durante a tarefa de rotação, porém, aparecem as assimetrias no fluxo sangüíneo, com muitas regiões apresentando o maior aumento no hemisfério direito. Embora tanto homens como mulheres apresentem ativação maior no hemisfério direito durante a tarefa visuoespacial, as diferenças de sexo aparecem no padrão regional do fluxo sangüíneo. Os homens (A) apresentam assimetrias muito maiores no lobo frontal (detectores F1-F5) do que as mulheres (B).

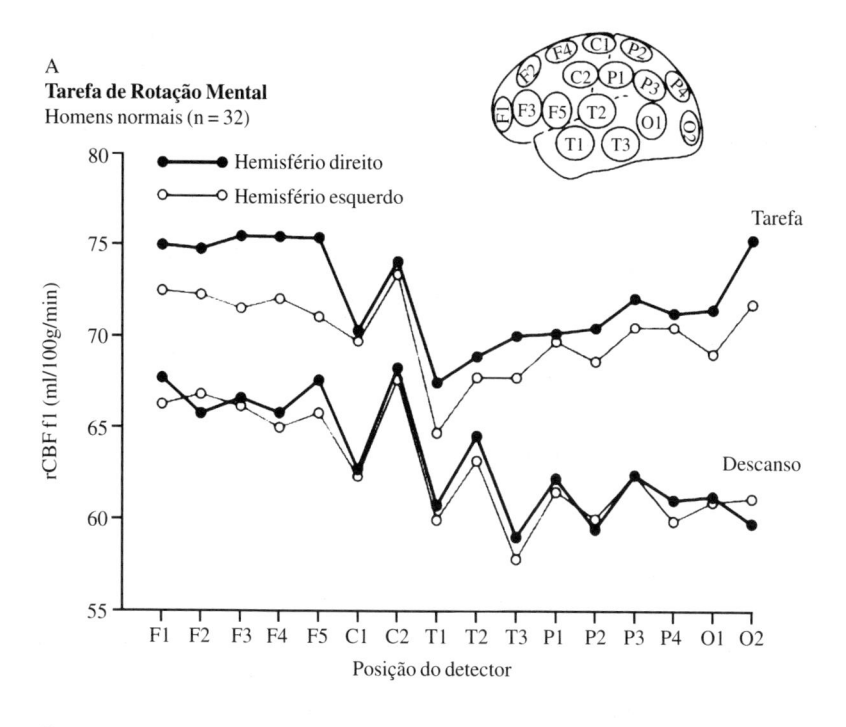

A
Tarefa de Rotação Mental
Homens normais (n = 32)

- Hemisfério direito
- Hemisfério esquerdo

Tarefa

Descanso

rCBF f1 (ml/100g/min)

Posição do detector

F1 F2 F3 F4 F5 C1 C2 T1 T2 T3 P1 P2 P3 P4 O1 O2

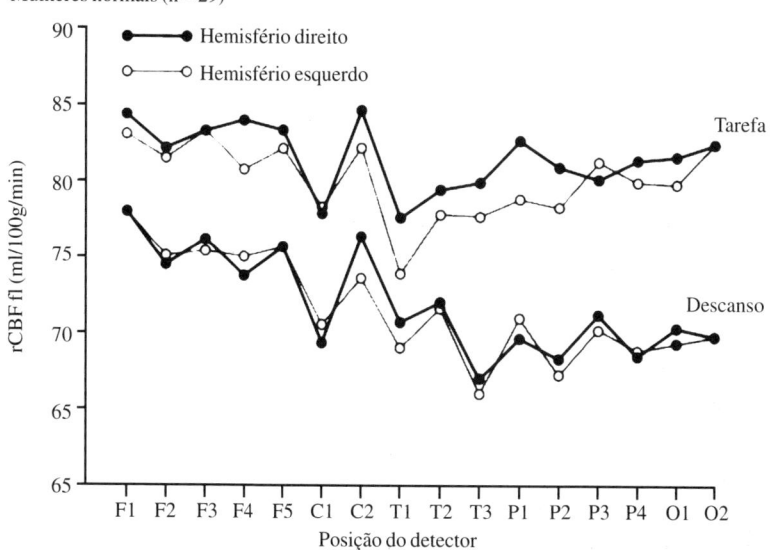

B
Tarefa de Rotação Mental
Mulheres normais (n = 29)

- Hemisfério direito
- Hemisfério esquerdo

Tarefa

Descanso

rCBF f1 (ml/100g/min)

Posição do detector

F1 F2 F3 F4 F5 C1 C2 T1 T2 T3 P1 P2 P3 P4 O1 O2

EVIDÊNCIAS OBTIDAS DE TESTES COM APRESENTAÇÃO LATERALIZADA

Estudos Auditivos e Visuais

Muitos pesquisadores, ao realizar os estudos tradicionais de comportamento referentes à lateralidade, procuram as diferenças de sexo. Diversos estudos de audição verbal dicotômica relataram que os homens possuem maior vantagem no ouvido direito do que as mulheres. M.P. Bryden, um psicólogo que liderou numerosos estudos de audição dicotômica para avaliar a assimetria do cérebro, combinou os dados de vários de seus estudos, que usam pares de dígitos apresentados dicotomicamente, para procurar possíveis diferenças de sexo.[14] Das 98 pessoas que testou, 73,6% dos homens (11 canhotos e 42 destros) e 62,2% das mulheres (3 canhotas e 42 destras) apresentaram superioridade no ouvido direito. As diferenças de sexo nas assimetrias do ouvido também têm sido encontradas nos estudos que usam sílabas faladas como estímulos dicotômicos.

Entretanto, nem todas as tentativas para procurar diferenças de sexo durante a audição verbal dicotômica encontraram-nas. De modo geral, cerca da metade dos estudos de audição verbal dicotômica que procuram diferenças de sexo não as encontram; a metade dos estudos restantes relatam uma maior lateralidade nos homens.

Muito menos atenção tem sido dada às possíveis diferenças de sexo no processamento de estímulos auditivos não-verbais. Dois estudos, que mediram a assimetria auditiva para melodias e sons familiares, relataram uma significativa superioridade do ouvido esquerdo nas mulheres e uma pequena e estatisticamente insignificante vantagem do ouvido esquerdo nos homens.[15] Essas descobertas sugerem que a lateralidade para certos estímulos auditivos não-verbais pode ser maior nas mulheres do que nos homens, ao contrário da tendência encontrada nos estudos que usam estímulos verbais.

Estudos do campo visual também têm sido empregados para focalizar a possibilidade de diferenças de sexo na organização do cérebro. Na maior parte, os resultados mostram uma maior lateralidade em homens quando as tarefas envolvem o processamento de palavras, e há também uma tendência fraca de lateralidade nos homens quando solicitados a indicar a localização de um ponto ou avaliar o número de pontos representados num painel. Vários outros estudos do campo visual, contudo, não conseguiram encontrar diferenças de sexo.[16]

Estudando Diferenças de Sexo em Crianças

Em crianças foram encontradas significativas diferenças de sexo na lateralidade das funções espaciais. Verificou-se que as técnicas comportamentais padronizadas para estudar o papel do hemisfério direito no processamento espacial eram difíceis para crianças. Assim, Sandra Witelson imaginou um teste de percepção tátil que pudesse ser usado numa ampla gama de idades.[17]

O teste, conhecido como teste de estimulação *dicáptica* requer que a pessoa perceba simultaneamente dois objetos diferentes, um em cada mão, mantidos fora do alcance da vista. Depois de segurar as figuras abstratas durante 10 segundos, a pessoa identifica as duas figuras num grupo de seis, mostrado visualmente. Então são atribuídos valores aos dados, conforme o número de objetos corretamente selecionados por mão. A Figura 8.3 mostra este teste.

Witelson testou 200 crianças destras com idades entre seis e treze anos. Os resultados mostraram uma significativa interação entre mão e sexo. Os escores da mão esquerda dos meninos eram significativamente melhores do que os da mão direita, mas não havia nenhuma diferença entre as mãos das meninas. Um teste dicotômico de dígitos ministrado às mesmas pessoas não mostrou nenhuma diferença de sexo na proporção em que as crianças apresentavam superioridade do ouvido direito ou do esquerdo.

Os resultados do estudo de Witelson sugerem que diferenças de sexo em lateralidade nas habilidades espaciais têm origem bem no início da vida. Numa seção mais adiante vamos analisar os mecanismos em que podem estar baseadas essas diferenças.

SÃO REAIS AS DIFERENÇAS DE SEXO NA LATERALIDADE?

O fracasso de muitos estudos em encontrar resultados confiáveis de diferenças de sexo levaram alguns pesquisadores a questionar a realida-

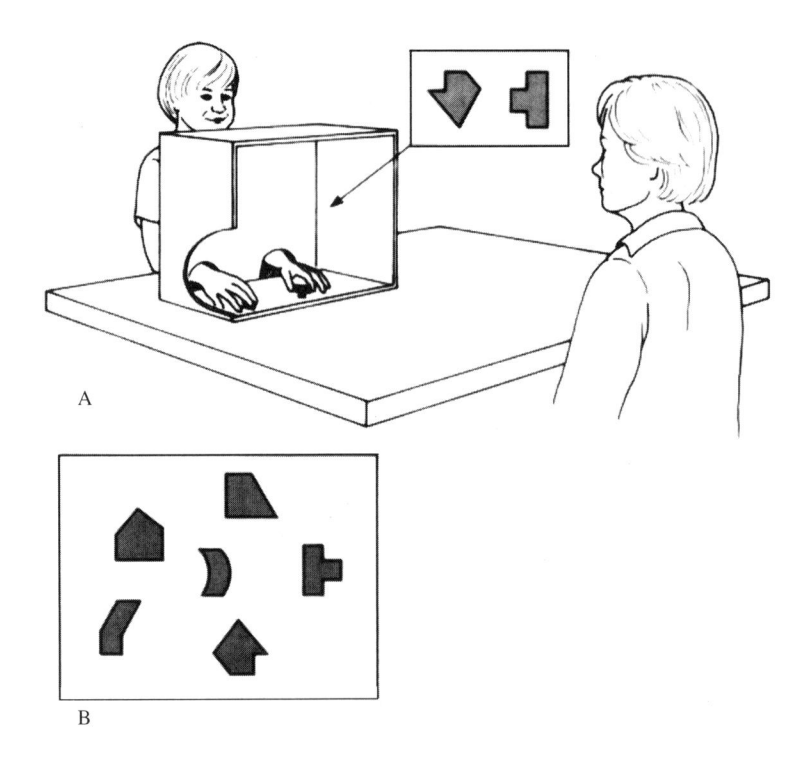

Figura 8.3 – Teste de estimulação *dicáptica*. A. Dá-se a uma pessoa dois objetos com figuras abstratas, como aquelas mostradas no quadro suplementar. Sem poder enxergar os objetos, a pessoa percebe ambos os objetos simultaneamente, um com cada mão, durante 10 segundos. B. Pede-se à pessoa para identificar as duas figuras no meio de um grupo de seis, mostradas visualmente.

de das diferenças de sexo na lateralidade em primeiro plano. Alguns afirmaram que esta área de pesquisa está contaminada pelo erro do tipo I.

Tipo I é o nome dado à espécie de erro cometido quando um pesquisador conclui que as diferenças observadas num estudo são reais, quando, de fato, não passam de acaso. Os pesquisadores estão muito mais propensos a relatar diferenças entre grupos (e editores de periódicos são muito mais ávidos por tais estudos) do que para publicar resultados negativos ou "sem diferença". Os críticos sugeriram que os periódicos contêm apenas a ponta do *iceberg* da pesquisa das diferenças de sexo na lateralidade e que a maioria dos estudos com resultados negativos nunca é publicada.

Aqueles que acreditam que as diferenças de sexo na lateralidade são reais contrapõem esse argumento com um que desafia a sensibilidade dos estudos que não conseguem encontrar evidências das diferenças de sexo. Eles mencionam a espantosa variabilidade na lateralidade em um determinado sexo e chamam a atenção para o fato de que esta variabilidade torna muito difícil detectar as reais, embora pequenas, diferenças entre os sexos. Pequenos estudos, envolvendo de 10 a 15 pessoas por grupo (o tamanho de muitos estudos), devem estar especialmente sujeitos a este problema.

Há diferenças de sexo na distribuição de funções verbais e espaciais entre os hemisférios? Muitos dos dados analisados nas seções precedentes sugerem que existem. Uma boa variedade de evidências sugere que os homens tendem a ser mais lateralizados nas habilidades verbais e espaciais, enquanto as mulheres mostram uma maior representação bilateral em ambos os tipos de funções. Mas e quanto ao erro do tipo I? Há estudos (alguns sobre os quais nada sabemos porque não foram publicados) que não conseguem descobrir estas pretendidas diferenças de sexo?

Nossa análise da literatura referente à lateralidade nos deu, em geral, um respeito saudável para com o erro do tipo I e para com o caos científico que ele pode criar. Todavia, a freqüência, assim como a consistência dos relatos referentes às diferenças de sexo na organização cerebral, nos leva a aceitar sua realidade, pelo menos como uma hipótese de trabalho. A força do caso, na nossa opinião, situa-se na diversidade de metodologias (estudos clínicos, trabalho comportamental, neuroimagem) que apontam para a mesma conclusão: as mulheres são menos lateralizadas do que os homens.

Uma revisão dos estudos que não apóiam esta conclusão mostra que a maior parte dos estudos não relata distinções entre os sexos. É raro o estudo que relata diferenças de sexo no sentido de maior lateralidade nas mulheres. Esta consistência sugere que há variações verdadeiras que são pequenas em magnitude e facilmente mascaradas pela variabilidade individual ou outros fatores que podem não estar sob controle.

A ORIGEM DAS DIFERENÇAS DE SEXO

Se assumimos que as diferenças de sexo na lateralidade são reais, então precisamos indagar que mecanismos poderiam ser responsáveis por elas. Notando que as mulheres geralmente adquirem maturidade física numa idade anterior à dos homens, Deborah Waber propôs que as diferenças de sexo do tipo analisado aqui são atribuíveis não ao sexo em si, mas às diferenças das proporções em que os homens e as mulheres se desenvolvem.[18]

Waber testou sua hipótese comparando pessoas de ambos os sexos de amadurecimento mais cedo e mais tardio, numa série de testes verbais e espaciais. Os de amadurecimento mais tardio obtinham mais pontos nas tarefas espaciais e os de amadurecimento anterior, nas tarefas verbais. Uma análise mais ampla mostrou que somente os escores espaciais estavam relacionados com a proporção do amadurecimento. As diferenças devidas apenas ao sexo não eram significativas.

Waber concluiu que as mudanças hormonais responsáveis pelo controle do tempo da puberdade são, também, responsáveis pelas diferenças de sexo nas habilidades cognitivas. Embora sua idéia seja interessante, tem dificuldade de explicar as diferenças de sexo em tarefas tais como a da rotação mental, que ocorre bem antes da puberdade. Os dados também mostraram que a associação entre a habilidade espacial e a idade na puberdade é muito pequena.

Jerre Levy sugeriu uma base evolutiva para diferenças de sexo.[19] Ela argumentou que os homens têm sido caçadores e líderes das migrações por toda a evolução hominídea e que aqueles com boas habilidades visuoespaciais gozavam de uma vantagem seletiva. Ao mesmo tempo, as mulheres estavam mais afeitas a pressões seletivas com relação a habilidades envolvidas com a educação de crianças, como o uso da linguagem como um instrumento de comunicação, o desenvolvimento da sensibilidade social e a facilidade na comunicação não-verbal.

Levy propôs que uma maior lateralidade de função pode facilitar as habilidades necessárias às mulheres, porque parece que essas habilidades requerem uma mistura de especializações dos hemisférios, que podem ser melhor alcançadas com a sua representação em cada hemisfério. Ao contrário, a hipótese de aglomeração cognitiva de Levy, apresentada no capítulo 5, sugeria que poderia ser necessária uma separação mais estrita de função para assegurar o alto nível de habilidades visuoespaciais nos homens, necessárias para a caça. (Lembre-se de que a hipótese de aglomeração cognitiva considera que, se duas ou mais habilidades são controladas primordialmente pelo mesmo hemisfério, elas lutam por um tecido neural disponível. Presume-se que as habilidades verbais deslocam as habilidades espaciais quando elas dividem o mesmo "espaço neural".)

Os Hormônios e a Função Cognitiva

No capítulo 5 discutimos uma teoria de Geschwind e Galaburda que propunha que altos níveis de testosterona pré-natal tornam mais lento o crescimento dos neurônios no hemisfério esquerdo, permitindo um desenvolvimento relativamente maior no hemisfério direito. Como os homens são geralmente expostos a níveis mais altos de testosterona durante o desenvolvimento pré-natal (provenientes do desenvolvimento dos seus próprios testículos e da mãe em menor quantidade), esta teoria é proposta para explicar, entre outras coisas, a maior incidência de canhotos entre os homens. A teoria pode ser também aplicada de forma mais geral, entretanto, a todas as diferenças entre homens e mulheres na organização do cérebro.

Há uma grande quantidade de evidências apontando para o profundo efeito dos hormônios do sexo no desenvolvimento dos mamíferos, tanto no plano físico como no comportamental, embora reste muito a ser aprendido sobre os seus efeitos na organização do cérebro e no funcionamento cognitivo dos humanos. Como preparação para a discussão a seguir, devemos observar que os hormônios sexuais são segregados pelos testículos nos machos, pelos ovários nas fêmeas e pelas glândulas supra-renais em ambos os sexos. Ambos, machos e fêmeas, produzem os hormônios encontrados em ambos os sexos, e as concentrações relativas desses hormônios variam de acordo com o sexo e o estágio do ciclo vital. As fêmeas têm maior concentração de hormônios femininos, estrogênio e progesterona, enquanto os machos apresentam maiores concentrações de hormônios masculinos, os andrógenos (a testosterona é um andrógeno).

No início da vida a ação dos hormônios sexuais estabelece a diferenciação sexual; se os testículos de um organismo geneticamente masculino não produzem andrógenos ou se os hormônios não podem agir sobre o tecido em desenvolvimento, o organismo se desenvolverá como fêmea. Os hormônios sexuais também organizam os comportamentos específicos do sexo logo no início da vida. Se um roedor com órgãos genitais funcionais masculinos for privado de andrógenos logo após o nascimento, apresentará comportamento sexual feminino acentuado e, quando adulto, comportamento sexual masculino reduzido. O contrário também é encontrado; se são administrados andrógenos a uma fêmea logo após o nascimento, seu comportamento, quando adulta, será mais caracteristicamente o de um macho. Esses efeitos estão bem estabelecidos.[20]

Estudos relacionando hormônios pré-natais e comportamento cognitivo em humanos, entretanto, são relativamente recentes e em pequeno número. Não obstante, os resultados são intrigantes. June Reinisch e Stephanie Sanders observaram a relação entre os hormônios sexuais pré-natais e a função cognitiva em dez pessoas do sexo masculino, cujas mães tinham tomado *diethylstilbestrol* (DES) na gravidez.[21]* O grupo de controle era constituído por dez irmãos do sexo masculino que não tinham sido expostos ao DES. O teste *dicáptico* com formas de Witelson *(Witelson Dichaptic Shapes Test)* foi aplicado em ambos os grupos. As combinações corretas no grupo exposto ao DES distribuíam-se igualmente entre as mãos esquerda e direita, um padrão tipicamente feminino, enquanto o grupo de controle apresentava o padrão masculino de altos escores com a mão não preferida. Os autores tinham previsto este resultado, porque o DES é conhecido por ter o efeito de tornar efeminado o feto masculino.

Também foram aplicadas as escalas de inteligência de Wechsler *(Wechsler Intelligence Scales)*. No componente espacial do teste, que incluía a medida do tempo para encontrar as partes faltantes de uma figura e completar um jogo do tipo quebra-cabeças, o grupo exposto ao DES obteve pontuação mais baixa do que o dos seus irmãos não expostos. Embora o desempenho global e o QI não diferissem entre os grupos, os pesquisadores acreditavam que a exposição ao DES no útero muda, muito sutilmente, a maneira como os homens enfocam as tarefas espaciais.

Estudos em crianças com uma desordem genética conhecida como hiperplasia congênita da glândula supra-renal (CAH) também proporcionaram evidências mostrando os efeitos cognitivos dos hormônios presentes no início da vida.[22] Na CAH, as glândulas supra-renais, a partir do terceiro mês da vida fetal, produzem quantidades de andrógenos anormalmente altas. Os pesquisadores descobriram que meninas afetadas pela CAH realizavam melhor do que meninas não afetadas os testes de manipulação espacial, rotação espacial e uma tarefa que envolvia a descoberta de uma figura simples, escondida dentro de uma figura mais complexa; todas elas, tarefas geralmente mais bem realizadas por meninos. Não foram encontradas diferenças entre os grupos em outras tare-

---

* DES, uma forma sintética de estrógeno, comumente usada na década de 1950 como tratamento para evitar o aborto. Mais tarde, demonstrou-se que não era eficaz e era a causa provável de uma forma rara de câncer genital, encontrado na descendência feminina de mulheres que haviam tomado DES na gravidez.

fas perceptivas ou verbais, nem foram encontrados quaisquer efeitos da exposição em elementos do sexo masculino com CAH.

Outros estudos procuraram o efeito dos níveis hormonais no desempenho em adultos. Um estudo de Valerie Shute focalizou a relação entre o nível de andrógenos no sangue em homens e mulheres.[23] Embora todas as pessoas possuíssem níveis de andrógenos no limite normal para o seu sexo, Shute descobriu que as mulheres com níveis de andrógenos relativamente altos saíam-se melhor nos testes espaciais do que as mulheres com níveis de andrógenos mais baixos. Nos homens, os níveis relativamente baixos de andrógenos estavam associados ao melhor desempenho. Um estudo em que se media a testosterona na saliva produziu resultados similares. As mulheres com alto índice de testosterona saíam-se melhor do que mulheres com baixo índice de testosterona, mas os homens com baixo índice de testosterona eram superiores ao homens com alto índice. Os pesquisadores sugeriram que pode haver algum nível ótimo de andrógeno para a habilidade espacial, talvez no limite baixo das pessoas do sexo masculino.

As pesquisas que acabamos de examinar pintam um quadro intrigante dos efeitos dos hormônios nas habilidades cognitivas. Mas o que acontece com os efeitos das flutuações hormonais em um indivíduo? As habilidades cognitivas são também sensíveis a elas?

A pesquisa de Elizabeth Hamson e Doreen Kimura mostrou que o desempenho das mulheres em certas tarefas muda ao longo do ciclo menstrual.[24] Hamson e Kimura escolheram tarefas que mostram tipicamente as maiores diferenças entre o homem e a mulher, tais como velocidade de articulação e testes espaciais. Elas descobriram que as mulheres atuavam significativamente melhor na metade do ciclo (quando o estrógeno e a progesterona estão em seus níveis mais elevados) do que durante a menstruação (quando os hormônios estão baixos), com relação à rapidez ao recitar palavras difíceis de pronunciar, à fluência verbal e na tarefa de destreza manual. O desempenho em tarefas espaciais, entretanto, era melhor durante a parte do ciclo em que os hormônios estavam baixos. Um grupo de controle de mulheres sem menstruação, que recebiam uma terapia de reposição de hormônios, apresentou o mesmo padrão de desempenho, enquanto um grupo de controle de pessoas que não recebiam terapia de reposição não apresentou a variação.

Estes resultados têm sido confirmados por estudos posteriores. Mais recentemente, Kimura relatou a observação de flutuações sazonais da habilidade espacial em homens, com o desempenho melhorado na primavera, quando os níveis de testosterona são mais baixos.[25] Vistas em conjunto, as descobertas relativas aos efeitos dos hormônios pré-natais e pós-natais sobre as funções cognitivas são impressionantes. É claro que o entendimento final de seu significado será essencial para a explicação completa das diferenças de sexo na cognição e o envolvimento diferencial dos dois hemisférios.

Talento Matemático: Sexo, Preferência Manual e Desordens de Imunidade

O talento matemático é uma das mais novas áreas a atrair o interesse de neuropsicólogos que buscam possíveis bases biológicas para o conhecimento. Tem sido definido como um alto nível de habilidade em raciocínio matemático demonstrado em tenra idade. Uma das características mais surpreendentes dos superdotados matematicamente é que eles são com mais freqüência homens do que mulheres.

Usando a parte de matemática do Teste de Aptidão Escolástica do Conselho Universitário (SAT-M) para medir o talento matemático, Camilla Benbow e Julian Stanley analisaram dados de 40 mil estudantes superdotados intelectualmente do sétimo grau, com representação equalitária de homens e mulheres. Os resultados mostraram que a proporção entre meninos e meninas que faziam 500 pontos no SAT-M era de 2 por 1; subindo para 4 por 1 para estudantes com 600 pontos; e para 12 por 9 para aqueles com pontuação de 700.[26]*

Os autores concluíram que havia mais meninos superdotados matematicamente do que meninas, em especial nos níveis mais altos. Estudos posteriores mostraram que estas diferenças não podiam ser atribuídas inteiramente a fatores sociais ou ambientais.

Na procura de um entendimento dessas diferenças de sexo, Benbow focalizou a habilidade manual como uma variável. Ela limitou seu universo de sujeitos a estudantes que tinham feito no mínimo 700 pontos no SAT-M, ou 630 na parte verbal do SAT, antes da idade de 13 anos (o ponto máximo entre 10 mil, nas habilidades próprias desta faixa etária). Ela descobriu que a freqüência de canhotos, medida por um questionário, era o dobro da encontrada na população em geral. Também notou que cerca de 50% destes estudantes extremamente precoces eram ou canhotos, ou de preferência manual mista, ou eram destros com pessoas

---

* Um escore de 600, no SAT-M, cai para 78% em estudantes do sexo masculino do décimo segundo grau, e um escore de 700, cai para 95%.

canhotas na família. Benbow propôs que estas evidências sustentam a idéia de que a bilateralidade, mais do que uma maior especialização dos hemisférios, está associada à habilidade extrema, matemática ou verbal. Para explicar a surpreendente similaridade das descobertas nas habilidades verbais e matemáticas extremas, Benbow sugeriu que o raciocínio verbal, medido pelo teste verbal SAT, pode estar mais sob a influência do processamento do hemisfério direito do que a produção da linguagem ou a sintaxe.[27]

A incidência de alergias era também muito alta nesta população; cerca de 50% dos estudantes extremamente precoces tinham alergia — duas vezes a freqüência encontrada na população em geral. Benbow relacionou tanto os dados de alergia como os dados de preferência manual com a idéia de Geschwind e Galaburda de que níveis mais elevados de testosterona no útero retardam o desenvolvimento do hemisfério esquerdo, afetando simultaneamente o desenvolvimento da imunidade.[28]

Embora reste muito mais trabalho a ser feito até que a base do talento matemático seja compreendida, os dados que apresentamos já acrescentam uma outra peça no enigma das diferenças de sexo no processo de conhecimento.

A IMPORTÂNCIA DAS DIFERENÇAS DE SEXO

Sob um ponto de vista teórico, a importância das diferenças de sexo na organização do cérebro é notável. Se as diferenças de sexo são reais, qual é (ou era) a sua vantagem adaptativa? Como as diferenças de sexo se relacionam com os padrões de uma função mental mais elevada? Diferenças sexuais nas práticas de educação infantil afetam as assimetrias cerebrais? Essas são algumas das questões muito importantes que permanecem sem reposta.

Particularmente interessante é o que advém da maneira como a habilidade está relacionada com a amplitude da lateralidade. A lateralidade maior numa certa função implica um desempenho superior nessa função? A habilidade espacial do homens é melhor do que a das mulheres talvez porque os homens confiem mais em um hemisfério para processar a informação espacial? Sem dúvida, não existe nenhuma razão lógica para se esperar que uma lateralidade maior necessariamente conduza a uma habilidade superior. De fato, temos de assumir o contrário para explicar a habilidade verbal superior das mulheres. De acordo com os testes de comportamento e os dados clínicos, as mulheres parecem ser menos lateralizadas nas funções da linguagem, ainda que, como um grupo, sejam superiores aos homens nas habilidades da linguagem. E, como acabamos de ver, o talento matemático também pode estar relacionado com uma maior bilateralidade de função. Pode haver uma relação entre lateralidade e habilidade que seja diferente para tarefas distintas. Se for o caso, seria fascinante saber por que o cérebro se organiza de modos tão diferentes para o funcionamento ótimo de diferentes habilidades. Neste ponto, podemos apenas especular a respeito da relação entre lateralidade e habilidade. Por exemplo, admita-se que a capacidade visuoespacial complexa tenha precedido a evolução da linguagem nos humanos (o que é uma concepção razoável). Alguém poderia postular então que, nos homens, somente o hemisfério esquerdo ficou envolvido na linguagem, deixando as funções visuoespaciais intactas no direito, enquanto nas mulheres, a linguagem se estabeleceu em ambos os hemisférios, abarrotando a capacidade visuoespacial. Se, de fato, isto ocorreu, "mais lateralizado" seria melhor para a função visuoespacial, enquanto "menos lateralizado" seria melhor para a linguagem.

Embora a maior parte dos pesquisadores concordasse, provavelmente, que as questões teóricas deste tipo são importantes, sem dúvida haveria menos concordância no que se refere ao sentido prático das diferenças de sexo na organização do cérebro e seus possíveis correlatos na função cognitiva. As diferenças de sexo nas funções mentais mais altas estão tipicamente na ordem de um quarto do desvio normal. Em outras palavras, há uma grande parte de superposição na distribuição da habilidade entre homens e mulheres. Algumas mulheres possuem habilidades espaciais melhores do que a maior parte dos homens, enquanto alguns homens têm melhores habilidades verbais do que a maioria das mulheres.

A consciência da extensão da sobreposição na habilidade tende a moderar qualquer sugestão de que o sexo seja usado como o principal critério, por si mesmo, para determinar as opções de carreira e as oportunidades educacionais. É clara a necessidade de currículos e programas mais bem ajustados às habilidades dos grupos específicos. Talvez seja mais prudente, entretanto, determinar a composição desses grupos por meio de testes individuais do que exclusivamente com base no gênero.

9

FILOGENIA E ONTOGENIA:
A Evolução e
o Desenvolvimento da Assimetria

Se considerarmos que o estudo da assimetria hemisférica teve início com as observações de Broca, o campo da lateralidade teria hoje, aproximadamente, 130 anos. Em grande parte desse tempo, os pesquisadores viram o cérebro lateralizado como o ponto final de uma evolução e de um desenvolvimento progressivo. Acreditava-se que os seres humanos — não outros animais — e crianças não nos primeiros anos de vida possuíam cérebros lateralizados. Nos últimos 25 anos, entretanto, novas evidências colocaram em questão estas suposições e aumentaram substancialmente a nossa compreensão da lateralidade cerebral e da sua importância.

O estudo da evolução de uma peculiaridade ou característica por diferentes espécies é conhecido como filogenia. A ontogenia, ao contrário, é o estudo do desenvolvimento de um organismo no tempo. Neste capítulo, examinaremos as evidências que conduzem para a filogenia da assimetria. Veremos se além dos humanos, outros animais apresentam assimetrias que possam estar relacionadas com as encontradas nos humanos. No centro das questões referentes às assimetrias em animais estão as suposições de que a lateralidade é uma peculiaridade biológica verdadeira, que em grande parte pode ser estudada da mesma forma que outros fenômenos biológicos, tais como a visão da cor e a digestão, e que serão encontrados antecedentes da lateralidade humana ao se estudar outras espécies.

As pesquisas que demonstram a existência da lateralidade em animais podem ter importantes implicações na nossa compreensão da origem e da importância da assimetria nos humanos. Alguns pesquisadores argumentaram que a assimetria cerebral está intimamente relacionada com as habilidades lingüísticas mais elevadas. A presença de diferenças hemisféricas em animais não-lingüísticos sugeriria que este ponto de vista não é correto. As assimetrias encontradas poderiam, então, fornecer indícios para a real base evolutiva da assimetria cerebral. Por outro lado, evidências convincentes indicando a ausência de assimetrias, mesmo nos parentes evolucionários mais próximos dos seres humanos, sustentariam que a assimetria cerebral é característica exclusiva do *Homo sapiens* e pode ser relacionada fundamentalmente à habilidade da linguagem.

Depois de estudar a lateralidade em animais, voltaremos-nos para a ontogenia da assimetria e nos perguntaremos se a assimetria que encontramos nos humanos está presente e completa no nascimento ou se desenvolve com o tempo. A presença de pelo menos alguma assimetria no nascimento ou próximo dele seria um fator importante para uma base biológica, porque haveria pequena ou nenhuma oportunidade de aprendizado ou experiência tão cedo na vida. As evidências que apontam para o desenvolvimento da assimetria num indivíduo e as condições sob as quais ela pode se modificar poderiam também trazer contribuições importantes para o nosso entendimento das desordens de linguagem e de outros problemas que têm sido ligados à divisão de funções entre os hemisférios.

COM QUE PATA SEU CACHORRO APERTA AS MÃOS?

O sinal mais óbvio de lateralidade em humanos é a preferência manual. Assim, os pesquisadores procuraram identificar preferências de pata ou de um membro em animais como evidência de lateralidade cerebral e descobriram que muitas espécies realmente apresentam tais preferências.[1] Os gatos utilizam tipicamente uma pata em tarefas que envolvem alcançar alguma coisa; os ratos apresentam preferências consistentes numa tarefa em que precisam usar uma pata de cada vez para alcançar a comida.

Embora o padrão de preferência de membros em um dado animal tenha alguma semelhança com a preferência manual apresentada por seres humanos, há uma diferença importante. Aproximadamente 50% dos gatos, macacos e ratos apresentam uma preferência pela pata direita e 50% mostram uma preferência pela esquerda. Este resultado é impressionantemente diferente da divisão encontrada nos seres humanos: 90% de preferência manual direita e 10% de preferência manual esquerda.

A proporção de 50 por 50 nos animais levou alguns pesquisadores a propor que as preferências das patas resultam de fatores de probabilidade. De acordo com esta hipótese, o membro usado primeiro por um animal é determinado pela oportunidade. A destreza adicional, obtida como resultado da experiência, aumenta a possibilidade de que o mesmo membro seja usado novamente. Alguma base para a concepção desse mecanismo veio do trabalho do geneticista Robert Collin com a preferência de pata em ratos, que foi analisada brevemente no capítulo 5, quando estudamos os fatores que determinam a preferência manual.

Se uma característica está sob controle genético, deveria ser possível selecioná-la. Isto é, se animais com a mesma característica forem seletivamente acasalados, cada geração sucessiva deveria apresentar uma maior incidência dessa característica. Entretanto, se a característica for determinada pela probabilidade, nenhum aumento deve ocorrer ao longo das gerações.

Collins começou acasalando ratos que apresentavam a mesma preferência de pata. Na geração seguinte, ele acasalou a prole que apresentava a mesma preferência de pata que os pais. Depois de repetir três vezes esta procriação seletiva, Collins examinou, na última geração, a proporção da prole com pata canhota e com pata destra. Descobriu uma proporção de 50 por 50, a mesma com que começara na primeira geração.[2]

A PREFERÊNCIA MANUAL EM PRIMATAS

Até recentemente, a maioria dos estudos referentes à preferência de pata em animais relatava que os macacos apresentavam um padrão de preferência de membros semelhante ao dos gatos ou dos ratos, isto é, individualmente os animais apresentam uma preferência pelo uso de um membro, mas, no global, a população não tem nenhuma preferência maior por um membro do que pelo outro. Este resultado revelou-se particularmente incômodo para uma visão evolutiva da assimetria, porque a expectativa era encontrar tal evidência nos parentes evolucionais mais próximos dos humanos.

Peter McNeilage, Michael Studdert-Kennedy e Bjorn Lindblom reabriram esse assunto.[3] Eles argumentavam que as descobertas inconclusivas a respeito da preferência manual em primatas não humanos resultam do uso de tarefas inadequadas, bem como do uso de animais muito jovens para demonstrar uma preferência consistente. Levando em conta esses fatores, os autores reexaminaram os dados existentes e relataram a evidência de uma especialização da mão esquerda nos movimentos guiados visualmente (isto é, o ato de alcançar) e uma especialização da mão direita na manipulação e a coordenação bimanual. Eles concluíram que:

> *os padrões de preferência, tanto da mão esquerda quanto da direita, observados em primatas não humanos podem ser precursores da especialização humana. Entretanto, os macacos e os humanos parecem ter sido separados por uma progressão evolucionária em que a importância da habilidade de operar no ambiente (incluindo o uso da coordenação bimanual e a conseqüente preferência da mão direita) aumentou tanto que a mão direita, agora, normalmente antecede a esquerda, até mesmo para os movimentos guiados visualmente.[4]*

Essa análise gerou muita controvérsia. Ao mesmo tempo, estimulou o crescimento do interesse pela questão do uso das mãos nos primatas.

Joel Fagot e Jacques Vauclair sugeriram ainda uma outra abordagem para o uso da mão nos primatas.[5] Eles notaram que os humanos apresentam preferências manuais mais fortes para tarefas altamente especializadas. O ato de pegar um objeto apresenta menos lateralidade do que o uso de uma ferramenta, por exemplo.[6] Com isso na mente, eles distinguiram entre tarefas de alto nível, que requerem ações motoras finamente sintonizadas, resultantes de uma complexidade espacial ou temporal e/ou uma complexidade cognitiva (por exemplo, controlar o movimento de um cursor numa tela de computador com um comando manual), e tarefas de baixo nível que envolvem movimentos grosseiros ou familiares, atividades muito praticadas, ou ambas as situações (por exemplo, alcançar o alimento).

Fagot e Vauclair previram que as tarefas de alto nível, e não de baixo nível, tinham muito mais probabilidade de apresentar uma preferência lateral. A análise que fizeram de um grande número de estudos confirmava, em geral, seu prognóstico.[7] Ao tirar suas conclusões finais, Fagot e Vauclair distinguiram entre preferência manual (a preferência que pode ser mostrada por um animal individualmente pelo uso de uma mão numa tarefa de baixo nível) e especialização manual (a preferência por uma mão mostrada por um grupo de animais numa tarefa de alto nível). É o último caso, sugeriram eles, que mantém a maior promessa de nos ajudar a entender a evolução da lateralidade nos humanos.

LESÃO EM UM HEMISFÉRIO:
Os Efeitos são Assimétricos?

Muitos estudos têm focalizado os tipos de deficiências no comportamento que surgem após as lesões cirúrgicas nas estruturas específicas do cérebro. Em geral, as deficiências que acompanham as lesões em apenas um lado (lesões unilaterais) são menos sérias do que aquelas que seguem as lesões cerebrais bilaterais, independentemente do lado em que se encontre a lesão.

Nos macacos, por exemplo, os estudos têm mostrado que as discriminações visuais, que envolvem cor, forma e orientação são igualmente perturbadas por lesões em uma determinada região do hemisfério esquerdo ou direito e que as deficiências independem das preferências do macaco por um ou outro membro.[8] As deficiências na discriminação de seqüências complexas de estímulos auditivos após lesão na região auditiva também têm-se mostrado independentes do lado da lesão.[9] Mais recentemente, porém, demonstrou-se que o lado de uma lesão no lobo temporal afeta de modo significativo a habilidade dos símios da espécie Macaca para discriminar vocalizações específicas da espécie, isto é, vocalizações feitas por elementos de sua própria espécie.[10]

O que diferencia os estudos que encontraram efeitos de lesão daqueles que não os encontraram? Um fator, provavelmente de fundamental importância, é a natureza do estímulo e a tarefa a ser realizada. Alguns estudos têm empregado estímulos que provavelmente não mostrariam assimetria nos humanos. Por que se deveria esperar a assimetria nos primatas? Para testar de modo conveniente a hipótese de especialização hemisférica nos primatas são necessárias tarefas suficientemente complexas para captar as assimetrias cerebrais que podem existir nesses animais.

PESQUISA DE COMISSUROTOMIA EM ANIMAIS

No capítulo 2 analisamos em alguma extensão, o que se tem aprendido a respeito da assimetria cerebral a partir de estudos de comissurotomia em seres humanos. Em princípio, a pesquisa de comissurotomia é um meio ideal para testar a especialização hemisférica em animais. O corte de feixes de fibras que ligam os hemisférios permite ao pesquisador estudar separadamente as habilidades de cada metade do mesmo cérebro. À exceção das possíveis diferenças hemisféricas, que em primeiro lugar são o objeto da pesquisa, ambos os hemisférios são geneticamente idênticos e têm sido expostos às mesmas influências ambientais.

Ao contrário da pesquisa em pacientes humanos, limitada por necessidade a pessoas com epilepsia (geralmente existente há muito tempo), os estudos em animais podem ser feitos com animais sadios e com os dois hemisférios intactos. A interpretação de quaisquer diferenças que possam ser encontradas é, então, mais clara. Ademais, a pesquisa de comissurotomia evita o problema de deduzir a função de regiões específicas do cérebro a partir dos efeitos das lesões nessas áreas. Por último, nos estudos de lesões, os pesquisadores precisam ter, com antecedência, alguma idéia de quais são as partes do cérebro que controlam funções específicas. No trabalho de comissurotomia, não é necessário localizar uma função em uma região específica; é estudado o desempenho de todo o hemisfério.

Quais são os resultados dos estudos que usam macacos e gatos e pesquisam as habilidades relativas dos dois hemisférios de aprender e resolver diferentes tipos de problemas? Os resultados dos testes de discriminação de padrões simples sugerem que os dois hemisférios possuem capacidades semelhantes de aprender.[11] Poucos estudos relataram diferenças quantitativas entre os hemisférios quanto ao aprendizado e ao desempenho. Contudo, nestes estudos, não há diferenças consistentes a favor de um hemisfério.[12] A falta de consistência num estudo sugere que as diferenças encontradas podem ser conseqüência de um dano assimétrico resultante do processo cirúrgico.

Tal como no trabalho de lesão, porém, a maior parte das tarefas usadas para estudar as assimetrias em animais submetidos à comissurotomia é simples e possui pouca semelhança com os estímulos e as tarefas que revelam as assimetrias nos humanos. Uma exceção são os diversos estudos de Charles Hamilton que testaram os hemisférios cirurgicamente separados de macacos *rhesus*, com estímulos semelhantes àqueles que apresentam evidência de assimetria em humanos.[13]

Hamilton e seus colegas selecionaram estímulos que eram semelhantes àqueles conhecidos para se deduzir um processo de lateralidade em humanos, incluindo linhas de diferentes orientações, expressão facial e identidade (usando caras de macacos). Como estímulos de controle foram usados padrões geométricos dos quais não se esperava obter indicações de diferenças de lateralidade. Os exemplos são mostrados na Figura 9.1 Como os macacos tinham uma separação completa das comissuras cerebrais e do quiasmo óptico, era possível apresentar os estímulos a um só hemisfério mostrando-os para o olho situado do mesmo lado. Os macacos eram ensinados a discriminar entre os membros de pares de estímulos pressionando a tela depois de ver um membro de cada par e abstendo-se de pressionar depois de ver o outro. Foi medido o número de tentativas necessárias a cada animal para atingir um critério de 90%.

Como se esperava, os padrões geométricos não mostraram nenhuma evidência de assimetria e foram aprendidos igualmente bem por ambos os hemisférios. Além disso, não havia nenhuma relação sistemática entre sexo, preferência manual ou hemisfério retraído durante a cirurgia. Essas tarefas de controle demonstraram que Hamilton obteve sucesso ao eliminar alguns dos fatores influentes que podem ter afetado outros estudos e forneceram outra evidência de que os dois hemisférios do cérebro do macaco são igualmente capazes de aprender um padrão simples de discriminação. As discriminações espaciais, porém, foram processadas significativamente melhor pelo hemisfério esquerdo. As discriminações de caras de macacos, ao contrário, foram melhor processadas pelo hemisfério direito.

Como devemos interpretar essas descobertas? Juntamo-nos a Hamilton na crença de que as diferenças que ele observou refletem realmente uma especialização hemisférica complementar. Uma evidência

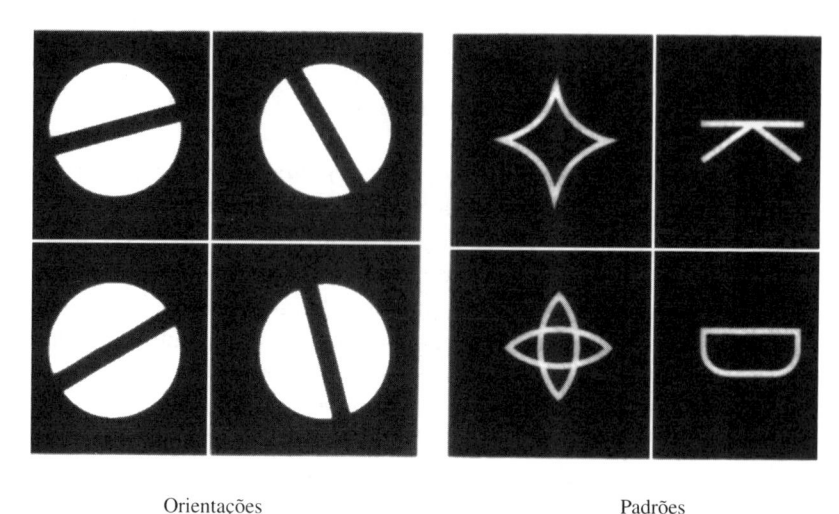

Orientações   Padrões

que sustenta isso vem dos padrões geométricos de controle, que não assinalam nenhuma evidência de lateralidade. Além disso, a análise dos dados dos 25 macacos, que aprenderam tanto as tarefas de orientação como de discriminação facial, apresentou uma sustentação convincente para a especialização complementar — 16 animais, dentre os 25, discriminaram melhor as linhas orientadas com o hemisfério esquerdo e as caras, com o hemisfério direito. Este resultado mostra que assimetrias prováveis, não reconhecidas em processos cirúrgicos ou de teste, não produziram uma assimetria artificialmente. Hamilton, entretanto, seria o primeiro a concordar que é necessário um trabalho adicional para nos ajudar a compreender a natureza da assimetria hemisférica nos macacos e em que ela pode ser similar ou diferente da assimetria humana.[14]

ASSIMETRIAS ANATÔMICAS EM ANIMAIS

Os estudos anatômicos sugeriram que na região do lobo temporal de alguns primatas não humanos podem haver assimetrias estruturais entre

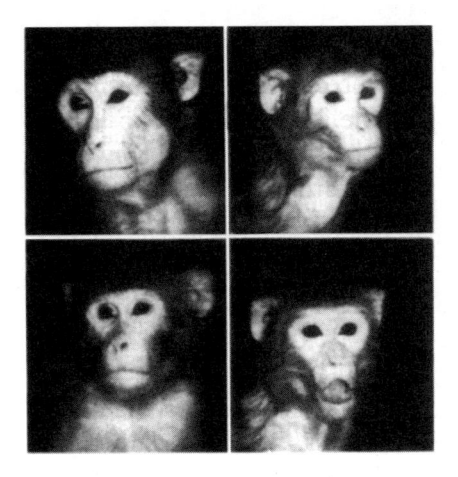

Faces

Figura 9.1 – Estímulos representativos dos três tipos de discriminação utilizados por Hamilton.

os hemisférios, semelhantes às encontradas em cérebros humanos. Um estudo descobriu assimetrias que favorecem o hemisfério esquerdo em humanos e, numa extensão menor, em chimpanzés, mas nenhuma diferença significativa entre os lados no cérebro do *rhesus*.[15]

Um outro estudo que examinou os cérebros de diversos macacos e símios chegou a um resultado semelhante. Dezesseis símios grandes (orangotangos, chimpanzés e gorilas), entre 28, apresentaram assimetria favorecendo o hemisfério esquerdo. Um mostrava o contrário. Inversamente, só três casos entre 41 macacos e símios menores (gibões) apresentaram uma assimetria de proporções razoáveis.[16] O tamanho do crânio, mais do que o tamanho do cérebro, foi estudado por outro pesquisador. Neste estudo, em que se examinou o comprimento do crânio em três espécies de gorilas, apenas o gorila da montanha apresentou evidência de grande assimetria. As outras espécies não.[17]

É tentador especular que essas assimetrias estão relacionadas com a habilidade dos macacos — particularmente os chimpanzés — de aprender a linguagem. Os chimpanzés mostraram a habilidade para aprender palavras, alguma gramática e até alguns conceitos abstratos, pelo uso de linguagem de sinais ou da manipulação de símbolos plásticos. Alguns pesquisadores sugeriram que as assimetrias anatômicas nos macacos grandes são um reflexo de que eles atingiram um estágio evo-

267

lucionário "pré-lingüístico", com padrões de pensamento semelhantes àqueles dos humanos, mas muito mais primitivos. Mas a evidência de assimetrias anatômicas no cérebro não se limitam aos primatas. Durante quase vinte anos, Marian Diamond e seus colegas estudaram como o córtex cerebral no rato poderia ser alterado pela experiência ambiental. Elas reuniram dados dos dois hemisférios, presumindo que seriam semelhantes; mas o ressurgimento do interesse pelas diferenças hemisféricas levou Diamond a começar a examinar os hemisférios separadamente, revelando, dessa forma, um padrão intrigante de assimetria, que diferia segundo o sexo do animal. Analisamos esses dados no capítulo 8.[18]

Sem dúvida, é importante ter em mente que ainda não temos evidências que liguem as assimetrias anatômicas em animais a reais assimetrias de função, tais como aquelas da fala e da linguagem nos seres humanos. De fato, há uma pequena evidência convincente de uma relação entre as assimetrias anatômicas e as assimetrias funcionais nos seres humanos. É possível que as assimetrias no cérebro de primatas e ratos não estejam relacionadas com as assimetrias comportamentais, assim como é possível que as assimetrias no cérebro humano não estejam relacionadas com as diferenças comportamentais. A mera suposição de que uma relação será finalmente estabelecida, entretanto, está sustentando até agora muito do interesse pelas assimetrias anatômicas.

ASSIMETRIAS FARMACOLÓGICAS

Outras evidências sugerindo que o rato pode ser um animal útil para o estudo das assimetrias do cérebro vêm do trabalho de Stanley Glick e seus colegas junto à Escola de Medicina do Monte Sinai.[19] Eles descobriam que os ratos giram ou se movem em círculos à noite, e que certos ratos apresentavam uma preferência pela direção em que correm. Alguns preferem correr para a esquerda e outros consistentemente preferem a direita. Esta preferência parece ser estabelecida muito cedo — a direção em que os ratos recém-nascidos viram seus rabos prediz suas posteriores preferências de voltas durante a vida.

Glick mostrou que a preferência característica de voltas está relacionada a um desequilíbrio químico na região do cérebro, chamada caminho do nigrostriato, uma área que ajuda a regular o movimento. Eles descobriram que a concentração de dopamina — um transmissor químico liberado pelos neurônios no caminho do nigrostriato, que é responsável pelo comportamento de fazer círculos — é aproximadamente 15% mais alta no lado do cérebro oposto à direção preferida do animal para girar. Assim, animais com concentração mais alta de dopamina no lado esquerdo do cérebro preferem girar para a direita e aqueles com uma concentração mais elevada no lado direito, preferem virar para a esquerda. Os estudos em humanos também revelaram assimetrias na concentração de neurotransmissores no cérebro. Ao reanalisar os dados colhidos por outros, Glick e colegas encontraram concentrações mais elevadas de alguns produtos químicos no hemisfério esquerdo e mais altas concentrações de outros no hemisfério direito. Uma descoberta particularmente intrigante foi a observação de que as concentrações de dopamina eram mais elevadas no lado esquerdo do cérebro. Como a maior parte do pacientes, cujos cérebros foram estudados após a morte, podia ser presumidamente destra, esta descoberta sugere que aparentemente a concentração de dopamina é mais alta no lado oposto da mão preferida — uma descoberta consistente com os dados obtidos com os ratos.

Este trabalho sugere que os estudos no rato podem revelar funções e mecanismos da assimetria do cérebro que também se aplicam aos humanos. Embora a pesquisa para testar isso tenha começado apenas recentemente, Ernst Mach considerava esta possibilidade há mais de um século:

A idéia de que a distinção entre direito e esquerdo depende de uma assimetria e, possivelmente, em última instância, de uma diferença química, tem-me acompanhado desde meus primeiros anos... Seres humanos e animais que tenham perdido sua direção movimentam-se, quase sem exceção, aproximadamente em círculos... temos aqui um dispositivo teleológico para ajudar os pais a reencontrar seus jovens famintos quando do estiverem perdidos.[20]

TESTES DE COMPORTAMENTO

Em muitos aspectos, a busca de assimetrias em animais seguiu uma progressão semelhante àquela da pesquisa da lateralidade em seres humanos. A principal diferença entre a pesquisa humana e a animal, porém, consiste no papel exercido pelos estudos de comportamentos. O trabalho comportamental compõe uma parte ampla da literatura sobre a lateralidade humana, mas, com exceção da preferência de pata, até recentemente poucos estudos utilizaram abordagens comportamentais voltadas para as diferenças hemisféricas em animais.

Em um desses estudos, símios japoneses da espécie Macaca foram ensinados a discriminar dois tipos diferentes de vocalização feitos por membros de sua própria espécie. Os sons eram gravados previamente e apresentados ao ouvido esquerdo ou direito numa seqüência ao acaso. Os pesquisadores descobriram que todos os cinco macacos testados eram mais precisos quando os sons eram apresentados ao ouvido direito. Somente um entre cinco macacos de outra espécie apresentou assimetria auditiva quando lhe foram apresentadas as vocalizações dos símios japoneses da espécie Macaca.[21] Se assumimos que os sons apresentados ao ouvido direito são preferencialmente distribuídos para o hemisfério esquerdo, esses resultados sugerem uma assimetria hemisférica nos símios japoneses da espécie Macaca, no processamento de vocalizações produzidas por membros de sua própria espécie.

Willian Hopkins e colegas adotaram uma abordagem diferente no estudo de chimpanzés treinados em linguagem.[22] Seu objeto era um pequeno número de chimpanzés que tinham recebido treinamento de linguagem com símbolos visuais geométricos durante os últimos 12 a 18 anos. A tarefa exigia que eles pressionassem um botão até que surgisse a sugestão da resposta. Em cada tentativa, um símbolo geométrico, em alguns casos significativos e em outros não, mas familiares, era apresentado como um estímulo de advertência tanto no campo visual esquerdo como no direito. Esperava-se que o estímulo de advertência instruísse primeiro o hemisfério para o qual era apresentado, resultando em maior prontidão na resposta. Os resultados mostraram uma vantagem do campo visual direito na instrução dos símbolos significativos. Hopkins concluiu que:

os dados sugerem que a maneira pela qual estes chimpanzés percebem os símbolos que adquiriram um significado funcional pode ser semelhante àquele observado em sujeitos humanos no processamento das palavras. Outra pesquisa, usando o reconhecimento de lateralidade tradicional e paradigmas de memória, deve ajudar a determinar as relações entre estes efeitos simples de instrução e outros processos corticais mais elevados.[23]

ASSIMETRIAS EM AVES:
O que o Cérebro dos Pássaros Pode nos Dizer

Até este ponto, nosso exame das assimetrias em animais ficou confinado a estudos usando mamíferos, particularmente os primatas não humanos. Há algumas evidências que sugerem a existência de assimetrias nessas espécies, mas essas evidências estão longe de ser claras. Dados estes antecedentes, é especialmente interessante notar que pesquisadores trabalhando na Universidade Rockfeller descobriram uma impressionante assimetria entre as metades do cérebro numa fonte inesperada — pássaros canoros. Para compreender suas descobertas, precisamos fazer uma breve digressão para considerar como o canto dos pássaros é produzido.

O sistema vocal dos pássaros consiste essencialmente de um conjunto de foles que atuam numa estrutura que impele o ar chamada siringe. A posição e a tensão das dobras do tecido e das membranas na siringe determinam a freqüência e a amplitude dos sons produzidos. A siringe é dividida numa metade esquerda e numa metade direita, que são controladas independentemente pelos nervos hipoglossos esquerdo e direito, respectivamente.* Os pássaros canoros desenvolvem o canto tipicamente no primeiro ano da vida. Eles exigem realimentação auditiva, tanto para adquirir como para manter o canto normal.

---

*Note que o controle da siringe é do mesmo lado, ao contrário do controle cruzado, como se poderia esperar.

Fernando Nottebohm e seus colegas demonstraram que cortar o hipoglosso esquerdo em tentilhões e canários adultos produz uma dramática mudança no canto. A maior parte dos componentes do canto desaparecem e são substituídos ou pelo silêncio ou por sons pobremente modulados. O corte do hipoglosso direito, ao contrário, acarreta efeitos mínimos no canto; este permanece intacto em sua maior parte.[24] Uma outra pesquisa mostrou que o hipoglosso direito pode vir a controlar o canto em vários graus, dependendo da idade em que o hipoglosso esquerdo for cortado. Canários com o hipoglosso esquerdo cortado dentro de duas semanas do nascimento desenvolvem o canto com a mesma complexidade que quando controlado totalmente pelo hipoglosso direito. Os pássaros operados quando adultos também mostram alguma plasticidade pelo fato de que podem aprender um canto novo sob o controle do hipoglosso direito; o resultado final, porém, é menos aperfeiçoado do que aquele produzido por canários intactos e por canários com lesão ocorrida no começo da vida.

As assimetrias no controle do canto dos pássaros parecem se estender aos locais de mais alto controle vocal no cérebro. Os resultados mostram que as lesões no hemisfério esquerdo produzem um canto quase totalmente sem estrutura, com a ausência de todos os componentes que estavam presentes antes da operação. Ao contrário, o canto em pássaros com lesão no lado direito mantém sua estrutura, embora alguns componentes se percam. Com o tempo, os canários com lesões no hemisfério esquerdo recuperam sua capacidade para cantar; o hipoglosso direito assume o controle, como o fez quando o hipoglosso esquerdo foi cortado. De novo, porém, o canto resultante é menos completo do que aquele encontrado nos pássaros normais.

À primeira vista, as semelhanças entre a assimetria no canto dos pássaros e na linguagem humana são impressionantes. Contudo, vários fatores sugerem prudência na interpretação destas descobertas. Primeiramente, Nottebohm e os colegas não conseguiram encontrar uma assimetria flagrante entre os lados esquerdo e direito nos locais de mais alto controle de voz no cérebro do canário. Assim, as diferenças funcionais no canário aparecem na ausência de quaisquer diferenças anatômicas observáveis. Em segundo lugar, a importância evolutiva da dominância do hipoglosso esquerdo nos pássaros permanece incerta. É claro que não se trata de uma condição de aprendizado vocal, porque até vocalizadores fecundos, como os papagaios, não apresentam uma dominância do hipoglosso. Finalmente, alguns dados fisiológicos recentes têm sugerido que a produção de canto pode realmente ser controlada bilateralmente no cérebro e que as assimetrias periféricas explicam as primeiras descobertas.[25]

Esses pontos, bem como a distância da relação evolutiva entre os pássaros e os humanos, previnem contra interpretações não críticas da evidência do canto dos pássaros. Todavia, permanece intrigante, especialmente à luz do trabalho realizado muito recentemente no laboratório de Nottebohm, apontando para as diferenças hemisféricas na discriminação do canto das aves.

Tentilhões zebra receberam lesões que separavam a alimentação auditiva em cada hemisfério, esquerdo ou direito, do sistema de controle do canto. Quando ensinados a discriminar entre pares de cantos de pássaros, na discriminação entre o canto de um companheiro de gaiola e o seu próprio, os pássaros com lesão no lado direito saíram-se melhor do que os lesionados no lado esquerdo. Estes últimos saíram-se melhor numa tarefa que exigia discriminação entre duas versões de um canto não familiar, diferentes apenas na estrutura harmônica de uma parte do canto. Os pesquisadores concluíram que os dois hemisférios de pássaros canoros percebem e processam diferentemente o canto produzido pelas suas próprias espécies — um fenômeno análogo à assimetria hemisférica nos humanos.[26]

IMPLICAÇÕES TEÓRICAS DAS ASSIMETRIAS ANIMAIS

A pesquisa comparativa com espécies não-humanas pode ajudar a responder duas questões fundamentais sobre a lateralidade do cérebro. Em primeiro lugar, por que existem tais assimetrias? Por que essas assimetrias são em geral consistentemente direcionadas — isto é, por que a fala é usualmente representada no hemisfério esquerdo e não no direito?

As evidências estudadas apontam para a existência de assimetrias anatômicas, farmacológicas e/ou comportamentais, numa extensa série de animais. Muito trabalho resta a ser realizado, entretanto, para que se estabeleça firmemente a existência destas assimetrias e para determinar quais as relações possíveis com as assimetrias encontradas nos seres humanos. Norman Geschwind, um dos primeiros pesquisadores responsáveis pelo atual interesse nos fundamentos biológicos da lateralidade, especulou sobre algumas das implicações mais abrangentes da pesquisa da assimetria animal.

Geschwind argumentava que a tão difundida crença de que os humanos possuem certas características completamente distintas — tais como a linguagem e os elevados níveis de habilidades artísticas e musicais — entraria em descrédito mais quanto fosse aprendido sobre as assimetrias em animais.[27] Ele estava particularmente interessado no recente debate científico referente à possibilidade de os chimpanzés aprenderem uma "verdadeira" linguagem. Os chimpanzés têm sido especialmente treinados a se comunicar pela linguagem de sinais, mas há muita controvérsia quanto a se isto representa uma linguagem, no mesmo sentido da linguagem falada usada pelos humanos.

Geschwind propôs um experimento hipotético para ajudar a resolver a questão. Se as habilidades de linguagem do chimpanzé fossem prejudicadas por uma lesão no lado esquerdo da região do cérebro comparável aos centros de linguagem humanos, e se uma lesão bilateral em outros lugares não interrompesse o desempenho, os resultados seriam consistentes com a idéia de que a "linguagem" do chimpanzé e a linguagem humana teriam um mecanismo semelhante. Se as habilidades do chimpanzé fossem prejudicadas pelas lesões bilaterais nas áreas não equivalentes aos centros humanos de linguagem, porém, e não fossem prejudicadas por lesões no lado esquerdo, argumentou, isto seria uma evidência contra a natureza lingüística do desempenho do chimpanzé. *

O fato de as assimetrias serem encontradas em animais que não parecem possuir habilidades lingüísticas não enfraquece o argumento, afirmava Geschwind. Ele postulava que talvez haja um precursor de linguagem que não envolva a comunicação entre os indivíduos, mas que ainda seja útil para o animal. Geschwind declarou:

> *É claramente concebível que esse método interno de codificar poderia ter aparecido muito cedo na evolução e poderia ter sido usado individualmente por animais não humanos. A capacidade de comunicar, embora de grande interesse, poderia ser*

---

* Concordamos com Geschwind que um resultado "positivo" deste estudo hipotético seria uma evidência indireta poderosa para a natureza lingüística do desempenho do chimpanzé. Entretanto, acreditamos que o insucesso em demonstrar que a assimetria hemisférica nos chimpanzés do mesmo tipo que daquela encontrada nos humanos não exclui, necessariamente, a possibilidade de que a linguagem do chimpanzé fosse lingüística, da mesma maneira que a linguagem humana.

um desenvolvimento "técnico" posterior que capacitasse a transmissão do código de um indivíduo para outro, mas o passo essencial no desenvolvimento do código interno poderia ter ocorrido bem mais cedo.[28]

Embora essas idéias sejam especulativas, são representativas dos problemas que os neurocientistas estão começando a confrontar, ao querer entender a lateralidade. Ao estender a procura de assimetrias além dos seres humanos, os pesquisadores começaram o processo de descoberta das respostas. Nas próximas seções deste capítulo, nos voltaremos para um outro assunto fundamental para o entendimento da lateralidade — a ontogenia, ou o desenvolvimento da assimetria em humanos.

O DESENVOLVIMENTO DA ASSIMETRIA

Na época do nascimento, o cérebro de uma criança humana tem um quarto do peso de um cérebro adulto. Quando uma criança atinge a idade de dois anos, o cérebro terá mais do que triplicado sua massa e chegará perto de seu tamanho normal. Essa mudança radical no tamanho físico é acompanhada de mudanças igualmente radicais nas capacidades da criança. Na idade de dois anos, a criança média começou a falar e a mostrar o começo de muitas das funções mentais mais elevadas que caracterizam os seres humanos.

Nas seções seguintes, vamos discutir como e até que ponto as diferenças básicas entre o cérebro esquerdo e o cérebro direito, encontradas nos adultos, se encaixam neste quadro de mudanças físicas e funcionais na infância. Estas assimetrias emergem enquanto a criança se desenvolve ou estão presentes no nascimento ou até mesmo antes? Quais os papéis exercidos pelos fatores genéticos e ambientais no estabelecimento da assimetria? O padrão de assimetria pode ser mudado e, em caso afirmativo, quais são os fatores que o limitam?

Essas questões fundamentais, que se relacionam com a ontogenia da assimetria, são o foco dos esforços das pesquisas que usam metodologias muito diferentes. As repostas têm o potencial de contribuir de diversas formas importantes para a nossa compreensão das desordens de linguagem, tanto em crianças como em adultos. Elas também podem ajudar os pesquisadores a entender melhor outros problemas que têm sido relacionados com a divisão de funções entre os hemisférios.

LESÃO CEREBRAL NA INFÂNCIA:
Lateralidade e Plasticidade

Talvez a pessoa que mais tenha concorrido para o atual desenvolvimento da lateralidade seja Eric Lenneberg, um psicólogo da Universidade de Cornell. Em meados da década de 1960, Lenneberg analisou uma variedade de evidências e concluiu que a lateralidade de função no cérebro se desenvolve com o tempo, mas se completa na puberdade.[29] Sua pesquisa também indicou que a puberdade assinala um momento decisivo na habilidade para aprender novas línguas sem sinais de sotaque estrangeiro, por meio da simples exposição. Lenneberg acreditava não ser mera coincidência o fato de que tanto a lateralidade como a habilidade de aprender uma língua ficam estabelecidas na puberdade. Ele via uma como a base biológica da outra.

Ao delinear suas conclusões sobre a evolução da lateralidade, Lenneberg confiou basicamente nos dados clínicos coletados pelo neurologista L.S. Basser.[30] Basser relatou que cerca da metade de um grupo de 72 crianças com lesão cerebral ocorrida antes da idade de dois anos começou a falar na época normal, enquanto a outra metade apresentou algum atraso. Os resultados foram os mesmos para crianças com danos no hemisfério esquerdo ou no direito — resultados que sugerem que a assimetria hemisférica para a linguagem não está bem estabelecida na idade de dois anos. Os resultados de um grupo de crianças com lesões ocorridas entre o início da fala e a idade de vinte anos, entretanto, mostraram o aparecimento de diferenças hemisféricas. Neste grupo, uma lesão no lado esquerdo acarretava distúrbios da fala em 85% dos casos, mas uma lesão no lado direito produzia distúrbios em apenas 45% dos casos.

Apesar desses efeitos diferenciais esquerdos e direitos, este padrão de prejuízo é ainda diferente daquele encontrado em adolescentes e adultos destros com lesão cerebral. Neste grupo, a afasia muito raramente sucedia a uma lesão no hemisfério direito, mas ocorria mais freqüentemente após uma lesão na metade esquerda do cérebro. Com base nestas evidências, Lenneberg concluiu que a lateralidade começa na época da aquisição da linguagem, mas não se completa antes da puberdade.

Reconsideração da Lateralidade na Puberdade

A interpretação de Lenneberg sobre esses dados não passou sem contestação. Um reexame cuidadoso das descobertas de Basser mostrou que em cada um dos casos em que a lesão no hemisfério direito produziu distúrbios na fala, a lesão ocorrera antes dos cinco anos de idade. No único caso em que a lesão cerebral ocorreu após essa idade, nenhuma perda foi notada na fala. Assim, as descobertas de Basser são coerentes com a hipótese de que a lateralidade se completa na idade de cinco anos e não na puberdade. Todavia, elas não fornecem um número adequado de pacientes para testar a hipótese de que a lateralidade se completa mais tarde.[31]

Marcel Kinsbourne argumentou que os dados são consistentes com a hipótese de que a lateralidade está completa no nascimento e não aos cinco anos ou na puberdade. Ele analisou os registros neurológicos dos casos de Basser e argumentou que a maioria dos casos em que a lesão no hemisfério direito produziu afasia, na infância, eram realmente casos de lesão tanto no hemisfério esquerdo como no direito.[32] Se for assim, os primeiros dados da infância não parecem diferentes dos dados de adultos, em termos da incidência de afasia após lesão no lado esquerdo ou direito do cérebro.

Em 1978, Bryan Woods e Hans Lucas Teuber relataram 65 casos de crianças com lesão hemisférica unilateral ocorrida depois que começaram a falar.[33] Eles descobriram que, de 34 crianças com lesões no hemisfério esquerdo, 25 eram afásicas inicialmente, enquanto entre 31 crianças com lesões no hemisfério direito (incluindo dois canhotos), apenas 4 eram afásicas. Ao rever a literatura anterior, os autores concluíram que havia ocorrido uma impressionante mudança na incidência da afasia após lesão no hemisfério direito em crianças, com uma queda abrupta observada nos estudos iniciados depois de 1941.

Eles atribuíram esta diferença ao longo do tempo, em parte, ao uso de antibióticos, que resultava na virtual eliminação, em crianças, da afasia e da hemiplegia decorrentes de complicações da escarlatina e de outras doenças. Os estudos mostraram que estas infecções, quando severas e não tratadas, podiam produzir lesões cerebrais localizadas, bem como danos difusos em ambos os hemisférios. Uma criança que apresentasse tanto hemiplegia quanto afasia após tais infecções, provavelmente, teria sido classificada como um caso do hemisfério direito, quando, de fato, o hemisfério esquerdo estava, muito provavelmente, também afetado. Os pesquisadores concluíram que a incidência de afasia após lesões no hemisfério direito em crianças tem sido grandemente superestimada e que os dados, como um todo, sustentavam a idéia de que o padrão das funções de linguagem observado nos adultos está essencialmente completo logo depois do nascimento.

Assim, a evidência clínica sugere que a especialização hemisférica para a linguagem está presente no nascimento e não se desenvolve com o tempo. Esta conclusão, porém, não questiona, de qualquer modo, o que sabemos sobre a capacidade do hemisfério direito de assumir as funções de linguagem, após lesões no hemisfério esquerdo ocorridas muito cedo. Sabemos que há diferenças gritantes na cura da afasia em crianças e em adultos e consideraremos as implicações teóricas desta descoberta mais adiante neste capítulo.

HEMISFERECTOMIA NA INFÂNCIA:
Removendo a Metade de um Cérebro

Às vezes é clinicamente necessário remover a maior parte de um hemisfério cerebral. No capítulo 6 discutimos algumas das conseqüências da hemisferoctomia em adultos. A operação é também realizada logo na infância, quando extensas lesões em um hemisfério ameaçam prejudicar igualmente o lado intacto.

Relatos de várias dúzias de casos de hemisferoctomia apareceram na literatura e servem como uma fonte de informação do desenvolvimento da assimetria hemisférica das funções. As conseqüências da operação dependem da idade do paciente na época da cirurgia, e de qual hemisfério é removido. Como consideramos, com a remoção do hemisfério direito, os pacientes adultos normalmente apresentam pouco ou nenhum prejuízo da linguagem, mas a remoção do hemisfério esquerdo geralmente produz uma afasia marcante, que se restabelece apenas levemente com o tempo. Efeitos semelhantes de lateralidade ocorrem em crianças. A severidade do dano está diretamente relacionada com a idade da criança na época da cirurgia e o prognóstico da recuperação da linguagem, inversamente relacionado.[34]

Vários relatos assinalaram que se a cirurgia for executada suficientemente cedo na infância, na idade adulta não restam sinais das deficiências de lateralidade nas funções mentais mais elevadas. Esta descoberta sugere que o hemisfério remanescente, seja o esquerdo ou o direito, é capaz de assumir o comando em lugar do hemisfério removido e de realizar aquelas funções que normalmente seriam lateralizadas na outra metade do cérebro.

É possível extrair desses dados pelo menos duas conclusões teóricas diferentes. Uma é que nenhuma troca de função ocorreu nos casos das hemisferoctomias em crianças muito novas, porque a lateralidade de funções não está presente desde cedo na infância. A segunda interpretação é que as diferenças hemisféricas estão presentes desde cedo, na infância, mas que o cérebro jovem possui uma tremenda capacidade de se reorganizar diante de uma lesão em regiões específicas.

Alguns estudos recentes e aprofundados das habilidades de pacientes com hemisferoctomia esquerda ou direita sugerem que, das duas possibilidades, a última explicação de "plasticidade" é provavelmente a mais correta. Maureen Dennis e Harry Whitaker testaram pacientes de hemisferoctomia cedo na infância com vários testes de linguagem e descobriram muitos sinais sutis de efeitos da lateralidade.[35] As medidas padronizadas de inteligência verbal parecem não diferenciar entre uma hemisferoctomia do lado esquerdo e uma do direito, ocorridas cedo na infância. O fato de não se encontrar uma diferença não significa, contudo, que outros testes não possam revelar alguma variedade.

Dennis e Whitaker estudaram três crianças, entre nove e dez anos de idade, que tinham sido submetidas à hemisferoctomia aos 5 meses de idade. Uma era paciente de hemisferoctomia no lado direito; as outras duas tinham removido o hemisfério esquerdo. Os resultados mostraram que tanto a discriminação como a articulação dos sons da fala eram normais em todas as três crianças. As três eram também igualmente boas na produção e discriminação de palavras. Entretanto, diferenças importantes entre os hemisférios apareceram em testes da capacidade dos pacientes para lidar com a sintaxe — as regras de combinar as palavras em sentenças gramaticalmente corretas. Por exemplo, pediu-se a cada criança para julgar a aceitabilidade das seguintes sentenças:

1. Paguei o dinheiro pelo homem.
2. O dinheiro me foi pago para uma senhora.
3. O dinheiro me foi pago pelo menino.

O paciente de hemisferoctomia no lado direito indicou corretamente que as sentenças 1 e 2 eram gramaticalmente incorretas e que a sentença 3 era aceitável. Os dois pacientes de hemisferoctomia no lado esquerdo não fizeram estas distinções.

Os pesquisadores concluíram que o hemisfério direito, nos casos de hemisferoctomia no lado esquerdo, não compreende corretamente o sentido de sentenças na voz passiva. Outros testes os levaram a concluir que a deficiência do hemisfério direito é um problema organizacional, analítico e sintático, mais do que um problema com raízes nos aspectos conceituais e semânticos da linguagem. Os resultados sugerem que há limites para a plasticidade do cérebro da criança e, o que é mais importante para os nossos objetivos, que as assimetrias entre os hemisférios estão presentes bem cedo na vida.

As conclusões de Dennis e Whitaker, porém, foram criticadas como prematuras, considerando-se a evidência apresentada como suporte. Dorothy Bishop notou problemas com a análise estatística usada, bem como com a ausência de grupos de controle adequados à comparação dos desempenhos dos pacientes.[36] Ela notou que estudos posteriores mostraram que o único paciente de hemisferoctomia no lado direito estudado por Dennis e Whitaker, em diversas tarefas lingüísticas, saiu-se melhor do que muitos outros pacientes de hemisferoctomia no lado direito, e que é inseguro usar um paciente como o único padrão de confronto para avaliar as habilidades lingüísticas de pacientes de hemisferoctomia no lado esquerdo. Bishop recomendou cautela na aceitação das conclusões de Dennis e Whitaker até que dados mais sólidos fossem apresentados.

Pode bem ser o caso de que, em conseqüência, sejam providenciados dados que mostrem definitivamente os limites da plasticidade. Estes limites, porém, quaisquer que sejam, não diminuiriam o importante papel que a plasticidade exerce em muitas das incríveis recuperações da afasia encontrada em crianças, após uma lesão no hemisfério esquerdo. A capacidade do cérebro de rearranjar sua função, relativamente depressa, torna difícil distinguir-se entre um sistema onde a lateralidade não existe, ou existe apenas de forma rudimentar, e um sistema com uma lateralidade extensa, mas que tem a possibilidade de compensar rapidamente a lesão em um dos lados. Somente pelo uso de testes muito sensíveis, preparados para medir diferenças sutis de desempenho, podemos começar a esclarecer estas alternativas.

A PROCURA DAS
ORIGENS DA LATERALIDADE

A evidência clínica que trata dos efeitos da lesão cerebral prematura nas funções da linguagem exerceu um papel central na formação do pensamento atual referente ao desenvolvimento da assimetria. Diversas outras fontes de evidência que têm conexão com este assunto também estão disponíveis e vamos considerá-las agora.

Assimetrias Anatômicas em Crianças

Outra evidência que sustenta a idéia de que a assimetria cerebral tem sua origem cedo na vida vem dos estudos anatômicos de fetos e crianças. No mais extenso desses estudos, foram medidos 207 cérebros. As idades abrangiam de 10 a 44 semanas após a concepção. O plano temporal esquerdo era mais longo em 54% dos cérebros; o inverso acontecia em 18% dos casos. Em 28% não foi observada nenhuma diferença significativa nos tamanhos dos dois planos temporais.[37]

Em outro grande estudo de 100 cérebros, foram encontrados resultados comparáveis. A média de idade neste estudo era de 48 semanas, incluindo-se o período de gestação. O plano temporal esquerdo era 77% maior, em média, do que o direito. Havia 12 crianças com o lado direito maior do que o esquerdo e 32 com medidas aproximadamente iguais nos lados esquerdo e direito.[38]

Mais uma vez, porém, há uma dificuldade fundamental para a interpretação desses estudos anatômicos. Não sabemos a natureza precisa da relação entre a assimetria anatômica e a assimetria funcional. A anterior é a estrutura básica da posterior? Em caso positivo, as diferenças funcionais entre os hemisférios são operantes sempre que encontramos diferenças anatômicas? Somente quando mais informação estiver disponível para ajudar nas respostas a estas questões será possível interpretar os dados da assimetria com confiança. Até então, as evidências permanecerão sugestivas e intrigantes, mas de forma alguma se terá uma resposta completa para o problema da presença, ou não, da lateralidade de função no nascimento.

A ação de virar a cabeça em crianças

Os recém-nascidos são muito limitados na sua gama de comportamentos — uma condição que deixa pouca oportunidade para observar quaisquer preferências laterais, como o uso da mão. Contudo, as crianças viram a cabeça para o lado esquerdo e para o lado direito, e, assim, a freqüência dessas viradas para cada lado torna-se uma medida do interesse potencial. Vários estudos mostraram que crianças com poucos dias de vida apresentam a preferência marcante de virar a cabeça para o lado direito.[39] Embora o significado desta preferência não tenha sido firmemente estabelecido, há uma sugestão preliminar de que isso pode estar relacionado com a preferência manual na vida futura.

Um grupo de pesquisadores relatou uma correlação estatisticamente significativa entre a direção preferida para virar a cabeça na infância e a preferência lateral na idade de sete anos, embora a correlação não seja grande.[40] Há pelo menos duas explicações possíveis para esta relação. A primeira sustenta que a preferência em virar a cabeça na infância afeta o desenvolvimento posterior da preferência manual. Por exemplo, aquelas crianças que preferem voltar a cabeça para o lado direito veriam sua mão direita com mais freqüência do que a mão esquerda. Esta circunstância poderia produzir uma melhor coordenação óculo-manual com a mão direita, levando assim à preferência pela mão direita para o gesto de alcançar orientado visualmente. Uma segunda possibilidade é que tanto a preferência de virar a cabeça como a posterior preferência manual estão relacionadas porque são determinadas pelos mesmos conjuntos dos mecanismos cerebrais.

Potenciais Evocados em Crianças

Como as técnicas eletrofisiológicas de registro não exigem do sujeito nenhum tipo de resposta deliberada, são especialmente adequadas ao estudo das assimetrias hemisféricas em crianças. O psicólogo Dennis Molfese foi um dos primeiros pesquisadores a descobrir evidência de assimetrias nos registros elétricos do cérebro esquerdo e direito em recém-nascidos. Em um estudo, ele e seus colaboradores apresentaram sons de fala, com "bá", a crianças com idades variando de uma semana a onze meses, enquanto registravam a atividade do potencial evocado (EP) de ambos os hemisférios.[41]

Molfese, em 9 das 10 crianças testadas, descobriu respostas de maior amplitude no lado direito, provavelmente refletindo um maior envolvimento ao processar os sons. Esse efeito foi obtido tanto nas crianças mais novas como nas mais idade. A única criança que apresentou o resultado contrário tinha oito meses de idade. Quando Molfese mostrou às crianças alguns sons não falados, tais como o barulho de uma explosão ou um acorde de piano, foram obtidos resultados opostos: todas as 10 crianças apresentaram EPs de maior amplitude no hemisfério direito. Estas descobertas são excitantes porque sugerem que, embora um recém-nascido possa não "entender" o que está sendo apresentado, o cérebro já está equipado com os centros especializados que serão responsáveis mais tarde, na vida, pelo processamento de sons em níveis mais profundos.

Wada e Davis fizeram uma outra abordagem no estudo das assimetrias com EP em crianças. Eles observaram: "Se a assimetria fundamental do circuito neural existe antes do desenvolvimento da linguagem e da função da fala, deveríamos então ser capazes de revelar essa diferença sem usar estímulos verbais".[42] Wada e Davis gravaram o EP com cliques e lampejos de luz e mediram a coerência (similaridade de formas) do EP nas regiões temporal e occipital do cérebro de crianças.

Eles observaram no trabalho anterior, com pacientes adultos testados com sódio amobarbital, que a coerência era maior com estalidos no hemisfério dominante da fala, e com lampejos no não dominante. Resultados semelhantes foram encontrados no estudo de 50 crianças com idades variando entre um dia e cinco semanas. As descobertas indicaram que as formas das respostas da região occipital e da temporal a estalidos eram mais parecidas na metade esquerda do cérebro do que na direita; a semelhança se deslocava para o hemisfério direito quando eram apresentados os lampejos. Os pesquisadores afirmaram que suas descobertas refletem a especialização dos dois hemisférios para processar diferentes tipos de informação e que esta especialização está presente no nascimento.

Audição Dicotômica no Berço

Muitos estudos de audição dicotômica procuraram determinar a menor idade em que pode ser encontrada a superioridade do ouvido direito. Esta técnica, analisada em toda a extensão no capítulo 3, envolve a apresentação simultânea de duas mensagens diferentes de fala, uma para cada ouvido. Pedia-se sistematicamente às pessoas para relatar o que era ouvido — um procedimento que obviamente limita a idade das crianças que podem ser testadas. O teste padrão de audição dicotômica, contudo, é utilizado em crianças de até três anos de idade e tem sido encontrada uma superioridade no ouvido direito.[43]

Métodos engenhosos têm sido inventados para levar a técnica dicotômica ao berço e determinar se as crianças novas apresentam a superioridade no ouvido direito. Num estudo, crianças com 50 dias de vida, em média, primeiro aprendiam a sugar um bico para receber a apresentação dicotômica de um par de palavras. Cada vez que as crianças sugavam com uma força previamente especificada, as mesmas palavras lhes eram apresentadas. Este procedimento continuava até que as crianças se habituassem com o par, o que era evidenciado por uma redução mantida no padrão de sucção. Nesse momento, o estímulo no ouvido esquerdo ou o estímulo no ouvido direito era mudado e o pesquisador acompanhava as mudanças da criança no padrão de sucção. Os resultados mostraram que as crianças notavam a mudança em cada ouvido (o padrão de sucção aumentava), mas a mudança no ouvido direito produzia um maior aumento na sucção.[44]

Como as crianças aumentam de forma característica o padrão de sucção quando um estímulo novo é apresentado, os resultados obtidos com os estímulos dicotômicos de fala sugerem que é mais fácil detectar a diferença entre estímulos antigos e novos com o ouvido direito — uma superioridade do ouvido direito. Quando eram usados outros estímulos — não os da fala — havia um aumento maior no padrão de sucção após uma mudança no ouvido esquerdo. Esta descoberta é uma outra evidência de que a "diferença de ouvido", numa tarefa dicotômica, reflete a assimetria cerebral.

Embora esta modificação do paradigma dicotômico seja engenhosa e encorajadora para aqueles que acreditam que a lateralidade de função está presente no nascimento, outros pesquisadores tiveram dificuldade para reproduzir essas descobertas. Um estudo repetiu o trabalho com estímulos de fala, modificando ligeiramente os procedimentos, para prevenir uma inadvertida tendência do pesquisador.* Este estudo não conseguiu obter evidência de diferenças no padrão de sucção como resposta aos estímulos mudados em cada ouvido.[45] Há necessidade de outros trabalhos para determinar se assimetrias auditivas podem ser encontradas nos recém-nascidos.

---

* A tendência do pesquisador é um problema potencial em toda pesquisa de comportamento. No estudo que acabamos de examinar, o pesquisador não estava "cego" à ordem das condições do estímulo; isto é, o pesquisador sabia qual o ouvido que recebia uma mudança nos estímulos sonoros numa determinada experimentação, e poderia inadvertidamente ter influenciado a criança a responder na direção prevista. Na tentativa de reproduzir este trabalho, o pesquisador presente no quarto com a criança não tinha conhecimento, em nenhum momento, da condição específica que estava sendo testada.

A LATERALIDADE MUDA COM O TEMPO?

O fato de que os efeitos de uma lesão unilateral que ocorre nos primeiros tempos da vida são diversos dos efeitos de uma lesão ocorrida mais tarde certamente sugere que importantes mudanças acontecem no cérebro no decorrer do tempo. As deficiências de linguagem após uma lesão no hemisfério esquerdo geralmente são menos severas e de duração mais curta, quanto mais jovem for o indivíduo na época da lesão. Isso implica que a lateralidade se amplia ou se torna mais completa com a idade? Não necessariamente. Uma outra interpretação dessas descobertas a partir das lesões cerebrais é que a plasticidade do cérebro diminui com a idade; isto é, à medida que a pessoa se torna mais velha, o hemisfério direito perde a capacidade de assumir o controle da linguagem.

Para responder se a lateralidade muda com a idade, precisamos obter medidas de lateralidade em pessoas de idades diferentes e comparar o grau de assimetria presente em cada grupo etário. Esta abordagem tem sido usada mais extensivamente nas pesquisas de audição dicotômica.

O padrão das descobertas, infelizmente, não é consistente. Por exemplo, um amplo estudo, utilizando 30 crianças em cada uma das idades de 5, 7, 9, 11 e 13 anos, numa tarefa dicotômica de consoantes e vogais, encontrou uma vantagem do ouvido direito em todos os grupos de idade, com o mesmo grau de assimetria auditiva em todos os níveis de idade. [46]

Ao contrário, um outro estudo, utilizando cinco grupos etários (6, 7, 10, 12 e 14 anos) com 24 pessoas em cada um, encontrou assimetria auditiva em maior grau nas idades mais avançadas. A superioridade do ouvido direito era significativamente diferente de zero somente nos grupos de 12 e 14 anos de idade. [47] Num artigo referente à mudança no desenvolvimento, os autores registraram quatro estudos de audição dicotômica, mostrando um aumento da assimetria nesse período e cinco mostrando ou um leve decréscimo, ou um nivelamento depois de três ou cinco anos de idade. [48]

Outras medidas também têm sido usadas para tratar da questão da mudança na lateralidade com a idade. O estudo de Molfese de EPs com estímulos de fala e de outros tipos, mencionados anteriormente neste capítulo, também envolveram crianças entre 4 e 11 anos de idade e adultos de 23 a 39 anos. [49] As análises mostraram que a assimetria no tamanho do EP com os estímulos que não eram de fala era proporcionalmente maior nos bebês do que nas crianças e nos adultos. Os estímulos da fala produziam uma assimetria comparável nos bebês e nas crianças, uma vez que ambos os grupos respondiam a estes estímulos com uma assimetria maior do que os adultos. Os autores sugeriram que a assimetria de EP pode declinar com a idade, por causa da maturação das comissuras cerebrais que ligam os hemisférios. Para sustentar este argumento, citaram os estudos anatômicos que mostram que o corpo caloso não está completamente desenvolvido no nascimento.

Já observamos antes que foram encontradas assimetrias anatômicas em cérebros de bebês. Um estudo utilizou cérebros de crianças pequenas e de adultos que foram medidos para possibilitar a comparação do grau de assimetria nos dois grupos. Expressando o tamanho do plano temporal direito em termos de porcentagem do tamanho do plano temporal esquerdo, obteve-se uma medida independente do tamanho absoluto. Os pesquisadores puderam então comparar diretamente os grupos das crianças e dos adultos. A proporção média (D/E) entre o lado esquerdo e o direito era de 67% nas crianças e de 55% nos adultos — indicando um maior grau de assimetria nos adultos.[50] Essas descobertas sugerem que a assimetria no tamanho do plano temporal nos dois hemisférios aumenta com a idade.

Dada a diversidade dos resultados dos estudos que usam metodologias diferentes, bem como a daqueles que usam a mesma medida de lateralidade, é nitidamente prematuro tirar conclusões referentes à alteração da assimetria com a idade. Outras pesquisas, utilizando medidas da lateralidade mais refinadas, poderiam fornecer as respostas. Seria também válido investigar as assimetrias hemisféricas durante todo o período da vida para ver se o processo de amadurecimento afeta diferencialmente os hemisférios. Poucos trabalhos têm sido realizados nesta área.

O PAPEL DO CORPO CALOSO
NO DESENVOLVIMENTO

O cérebro da maioria dos mamíferos, incluindo os humanos, é muito pouco desenvolvido no nascimento e experimenta a maior parte de sua maturação estrutural e funcional durante a infância. Além de seu crescimento marcante, o cérebro passa por mutações dramáticas em nível microscópico. As conexões entre os neurônios se multiplicam tremendamente em poucos anos no início da vida, e acredita-se que continuem mudando durante toda a vida da pessoa. Além disso, volumosas camadas isolantes, chamadas mielina, são depositadas ao redor das fibras nervosas, tornando-as, assim, condutoras mais eficientes dos impulsos elétricos.

O corpo caloso está presente no nascimento, mas aparece desproporcionalmente pequeno numa secção transversal, quando o cérebro de um recém-nascido é comparado com o cérebro de um adulto. A Figura 9.2 mostra o crescimento das comissuras cerebrais durante três estágios do desenvolvimento humano.

Sandra Witelson tem-se interessado particularmente nas alterações do corpo caloso que ocorrem entre o nascimento e a idade adulta.[51] Ela analisou todos os estudos que estão relacionados com o desenvolvimento do corpo caloso e descobriu que o crescimento mais rápido do corpo caloso ocorre durante o desenvolvimento fetal. Entre o nascimento e a idade de dois anos, o corpo caloso continua a crescer rapidamente, embora um pouco mais devagar que durante o desenvolvimento fetal. Os dados referentes ao tamanho do corpo caloso entre as idades de dois e 18 anos são precários, mas Witelson observou que, se continuasse a crescer na mesma proporção em que crescia na infância, o corpo caloso adulto seria 300% maior do que é.

Witelson sugeriu duas possibilidades quanto ao desenvolvimento do corpo caloso entre as idades de dois e 18 anos. A primeira é que o corpo caloso continua a crescer na mesma proporção em que crescia na infância, alcançando o tamanho adulto na idade de três a quatro anos. A segunda é que há um significativo declínio na proporção do crescimento do corpo caloso entre as idades de dois e 18 anos, com um crescimento muito lento até que o tamanho adulto seja atingido. Embora não haja dados com referência ao tamanho do corpo caloso nesse período etário para responder diretamente a essa questão, Witelson favoreceu a segunda hipótese, citando outras mudanças no cérebro (por exemplo, a "mielinização" do corpo caloso e do próprio tamanho cerebral) que acompanham o andamento do rápido desenvolvimento entre o nascimento e a idade de dois anos, seguido pelo crescimento muito mais lento até o desenvolvimento adulto.

Witelson viu implicações deste padrão de crescimento do cérebro e de desenvolvimento cortical e citou os acontecimentos cognitivos e "neurocognitivos" que seguem esta estrutura temporal. Ela notou, por exemplo, que uma lesão cerebral que ocorria no primeiro ano de vida era diferente, com relação aos efeitos, da lesão sofrida depois de um ano. Especificamente, uma lesão ocorrida antes de um ano está associada com os mais baixos escores globais de QI e com as mais baixas habilida-

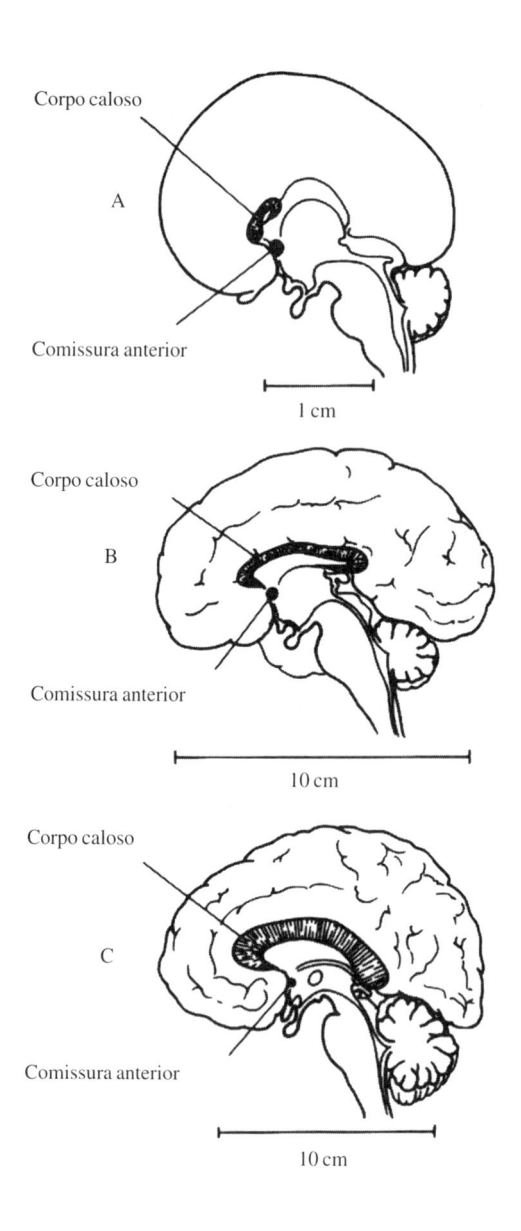

Figura 9.2 – O corpo caloso e a comissura anterior em três estágios do desenvolvimento humano. A. Feto (16 semanas). B. Recém-nascido (40 semanas). C. Adulto. [De Trevarthen, "Cerebral Embriology and the Split Brain", Fig. XI-7, p. 228-229, in *Hemisphere Disconnection and Cerebral Function*, ed. M. Kinsbourne e L. Smith, Springfield. Ill.: Charles C. Thomas, 1974.]

des não-verbais relacionadas com as verbais. Após um ano de idade, uma lesão produz menos efeitos no QI global, com um padrão de deficiências ligado ao local da lesão. A preferência manual em crianças normais também apresenta sinais de estabilização na idade de um ano. Talvez, sugeriu Witelson, o crescimento do corpo caloso represente alterações corticais e, conseqüentemente, mudanças cognitivas.

Agenesia do Corpo Caloso

O que aconteceria se as comissuras cerebrais fossem separadas no nascimento? Qual o papel das comissuras na lateralidade e no desenvolvimento normal das funções cognitivas? Embora não existam casos de comissurotomia realizada em recém-nascidos, os casos de ausência congênita, ou agenesia, do corpo caloso fornecem uma rara oportunidade para examinar essas questões.

O trabalho mais antigo relativo à agenesia focalizava a forma de organização da linguagem no cérebro. Se o corpo caloso tem um papel importante no desenvolvimento da assimetria hemisférica, talvez inibindo a ativação simultânea nas áreas relacionadas na outra metade do cérebro, encontrem-se funções de linguagem representadas bilateralmente em pessoas sem o corpo caloso. Ficou provado que não é este o caso. A maioria das pessoas com agenesia do corpo caloso apresenta uma nítida preferência manual e pequenas, mas confiáveis, assimetrias nos testes de audição dicotômica e de metade do campo visual, bem como na fala no hemisfério esquerdo, quando determinadas pelo teste de Wada.[52]

Até relativamente há pouco tempo, os casos de agenesia do corpo caloso chegavam aos pesquisadores por causa de outras anormalidades neurológicas muitas vezes acompanhadas de diminuição da função mental. A introdução de procedimentos não invasivos, como os rastreamentos de tomografia computadorizada (TC) e os registros de imagens por ressonância magnética (analisados no capítulo 4), entretanto, levou à identificação de outros casos sem disfunção neurológica grave na faixa do QI normal até o próximo do normal.

Num recente estudo de pessoas sem o corpo caloso, não se apresentaram quaisquer deficiências cognitivas que pudessem ser atribuídas à agenesia do corpo caloso, quando comparadas com pessoas de QI igual e com o corpo caloso intacto.[53] Por exemplo, as pessoas sem o corpo caloso tinham escores de QI, relativos ao verbal e ao desempenho, comparáveis entre si, com nenhum sinal de desequilíbrio entre os escores verbais e de desempenho, que podem acompanhar uma lesão cerebral. Essas pessoas sem o corpo caloso apresentaram deficiências, entretanto, quando comparadas a pessoas com QIs equivalentes utilizadas como controle, em tarefas que mediam destreza no uso de uma mão e coordenação bimanual.

Christine Temple liderou estudos intensivos com um pequeno número de crianças de QI normal e sem o corpo caloso, para indagar se uma análise mais acurada do desenvolvimento cognitivo, usando testes especializados, poderia revelar prejuízos cognitivos específicos.[54] Os resultados iniciais mostraram que estas crianças apresentavam deficiências em tarefas que envolviam a produção e o reconhecimento de rimas. Os exemplos das tarefas incluíam uma tarefa de fluência em que se pedia às pessoas para criar, em um minuto, tantas palavras quantas possíveis que rimassem com uma palavra dada (e.g., *fear, ring, nine*) e uma tarefa de reconhecimento, em que cada palavra da tarefa de fluência em rimas formasse par com quatro outras palavras (e.g., *fear - beer; fear - feel; fear - four; fear - hen*). Os pares eram falados em voz alta numa seqüência ao acaso e pedia-se às pessoas para julgar se cada par rimava.

As deficiências nestas tarefas foram surpreendentes, porque as pessoas não apresentavam prejuízos graves; a sua fala era clara e bem formulada e as suas habilidades gerais de linguagem eram normais. Todavia, como Temple observou, "nas tarefas de rima, que exigem decomposição, análise e síntese mais explícitas de elementos relacionados com a fala, existem importantes deficiências no desempenho".[55] Um trabalho posterior mostrou que, embora o nível geral de leitura nessas crianças fosse normal, ficava prejudicada a habilidade de pronunciar em voz alta sons que não constituíam palavras (letras enfileiradas conforme as regras ortográficas da linguagem, e.g., *gip, sutter*). As crianças novas normais eram melhores na leitura de palavras do que das não-palavras, mas a diferença diminuía com a idade, à medida que se tornavam crescentemente familiarizadas com as regras da língua inglesa. Para as crianças sem o corpo caloso, a dificuldade de ler em voz alta essas não-palavras persistia.

Temple descobriu que crianças sem o corpo caloso podiam ler palavras irregulares como "*yacht*", ainda que tivessem dificuldade com os agrupamentos de letras como "*gip*". Ela sugeriu que a leitura fonológica (som da fala) era prejudicada nessas crianças, enquanto a leitura léxica (palavra inteira) era normal. Testes subseqüentes mostraram que a deficiência se estendia a simples discriminações do som da fala, em que as pessoas tinham de julgar se os pares de palavras faladas em voz alta eram idênticos (e.g., *tub - tug*). Temple concluiu que, enquanto o desenvolvimento da linguagem em geral podia ser normal nas crianças com agenesia do corpo caloso, havia uma deficiência consistente no processamento fonológico.

Poderiam certos aspectos da cognição espacial estar prejudicados de modo semelhante nestas crianças, apesar do desempenho geralmente normal? Usando diversas tarefas visuoespaciais, Temple descobriu que todas as pessoas sem o corpo caloso eram deficientes em certos tipos de habilidades visuoconstrutivas, que exigiam a coordenação de uma série de movimentos, por exemplo, juntar as peças de um quebra-cabeças para formar um padrão abstrato. Temple concluíu que

os resultados, portanto, implicam vários domínios cognitivo seletivos, nos quais o corpo caloso pode exercer um papel fundamental no desempenho normal. Os resultados também indicam que pessoas sem o corpo caloso proporcionam uma evidência útil sobre a natureza dos subcomponentes modulares da habilidade cognitiva, que podem se desenvolver com relativa independência uns dos outros.[56]

Resta muito mais trabalho a ser feito com uma amostragem maior de sujeitos, para ver se as deficiências observadas por Temple podem ser generalizadas para crianças sem o corpo caloso, de forma mais ampla. A aparente normalidade, para a maior parte dos indivíduos com agenesia do corpo caloso, aponta para as maneiras pelas quais outros caminhos das comissuras não pertencentes ao corpo caloso podem compensar a ausência deste. A existência de deficiências altamente seletivas, entretanto, pode ajudar a nossa compreensão da natureza da lateralidade e do papel que o corpo caloso exerce no desenvolvimento das funções cognitivas.

O PAPEL DA NATUREZA E DA EDUCAÇÃO NO ESTABELECIMENTO DAS ASSIMETRIAS

Natureza

Muitas das evidências analisadas neste capítulo sugerem que as assimetrias hemisféricas, de alguma forma, estão presentes no nascimento ou bem próximo dele. Quanto menor a idade em que as assimetrias são detectadas, mais confiantes podemos estar de que elas fazem parte da estruturação biológica do organismo e são independentes da experiência.* Diversos modelos genéticos têm sido propostos para explicar as assimetrias hemisféricas. O capítulo 5 continha uma breve análise deste tópico, no contexto de nossa análise da preferência manual.

Mais recentemente, alguns pesquisadores começaram a considerar outras formas, genéticas não no sentido restrito, pelas quais os padrões de lateralidade podem ser herdados. A pesquisa tem mostrado que o citoplasma, o fluído contido em todas as células, incluindo o óvulo materno, pode transmitir certas características dos pais para a prole, em algumas espécies. Esta "herança citoplásmica" tem sido proposta como uma possível base para a transmissão da assimetria de pais para filhos, no seres humanos.

Michael Corballis e Michael Morgan propuseram que há uma graduação citoplasmática subjacente, que opera durante o desenvolvimento do embrião, favorecendo o lado esquerdo do corpo.[57] Eles afirmavam que esta graduação é responsável pelas assimetrias fisiológicas nos humanos e nos animais, que, por sua vez, são responsáveis pelas assimetrias funcionais que observamos. De acordo com este ponto de vista, o controle do canto de certos pássaros situado no lado esquerdo, o aumento da superfície temporal esquerda do cérebro nos chimpanzés, orangotangos e humanos (analisados anteriormente neste capítulo e no capítulo 4), e o deslocamento do coração para o lado esquerdo nos vertebrados, são todos exemplos de conseqüências desta graduação do desenvolvimento. Tanto a habilidade da mão direita como o controle cerebral esquerdo da fala, nos humanos, são vistos como manifestações posteriores desta graduação.

Por que algumas pessoas são canhotas e por que algumas pessoas têm a fala representada no hemisfério direito ou em ambos os hemisférios? Corballis e Morgan sugeriram que a hipotética graduação está ausente em alguns indivíduos e, nestes casos, os fatores ambientais exercem o papel principal na determinação de que padrão um determinado indivíduo apresentará.

---

* As assimetrias que ocorrem mais tarde também podem ser parte da estruturação biológica de um organismo. Fatores genéticos podem determinar o aparecimento de assimetrias nos estágios posteriores do desenvolvimento.

As idéias de Corballis e Morgan são intrigantes e são uma tentativa de colocar a preferência manual e a assimetria hemisférica humanas num contexto biológico mais amplo. Eles argumentaram que uma graduação favorecendo o desenvolvimento mais rápido no lado esquerdo é uma graduação fundamental, compartilhada por muitas espécies, e que a habilidade manual e a lateralidade da fala são simplesmente uma conseqüência específica da espécie desta graduação. Aqueles que criticam o seu ponto de vista, porém, apontam outros exemplos, tanto humanos como animais, em que o lado direito aparece como o favorecido.[58]

Alimentação

O que pode ser dito a respeito do papel da experiência ou dos fatores ambientais na determinação de assimetrias hemisféricas? Num extremo, vimos que uma lesão muito cedo em um hemisfério do cérebro pode produzir uma drástica reorganização das funções de lateralidade. O fato de pessoas com o hemisfério esquerdo removido na infância desenvolverem habilidades de linguagem no hemisfério direito é apenas uma peça das evidências que apontam para a tremenda plasticidade do cérebro. A compensação pela remoção muito cedo de um hemisfério, entretanto, não é total. Testes sensíveis revelam deficiências de linguagem — um resultado que sugere que o projeto da assimetria está presente muito cedo na vida e que seus traços permanecem apesar da reorganização induzida pela lesão. Nas nossas discussões anteriores da preferência manual esquerda, observamos que alguns pesquisadores acreditam que toda a preferência manual esquerda (e, presumivelmente, todo o controle da fala pelo hemisfério direito ou por ambos os hemisférios) resulta de uma lesão cerebral, mesmo que sutil. Outras evidências, porém, sugeriram que a qualidade e a quantidade de exposição à própria linguagem podem afetar o desenvolvimento da lateralidade.

Exposição à Linguagem

Algumas evidências que apontam para o ambiente no início da vida como um fator na assimetria estão baseadas no estudo de Genie, uma adolescente que suportou onze anos e meio de uma extrema privação social e experiencial. Genie foi descoberta com a idade de 13 anos e meio, após ter passado a maior parte de sua vida em isolamento quase completo e durante esse tempo era punida por fazer algum barulho, qualquer que fosse ele. Dois anos depois de ter sido encontrada, foi relatado que ela fizera um lento, mas constante progresso no aprendizado da linguagem. Este fato é de considerável importância para a questão teórica de uma primeira língua poder, ou não, ser adquirida após a puberdade.

Todavia, para nós, aqui, é de particular interesse o desempenho de Genie em dois testes especiais de audição dicotômica. Um era composto de palavras familiares, o outro de sons ambientais familiares. Genie era capaz de identificar corretamente cada um desses estímulos, quando testado um ouvido de cada vez. Entretanto, quando as palavras eram apresentadas de modo dicotômico, Genie mostrava uma extrema superioridade do ouvido esquerdo, em lugar da moderada superioridade do ouvido direito, que geralmente era encontrada nas pessoas destras. Seu ouvido esquerdo tinha um desempenho perfeito, enquanto o ouvido direito atuava no nível da probabilidade. Para os sons do ambiente, Genie apresentava uma pequena vantagem do ouvido esquerdo, conforme a previsão de que tais sons são processados mais eficientemente no hemisfério direito.[59]

Essas descobertas sugerem que o processamento, tanto dos estímulos da linguagem como dos que não eram da linguagem, realizava-se no hemisfério direito de Genie. Os pesquisadores que trabalharam com ela afirmaram que seu hemisfério esquerdo pode ter começado a aquisição de linguagem antes do seu confinamento, mas que, pelo desuso, não era mais capaz de executar sua função original. Quando Genie começou a aprender a linguagem pela segunda vez, o hemisfério direito assumiu o controle, porque suas funções, presumivelmente, tinham sido exercidas (por processos visuoespaciais), apesar de seu confinamento.

O problema com o estudo de uma única pessoa como este é que não há um modo de conhecer o padrão de assimetria que se teria desenvolvido no cérebro de Genie, caso ela tivesse tido uma infância normal. Talvez ela apresentasse uma especialização do hemisfério direito para estímulos de linguagem e estímulos que não são da linguagem, de qualquer forma. Apesar disso, os resultados são intrigantes, especialmente à luz do trabalho que procura a assimetria hemisférica em pessoas congenitamente surdas.

Helen Neville, do Instituto Salk, estudou a assimetria hemisférica em indivíduos com graus elevados de surdez e nascidos de pais igualmente surdos. [60]Todos tinham aprendido a Linguagem Americana de Sinais (ASL) de seus pais, na idade normal de aquisição de linguagem, mas nenhum deles havia adquirido a fala. Quando lhes foi pedido para escrever palavras simples, apresentadas no campo visual esquerdo ou direito, as pessoas com audição normal, do controle, apresentavam vantagem no campo visual direito. As pessoas surdas, porém, respondiam igualmente aos estímulos em ambos os campos. Todavia, quando eram apresentadas às pessoas surdas imagens lateralizadas de alguém fazendo sinais e pedia-se a elas que repetissem um sinal, todas respondiam mais corretamente às apresentações no campo visual direito.

Neville concluiu que a experiência da linguagem apresentada auditivamente não é necessária para a especialização do hemisfério esquerdo e que para a manutenção da especialização do hemisfério esquerdo é decisiva a aquisição de competência na gramática da linguagem. A Linguagem Americana de Sinais não se baseia no som, mas é altamente gramatical.

As descobertas de Neville se encaixam muito bem nos dados relativos aos efeitos de lesão causada por derrame no hemisfério esquerdo e direito, obtidos de seis pessoas altamente surdas, todas tendo usado a ASL como principal modo de comunicação. Os pacientes com lesão no lado esquerdo eram capazes de processar bem as relações visuoespaciais, mas apresentavam uma "afasia" pronunciada no uso da ASL. Ao contrário, os pacientes com lesão no lado direito estavam gravemente prejudicados nas relações visuoespaciais, mas lingüisticamente não. Os autores concluíram que a audição e a fala não são necessárias para a especialização hemisférica e que os surdos congênitos que se comunicam por sinais apresentam especializações separadas para o processamento de linguagem baseada em sinais e para o processamento espacial não-lingüístico, apesar dos aspectos manipulativos espaciais da ASL.[61]

O Cérebro Bilíngüe

Será que a experiência de aprender duas línguas muda o padrão da organização do cérebro? Esta questão é atualmente matéria de uma controvérsia considerável. Vários estudos concluíram que o hemisfério esquerdo é dominante para processar tanto a língua nativa como a língua não-nativa. Outros estudos, porém, constataram uma lateralidade esquerda mais fraca para a linguagem nas pessoas bilíngües; outros, ainda, relataram uma assimetria hemisférica diferenciada para a linguagem. Um artigo de Loraine Obler e outros colegas tentou trazer ordem ao aparente caos de descobertas, identificando alguns fatores que pudessem explicar as diferenças entre os estudos.[62] Estes fatores compreendem o nível de proficiência nas duas línguas, a idade na época da aquisição da segunda língua e o modo como a segunda língua foi adquirida.

Michel Paradis argumentou que tais esforços para explicar as diferenças entre os estudos em termos de subgrupos cada vez mais específicos de pessoas bilíngües não são produtivos e que realmente não há boas evidências de que pessoas bilíngües de qualquer tipo apresentem padrões de lateralidade diferenciados das pessoas que falam apenas uma língua.[63] Ele observou particularmente que os dados clínicos não fornecem nenhuma evidência de assimetria reduzida em pessoas bilíngües para uma das línguas ou para ambas. Uma afasia cruzada — aquela produzida pela lesão no hemisfério do mesmo lado da mão preferida — não é significativamente mais alta em pessoas bilíngües do que em pessoas que falam uma só língua. Os resultados do teste de Wada mostram um quadro semelhante — ambas as linguagens são rompidas somente com a administração da droga no hemisfério esquerdo.

Nem todos concordam, entretanto, com a conclusão de Paradis, de que pode ser oportuno os neuropsicólogos se voltarem para pesquisas mais produtivas.[64] O campo continua altamente controvertido e assim continuará até que tenhamos boas explicações para a diversidade das descobertas.

ALGUMAS QUESTÕES TEÓRICAS

Embora os pesquisadores estejam longe de ter respostas definitivas para as questões relativas ao desenvolvimento da assimetria, está surgindo um padrão nas descobertas. São de grande importância teórica as observações que sugerem que as diferenças hemisféricas estão presentes no nascimento. Em aparente conflito com a visão da lateralidade no nascimento, está a evidência clínica de que os efeitos de uma lesão cerebral unilateral muito cedo não variam de acordo com o lado do dano. Os dados mais recentes, entretanto, são compatíveis com a posição da lateralidade no nascimento, se levarmos em conta a plasticidade que permite ao cérebro novo compensar os efeitos da lesão. Neste contexto, apontamos para a importância de testes que são muito sensíveis a um dano sutil e que poderiam, talvez, diferenciar entre os resultados da reorganização induzida pela lesão e a ausência de lateralidade em primeiro lugar (presumindo que a reorganização induzida pela lesão é, de alguma forma, menos que ótima).

A pesquisa que investiga o curso de tempo da lateralidade e os fatores que a afetam é difícil, por várias razões. Primeiro, nossas medidas de lateralidade estão longe de ser perfeitas. O fato de não se encontrar diferenças entre os hemisférios significa que essas diferenças não existem? Podemos ter certeza de que nós simplesmente não falhamos ao determinar as condições que nos permitiriam detectar uma diferença real? Uma questão relacionada é que muitos testes aparentemente são sensíveis a fatores outros além da lateralidade do cérebro. No capítulo 3, analisamos como as diferenças na forma de abordagem de uma tarefa podem afetar drasticamente o tipo de assimetria observado nos testes de comportamento. Talvez as diferenças encontradas na assimetria hemisférica segundo a idade resultem de estratégias diferentes, mais do que das diferenças de lateralidade em si.

Um segundo problema fundamental no estudo dos fatores envolvidos na lateralidade está relacionado com a dificuldade dos seres humanos em geral para responder a questões de natureza e alimentação. Estamos muito limitados nos tipos de efeitos ambientais que podem ser estudados e os modelos genéticos freqüentemente não podem ser testados de modo adequado.

O estado das coisas é desafiador e para ele não existem soluções simples. À medida que os pesquisadores avaliem mais e mais a importância dos aspectos do desenvolvimento e o cuidado com que eles precisam ser investigados, poderemos esperar progresso na busca de algumas respostas.

10

O PAPEL DA ASSIMETRIA NAS INABILIDADES DO DESENVOLVIMENTO E NAS DOENÇAS PSIQUIÁTRICAS

A pesquisa na área das diferenças hemisféricas tem causado impacto em muitos campos envolvidos na investigação da função e disfunção humanas. Nos capítulos 1, 6 e 7, analisamos os sintomas clínicos dos danos nos hemisférios direito e esquerdo. Neste capítulo, vamos examinar outras inabilidades e anormalidades do comportamento humano, que têm sido relacionadas com a divisão de função entre os hemisférios. Embora não sejam a conseqüência de algum dano físico manifesto, estas inabilidades podem, de fato, provir de problemas sutis tanto no lado esquerdo como no lado direito do cérebro.

Será que a gagueira é o resultado da competição entre os dois hemisférios pelo controle da fala, num indivíduo menos lateralizado do que ocorre na normalidade? Uma lateralidade incompleta pode predispor uma criança a problemas de leitura, apesar de uma inteligência normal em outros aspectos? Por que uma depressão psíquica parece reagir melhor a um tratamento de choque no hemisfério direito do que no esquerdo? Essas são algumas das questões que os pesquisadores têm perseguido, numa tentativa de identificar os papéis do cérebro esquerdo e do cérebro direito nos processos patológicos.

As evidências do envolvimento do hemisfério direito na emoção exercem influência no pensamento atual no que se refere a certas desordens psiquiátricas e diferenças hemisféricas. Vamos rever brevemente os experimentos com pessoas neurologicamente normais que têm a ver com este tópico e fazer acréscimos aos dados referentes às diferenças hemisféricas que se relacionam com a emoção, analisados no capítulo 7.

Há, pelo menos, duas maneiras pelas quais os processos patológicos podem estar relacionados com a assimetria hemisférica de uma função. A patologia pode estar diretamente relacionada com a disfunção em um dos hemisférios, isto é, com a disfunção de uma ou mais habilidades especializadas do hemisfério. Alternativamente, a patologia pode estar associada a padrões de assimetria hemisférica que diferem do normal. A ambos os tipos de disfunção tem sido atribuído um papel na patologia.

INABILIDADE NA LEITURA:
Uma Falha da Dominância?

Um dos primeiros pesquisadores a propor um elo entre a lateralidade e a inabilidade na leitura foi Samuel T. Orton, um médico que havia trabalhado, durante as primeiras décadas deste século, com crianças que apresentavam problemas de leitura e de escrita. Orton notou que, algumas vezes, estas crianças escreviam de forma especular, invertendo a orientação de cada letra, bem como a sua seqüência na palavra. Por exemplo, a palavra "**cat**" seria escrita "**tɒɔ**", aparecendo como se alguém a visse no espelho. De modo semelhante, estas crianças muitas vezes invertiam a seqüência das letras na leitura, de modo que a palavra "**saw**" era lida "**was**".

Orton observou que as crianças que faziam inversões do tipo imagem em espelho na leitura e na escrita, também tendiam a ter instabilidade nas preferências manuais. Ele interpretou esta descoberta como um sinal de dominância cerebral incompleta. Esta associação da falta de habilidade para ler com a dominância cerebral incompleta levou-o a propor que ambas estavam relacionadas entre si.

Ele sugeriu que como os dois lados do cérebro são simétricos aproximadamente na linha média, a informação sobre o mundo visual é representada na forma de imagem especular em cada lado. Orton argumentou que a informação representada no hemisfério dominante estava orientada corretamente, enquanto a informação no hemisfério não-dominante estava na forma de imagem especular. (ver Figura 10.1.) Na falta de uma dominância cerebral suficientemente desenvolvida, as duas representações causariam confusão na leitura e na escrita. Orton usava o termo *strephosymbolia* para descrever a situação resultante.[1]

O termo usado por Orton para esse tipo de dificuldade de ler e escrever não é mais usado, e as suas idéias de como as representações se fazem à maneira da imagem especular demonstraram-se incorretas. Contudo, a noção básica de que a dificuldade para ler pode estar ligada à assimetria hemisférica ainda está sendo pesquisada ativamente. O desenvolvimento de novos instrumentos para lidar com o comportamento no estudo da assimetria hemisférica tornou possível testar mais diretamente a idéia de que a dificuldade de ler está ligada a uma assimetria cerebral atípica. Com isso volta a idéia de que Orton podia estar certo, mas por outras razões.

Dislexia é o termo atualmente usado para se referir a uma diminuição marcante no desenvolvimento da habilidade para ler, em comparação com o que seria esperado, com base no nível de inteligência e de educação.[2] É comum, afetando de 2% a 8% das crianças em idade escolar e,

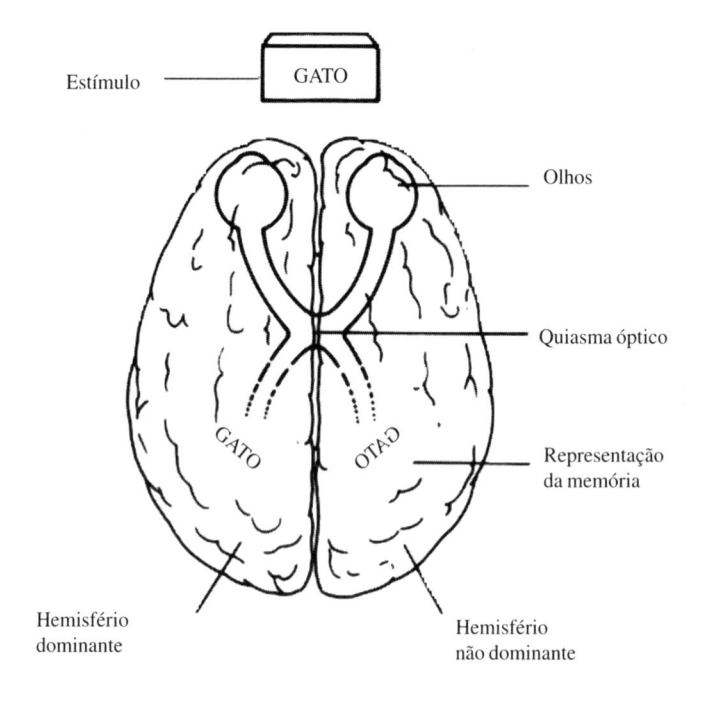

Figura 10.1 – Representação esquemática da teoria de Orton. Orton admitia que um estímulo visual é representado com orientações opostas nos dois hemisférios. [De Corballis, "The Left-Right Problem in Psychology", *Canadian Psychologist* 15 (1974).]

na maioria dos casos, parece mais uma deficiência de linguagem do que um problema visual-perceptivo.

Considera-se, em geral, que a dislexia envolve mais a decodificação — a habilidade de ler corretamente as palavras — do que a compreensão da leitura em si. O contexto do material escrito muitas vezes pode ajudar as pessoas disléxicas a decodificar palavras específicas, que teriam dificuldade para ler isoladamente. Com o tempo, muitas crianças disléxicas melhoram e não apresentam mais sinais de prejuízo na leitura. Entretanto, freqüentemente testes neuropsicológicos revelam deficiências sutis que permanecem na codificação fonológica — a capacidade de reconhecer, como palavras, os fonemas em si, isto é, os sons da fala, e de aplicar as regras fonológicas, ou símbolos sonoros, do inglês. Por exemplo, pode estar prejudicada, mesmo que não haja nenhum problema na leitura de palavras familiares, a capacidade de ler séries de letras que soam como palavras, mas são destituídas de sentido, o que requer a aplicação das regras de fonologia. A capacidade de soletrar também pode ser prejudicada. Dados recentes sugerem que há um forte componente genético na dislexia. Aproximadamente 35% a 40% dos meninos com pai ou mãe disléxicos apresentam dislexia; nas meninas a cifra é de 17% a 18%. Assim, ter o pai ou a mãe afetados aumenta em 5 a 7 vezes a probabilidade de que um menino tenha dislexia; as meninas apresentam um risco 10 a 12 vezes maior.[3]

Estudos do Comportamento na Leitura em Pessoas Normais e Lesionadas

Quais são as evidências quanto aos possíveis mecanismos cerebrais que subsidiam a dislexia? Muitos estudos comportamentais foram desenvolvidos para explorar a lateralidade de funções em crianças com dificuldade de ler, comparando as que lêem normalmente e as que não lêem bem, em tarefas que, de forma consistente, mostram assimetrias laterais em crianças normais e em adultos. Essas tarefas incluem estudos taquistoscópicos e de audição dicotômica assim como a tarefa tátil *dicáptica*, analisada no capítulo 8.

Uma análise dessa literatura, feita por M.P. Bryden, identificou 51 desses estudos.[4] Desses, 30 afirmavam que as pessoas com leitura fraca eram menos lateralizadas do que as que liam bem. Em 14 estudos não foi encontrada nenhuma diferença entre os grupos e 7 estudos indicavam que os maus leitores apresentam maior lateralidade. Visto como um todo, havia significativamente mais estudos mostrando lateralidade mais fraca nos maus leitores do que mostrando lateralidade maior. O mesmo padrão de resultados foi encontrado com três técnicas diferentes usadas para medir a lateralidade. Dos 35 estudos de audição dicotômica, 20 apresentaram menor lateralidade nos maus leitores e 5 maior; 10 não apresentaram diferenças entre os grupos. Dos estudos de campo visual, 8 em 14 apresentaram uma lateralidade mais fraca nos maus leitores, 2 mais forte e 4 não apresentaram diferenças. Em ambos os estudos *dicápticos* foram encontradas evidências de lateralidade mais fraca nos maus leitores.

Nossa discussão referente aos testes de comportamento, no capítulo 3, identificou vários fatores, tais como as estratégias de atenção, que podem, além da assimetria hemisférica, influir no resultado dos testes dicotômicos e de outros testes. Mesmo admitindo a necessidade de melhor controle desses fatores que podem causar variações de estudo para estudo, Bryden concluiu sua análise com a sugestão de que "há pelo menos algum fogo na fumaça da habilidade de ler e da lateralidade. Embora quase todos os resultados possíveis tenham sido obtidos, em uma ocasião ou outra, aparece como padrão geral o fato de que os de leitura fraca são menos lateralizados em linguagem receptiva do que os bons".[5]

Assimetrias Estruturais e Funcionais a partir de Estudos Anatômicos e de Registros de Imagem

Foram relatadas evidências anatômicas indicando relação entre a assimetria do cérebro e a dislexia, fornecendo uma base promissora para outras explorações das diferenças de lateralidade entre disléxicos e leitores normais. Albert Galaburda e seus colegas realizaram autópsias nos cérebros de sete pessoas disléxicas, a maioria das quais havia morrido em acidentes. O estudo de quatro homens disléxicos mostrou uma simetria incomum no plano temporal.[6] No capítulo 4, ao contrário, apresentamos uma evidência de que o plano temporal do lado esquerdo é mais largo em 65% a 75% da população em geral. Microscopicamente, os quatro cérebros também mostraram um grande número de anomalias neurais — displasias e ectopias, na área perisylviana esquerda. Acredita-se que essas anomalias neurais ocorram no segundo trimestre do desenvolvimento fetal, quando os neurônios migram no cérebro em desenvolvimento, para alcançar seu lugar definitivo. Um outro estudo em três cérebros femininos também mostrou planos altamente simétricos e neurônios deslocados.[7] A simetria não é devida a um decréscimo no tamanho do plano esquerdo, mas a um aumento do tamanho do plano direito.

Métodos de registro da imagem neuroanatômica também estão sendo usados para examinar assimetrias cerebrais. Eles oferecem a vantagem óbvia, sobre os estudos de autópsias, de permitir testes de números maiores de pessoas que podem também ser testadas comportamentalmente.

Tanto o trabalho com a tomografia computadorizada (TC) quanto com a imagem de ressonância magnética (IRM) têm sido experimentados em pessoas disléxicas, particularmente para medir as assimetrias hemisféricas posteriores. Os estudos em pessoas normais mostram que o lobo occipito-parietal esquerdo é geralmente maior do que o direito. Nos estudos com pessoas disléxicas, foram relatados tanto a simetria aumentada como o inverso da assimetria normal.[8] Em alguns estudos, a simetria acrescida é devida a crescimento no lado direito, embora outros estudos tenham relatado decréscimo no esquerdo. Um estudo relatou um aumento na área do corpo caloso posterior, possivelmente refletindo uma ampliação do número de fibras que se conectam com um plano direito aumentado.[9]

Os estudos de neuroimagens funcionais, com a utilização de tomografia de emissão de pósitrons (PET) e de técnicas de medir o fluxo regional do sangue no cérebro, também estão começando a aparecer. Nestes estudos, é apresentada a pessoas de controle e disléxicas uma tarefa simples, baseada na linguagem (por exemplo, quando apresentados pares de palavras, identificar aqueles pares que rimam), enquanto a ativação das diferentes regiões é comparada com uma linha básica em estado de repouso. Os primeiros resultados sugerem diferentes padrões de ativação nas pessoas disléxicas, embora seja cedo demais para identificar padrões consistentes por meio de tarefas, estudos e métodos.[10] Particularmente excitantes são os estudos planejados para relacionar os dados de IRM nas assimetrias do lobo temporal e na estrutura do corpo caloso a padrões de ativação medidos por PET.

Avaliando as Evidências

De um modo geral, os dados que acabamos de apresentar são altamente sugestivos de uma relação entre a lateralidade do cérebro e da dificuldade de ler, embora as diferenças entre os sujeitos e entre as tarefas provavelmente exerçam um papel importante no resultado desses estudos.

Mesmo que esta relação fosse estabelecida de modo confiável, não poderíamos, de qualquer modo, estar seguros de que o tamanho ou o tipo de lateralidade do cérebro determina as habilidades de ler. Orton admitia que uma dominância cerebral fraca causava inabilidade para ler. Porém, alguém poderia facilmente argumentar que algum terceiro fato é responsável pela relação observada e que não existe nenhuma ligação causal direta entre a lateralidade e a habilidade de leitura. Por enquanto, é importante ter dois pontos em mente, ao se considerar a relação entre lateralidade e habilidade de leitura. Primeiro, a maior parte das pessoas que apresentam pequena evidência de assimetria (ou mesmo uma assimetria invertida) nas medidas de lateralidade não apresenta evidência de problemas de leitura. Segundo, muitas pessoas com problemas de leitura possuem lateralidade normal, quando medida por estes testes. Portanto, a lateralidade reduzida não é uma condição necessária nem suficiente para os problemas de leitura. As dificuldades de leitura constituem uma classe complexa de problemas para os quais podem contribuir muitos fatores diferentes. De modo semelhante, a lateralidade do cérebro pode ser apenas um aspecto de um conjunto de funções cerebrais que fornecem o substrato neurológico para a leitura.

GAGUEIRA:

A Hipótese da Competição pelo Controle da Fala

A maioria das pessoas provavelmente ouviu a afirmação de que não é prudente os pais forçarem uma criança, que apresenta uma preferência natural pela mão esquerda, a usar a direita. Tem-se argumentado que tais tentativas potencialmente têm sérias conseqüências no ajustamento global da criança, incluindo a possibilidade de que a criança se torne gaga.

Samuel Orton exerceu influência no estabelecimento desta idéia. Orton acreditava que em alguns casos a gagueira é o resultado da competição entre os hemisférios pelo controle da fala. Nos indivíduos com a dominância cerebral bem estabelecida, o hemisfério esquerdo assume o controle, enquanto aqueles com a dominância pouco estabelecida correriam o risco de ficar gagos. Forçar as crianças a trocar de mão, contra sua preferência natural, poderia romper o estabelecimento da dominância e resultar num problema de gagueira. Na sua própria prática com gagos, Orton observou que paravam de gaguejar as crianças às quais se permitia usar a mão naturalmente preferida, depois de terem sido forçadas a usar a mão direita.

A gagueira é definida como um rompimento na fluência da expressão verbal, caracterizado por repetições involuntárias, audíveis ou silenciosas, ou prolongamentos na produção dos sons ou sílabas. Estima-se que 1% da população gagueja em algum grau.

Qual a evidência que liga a organização hemisférica com a gagueira? Um fragmento de evidência, algumas vezes mencionado, é a pretensa maior incidência de canhotos e de bilateralidade entre os gagos do que na população em geral. Outros estudos, porém, desafiaram os quadros que mostram uma incidência mais alta de canhotos entre os gagos.[11]

Algumas evidências voltadas mais diretamente para esta questão vieram dos estudos de audição dicotômica. Um dos primeiros desses estudos mostrou que 55% de gagos adultos tinham superioridade do ouvido esquerdo numa tarefa dicotômica, enquanto apenas 25% das pessoas normais apresentavam superioridade do ouvido esquerdo.[12] Estudos posteriores, porém, não conseguiram reproduzir estas descobertas, tanto com adultos como com crianças.[13]

Outra interessante abordagem envolvia gagos que se submeteram ao teste do sódio amobarbital por causa de um problema neurológico não relacionado.[14] Em um estudo, ao todo quatro pacientes — três canhotos e um destro — apresentaram prejuízos na fala, após a injeção em cada lado. Este resultado se diferencia do que ocorre normalmente com o sódio amobarbital: uma afasia transitória se segue à injeção em um lado (normalmente o esquerdo), mas não no outro. Além disso, em cada caso, relatou-se que a gagueira cessou após a remoção cirúrgica, por razões médicas, de um dos presumidos centros da fala. Esta descoberta talvez seja a evidência mais forte que liga a gagueira à distribuição bilateral da fala.

Todavia, uma tentativa de reproduzir o trabalho com o sódio amobarbital não conseguiu obter resultados semelhantes.[15] Os sujeitos, neste estudo, eram quatro pessoas destras, apenas uma delas apresentava alguma evidência de representação bilateral da fala. O fato de pelo menos um dos destros apresentar fala bilateral é importante, entretanto, porque isso é extremamente raro em destros. Os dados do sódio amobarbital podem assim ser considerados como uma confirmação parcial, mas certamente não completa, da idéia de que os gagos possuem a fala representada bilateralmente no cérebro.

Alguém poderia argumentar, com base no teste de Wada, que os testes sensíveis à lateralidade na produção da fala, mais do que na percepção da fala, são mais adequados à pesquisa das possíveis diferenças entre gagos e pessoas normais de um grupo de controle. Em um outro esforço para estudar a lateralidade na produção da fala, Harvey Sussman e Peter MacNeilage desenvolveram uma tarefa chamada de perseguição de pista auditiva, em que uma pessoa ouve simultaneamente dois tons: um tom alvo em um ouvido e um tom cursor no outro ouvido. A tarefa da pessoa é seguir a freqüência do tom do alvo, que varia ao acaso, com o tom do cursor, que a pessoa pode fazer variar por meio de movimentos do queixo.

Sussman e MacNeilage descobriram que as pessoas normais seguiam mais acertadamente quando o cursor era apresentado ao ouvido direito e o alvo ao esquerdo, do que quando os tons eram apresentados de modo inverso.[16] Por outro lado, quando um grupo de 28 gagos foi testado, não foram encontrados quaisquer efeitos de lateralidade.[17] Os pesquisadores concluíram que estas descobertas eram consistentes com a hipótese de que os gagos têm controle bilateral da produção da fala.

Para estudar a gagueira, também foi utilizado, de forma limitada, o fluxo regional do sangue no cérebro. Neste estudo, dois gagos apresentaram um fluxo de sangue reduzido na área de Broca enquanto liam em voz alta, em comparação com o fluxo de sangue na área homóloga do hemisfério direito. Quando a mesma tarefa era executada enquanto as pessoas recebiam haloperidol, uma droga que reduz a gagueira em alguns indivíduos, foi constatado um maior fluxo sangüíneo no hemisfério esquerdo.[18]

Num estudo mais recente, que media o fluxo regional de sangue no cérebro de pessoas em descanso, foram testados 20 gagos adultos e comparados com pessoas não gagas de um grupo de controle. O fluxo sangüíneo foi medido em vários locais. No todo, os gagos apresentaram o fluxo regional de sangue reduzido, em relação ao fluxo das pessoas normais, em todos os locais medidos. Em três desses locais, os gagos apresentavam padrões de assimetria significativamente diferentes dos padrões das pessoas normais do controle — um fluxo relativamente maior no lado direito, em comparação com o esquerdo.[19] Os autores concluíram que a gagueira é uma desordem neurogênica que envolve as regiões corticais reconhecidas como da fala e do controle motor.

De qualquer maneira, o caso do papel da assimetria cerebral na gagueira não é tão forte quanto aquele do seu papel na dificuldade de leitura. Primeiro, porque pouquíssimos estudos procuraram esta relação em gagos. Segundo, a gagueira agora é vista como uma desordem com muitas causas possíveis, e apenas uma delas pode estar relacionada com a organização do cérebro. As diferenças na população dos sujeitos poderiam ser o principal fator para reprodução dos resultados e, até que sejamos capazes de identificar subgrupos específicos, esse problema persistirá. O que dizer da afirmação de que, forçando uma criança a trocar o uso das mãos, aumenta a possibilidade de que ela fique gaga? Nesta altura, nenhuma evidência conclusiva nem mesmo liga a gagueira à lateralidade do cérebro; permanece só a noção de que a mudança do uso da mão na primeira idade tem conseqüências importantes para a distribuição das funções da linguagem entre os hemisférios.

AUTISMO

O autismo é uma das mais enigmáticas de todas as anormalidades do comportamento em crianças. Os sintomas mais comuns do autismo incluem a incapacidade de usar a linguagem para se comunicar de modo normal, movimentos estereotipados e obsessivos e interação social deficiente. Os primeiros sinais do autismo algumas vezes são notados quando a criança está na primeira infância. Tais crianças podem ser indiferentes aos cuidados dos pais e parecem não reagir ao seu ambiente. Outras crianças autistas podem se desenvolver naturalmente bem até o período em que começam a andar, quando ocorre uma regressão da sua sociabilidade, linguagem e brincadeira.

O autismo varia largamente quanto à gravidade e ao prognóstico. Os adultos autistas inteligentes e altamente ativos podem atuar suficientemente bem para viver com independência e exercer um emprego num ambiente protegido. Aqueles com danos mais graves requerem o cuidado de suas famílias durante a vida toda, numa casa de saúde ou numa instituição. Na maioria dos casos, as deficiências de comportamento associadas ao autismo permanecem passíveis de serem identificadas durante a vida do indivíduo.[20]

Até há bem pouco tempo, o autismo era visto principalmente como uma desordem de origem psicodinâmica. Acreditava-se que a base da desordem eram os padrões defeituosos de interação estabelecidos pelos pais e a atenção era focalizada nas características dos pais das crianças autistas.

As abordagens atuais do autismo atribuem sua origem à disfunção cerebral. Embora ainda falte muito para se clarear a natureza desta disfunção, diversos pesquisadores sugeriram que a desordem pode envolver o hemisfério esquerdo em termos de diferenças. Uma fonte de evidência apontada por estes pesquisadores vem do comportamento das crianças autistas. Uma característica pronunciada do autismo é o fracasso dessas crianças para adquirir a linguagem normalmente. A inteligência, por si só, não parece ser um fator, porque até mesmo crianças profundamente retardadas (mas não autistas) aprendem a falar, sem treino especial.

Embora crianças autistas tenham as habilidades da linguagem enfraquecidas, algumas vezes elas apresentam considerável habilidade artística ou musical, ou capacidade extraordinária de memória para áreas específicas. Não é incomum encontrar crianças autistas que são capazes de dizer os dias da semana em que cai uma data específica, no decorrer de vários séculos. Tem sido mencionada, também, a capacidade de resolver problemas mentais aritméticos bem elaborados. Foi documentada a narrativa do caso de uma menina autista com extraordinária capacidade de desenhar.[21] Com três anos e meio, Nadia produzia desenhos naturalistas, com detalhes consideráveis. (Ver Figura 10.2.) O desempenho de Nadia era rápido e quase sem esforço consciente, com a mesma habilidade que caracteriza outras crianças autistas. Tem-se sugerido que a natureza dessas habilidades especiais é um reflexo das contribuições do hemisfério direito. A habilidade de Nadia para desenhar diminuía à medida que a terapia continuava; porém, é impossível dizer se a mudança era conseqüência da terapia, ou se teria ocorrido naturalmente com o amadurecimento.

Algumas outras evidências são consistentes com a hipótese de que padrões anormais de assimetria hemisférica estão envolvidos no autismo. Uma revisão recente da literatura, que reuniu as descobertas de alguns estudos referentes à preferência manual em crianças autistas, relatou que 52% não tinham uma preferência manual estabelecida, ou eram canhotas.[22] As crianças autistas com uma preferência manual estabelecida resolviam várias tarefas cognitivas melhor do que as crianças com habilidade manual mista. Esses elementos apontam, ainda que indiretamente, para diferenças na assimetria hemisférica entre as crianças normais e as autistas. Certamente não proporcionam nenhuma informação quanto às razões das diferenças; tanto uma lesão cerebral no início da vida como fatores genéticos são razões possíveis.

Vários testes para medir a lateralidade têm sido aplicados em pessoas autistas. Os estudos que focalizam a preferência auditiva relatam geralmente uma superioridade do ouvido esquerdo ou nenhuma preferência em pessoas autistas, embora os resultados não sejam determinantes.[23]

Figura 10.2 – Os cavalos estavam entre os temas favoritos de Nadia. Ela desenhou este cavalo de carrossel antes de completar quatro anos de idade. [De Selfe, Nadia: A Case of Extraordinary Drawing Ability in an Autistic Child (Nova York, Academic Press, 1977).]

Um quadro mais convincente surge com os estudos da atividade elétrica no cérebro. Um estudo que comparava a atividade de EEG de pessoas autistas com a de pessoas normais, com idades e preferências manuais equivalentes, como controle, focalizou o seu desempenho em várias tarefas verbais e espaciais.[24] Os dados foram analisados em termos da razão da atividade alfa registrada no hemisfério direito com a atividade alfa no hemisfério esquerdo (uma razão D/E). Como a atividade alfa é reduzida quando um hemisfério está envolvido numa tarefa, as razões mais altas indicam uma ativação relativamente maior do hemisfério esquerdo, enquanto as razões mais baixas indicam o envolvimento relativamente maior do hemisfério direito. Os resultados mostraram que os grupos de autistas e de controle não diferiam significativamente no padrão da ativação hemisférica durante as tarefas espaciais, mas as pessoas autistas apresentaram uma atividade maior do hemisfério direito nas tarefas lingüísticas. Durante as tarefas verbais, 7 entre 10 pessoas autistas e 3 entre 10 pessoas de controle apresentaram dominância do hemisfério direito.

Um estudo posterior com pessoas autistas registrou potenciais evocados no córtex auditivo dos hemisférios esquerdo e direito. Num grupo de 17 pessoas, 11 mostraram evidência de especialização do hemisfério direito na fala, com a especialização do hemisfério direito associada à habilidade de linguagem mais pobre e maior grau de assimetria.[25]

Como os resultados sustentaram a hipótese de que a capacidade inferior de linguagem, no autismo, está associada ao envolvimento do hemisfério direito na linguagem, os pesquisadores admitiram a possibilidade de que subgrupos de crianças autistas poderiam ser identificados com base no grau em que a linguagem é confiada ao hemisfério esquerdo. Um subgrupo com uma disfunção grave no hemisfério esquerdo contaria com o hemisfério direito para a linguagem, o que conduziria a uma habilidade de linguagem mais pobre. Um segundo subgrupo, com menor grau de dano no hemisfério esquerdo, presumivelmente continuaria a contar com o hemisfério esquerdo para a linguagem e apresentaria uma melhor atividade de linguagem.

O pequeno número de casos disponíveis limitou os estudos anatômicos do cérebro no autismo. As técnicas novas de neuroimagem, porém, possibilitaram a procura de anormalidades tanto estruturais como funcionais, ao vivo. Ambos os estudos de CT e de MRI, entretanto, não revelam nenhuma anormalidade nos hemisférios cerebrais ou nas estruturas subcorticais de pessoas autistas. Não foram encontradas no cérebro frontal ou posterior assimetrias anormais estatisticamente significativas.[26]

Estudos que focalizavam o cerebelo, porém, encontraram nele reduções de tamanho. As descobertas feitas em autópsias são consistentes com os dados de neuroimagens e mostraram uma perda de neurônios de Purkinje. Todas essas anormalidades parecem ser bilaterais e simétricas.[27] Os estudos de neuroimagem funcional têm sido poucos e inconsistentes para ser registrados.[28] Embora à primeira vista não pareça provável que o cerebelo seja um correlato anatômico do autismo — uma desordem das funções cognitivas mais elevadas — as evidências recentes sugerem que um cerebelo intacto é importante para as funções cognitivas normais.[29]

Que conclusões se pode tirar com relação ao papel da assimetria hemisférica funcional atípica no autismo? Uma análise deste tópico, escrita antes que os dados de neuroimagens se tornassem disponíveis, pedia uma considerável precaução para se chegar a conclusões.[30] Os analistas argumentam que os atrasos no desenvolvimento da linguagem, mais do que as próprias deficiências, caracterizam muito da linguagem autista, enfraquecendo o argumento da disfunção do hemisfério esquerdo. Além disso, eles sustentavam que este tipo de análise ignora as deficiências das crianças autistas nas áreas da prosódia, do uso social da linguagem e da habilidade para ler uma expressão emocional na linguagem. Sendo essas funções lateralizadas nos adultos normais, o hemisfério envolvido é o direito e não o esquerdo.

Ao tirar conclusões de sua análise, os autores argumentaram que a hipótese da disfunção no hemisfério esquerdo pode ser útil se for pesquisada por meio de estudos que considerem indivíduo por indivíduo, em vez de grupos inteiros. Embora a hipótese possa ser útil em alguns casos, eles acreditavam que as deficiências neurológicas no autismo podem ser mais variáveis e mais esparsas do que é assumido pela hipótese de disfunção do hemisfério esquerdo.

Os dados mais recentes dos estudos de neuroimagem sugerem ainda outras razões para cautela. Temos agora evidências que sugerem o envolvimento do cerebelo no autismo, complicando ainda mais o quadro. É claro que os sintomas do autismo variam muito de pessoa para pessoa — talvez haja diferentes formas de autismo, com diferentes etiologias, ou causas. Outras pesquisas usando os instrumentos da moderna neuropsicologia poderiam levar a um melhor entendimento desta desordem e a melhores classificações e discriminações das desordens agrupadas conjuntamente sob o rótulo "autista".

ASSIMETRIA HEMISFÉRICA E DOENÇA PSIQUIÁTRICA

Nos últimos quinze anos, os pesquisadores começaram a explorar a possibilidade de que certas desordens psiquiátricas, particularmente a esquizofrenia e a depressão, podem envolver assimetricamente os hemisférios. Essas idéias encaixam bem com as noções gerais a respeito dos hemisférios esquerdo e direito. As desordens do pensamento e as alucinações verbais que freqüentemente são sintomas de esquizofrenia ajustam-se bem com a concepção do hemisfério esquerdo como a metade do cérebro analítica e da linguagem. As desordens de ânimo características da doença afetiva são consistentes com a conceitualização do hemisfério direito como o que controla as funções não-verbais.

Observações da Clínica Médica

Uma das primeiras tentativas de ligar a psicopatologia a um modelo de especialização hemisférica foi feita pelo psiquiatra Pierre Flor-Henry há cerca de 25 anos.[31] Flor-Henry comparou 50 casos de epilepsia do lobo temporal, que também apresentavam sintomas psicóticos, com 50 casos sem sintomas psicóticos. Quando ambos os grupos foram subdivididos com base na localização do foco epiléptico, ele descobriu que um foco no hemisfério esquerdo era mais comum na esquizofrenia e um foco no hemisfério direito mais comum nas psicoses afetivas.

Embora este trabalho tenha sido criticado como estatisticamente fraco, outros estudos produziram resultados apontando para a mesma direção geral. Uma revisão em larga escala da literatura referente às psicoses semelhantes à esquizofrenia e aos distúrbios do sistema nervoso central, por exemplo, relatavam que ilusões e sintomas catatônicos estavam muito mais fortemente associados a lesões cerebrais no lado esquerdo, especialmente a lesões no lobo temporal.[32]

Evidentemente, a maioria das psicoses não está associada a lesões cerebrais que ocorrem na idade adulta e acredita-se que tenha origem no desenvolvimento neural. Argumenta-se que talvez uma disfunção dos sistemas cerebrais regionais lateralizados, ou modos anormais de integração entre os hemisférios, podem caracterizar tais desordens.

Uma evidência clínica adicional vem das descobertas com o choque eletroconvulsivo (ECS), usado ocasionalmente no tratamento de depressão, no qual uma corrente é liberada através de eletrodos colocados no couro cabeludo. Embora o tratamento convencional tenha sido geralmente bilateral, numerosos relatos têm sugerido que a confusão e a perda de memória, que freqüentemente acompanham o ECS após o tratamento, podem ser reduzidas colocando-se os eletrodos somente em um lado da cabeça. Em três estudos cuidadosamente conduzidos, comparando os efeitos do ECS esquerdo, direito e bilateral, dois revelaram que o tratamento somente no hemisfério esquerdo era menos efetivo para aliviar a depressão do que o tratamento somente no hemisfério direito. Um estudo não encontrou nenhuma diferença.[33] O quadro geral que emerge é o de que a depressão reage mais efetivamente ao ECS no hemisfério direito do que ao ECS no hemisfério esquerdo, sugerindo uma assimetria do envolvimento hemisférico na depressão.

Estudos Comportamentais, Eletrofisiológicos e de Neuroimagem

Várias técnicas comportamentais e eletrofisiológicas têm sido usadas para explorar o papel da organização do cérebro na doença mental. John Gruzelier e seus colegas estudaram a condutância da pele, tanto de pacientes esquizofrênicos como com depressão, na resposta a estímulos auditivos repetidos.[34] Quando uma pessoa está alerta e lhe é apresentado um novo estímulo, a resistência da pele sobre o braço a uma corrente elétrica suave diminui. Esta é uma das diversas mudanças fisiológicas periféricas que ocorrem quando uma pessoa é alertada para algo novo ou diferente.

A maioria dos sujeitos esquizofrênicos apresentava pouca ou nenhuma resposta de condutância na mão esquerda. Ao contrário, a amplitude das respostas de pacientes deprimidos era menor na mão direita do que na esquerda. Como acredita-se que estas respostas de orientação são controladas pelo hemisfério do mesmo lado, Gruzelier argumentou que as suas descobertas vinculam a desordem no hemisfério esquerdo e no direito à esquizofrenia e à depressão, respectivamente.

A evidência obtida com exames após a morte mostra um aumento significativo no tamanho do corpo caloso nos indivíduos com esquizofrenia crônica. Graham Beaumont e Stuart Dimond especularam que o aumento reflete a compensação por uma comunicação inter-hemisférica deficiente.[35] Para testar esta hipótese, eles usaram uma tarefa taquistoscópica em que se pedia às pessoas para responder "igual" ou "diferente" ante os pares de estímulos apresentados. As maiores diferenças entre os pacientes esquizofrênicos e as pessoas normais foram encontradas quando cada estímulo de um par era apresentado a um dos hemisférios.

As menores diferenças foram observadas quando os dois estímulos eram apresentados ao mesmo hemisfério. Beaumont e Dimond argumentaram que a dificuldade encontrada pelos pacientes esquizofrênicos nas tarefas que envolvem ambos os hemisférios é resultado de uma deficiência na comunicação entre os dois lados. Uma análise das descobertas com pacientes esquizofrênicos geralmente sustenta esta conclusão.[36] Recentemente, o psiquiatra Wayne Drevets e colegas identificaram regiões específicas no cérebro envolvidas com depressão grave.[37] Usando técnicas de PET, Drevets mediu o fluxo sangüíneo de 13 adultos que sofriam de depressão no momento do teste e 10 outros previamente diagnosticados como sofrendo de depressão, mas que não apresentavam os sinais característicos na ocasião do teste. Todos os pacientes tinham um ou mais parentes próximos consangüíneos também com depressão. Pessoas com nenhum histórico de depressão serviram como controle.

Os pesquisadores encontraram um fluxo de sangue marcantemente aumentado (um resultado que indica uma atividade aumentada das células do cérebro) no lado esquerdo da amígdala (uma estrutura subcortical envolvida na modulação da emoção), de todas as pessoas com depressão. Aumentos no fluxo de sangue foram também encontrados no córtex pré-frontal de todos os pacientes que estavam deprimidos na ocasião, mas não naqueles sem os sintomas. Drevets propôs que o fluxo elevado de sangue no córtex pré-frontal esquerdo indica que um episódio depressivo está em progresso e que o córtex pré-frontal esquerdo pode processar os pensamentos negativos constantes, que caracterizam a depressão. Assim, esses dados indicam a implicação de um envolvimento especial do lado esquerdo na depressão grave.

Considerações Teóricas

Os dois principais modelos de envolvimento hemisférico na psicose foram propostos como o resultado do trabalho nesta área. Um é a hipótese de disfunção hemisférica, em que se acredita que um determinado hemisfério é deficiente. A psicose seria conseqüência desta deficiência. O segundo modelo é a hipótese do desequilíbrio funcional do hemisfério, em que se julga que as funções inter-hemisféricas normais mediadas pelo corpo caloso estejam prejudicadas.[38]

É obviamente prematuro argumentar fortemente em favor de um modelo sobre o outro em qualquer forma de psicopatologia. De fato, embora muitas evidências nesta área apontem para algum envolvimento da lateralidade do cérebro em psicopatologia, cada uma delas, em separado, não é suficientemente forte. Como a dificuldade para ler e a gagueira, as desordens mentais provavelmente têm várias causas diferentes, muitas das quais produzem a mesma sintomatologia geral. Talvez a assimetria do cérebro esteja envolvida em algumas formas de esquizofrenia e de doenças emocionais, mas não em todas. A classificação cuidadosa dos pacientes e novas tecnologias para medir a atividade do cérebro seriam particularmente valiosas para se chegar ao possível papel da lateralidade do cérebro na psicopatologia.

O PAPEL DO CÉREBRO ESQUERDO
E DO CÉREBRO DIREITO NA PATOLOGIA

As patologias consideradas neste capítulo são diversas, estendendo-se desde a gagueira até a esquizofrenia. Acredita-se que exista, em cada caso, uma anormalidade lateralizada de algum tipo, mas não há uma demonstração inequívoca. Antes que se façam tentativas de aplicar as descobertas das pesquisas no tratamento de pessoas com problemas como estes que acabamos de considerar, precisamos estar seguros de que as descobertas estão firmemente estabelecidas.

Repetidamente mencionamos a importância de se reconhecer que muitas disfunções provavelmente têm mais do que uma causa. Assumir que sintomas semelhantes sempre procedem da mesma causa é simplificar de modo grosseiro a complexidade das relações entre o comportamento e o cérebro humano. Uma disfunção lateralizada pode estar envolvida em algumas, mas não em todas as formas de desordem. É também importante lembrar que uma função lateralizada pode não ser suficiente, por si só, para produzir um determinado problema; outros fatores podem ter de agir ao mesmo tempo para que uma deficiência venha a ocorrer. Notamos que uma série completa de padrões de lateralidade é observada em pessoas normais — uma observação que sugere que determinados padrões de lateralidade, por si, não são suficientes para causar certas deficiências.

11

HEMISFERICIDADE, EDUCAÇÃO E ESTADOS ALTERADOS

O crescimento rápido de um corpo de conhecimentos referente à natureza da assimetria hemisférica gerou quase naturalmente a especulação a respeito das conseqüências da assimetria no comportamento do dia-a-dia. A especialização hemisférica observada nas pessoas normais corresponde a modos distintos de pensamento? Algumas pessoas contam mais com o lado esquerdo do cérebro e outras mais com o direito? Há diferenças culturais na hemisfericidade? Os sistemas educacionais da civilização ocidental enfatizam o assim chamado pensamento do cérebro esquerdo e talvez negligenciem o potencial do cérebro direito? Esses são alguns dos temas mais populares levantados pelas descobertas discutidas nos capítulos anteriores. Neste capítulo, vamos analisar vários desses assuntos.

DOIS CÉREBROS, DOIS ESTILOS COGNITIVOS?

Vimos a evidência de que, após a divisão cirúrgica dos dois hemisférios, o aprendizado e a memória podem continuar separadamente no cérebro esquerdo e no cérebro direito. Cada metade do cérebro de um paciente comissurotomizado é capaz de sentir, perceber e, talvez, até conceituar independentemente da outra metade. Ademais, virtualmente em cada abordagem do estudo dos processos hemisféricos, incluindo as abordagens com pessoas normais, as descobertas confirmam a existência de diferenças hemisféricas. Nos primeiros capítulos, analisamos a dificuldade de caracterizar as diferenças. Alguns pesquisadores falaram de uma distinção verbal-não-verbal. Outros argumentaram que as metades do cérebro diferem em termos da forma como lidam com a informação em geral.

Desde as primeiras operações de comissurotomia, uma série de classificações tem sido usada para descrever os processos do cérebro esquerdo e do cérebro direito. As características citadas mais amplamente podem ser divididas em cinco grupos principais, que formam uma espécie de hierarquia. Cada designação normalmente inclui e vai além das características precedentes:

Hemisfério esquerdo	*Hemisfério direito*
Verbal	Não-verbal, visuoespacial
Seqüencial, temporal, digital	Simultâneo, espacial, analógico
Lógico, analítico	Gestáltico, sintético
Racional	Intuitivo
Pensamento ocidental	Pensamento oriental

As descrições próximas do topo da lista parecem estar baseadas em evidências experimentais; as outras designações parecem ser mais especulativas. A distinção verbal-não-verbal, por exemplo, foi a primeira a emergir dos estudos de comissurotomia e das pesquisas comportamentais com pessoas normais. A distinção seqüencial-simultâneo reflete um modelo teórico e atual, embora não aceito universalmente, que considera que o hemisfério esquerdo tende a lidar com as mudanças rápidas no tempo e a analisar os estímulos em termos de detalhes e aspectos, enquanto o hemisfério direito cuida das relações simultâneas e das propriedades mais globais dos padrões. Neste modelo, o hemisfério esquerdo é algo semelhante a um computador digital e o direito é parecido com um computador analógico.

Muitos pesquisadores que especularam sobre esses assuntos tentaram ir além dessas distinções. Uma visão das diferenças entre os hemisférios aceita popularmente é a de que o cérebro esquerdo opera de uma forma lógica e analítica e o cérebro direito trabalha de modo gestáltico e sintético. Uma vez que alguém comece a usar tais classificações para descrever as operações dos hemisférios, diversas questões vêm à mente.

São elas apenas descrições convenientes de como os hemisférios lidam com as informações? Ou implicam que os hemisférios diferem em seus estilos de pensar? É possível conceber as funções especializadas do cérebro esquerdo e do cérebro direito como modos distintos de pensamento? Filósofos e estudiosos da mente apresentaram historicamente uma tendência de dividir as faculdades intelectuais em dois tipos. Por exemplo, considere-se a seguinte citação de um filósofo iogue que, em 1910, escreveu:

O intelecto é um órgão composto de diversos grupos de funções divisíveis em duas classes importantes, as funções e faculdades da mão direita, as funções e faculdades da esquerda. As faculdades da mão direita são compreensivas, criativas e sintéticas; as faculdades da mão esquerda são críticas e analíticas... A esquerda limita-se a apurar a verdade, a direita agarra aquilo que ainda é enganoso e incerto. Ambas são essenciais para a plenitude da razão humana. Estas importantes funções da máquina devem, todas elas, ser elevadas à sua mais alta e refinada força de trabalho, para que a educação infantil não seja imperfeita e unilateral.[1]

Muitos pensadores ocidentais também têm falado da organização mental como se ela fosse dividida em duas partes. São exemplos desta dicotomia: racional *versus* intuitivo, explícito *versus* implícito, analítico *versus* sintético, abstrato *versus* concreto, objetivo *versus* subjetivo.

Por que tantas divisões em duas partes? As qualidades estabelecidas são verdadeiramente distintas e separadas, ou descrevem apenas os extremos de um conjunto de comportamentos contínuos? Em outras palavras, estamos lidando com diferenças do tipo tudo-ou-nada, ou existem graduações entre elas? Alguns têm insistido no antigo ponto de vista — a existência de um cérebro esquerdo e de um cérebro direito capazes de operar independentemente — porque, conforme afirmam, conforma-se melhor à realidade neuroanatômica. Outro ponto de vista é o de que a formação de dicotomias ou opostos é apenas uma maneira conveniente de visualizar situações complexas.

O psicólogo Robert Ornstein argumentou que os homens e as mulheres ocidentais vêm usando apenas metade de seus cérebros e, conseqüentemente, apenas metade de sua capacidade mental.[2] Ele observou que a ênfase na linguagem e no pensamento lógico, nas sociedades ocidentais, assegurou que o hemisfério esquerdo fosse bem exercitado. Ele continuou a argumentar que as funções do hemisfério direito são uma parte negligenciada das habilidades humanas e do intelecto no Ocidente e que tais funções são mais desenvolvidas nas culturas, no misticismo e nas religiões do Oriente. Em suma, Ornstein identificou o hemisfério esquerdo com o pensamento ocidental tecnológico e racional e o hemisfério direito com o pensamento oriental intuitivo e místico. Muitas reivindicações estranhas e interpretações errôneas seguiram-se à posição de Ornstein. Por exemplo, alguns compararam o hemisfério esquerdo com os males da moderna sociedade.[3] Como vimos, são diversas as idéias sobre a natureza das diferenças hemisféricas. Elas evoluíram das distinções verbais-não-verbais para noções ainda mais abstratas da relação entre as funções mentais e os hemisférios. Neste processo, as idéias referentes às diferenças hemisféricas se deslocaram para cada vez mais longe das descobertas da pesquisa básica. Alguns acharam desconcertante esta progressão, porque a distinção entre o fato e a especulação é freqüentemente obscurecida. A expressão *dicotomania* foi cunhada para se referir à avalanche da literatura popular fomentada pelas noções mais especulativas. Um pesquisador observou o seguinte:

Está se tornando uma visão corriqueira. Olhando diretamente para o leitor — freqüentemente de uma capa de revista — está a versão de um artista das duas metades do cérebro. Impressões sobrepostas atravessando o hemisfério cerebral esquerdo (provavelmente com o rigor dos pretos e dos cinzentos) estão palavras tais como "lógico", "analítico" e "racionalidade ocidental". Mais palidamente gravado com águaforte através do hemisfério direito (num rico laranja ou púrpura real) estão: "intuitivas", "artísticas" ou "consciência oriental". Lastimavelmente, a imagem diz mais a respeito à voga atual da ciência popular do que ao cérebro.[4]

HEMISFERICIDADE

A idéia de que os dois hemisférios são especializados em diferentes modos de pensamento levou ao conceito de hemisfericidade — a idéia de que um determinado indivíduo conta mais com um modo, ou hemisfério, do que com o outro. Presume-se que esta utilização diferencial se reflete no "estilo cognitivo" do indivíduo — as preferências pessoais e a abordagem na solução de problemas. A tendência para abordar os problemas de forma verbal ou analítica é vista como evidência da hemisfericidade no lado esquerdo, enquanto aqueles que favorecem as formas holísticas ou espaciais de lidar com as informações são vistos como pessoas com hemisfericidade direita.

Diferentes fontes têm afirmado que a hemisfericidade se estende não só à percepção, mas a todos os tipos de dimensões intelectuais e de personalidade. Há vários anos, apareceu uma tira de quadrinhos numa revista bem conhecida, mostrando um clube de campo muito atraente, com um pequeno anúncio do lado de fora, onde se lia: "Somente para pessoas do hemisfério esquerdo". A idéia de que as diferenças entre as pessoas podem estar relacionadas a diferenças no grau em que elas usam seus dois hemisférios é tão atraente que cativou a simpatia dos meios de comunicação populares. A cultura e a profissão são duas áreas que têm sido estudadas experimentalmente.

O Papel da Cultura e da Profissão

Algumas tentativas feitas por antropólogos para caracterizar os processos cognitivos de diferentes culturas e subculturas parecem semelhantes a muitas noções relativas ao cérebro esquerdo e ao cérebro direito. Uma escola de pensamento sugere que existem modos qualitativamente distintos de pensamento entre as sociedades, entre as classes e entre os indivíduos. A maioria dos antropólogos, entretanto, insiste em que a "média" das mentes humanas funciona da mesma forma, independentemente das diferenças culturais. Alguns sugeriram que há inconsistência em afirmar que a mente humana funciona de maneira igual em toda parte e, ao mesmo tempo, que os modos fundamentais de pensar diferem radicalmente com o contexto cultural.[5]

Uma maneira de escapar desse dilema é afirmar que cada cérebro humano é capaz de mais do que um tipo de processo lógico e que existem diferenças culturais quanto aos processos de lidar com as várias situações. A idéia de que duas estruturas diferentes no cérebro são capazes de distinguir qualitativamente os processos lógicos atraiu pesquisadores interessados em resolver o paradoxo "cultura-cognição".

As diferenças no estilo cognitivo entre as culturas podem ser basicamente responsáveis pelas diferenças no uso do hemisfério esquerdo ou do direito? Um estudo comparou o desempenho de 1 220 pessoas de diversas origens, incluindo hindus hopis, negros urbanos e brancos rurais e urbanos, em dois testes considerados razoavelmente seletivos com relação ao desempenho hemisférico. É pressuposto que o teste denominado *Street Gestalt Completion Test* (Teste de Completar Configuração de Rua) envolve principalmente o processamento do hemisfério direito (Figura 11.1) e que um outro teste, designado *Similarities Subtest of the Wechsler Adult Intelligence Scale* (Subteste de Semelhanças da Escala de Wechsler da Inteligência Adulta), envolve principalmente o processamento do hemisfério esquerdo. Um exemplo de uma questão deste último é: "Qual é a semelhança entre uma chave de fenda e um martelo?"

Figura 11.1 – Exemplos do *Street Gestalt Completion Test*. O que as figuras representam?

Os pesquisadores estimaram relativamente o "modo de pensar com o hemisfério direito ou com o esquerdo" em cada grupo de pessoas, estabelecendo uma proporção entre a média dos escores no teste de completar configurações e a média dos escores no teste de semelhanças de cada grupo. As proporções maiores (numerador mais elevado) foram interpretadas como indicação de mais pensamentos com o hemisfério direito; as proporções menores (denominador mais elevado) significavam mais pensamentos com o hemisfério esquerdo. Os resultados mostraram que os hindus hopis da zona rural tinham as maiores proporções, seguidos pelas mulheres negras da cidade, homens negros da cidade, brancos da zona rural e brancos da cidade. Os pesquisadores concluíram que os hopis e os negros utilizam relativamente mais o seu hemisfério direito para pensar do que os outros grupos.[6] Uma crítica publicada logo depois que essa pesquisa surgiu argumentava convincentemente que as diferenças culturais relatadas eram mais uma reafirmação das diferenças culturais constatadas nos testes de QI verbal do que evidência de predominância do hemisfério direito ao pensar, entre os grupos de condições inferiores. Os autores apontaram que não existem diferenças consideráveis entre os grupos no teste de completar configurações ("hemisfério direito") e que os grupos diferem apenas no subteste de semelhanças verbais. Eles concluíram que se alguém for interpretar as descobertas em termos hemisféricos, a única coisa que pode ser dita é que "o hemisfério direito parece desenvolver níveis semelhantes de habilidade em grupos culturais radicalmente diferentes, enquanto o desenvolvimento do hemisfério esquerdo é debilitado por falta de oportunidade educacional".[7]

Um outro problema com este e com muitos outros estudos que afirmam estar mostrando padrões de uso dos dois lados do cérebro é a natureza questionável das medidas empregadas. Embora testes como o de similaridades pareçam realmente mais verbais do que espaciais, de modo algum é certo que eles testem apenas as capacidades do hemisfério esquerdo. A situação é ainda mais questionável com muitos testes não-verbais convencionais. Muitos dos assim chamados testes de habilidade espacial têm sido apresentados como envolvendo ampla e às vezes essencialmente o componente verbal. No momento ainda não há testes que, confirmadamente, incidem só sobre o hemisfério direito ou só sobre o hemisfério esquerdo.

Naturalmente, essas críticas não eliminam a possibilidade de que, em certas situações, haja diferenças culturais no envolvimento hemisférico. No capítulo 3 consideramos a importância da estratégia pessoal na determinação dos resultados dos estudos de lateralidade. Se grupos específicos utilizarem consistentemente uma ampla variedade de testes com estratégias diferentes, devemos encontrar alguma evidência dessas diferenças nos estudos de lateralidade. Os estudos que procuram especificamente estes efeitos requerem o uso de testes sensíveis a pequenas diferenças na utilização hemisférica.

Alguns estudos que empregaram a audição dicotômica e medidas das assimetrias por EEG sugeriram que vale a pena explorar mais esta área. Todavia, as evidências são poucas e, freqüentemente, conflitantes. Há necessidade, ainda, de muito trabalho para se determinar se são reais as diferenças culturais na utilização hemisférica e, se for assim, a que podem ser atribuídas.

Perguntas semelhantes quanto à hemisfericidade podem ser feitas com relação a pessoas de profissões diferentes. Por exemplo, os artistas fazem maior uso do hemisfério direito do que os advogados? Aqui, também, alguns estudos forneceram descobertas sugestivas e que oferecem sustentação.[8] Todavia, os resultados que sugerem o envolvimento hemisférico diferenciado em relação à profissão são geralmente fracos e não puderam ser reproduzidos em alguns estudos. As diferenças na sensibilidade dos testes usados, bem como a variabilidade das populações submetidas aos testes, contribuem sem dúvida para esses problemas. É necessário ainda mais trabalho para que uma afirmação convincente, a favor ou contra a noção de hemisfericidade ocupacional, possa ser justificada.

Também é importante lembrar que as descobertas que sugerem a possibilidade de utilização hemisférica diferenciada em relação à profissão necessariamente não dão sustentação à idéia de que a organização hemisférica em si seja diferente em grupos diversos. Os estudos que embasam a noção de hemisfericidade são consistentes com a visão de que o padrão de ativação dos hemisférios pode variar entre os grupos em função da profissão, mas que a organização assimétrica básica do cérebro é similar.

Pode-se Medir a Hemisfericidade com Questionários?

Algumas pessoas desenvolveram testes do tipo papel-e-lápis e asseguram que eles medem a hemisfericidade. Elas afirmam que, completando um desses testes e contando os pontos (freqüentemente com um custo substancial), um indivíduo pode determinar seu hemisfério preferido. Por outro lado, elas prometem que essa será uma informação útil para a escolha de uma carreira ou de um cônjuge, ou ao fazer qualquer outra escolha em que a compatibilidade hemisférica pareça desejável.

Em geral o público-alvo de tais questionários são particularmente os administradores, com a afirmação de que o conhecimento obtido com os resultados pode ser usado para aumentar a produtividade dos empregados, bem como na solução de problemas individuais e organizacionais. Uma indústria completa se desenvolveu em torno de consultores que fornecem seminários de treinamento nas corporações, prometendo uma nova mercadologia e administração de vendas, assim como maior desempenho e satisfação do empregado, tudo baseado no conceito de "hemisfericidade".[9] A Figura 11.2 ilustra humoristicamente este aspecto.

Um questionário de hemisfericidade que resistiu à aprovação de outras pessoas além de seus fomentadores é o chamado "Seu estilo de aprender e de pensar".[10] Desenvolvido com objetivos de pesquisa pelo psicólogo educacional E.P. Torrance e seus colegas, o questionário possui 36 itens com três alternativas de resposta por item: uma indicando a especialização do hemisfério esquerdo (por exemplo: ter dificuldade para se lembrar de fisionomias; ser inibido na expressão de sentimentos e emoções), outra indicando uma especialização do hemisfério direito (por exemplo: ter dificuldade para recordar nomes; ser capaz de exprimir livremente sentimentos e emoções) e uma terceira significando um estilo "integrativo" (por exemplo: ter facilidade tanto para recordar nomes como fisionomias; ser controlado na expressão de sentimentos e emoções).[11]

Uma observação cuidadosa do questionário mostra que os escores são altamente correlacionados com os testes que objetivam medir a criatividade. Isso não é surpreendente tendo-se em vista a lógica básica de tais testes. Sendo o hemisfério "não-verbal", o hemisfério direito é visto como responsável pela intuição que, por sua vez, é vista como a característica básica mais importante da criatividade. De acordo com esta linha de raciocínio, um teste de medida da criatividade deve refletir o grau do envolvimento do hemisfério direito e, portanto, a hemisfericidade.

Uma abordagem semelhante foi adotada por Ned Herrmann, que desenvolveu o "O Instrumento de Dominância Cerebral de Herrmann (HBDI)".[12] De acordo com sua literatura publicitária, o HBDI é um "questionário amplo, analisado por computador e desenvolvido cientificamente, que é o instrumento mais utilizado para identificar a dominância cerebral". Indo além de uma simples dicotomia esquerdo-direita, Herrmann descreve quatro tipos de preferência mental — analítica/lógica, organizada/detalhada, interpessoal/expressiva e imaginativa/conceitual — e promete que a compreensão dessas preferências levará a discernimentos valiosos e à melhoria no desempenho, tanto de executivos como de funcionários.

Ao avaliar as afirmações referentes a questionários e hemisfericidade, precisamos separar a possível utilidade dos resultados das declarações que têm sido feitas a respeito dos próprios questionários. Os executivos das corporações podem, efetivamente, encontrar um valor prático nas aplicações propostas. Eles se encontram na melhor posição para determinar se uma técnica específica resulta em maior produtividade ou no aumento da satisfação com o emprego. O que queremos focali-

DILBERT reimpresso com permissão da UFS, Inc.

zar agora é a alegação básica de que os questionários medem a hemisfericidade.

O principal problema nessas alegações é que há pouca coisa em termos de evidência científica que ligue a criatividade ao hemisfério direito e menos ainda de evidência que especifique a ligação de graus de criatividade com o grau de utilização do hemisfério direito. Antes que a idéia da hemisfericidade possa ser avaliada corretamente, vamos precisar de boas medidas da atividade hemisférica diferencial. Há várias possibilidades para essa verificação — assimetrias auditivas em audição dicotômica, medidas de potencial evocado, fluxo sangüíneo regional no cérebro — mas cada qual tem atualmente problemas que limitam sua utilidade como medida da atividade hemisférica num determinado indivíduo. Essas medidas, e talvez outras, podem no final se provar úteis para testar as noções de que cada um de nós conta mais com um hemisfério do que com o outro, mas não podemos fazer isso agora. Assim, a hemisfericidade continua uma hipótese interessante, mas ainda não testada.

ESTADOS ALTERADOS

Na seção precedente exploramos a possibilidade de envolvimento diferenciado dos hemisférios em diferentes grupos de pessoas — especificamente, a idéia de que certas características dos indivíduos são predizíveis quanto ao grau em que os dois hemisférios serão colocados em atividade numa determinada tarefa. Nesta seção, consideramos uma idéia relacionada — a de que as diferenças num determinado estado mental de um indivíduo estarão associadas a diferenças na atividade hemisférica. Assim, embora a primeira abordagem lide com as diferenças entre as pessoas, a segunda considera as diferenças que ocorrem numa pessoa em ocasiões diferentes. O transe hipnótico e o sonho são os dois estados alterados que receberam mais atenção sob o ponto de vista das diferenças hemisféricas.

A Atividade de Sonhar e os Hemisférios

A associação entre a ativação hemisférica e a atividade de sonhar teve sua origem em relatos ocasionais de que pacientes com danos cerebrais na região posterior do hemisfério direito não sonhavam mais.[13] A ação do hemisfério direito compatibiliza-se bem com a idéia de que os sonhos freqüentemente não são lógicos e envolvem imagens visuais e idéias emocionais. Entretanto, como os dados dependiam de relatos dos pacientes, os resultados podiam ser explicados pela sua eventual incapacidade de recordar os sonhos que realmente haviam tido, e não pela falta de sonhos em si. Um teste direto da noção de que só o hemisfério direito está envolvido no sonho veio de uma pesquisa com pacientes comissurotomizados, discutida no capítulo 2. Enquanto os pacientes dormiam, seus EEGs acompanhavam o desenvolvimento da atividade de seus sonhos. Quando despertados nesses momentos, eles eram capazes de contar os seus sonhos, indicando, portanto, que o hemisfério esquerdo tinha acesso ao conteúdo do sonho.[14]

A natureza dos sonhos em pacientes comissurotomizados foi estudada por Klaus Hoppe, um psicanalista. Hoppe analisou os sonhos de 12 pacientes comissurotomizados e relatou que "após uma comissurotomia, os pacientes revelam escassez de sonhos, fantasias e símbolos. Faltam em seus sonhos as características do trabalho do sonho; suas fantasias não são imaginativas, mas utilitárias e ligadas à realidade; a simbolização é concreta, discursiva e rígida".[15]

Esta descrição sugere que falta ao hemisfério esquerdo imaginação e fantasia, funções que presumivelmente se localizam no hemisfério direito desconectado. Deve ser lembrado, entretanto, que estes pacientes tinham epilepsia há muito tempo e seria importante determinar, nestes resultados, quanto pode ser atribuído à separação hemisférica e quanto a outros fatores.

Hipnose e Suscetibilidade Hipnótica

A possibilidade de envolvimento hemisférico diferenciado durante o transe hipnótico recebeu atenção pela primeira vez nos estudos de suscetibilidade hipnótica. As pessoas diferem muito quanto à facilidade com que podem ser hipnotizadas e os pesquisadores tentaram determinar quais os fatores envolvidos. A capacidade de se concentrar e a de ficar absorvido por algo inusitado são dois fatores, entre outros, correlacionados positivamente com a possibilidade de ser hipnotizado. A semelhança entre essas habilidades e aquilo que se considera como características do hemisfério direito levou naturalmente à hipótese de que a suscetibilidade hipnótica está correlacionada com a ativação do hemisfério direito.

Alguma evidência dando consistência a essa idéia veio de um estudo dos movimentos laterais dos olhos.[16] Nestes estudos, foi encontrada maior suscetibilidade hipnótica nas pessoas que apresentavam preferência pelos movimentos de olhos à esquerda. Os movimentos dos olhos, como se discutiu no capítulo 3, têm sido um índice controvertido da atividade hemisférica.

Um outro estudo que buscava correlações neuropsicológicas da suscetibilidade hipnótica mediu o EEG durante a execução de várias tarefas, inclusive de orientação espacial, memória tonal, categorização verbal e aritmética mental. Esperava-se que as duas primeiras tarefas fossem eliminar a atividade alfa mais no hemisfério direito, enquanto as duas outras a eliminariam mais no esquerdo. Os resultados mostraram que as pessoas classificadas como altamente hipnotizáveis apresentavam maior mudança na ativação cortical nos hemisférios cerebrais adequados às tarefas do que as pessoas de baixa suscetibilidade hipnótica, embora a maioria das pessoas em ambos os grupos apresentasse uma mudança na direção apropriada. Ao contrário dos dados dos movimentos de olhos que apontavam para o maior envolvimento do hemisfério direito nas pessoas altamente hipnotizáveis, estes dados sugerem um maior envolvimento hemisférico nas tarefas específicas em tais pessoas.[17]

A relação entre a habilidade manual e o grau de suscetibilidade hipnótica também foi examinada.[18] A metade das pessoas destras pertencia às categorias de baixa e alta suscetibilidade hipnótica. Essas descobertas são intrigantes por causa da relação entre preferência manual e assimetria hemisférica, embora seu significado não fique claro.

Uma abordagem mais direta da relação entre hipnose e atividade hemisférica incluía a observação do envolvimento hemisférico durante a própria hipnose. Num estudo, as pessoas ouviam uma fala apresentada dicotomicamente antes, durante e após um transe hipnótico. A vantagem do ouvido direito obtida antes e após o transe era significativamente reduzida durante o transe, por causa dos aumentos dos escores do ouvido esquerdo.[19] Estes resultados sugerem que a hipnose pode envolver uma ativação diferenciada dos hemisférios. Contudo, é preciso que se realizem mais pesquisas até que se possa deduzir alguma ligação sólida entre a hipnose, ou qualquer outro estado alterado, e a assimetria.

EDUCAÇÃO E OS HEMISFÉRIOS

Será que o programa de uma escola elementar, restrito à leitura, escrita e aritmética, educa principalmente um hemisfério e deixa a metade do potencial de um indivíduo não trabalhado? Será que todo o sistema educacional tem uma tendência contra o desenvolvimento dos talentos do hemisfério direito?

Joseph Bogen, um dos pioneiros do procedimento da comissurotomia, tem sido um proponente especialmente ávido do desenvolvimento do que ele chama de "pensamento aposicional" na escola.[20] O termo *proposicional* foi adotado pelo neurologista John Hughlings Jackson no século XIX para descrever a dominância do hemisfério esquerdo para falar, escrever, calcular e outras tarefas correlatas. Ao contrário, Bogen cunhou a expressão *aposicional* para se referir ao processo de informação do hemisfério direito em destros bem lateralizados.

Na visão de Bogen, a sociedade superenfatizou a *proposicionalidade* à custa da *aposicionalidade*. Os testes de inteligência, por exemplo, visam às habilidades proposicionais do hemisfério esquerdo. Seu uso é justificado pela afirmação de que eles preconizam sucesso numa sociedade que mais freqüentemente mede o sucesso monetariamente e em termos de produtividade. Bogen argumentou que tais medidas são muito estreitas e não levam em conta a criatividade artística assim como outras habilidades do hemisfério direito que não são facilmente quantificáveis.

A idéia de que a metade — mais precisamente a metade direita — da nossa capacidade mental é negligenciada está aparecendo com freqüência crescente nas publicações educacionais, nos manuais de auto-ajuda e em diversas outras publicações. Os artigos geralmente incluem um sumário retrospectivo e alguns dos dados relativos à lateralidade juntamente com a interpretação pessoal do autor daquilo que os dados significam. Alguns terminam com a recomendação de "incrementar o pensamento do hemisfério direito" ou "treinar o hemisfério direito".

Esses artigos freqüentemente afirmam que o principal negócio do hemisfério esquerdo é a representação lógica da realidade e a comunicação com o mundo externo. As atividades de pensar, ler, escrever, contar e preocupar-se com o tempo são usualmente atribuídas ao hemisfério esquerdo. Diz-se que o negócio do hemisfério direito, ao contrário, consiste na compreensão de padrões e relações complexas que não podem ser definidas precisamente e que podem não ser lógicas. As qualidades do hemisfério direito, dirá um autor, são essenciais para um *insight* criativo, mas tendem a ser desenvolvidas inadequadamente.

Uma declaração de um escritor é representativa da interpretação comum do motivo pelo qual o lado direito do cérebro é esquecido:

Como atuamos num mundo com aparência seqüencial e como o pensamento lógico do hemisfério esquerdo é tão honrado na nossa cultura, gradualmente, sufocamos, desvalorizamos e negligenciamos a alimentação dos nossos hemisférios direitos. Não é que paremos de usá-los inteiramente; ele apenas se torna cada vez menos acessível a nós por causa dos padrões estabelecidos.[21]

Os professores de todos os níveis têm sido instados a encorajar, nos seus alunos, o maior envolvimento do cérebro direito. Isso tem variado desde a recomendação "mostre e diga", como uma atividade que estimula ambos os lados do cérebro, o uso de desenhos e gráficos para ampliar o contexto do "cérebro esquerdo", levar mais tempo ouvindo música e observando obras de arte, até o maior uso da televisão como um "sistema de alimentação do cérebro direito".[22]

Com a possível exceção de ver mais televisão, há pouca controvérsia acerca dessas sugestões. A maioria dos professores do primeiro grau já usa essas abordagens e as considera válidas. O problema, conforme a nossa visão, é a tentativa de justificar estes e outros enfoques mais controvertidos com afirmações relativas ao que se conhece dos dois hemisférios do cérebro. Nossos sistemas educacionais podem ser deficientes e podem limitar um amplo espectro das capacidades humanas. Questionamos, entretanto, a divisão dos estilos de pensamento ao longo das linhas hemisféricas. Pode muito bem acontecer que em certas fases a formação de novas idéias envolvam processos intuitivos independentes do raciocínio analítico ou da discussão verbal. Esquemas preliminares que ordenam novos dados ou reordenam o conhecimento preexistente possivelmente poderiam surgir até da perambulação sem destino da mente durante a qual é vista uma conexão entre um evento presente e um acontecimento passado ou é estabelecida uma analogia remota. Mas essas são funções do hemisfério direito? Não achamos que seja assim tão simples e, certamente, não existem evidências conclusivas quanto a isso. Nosso sistema educacional pode deixar de treinar ou desenvolver metade do cérebro, mas provavelmente isso acontece por falta de compreensão dos talentos de ambos os hemisférios.

Da Teoria à Prática: Aprendendo a Desenhar

As idéias relativas à educação e aos hemisférios consideradas até agora foram muito genéricas. Nesta seção, vamos considerar duas abordagens muito mais específicas em suas recomendações.

Betty Edwards, uma professora de arte da Califórnia, apresentou seu método de ensinar as pessoas a desenhar num livro intitulado *Desenhando com o lado direito do cérebro*.[23] Sua premissa básica é direta: sob as condições comuns, é o hemisfério direito do cérebro que tem habilidade para desenhar. Quando deixado sozinho, o hemisfério direito produzirá desenhos respeitáveis, até mesmo em adultos sem treino. O caso é que a maioria das pessoas não dá ao cérebro o direito a oportunidades de mostrar seus talentos. O hemisfério esquerdo verbal e analítico (sem aptidão artística) se envolve e interfere. A tendência natural de classificar e analisar uma figura ou uma cena antes de desenhá-la, segundo o ponto de vista de Edwards, é a fonte desta interferência.

O método de ensino de Edwards pretende reduzir a quantidade de envolvimento do hemisfério esquerdo no processo de desenhar. Num dos seus primeiros exercícios, o estudante deve fazer a cópia a lápis de um desenho bem detalhado de uma pessoa — com a figura de cabeça para baixo. O raciocínio é simples. De cabeça para baixo, a figura não é tão fácil de ser reconhecida. De fato, é difícil classificar qualquer de suas partes. Edwards propôs, assim, que o hemisfério direito pode realizar a tarefa de copiar de cabeça para baixo sem a interferência do esquerdo.

De acordo com Edwards, muitas pessoas adultas ficarão agradavelmente surpresas ao terminar seus desenhos e girá-los em 180 graus. Há vários estágios no método de Edwards e não podemos fazer sua apreciação aqui. Brevemente, porém, ele envolve a criação de condições para minimizar a possibilidade de envolvimento do hemisfério esquerdo. Como parte desse processo, ela sugeriu que o estudante assegure verbalmente que o hemisfério esquerdo não está sendo abandonado e que se está tentando apenas temporariamente uma nova técnica. O método de Edwards funciona? Não conhecemos nenhuma pesquisa que focalize esta questão, mas seu livro está repleto de desenhos produzidos antes e depois, por seus alunos adultos. As diferenças são impressionantes. Se elas são verdadeiramente representativas, então o método de Edwards funciona e não queremos desafiar o sucesso. Observamos, entretanto, que até este ponto não há como saber se os seus métodos funcionam pelas razões que ela indica.

Como regra geral, não existe a evidência de que apenas um hemisfério esteja envolvido numa determinada tarefa cognitiva, incluindo a linguagem, que se considera bem lateralizada. Durante as tarefas de linguagem, por exemplo, o fluxo sangüíneo é maior no hemisfério esquerdo, mas também aumenta em menor extensão no hemisfério direito. Não há razão para se acreditar que este também não seja o caso do desenho, ou seja, que o hemisfério esquerdo interfira no hemisfério direito quando ele se ocupa com o desenho.

Embora a pesquisa com a comissurotomia tenha mostrado que o hemisfério esquerdo é inferior ao direito quanto à habilidade para desenhar certas figuras, outros dados mostram que ambos os hemisférios contribuem para o desenho, mas de maneiras diferentes. Os pacientes com lesão no lobo parietal apresentam deficiências ao desenhar, independentemente do lado da lesão; a natureza do prejuízo, porém, varia em função do lado. O hemisfério esquerdo parece estar mais envolvido na identificação de detalhes e de elementos internos, enquanto o hemisfério direito está mais envolvido na orientação, posição e dimensionalidade.[24]

Esta análise da contribuição dos dois hemisférios sugere, de fato, uma interpretação alternativa para a descoberta de Edwards. A inversão da pintura, mais do que produzir o envolvimento do hemisfério direito no desenho, pode resultar numa maior confiança nas habilidades do hemisfério esquerdo, ao encorajar a pessoa a dividir o desenho em partes menores para copiar característica por característica, linha por linha.

Como suporte suplementar para esta interpretação, o psicólogo Lauren Harris notou que os rostos na posição normal têm mais probabilidade de ser reconhecidos quando apresentados ao campo visual esquerdo (portanto ao hemisfério direito), enquanto os rostos invertidos são melhor reconhecidos quando apresentados ao campo visual direito (hemisfério esquerdo).[25] Esta descoberta é consistente com a idéia de que o hemisfério esquerdo é melhor na abordagem analítica, de aspecto por aspecto, que é aquela exigida quando não é mais possível reconhecer um rosto como tal.

Ficará para pesquisa futura demonstrar por que o método de Edwards funciona. Agora, a validade do método independe do mecanismo tomado como hipótese. A validade não é aumentada por causa do fundamento neuropsicológico racional proposto para explicar o método, nem a razão lógica recebe alguma sustentação por causa do sucesso do método.

"Terapia" Hemisférica

A idéia de que padrões atípicos de assimetria hemisférica podem estar presentes em certas desordens, tais como a dificuldade para ler e a gagueira (ver o capítulo 10) gerou naturalmente o desenvolvimento de programas educacionais descritos como terapêuticos. Glen Doman, um terapeuta físico, e Carl Delacato, um psicólogo educacional, desenvolveram e promoveram um programa educacional destinado especificamente a crianças retardadas e deficientes.[26]

O programa é conhecido como "modelar" e se baseia na pressuposição de que a dominância cortical normal se desenvolve ao longo de uma série de estágios. O programa é individualizado para cada criança e se baseia no "nível de organização neurológica" que as crianças atingiram, sem pular nenhum estágio de desenvolvimento. Exige-se que as crianças que ainda não andam passem a maior parte de seu dia no chão, enfatizando o gatinhar. Uma equipe de terapeutas, pais e voluntários reveza-se manipulando a cabeça e os membros de uma criança que é incapaz de fazer os movimentos necessários sozinha. Outras técnicas usadas em certas crianças incluem a restrição do uso de um braço, o tapamento de um olho e a proibição de cantar e ouvir música. O fundamento lógico é desenvolver uma dominância cortical completa, estendendo-se não só à linguagem, mas também para um olho, mão e pé dominantes.

Embora o método de Doman e Delacato ainda esteja em uso, ele tem sido severamente criticado com base em vários fundamentos.[27] Primeiro: muitas das afirmações que fazem são reconhecidamente falsas. Por exemplo, a assimetria hemisférica, como foi visto no capítulo 9, muito provavelmente está presente no nascimento e não se desenvolve com o tempo. Além disso, é improvável que tapar o olho esquerdo e restringir atividades musicais resulte no desenvolvimento de um hemisfério esquerdo dominante. Os críticos também indicam que os métodos têm sido promovidos de tal forma que os pais não podem recusar o tratamento sem questionar sua adequação como pais, e têm sido feitas afirmações inconsistentes de sucesso, estendendo-se mesmo à afirmação de tornar superiores crianças normais.[28]

Pode até ser que o tratamento "modelar" tenha alguns benefícios residuais. Até agora entretanto, é totalmente incerto que esses benefícios sejam específicos do tratamento. Afinal de contas, qualquer "supervisão minuciosa, testes repetidos, ambiente estruturado e uma atmosfera favorável também podem produzir benefícios substanciais ao QI e à atividade social".[29]

CIÊNCIA, CULTURA E O CORPO CALOSO

Após admitir a distinção de que o hemisfério esquerdo é analítico e o direito intuitivo, o astrônomo e biólogo Carl Sagan continuou a especular a respeito da forma como os dois modos interagiram para gerar as realizações de nossa civilização. No seu livro *The Dragons of Eden* (Os Dragões do Éden), Sagan descreveu o hemisfério direito como um reconhecedor de padrões que encontra algumas vezes padrões reais e algumas vezes imaginados, no comportamento do povo e em acontecimentos naturais. O hemisfério direito possui um tom emocional suspeito, porque vê conspirações onde não existem, assim como onde existem. Ele precisa que o hemisfério esquerdo analise criticamente os padrões que gera, para testar sua realidade:

Não há uma maneira de dizer se os padrões extraídos pelo hemisfério direito são reais ou imaginários, sem submetê-los ao escrutínio do hemisfério esquerdo. Por outro lado, um pen-

*samento meramente crítico, sem discernimentos criativos e
intuitivos, sem a procura de novos padrões, é estéril e conde-
nado. Resolver problemas complexos, em circunstâncias
variáveis, requer a atividade de ambos os hemisférios cerebrais: a senda para o futuro repousa no corpo caloso.*[30]

Sagan continuou a sugerir que o pensamento intuitivo se sai bem
onde tivemos uma experiência pessoal ou evolutiva prévia. "Mas nas
áreas novas — tal como a natureza das fotografias dos objetos celestes
— o raciocínio intuitivo deve ser desconfiado em suas afirmações e
desejoso de acomodar-se aos discernimentos que o pensamento racional retira da natureza".[31] Sagan descreveu a ciência como um pensamento paranóico aplicado à natureza, uma busca das conspirações naturais,
para fazer conexões entre os dados:

*Nosso objetivo é abstrair os padrões da natureza (pensamen-
to do hemisfério direito), mas muitos padrões propostos não
correspondem realmente com os dados. Assim, todos os
padrões propostos precisam ser submetidos ao crivo da análise crítica (pensamento do hemisfério esquerdo). A procura de
padrões sem a análise crítica, e um ceticismo rígido sem a procura de padrões são os antípodas de uma ciência incompleta.
A busca efetiva do conhecimento requer ambas as funções.*[32]

Ele concluíu que as atividades criativas mais significativas de uma
cultura — os sistemas éticos e legais, a arte e a música, a ciência e a tecnologia — são o resultado de um trabalho colaborativo dos hemisférios
esquerdo e direito. Concordamos plenamente. Sagan sugeriu também:
"Deveríamos dizer que a cultura humana é função do corpo caloso".[33]
Isto pode ser verdadeiro, não tanto porque o corpo caloso faça a conexão
entre o pensamento "analítico" e o "intuitivo", mas porque cada estrutura no cérebro tem um papel no comportamento humano e a cultura
humana é uma função do comportamento humano.

12

HIPÓTESES E ESPECULAÇÕES FINAIS

Muito mais tem sido dito sobre o cérebro esquerdo e o cérebro direito do que relatamos nos capítulos precedentes. A especulação a respeito das implicações da assimetria hemisférica vieram logo atrás das descobertas com pacientes comissurotomizados e de outras pesquisas referentes ao funcionamento das metades do cérebro. Isto não é surpreendente, pois na verdade é grande a tentação de explicar à luz das descobertas sobre o cérebro aquilo que observamos com relação às nossas próprias mentes e à multiplicidade da experiência humana.

Muita especulação se voltou para a natureza da consciência. O que a pesquisa da lateralidade tem a oferecer à velha questão sobre a relação entre mente e corpo (ou mente e cérebro)? Ela proporciona alguma evidência experimental para o conceito de "inconsciente" de Freud? Cada hemisfério de um paciente comissurotomizado possui uma consciência própria?

Além disso, os pesquisadores têm proposto e tentado responder, provisoriamente, uma grande quantidade de questões teóricas relativas ao "como" e ao "porquê" da especialização hemisférica. Por que a linguagem está localizada no hemisfério esquerdo? Em termos de evolução, qual a razão da lateralidade? Precisamente quanto um hemisfério é diferente do outro? Até que ponto as várias assimetrias observadas são conseqüência de diferenças hemisféricas na capacidade de linguagem, em vez de sinais de outras diferenças no processamento? O hemisfério esquerdo verbal comanda verdadeiramente o comportamento? Ele é útil para criar um sentimento de unidade mental?

O "PORQUÊ" E O "COMO"
DA ESPECIALIZAÇÃO HEMISFÉRICA

Embora muito tenha sido dito a respeito daquilo que cada hemisfério pode e não pode fazer, há, em primeiro lugar, ainda um pequeno entendimento sobre as razões da especialização hemisférica. Há também pouco conhecimento com relação aos mecanismos fisiológicos que podem ser a base dessas diferenças fundamentais. O tratamento desses assuntos relativos ao "porquê" e ao "como" poderia ajudar a responder ao "o quê" da especialização, uma questão que nos tem preocupado em grande parte deste livro. Não está claro qual é a questão mais importante ou aquela que deveria ser respondida primeiro. A compreensão de cada uma ajuda a reformular as idéias sobre as outras duas. Uma compreensão final da especialização hemisférica, sem dúvida, surgirá da interação de respostas sucessivamente melhores a todas essas três questões.

Nos primeiros capítulos, mencionamos as especulações de diferentes pesquisadores relativas à evolução e aos mecanismos da assimetria hemisférica. Agora vamos tentar focalizar essas especulações em conjunto, bem como considerar algumas hipóteses mais recentes acerca da natureza da especialização hemisférica e da função do corpo caloso.

A Dominância é Baseada nas Habilidades Motoras?
Uma Perspectiva Evolutiva

Por que o hemisfério que controla a fala é também o que usualmente controla a mão dominante de uma pessoa? Trata-se de uma coincidência ou há uma relação profunda que poderia nos dizer alguma coisa a respeito daquilo que está envolvido tanto na fala como nas habilidades manuais?

Doreen Kimura e seus colegas obtiveram evidências de que o hemisfério esquerdo pode ser essencial para certos tipos de movimento da mão.[1] Pacientes com lesão no hemisfério esquerdo, mas sem paralisia no lado direito, podem ter dificuldade de copiar uma seqüência de movimentos manuais e posições complexas dos dedos, tanto com a mão esquerda quanto com a direita. Kimura sugeriu que esta descoberta mostra uma relação com relatos, na literatura clínica, de surdos-mudos que apresentavam lesão no hemisfério esquerdo, além das suas incapacidades anteriores de falar e ouvir. Esses indivíduos usavam comunicação por movimento manual, mas após a lesão no hemisfério esquerdo mostravam distúrbios nesses movimentos, semelhantes ao rompimento da fala nas pessoas falantes normais que experimentam tal lesão.

Kimura estudou também os movimentos gestuais da mão num grupo de pessoas normais, incluindo indivíduos com dominância da fala no hemisfério direito, determinada por testes de audição dicotômica. Quando a fala é controlada pelo hemisfério esquerdo, como acontece na maioria das pessoas, a mão direita realiza a maior parte dos movimentos livres das mãos; ao contrário, quando a fala é controlada pelo hemisfério direito, a mão esquerda realiza a maior parte desses movimentos.

Kimura e outros propuseram que a especialização do hemisfério esquerdo na fala é uma conseqüência não tanto de uma evolução assimétrica das funções simbólicas como da evolução de certas habilidades motoras "que logo acabam se prestando, elas próprias, à comunicação".[2] Em outras palavras, o hemisfério esquerdo desenvolve a linguagem, não porque se torne gradualmente mais simbólico ou analítico em si, mas porque se torna bem adequado a algumas categorias de atividade motora.

É possível que as vantagens evolutivas oferecidas pelo desenvolvimento de uma mão hábil na manipulação também venham a ser a base mais utilizada na construção de um sistema de comunicação, que a princípio era gestual e utilizava a mão direita, mas passou mais tarde a utilizar a musculatura vocal. Por conseqüência, o hemisfério esquerdo veio a possuir o monopólio virtual do controle dos sistemas motores envolvidos na expressão lingüística, quer pela linguagem falada, quer pela escrita.

Embora as diferenças sejam consideravelmente menos surpreendentes do que no caso da expressão, o hemisfério esquerdo também parece ser algo superior ao hemisfério direito na sua habilidade para a compreensão. Alguns pesquisadores dos Laboratórios Haskins mostraram que o hemisfério esquerdo é o melhor para decifrar as transições extremamente rápidas de freqüência que fazem parte de certos sons da fala. Usando a técnica da audição dicotômica, constataram que pessoas destras apresentam a superioridade do ouvido direito nas sílabas com consoante e vogal, como "bá", "dá" e "gá". Essas diferem apenas em termos das mudanças rápidas de freqüência que ocorrem por volta dos primeiros 50 milésimos de segundo da sílaba, de forma que o hemisfério esquerdo parece ter uma vantagem no processamento desta rápida informação mutante.[3]

Algumas evidências implicando diretamente o hemisfério esquerdo no processamento desta informação vêm de um estudo em que se aumentava a duração desta informação usando uma fala sintetizada por computador. Numa série de sílabas, as mudanças de freqüência ocorriam dentro dos primeiros 40 milésimos de segundo do estímulo e, na segunda série, a informação foi estendida sinteticamente a 80 milésimos de segundo. A identificação em conjunto não era afetada por este processo e foi encontrada uma superioridade significativa do ouvido direito em ambos os tipos de sílabas quando elas foram apresentadas de forma dicotômica. A grandeza da vantagem do ouvido direito era, entretanto, significativamente reduzida quando a informação do estímulo era estendida de 40 a 80 milésimos de segundo. As pessoas deram menos respostas corretas ao percebido com o ouvido direito e mais respostas corretas com o esquerdo na série de 80 milésimos de segundo do que na série de 40 milésimos de segundo.[4]

Mas será que a vantagem do hemisfério esquerdo é simplesmente ser capaz de localizar mudanças rápidas de freqüência na fala? Há razões para se acreditar que existem outros envolvimentos. Os pesquisadores de Haskins descobriram que as mudanças rápidas de freqüência, que sinalizam *b* na sílaba "bá" são diferentes daquelas que sinalizam *b* em "bi" e "bó". Do mesmo modo, a configuração acústica de outras consoantes na sílaba também muda segundo a da vogal.[5] A Figura 12.1 mostra a natureza dessas mudanças no som de *d*.

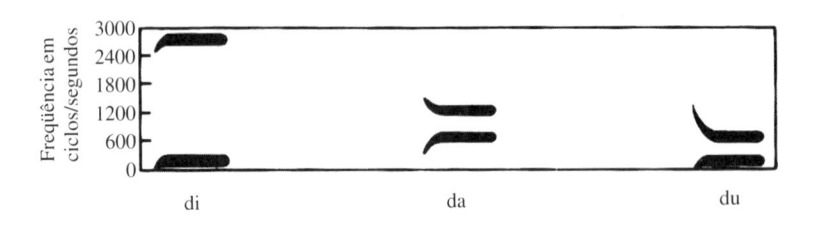

Figura 12.1 – Espectrograma idealizado das freqüências dos sons produzidos ao se pronunciar sonoramente "di", "dá" e "du". Cada som consiste na vibração de ar concentrada principalmente entre os níveis de duas freqüências, chamados de primeiro e segundo *formants* (grupos de ondas sonoras de um som vocal). Reconhecer estes sons envolve a percepção da rápida mudança no começo do *formant*. Até esta primeira parte do *formant* muda quando o som da vogal muda, a despeito do fato de que todos os sons comecem com "dê".

O que todos os sons diferentes dos *bês* e *dês* têm em comum que permitem aos nossos sistemas perceptivos ouvi-los como sons idênticos? Os pesquisadores de Haskins observaram que eles são semelhantes em termos da maneira como são produzidos. Eles argumentam que a semelhança na produção é responsável pela semelhança na percepção.

Esta idéia — a teoria motora da percepção da fala — sustenta que, para perceber os sons da fala, o cérebro humano realmente calcula o que deverá ser feito para produzi-los. Os pesquisadores da fala têm trabalhado arduamente para explicar o que permite que a fala pronunciada de maneiras tão diferentes seja entendida tão prontamente. A maneira como a garganta, a boca, os lábios e a língua são controlados na produção sonora parece ser uma qualidade invariável em qualquer som. Os pesquisadores de Haskins propuseram que, ao perceber a fala, o ouvinte está de algum modo imaginando como ele produziria os mesmos sons. Embora essa teoria não seja universalmente aceita, é de interesse para a nossa discussão porque sugere que as seqüências motoras de controle fino podem ser uma parte inseparável do sistema de comunicação de nossa linguagem, tanto em termos da produção como da percepção.

Vários estudos de neuroimagens forneceram alguma sustentação surpreendente para a teoria motora da percepção da fala. Um estudo do fluxo sangüíneo no córtex com a técnica de inalação de xenônio constatou significativos aumentos na área de Broca, durante uma tarefa em que pessoas normais voluntárias tinham de identificar palavras contendo o som de "br" numa série de palavras gravadas em fita cassete.[6] Um estudo recente de tomografia de emissão de pósitrons (PET) também relatou aumentos no fluxo de sangue na área de Broca durante uma tarefa em que as pessoas tinham de definir se os pares das sílabas faladas terminavam com a mesma consoante ou não.[7] Em ambos os estudos a tarefa envolvia apenas a percepção de sons da fala e não a produção da fala. Os pesquisadores, em ambos os estudos, especularam que os dados sugerem que as regiões cerebrais de produção da fala (incluindo a área de Broca) têm um papel ativo em alguns aspectos da percepção da fala.

E quanto ao hemisfério direito? Ele mudou durante o período em que o hemisfério esquerdo adquiria suas habilidades motoras e de comunicação? As habilidades exclusivas do hemisfério direito ainda não estão claras e permanecem difíceis de se definir, embora seja marcante o envolvimento da habilidade espacial. Da mesma forma que o hemisfério esquerdo desenvolveu a linguagem — um sistema simbólico acima de qualquer uma das modalidades sensoriais — talvez algumas áreas no hemisfério direito tenham desenvolvido maneiras de representar abstratamente as relações bi e tridimensionais do mundo externo captadas pela visão, toque e movimento. Além das tarefas espaciais analisadas nos primeiros capítulos, parece que também depende do hemisfério direito a habilidade para visualizar uma rota complexa ou para encontrar um caminho num labirinto. Embora usualmente caracterizado como mais espacial do que o esquerdo, provavelmente seja mais correto descrevê-lo como manipulo-espacial, isto é, com a habilidade de manipular padrões e relações espaciais.

Acabamos de considerar como as habilidades verbais podem resultar das habilidades do hemisfério esquerdo para os movimentos finos. Talvez as habilidades espaciais do hemisfério direito sejam devidas a uma outra espécie de habilidade motora — a habilidade de manipular relações espaciais. Nossa habilidade para criar mapas mentais, imaginar a rotação de imagens e conceituar dispositivos mecânicos poderia bem ser a contraparte abstrata, introspectiva, das habilidades motoras do cérebro esquerdo.

Serão essas habilidades do hemisfério direito o resultado da especialização evolutiva desenvolvida de forma complementar àquelas que ocorrem no cérebro esquerdo? Ou serão habilidades mais antigas, anteriormente representadas de forma bilateral, mas que foram na maior parte deslocadas do esquerdo pelo surgimento da linguagem? Como foi mencionado no capítulo 2, os diferentes pesquisadores sustentam diferentes pontos de vista com relação a esse assunto. Jerre Levy, por exemplo, argumentou que os processos cognitivos usados na linguagem e nas funções espaciais e perceptivas são incompatíveis e por isso tiveram de se desenvolver em áreas diferentes. Ao analisar, nos pacientes comissurotomizados, as tarefas e questões mais difíceis para cada hemisfério, ela deduziu que os modos de processar do direito e do esquerdo causariam interferências mútuas se existissem dentro do mesmo hemisfério.

Esses tipos de dados proporcionam discernimentos com relação ao porquê da ocorrência da lateralidade, mas não necessariamente invalidam a idéia de que, no geral, foi o hemisfério esquerdo que mudou. A questão ainda não está definida. Sua resolução pode depender de um conhecimento muito mais completo daquilo que é comum e diferente nos dois hemisférios, bem como dos mecanismos neurais responsáveis pelas semelhanças e diferenças. No entanto, é provável que mesmo tendo conseguido este conhecimento, ainda haja vários outros esquemas evolutivos da especialização hemisférica, igualmente plausíveis.

Evidências de uma Base Lingüística na Especialização do Hemisfério Esquerdo

Um outro ponto de vista com relação à assimetria hemisférica sustenta que a essência da especialização do hemisfério esquerdo consiste na habilidade do hemisfério esquerdo para lidar com a gramática e a sintaxe da linguagem, e que o hemisfério esquerdo está preparado exclusivamente para a mediação da linguagem. Os pesquisadores do Scripps Institute conduziram uma série de estudos com pessoas mudas e surdas, usuárias experientes da linguagem de sinais. Estes estudos sustentam esta perspectiva com mais eficiência do que outras abordagens que assumem que a especialização do hemisfério esquerdo deriva tanto do seu papel no controle motor da fala como no controle da expressão e da compreensão de símbolos de modo mais geral.[8]

Eles empregaram o paradigma da interferência com dupla tarefa, introduzido por Kinsbourne, que analisamos no capítulo 3. Este procedimento avalia a quantidade de interferência numa tarefa de teclar com os dedos em função de uma tarefa simultânea. Kinsbourne interpretou os padrões de interrupção como uma medida da competição de recursos com um determinado hemisfério. Na primeira fase dos estudos de Scripps, 16 adultos destros dotados de audição e fluentes na Linguagem Americana de Sinais (ASL) tinham de repetir uma lista de sinais com uma mão, enquanto tocavam o mais rápido possível o teclado de um telégrafo. Isso era feito enquanto as pessoas também falavam palavras em inglês, ao invés de fazer sinais. Foram medidos também os parâmetros básicos dos toques feitos na ausência de uma tarefa concorrente.

Os resultados mostraram que a repetição de palavras e sinais causavam uma queda maior nas batidas com a mão direita do que nas batidas com a mão esquerda, sugerindo a ocorrência de maior envolvimento do hemisfério esquerdo. Quando o experimento foi repetido em 48 adultos destros com audição normal e nenhum conhecimento de ASL, os participantes repetiam palavras comuns e dois tipos de gestos manuais: os simbólicos (por exemplo, acenando adeus) e os arbitrários (sem significado). Somente a repetição de palavra produzia um rompimento nas batidas com a mão direita. Finalmente, 12 adultos destros, surdos e fluentes na ASL, repetiam uma lista de sinais comuns, gestos simbólicos e gestos arbitrários. Somente a repetição da linguagem de sinais produziu menos toques com a mão direita.

De acordo com os pesquisadores, a descoberta de que apenas as tarefas lingüísticas interrompiam a mão direita demonstra que o hemisfério esquerdo é especializado no processamento lingüístico, que é distinto do movimento muscular ou das habilidades simbólicas envolvidas na linguagem. No capítulo 3 observamos que o paradigma da interferência com dupla tarefa está longe de ser completamente compreendido ou aceito amplamente como instrumento de medida do envolvimento hemisférico. Além disso, é evidente que as tarefas usadas para avaliar o possível papel dos processamentos motor e simbólico não eram abrangentes. Todavia, as descobertas são intrigantes e estabelecem um argumento que exige consideração.

A NATUREZA DA ESPECIALIZAÇÃO HEMISFÉRICA E A FUNÇÃO DO CORPO CALOSO: IDÉIAS RECENTES

A Rotina e o Novo

É nítido que a aprendizagem e a realização de novas tarefas envolvem o tratamento de situações em termos de códigos e de esquemas organizacionais já presentes no cérebro, isto é, lidar com "o que está fora" em termos de um repertório já estabelecido de maneiras de descrever e organizar os acontecimentos. Este repertório de maneiras, pelo qual um cérebro se organiza e compreende, inclui desde uma série contínua completa de células de identificação de padrões visuais fixados biologicamente, até a linguagem natural, a notação musical e as regras de jogos determinadas culturalmente. Os neuropsicólogos Elkhonen Goldberg e Louis Costa chamaram estes esquemas organizacionais implícitos de "sistemas descritivos" e propuseram que as diferenças hemisféricas de função são consolidadas à medida que os sistemas descritivos de um indivíduo são ou não aplicáveis durante a ocorrência dos eventos. Levantaram a hipótese de que o hemisfério esquerdo é altamente eficiente para processar aquilo que se serve de códigos transformados em rotina, como os aspectos motores da produção da linguagem, e o hemisfério direito é decisivo nas situações para as quais não há disponível nenhum código pronto (sistema descritivo), isto é, nas situações novas.

O modelo também prevê a troca do hemisfério a ser envolvido em determinada tarefa, à medida que ela é realizada eficientemente e se transforma em rotina.[9] Este modelo se baseia, em parte, na observação da natureza das tarefas em que parecem surgir discrepâncias daquilo que era esperado no envolvimento hemisférico e, em parte, em algumas considerações neuroanatômicas. Como foi discutido nos primeiros capítulos, nem todas as funções relacionadas com a linguagem estão sob o domínio do hemisfério esquerdo, nem todas as funções visuoespaciais estão sob o domínio do hemisfério direito. *

Conforme Goldberg, "as classes de materiais podem diferir quanto ao grau de sua relevância para os sistemas descritivos existentes, formando-se assim, no seu processamento, graduações dos envolvimentos relativos dos hemisférios esquerdo e direito".[10] Como exemplo, ele observa que o reconhecimento de desenhos de objetos significativos feitos com contornos lineares parece predominantemente prejudicado após lesões posteriores do hemisfério esquerdo, enquanto o reconhecimento de pinturas do tipo fotográfico pode ser dificultado após lesões no hemisfério direito. Além disso, o prejuízo no reconhecimento de desenhos lineares é maior do que o do reconhecimento de uma pintura completa nos pacientes com lesão no hemisfério esquerdo. A diferença no envolvimento dos dois hemisférios ao processar esses dois tipos de materiais não pode ser explicada em termos da possibilidade de codificação da linguagem — ambos são figuras de objetos significativos. Isso, porém, pode ser explicado a partir do ponto de vista perceptivo. Uma série completa ou de uma classe de objetos reais é representada por desenhos com contornos lineares, enquanto as pinturas são representações únicas (ou representações de objetos únicos). Os dados descritos levam ao exemplo de uma certa graduação na percepção visual, que varia de desenhos lineares de símbolos a desenhos lineares de objetos significativos, pinturas detalhadas de objetos significativos, formas sem sentido, rostos humanos, e a interpretação de desenhos lineares depende mais do hemisfério esquerdo e o reconhecimento de semblantes do hemisfério direito.[11] (Veja a Figura 12.2.)

---

* São os aspectos mais repetitivos da linguagem — sintaxe (gramática) e fonologia (estrutura do som) — os que dependem de maneira mais clara da função do hemisfério esquerdo. O hemisfério direito parece exercer algum papel na semântica (significado) e parece ter muito a ver com os aspectos contextuais da linguagem.

Goldberg e Costa examinaram evidências de diferenças na organização neuroanatômica dos dois hemisférios, que podem ser responsáveis por duas distinções fundamentais no processamento. Eles obtiveram dados que sugeriam que as áreas dedicadas a funções sensoriais e motoras específicas são maiores no hemisfério esquerdo,[12] enquanto o hemisfério direito se caracteriza por áreas maiores de córtex "associativo" (nível mais alto e integrativo).[13] (Veja o Apêndice para uma breve análise das áreas corticais sensório-motoras *versus* associativas.) Combinando os dados de um estudo que sugeria que há mais tecido no hemisfério direito[14] com um estudo que sugeria haver uma assimetria na proporção entre a matéria cinzenta e a branca em cada hemisfério,[15] Goldberg e Costa propuseram que o fato de haver mais matéria branca no hemisfério direito indica a existência de maior número de conexões entre as regiões desse hemisfério. Dessa forma, "parece que há relativamente maior ênfase na integração inter-regional inerente à organização neurônica do hemisfério direito e na integração intra-regional do hemisfério esquerdo". No capítulo 1 mencionamos uma conclusão apresentada por Josephine Semmes, que propôs que os processos mentais estão distribuídos em regiões mais amplas de tecido na metade direita do cérebro do que na metade esquerda.[16]

Goldberg e Costa concluíram que, como resultado destas diferenças anatômicas, o hemisfério direito tem mais capacidade para lidar com a complexidade da informação e para processar muitas modalidades de representação numa mesma tarefa, enquanto o hemisfério esquerdo é superior em tarefas que requeiram a fixação detalhada num único e, freqüentemente repetitivo, modo de representação ou de execução.

Hemisfério esquerdo ← ————————————————— → Hemisfério direito

Figura 12.2 – Um exemplo de estímulos visuais incidindo numa série contínua, em termos de processamento do hemisfério esquerdo *versus* direito, como foi sugerido por Goldberg e outros.

Resumindo, Godberg e Costa foram contra a atribuição de especificidades hemisféricas fixas com relação a determinados materiais ou tarefas e deram ênfase a que "existe uma graduação do envolvimento relativo dos hemisférios numa vasta série de processos cognitivos, refletindo o grau em que se tornam rotineiros".

Um Modelo da Função do Corpo Caloso

Até este ponto, em nossas análises dos modelos de assimetria hemisférica no aspecto funcional, conferiu-se pouca atenção às funções do corpo caloso. No capítulo 2, falamos do corpo caloso como um meio de atualizar cada hemisfério com a informação recebida pelo outro ou, talvez, de suspender a atuação de um hemisfério enquanto outro "assume" alguma atividade.

Os papéis em hipótese, contudo, levam a algumas questões paradoxais. Como Jerre Levy observou, se de fato o corpo caloso providencia uma informação do tipo cópia de papel-carbono ao transferir a informação de um hemisfério para outro, por que ter o corpo caloso, "se tudo o que você precisa é mover seus olhos em volta".[17] Afinal, a maioria dos pacientes comissurotomizados parece ter um desempenho razoável depois que se recuperam da operação. Por outro lado, se o corpo caloso apenas inibe, permitindo a cada hemisfério atuar independentemente, por que é tão complexo e tem tão intrincadas conexões com tantas regiões cerebrais? Precisamos desenvolver um modelo que não só esclareça a necessidade dessas detalhadas conexões, como o faz o modelo da cópia de papel-carbono, mas que também explique como essas conexões fornecem uma informação única ou verdadeiramente útil.

O psicólogo Norman Cook considerou quatro papéis neurofisiológicos possíveis para o corpo caloso: dois envolvendo a redução da atividade neurônica (inibição) e dois envolvendo a intensificação da mesma atividade (excitação) no hemisfério oposto ao lugar da atividade inicial.[18] Tanto a excitação como a inibição podem atuar num nível global (difuso), diminuindo a velocidade ou ativando todo o hemisfério, ou num nível regional, fazendo-o apenas em regiões específicas, de "um ponto de um hemisfério" a "um ponto de outro hemisfério" (as fibras do corpo caloso realmente conectam as regiões correspondentes dos dois hemisférios de uma maneira ponto-a-ponto ou de uma forma "topográfica"). Cook sustentava que nem o modelo da excitação difusa, nem o da topográfica é suficiente — a excitação difusa importaria em usar o corpo caloso para fins de despertar ou alertar o outro hemisfério, e a excitação topográfica forneceria uma informação do tipo papel-carbono entre os hemisférios. Em cada caso, o corpo caloso tenderia a acentuar ou duplicar o que já estava acontecendo no outro hemisfério. Cook acreditava que ele deveria fazer mais do que isso.

Da mesma forma, Cook rejeitava a possibilidade da inibição difusa, argumentando que é absurdo imaginar uma fibra nervosa tão grande como o trato servindo simplesmente para fechar um hemisfério enquanto o outro está ativo. Ele argumentava que além disso não havia nenhuma evidência eletrofisiológica ou metabólica (por exemplo, o fluxo sangüíneo) da existência de alguma supressão de toda a atividade em um hemisfério enquanto o outro se tornasse mais ativo. Este processo de eliminação deixou Cook com o modelo inibitório topográfico, que analisou em termos de como ele pode servir para acentuar as assimetrias funcionais.

Para entender o seu modelo, devemos primeiro admitir duas suposições, ambas embasadas em consideráveis dados experimentais. A primeira é que os mecanismos de estímulo e de atenção localizados na parte interior do cérebro tendem a ativar simetricamente as regiões de ambos os hemisférios. O sistema principal de estimulação do cérebro, a formação reticular de ativação, de fato consiste de grupos subcorticais de corpos de células e de caminhos que não são separados pelo corte do corpo caloso. Como foi mencionado no capítulo 4, os dados sobre o fluxo de sangue no cérebro também mostraram que, quando há aumentos no metabolismo, eles tendem a ocorrer em regiões de ambos os hemisférios, até mesmo durante a produção da fala. A outra pressuposição é a de que os aspectos relacionados de algum item da memória estão representados anatomicamente no cérebro próximos uns dos outros, ou, pelo menos, que o acesso a esses aspectos relacionados é proporcionado por neurônios das vizinhanças.

Cook sustentou que a inibição topográfica através do corpo caloso suprime num hemisfério exatamente os mesmos padrões neurônicos de atividade que tiveram origem no outro, mas, ao mesmo tempo, permite à atividade desenvolver, nos neurônios vizinhos, aspectos complementares (por exemplo, contextuais) que representam a informação original. A Figura 12.3 ilustra como isso pode ocorrer.

Na maioria das atividades relacionadas com a linguagem, seria uma excitação no hemisfério esquerdo que inibiria os neurônios equivalentes no direito e promoveria o processamento nas vizinhanças associadas ao contexto. Como exemplo, uma excitação dos neurônios corticais que representam "gato", no hemisfério esquerdo, inibiriam "gato", no hemisfério direito, ao mesmo tempo que permitiriam a excitação dos conjuntos periféricos neurais relacionados com gato ("gatinho, leão, cachorro" etc.) nesse hemisfério. Se a linguagem ocorrente é, "o gato atirou-se sobre o rato", então não apenas as palavras separadas iriam produzir itens de contextos relacionados no direito, mas, também, o sentido da sentença do hemisfério esquerdo, como um todo, iria gerar um sentido contextual no hemisfério direito.

Esquerdo   Direito

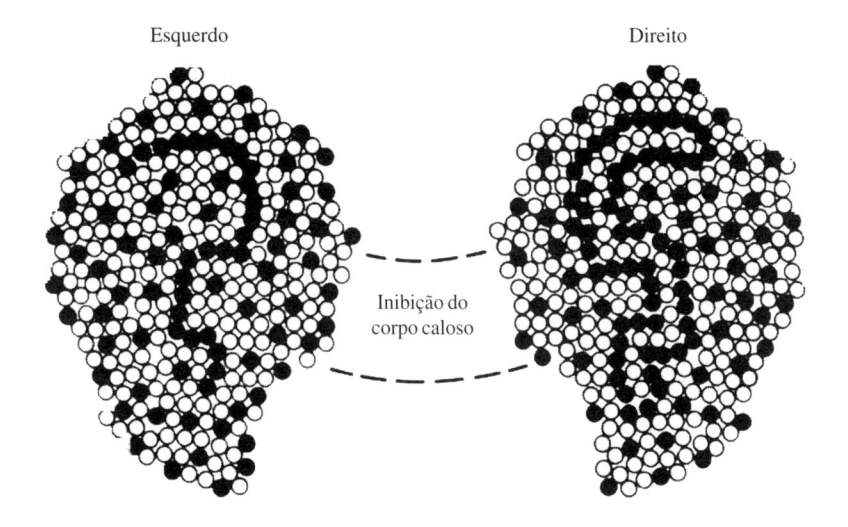

Inibição do corpo caloso

Figura 12.3 – Um exemplo de inibição topográfica mediada pelo corpo caloso, criando uma supressão de atividade no agrupamento de células do hemisfério direito, similar às que estão ativas no esquerdo. Isso é acompanhado pelo aumento de atividade nos neurônios imediatamente vizinhos do hemisfério direito, que, segundo se acredita, codificam a informação relacionada ou contextual. Os círculos pretos representam neurônios ou colunas de neurônios que estão ativos. [De Cook, "Callosal Inhibition: The Key to the Brain Code", Fig. l. p.102, em *Behavioral Science*, l984.]

Estes aspectos complementares de qualquer item que esteja sendo processado são o resultado de uma "relação negativa de imagem em espelho" entre as áreas equivalentes dos dois hemisférios, criada ou pelo menos acentuada pela inibição topográfica contínua através das comissuras cerebrais. No caso da linguagem, isto implica que tudo quanto o hemisfério esquerdo afirma explicitamente, o hemisfério direito conota em um padrão mais generalizado, omitindo a mensagem explícita. Assim, ao produzir de maneira distinta dois diferentes padrões de excitação neural em regiões bilateralmente idênticas (cada uma das quais

tendo sido estimulada pelo sistema atencional geral) "a inibição calosa homotópica permite que os 'dois cérebros' tenham momentaneamente diferentes perspectivas da mesma informação".[19]
Segundo Cook, os exemplos relacionados com a linguagem exemplificam exatamente como este sistema funciona. A idéia de funções complementares de áreas equivalentes se estende a outras funções, incluindo a percepção, na qual, por exemplo, a percepção de uma figura visual *versus* seu plano de fundo contextual também opera de modo semelhante. A suposição de Cook de que áreas equivalentes (homotópicas) dos dois hemisférios terminam ativas em aspectos complementares é sustentada pelo que se sabe a respeito da linguagem sutil e das deficiências cognitivas após danos no hemisfério direito — tal como as deficiências em contexto, metáfora e humor, analisadas no capítulo 6.

Os Hemisférios Utilizam os Diferentes Circuitos Neurais?

O psicólogo S.H. Woodward propôs uma relação entre dois padrões diferentes de conexão neurônica e as funções especializadas dos dois hemisférios cerebrais. Juntando alguns conceitos teóricos de armazenagem da memória e alguns dados neurofisiológicos básicos, Woodward propôs que o processo do hemisfério esquerdo baseia-se, em primeiro lugar, nas firmes conexões entre as colunas verticais de neurônios, enquanto o processamento do hemisfério direito depende de conexões horizontais mais fracas e mais longas.[20] A Figura 12.4 ilustra as proeminentes dimensões horizontais e verticais, evidentes nas maiores camadas de neurônios corticais e em suas interconexões. Tanto o circuito vertical como o horizontal têm sido bem estudados por neurofisiólogos, e não há nenhuma evidência conclusiva de que as conexões realmente se diferenciem de alguma forma nos dois hemisférios. O que pode diferir, entretanto, é o tipo de circuito mais utilizado em cada hemisfério.

Woodward revisou várias teorias modernas a respeito de maneiras de armazenar informações e notou o impressionante paralelo entre os modelos alternativos de armazenagem de memória e os tipos de processamento que as conexões neurônicas horizontais e verticais podem oferecer. Diversos teóricos examinaram os modos de codificar informação, concentrando-se na extensão em que cada modo é exato e eficiente. Duas maneiras teoricamente diferentes de armazenagem, que parecem se relacionar com os processos anatômicos, são a "codificação conjuntiva" e a "codificação ordinária".[21]

A codificação conjuntiva usa uma unidade separada definida de memória ou traço de memória (por exemplo, uma conexão entre as células) para significar cada aspecto e cada relação importante (conjunção) entre os itens. Tal esquema de codificação é altamente específico, mas rapidamente esgota as unidades. Na codificação ordinária, cada unidade elementar de memória é sintonizada folgadamente, de modo que as propriedades e características especificadas por uma unidade se sobrepõem em vários graus àquelas especificadas por outras. Cada parte ou aspecto de um item, digamos assim, apresentado visualmente é então representado pela atividade num grupo de unidades, incidindo dentro desses limites representativos em sobreposição. Embora eficiente e razoavelmente flexível, o sistema de codificação ordinária se desintegra quando tem de codificar números altos de eventos muito semelhantes e que ocorrem ao mesmo tempo.

Idealizando as diferenças hemisféricas dessa maneira, presume-se que o hemisfério esquerdo seja tomado por conexões não sobrepostas e muito unidas entre as células vizinhas organizadas verticalmente. Uma codificação de precisão em pequenas diferenças, como aquelas necessárias à articulação ou aos movimentos motores finos, dependeria dessa organização em colunas. Presume-se que a anatomia do hemisfério direito seja dominada por conexões horizontais sobrepostas de axônios, que abarcariam distâncias maiores e mais grupos de células, e seriam mais fracas ou menos precisas do que as colunas verticais compactas de neurônios no hemisfério esquerdo. O potencial de codificação desse tipo de anatomia assemelha-se àquela de codificação ordinária, e parece ser mais aplicável a uma informação de codificação mais difusa e menos repetitiva. A eficiência da codificação ordinária aumenta na medida em que os aspectos de um estímulo são mais dispersos e variáveis. "Estas características parecem corresponder muito de perto às noções clássicas que consideram o hemisfério direito superior na integração de aspectos espacial e temporalmente diferentes e na representação dos 'todos' e das 'continuidades' do estímulo."[22]

Como as anatomias vertical e horizontal não parecem apresentar lateralidade, Woodward precisa atribuir as diferenças hemisféricas mais ao uso fisiológico do que à própria anatomia. Os neurofisiólogos mostraram que as atividades num hemisfério tendem a suprimir ou inibir as conexões horizontais e que o circuito vertical tende a dominar os padrões corticais locais. (De fato, no modelo de Norman Cook da função do corpo caloso analisado anteriormente, os neurônios vizinhos relativos ao contexto são suprimidos no hemisfério esquerdo pela inibição criada com o processamento inicial do material do estímulo.)

Se o circuito cortical vertical domina a resposta a um estímulo, como o circuito horizontal prevalece em algumas situações? Woodward propôs que isso acontece por meio de sinais inibitórios transmitidos para o hemisfério direito pelo corpo caloso. Ele sugeriu que, na ausência de especialização hemisférica, é o modo vertical que prevalece ou é mais primário e que a informação através do corpo caloso para o hemisfério direito permite a utilização crescente da armazenagem e do processamento horizontal do tipo codificação ordinária.

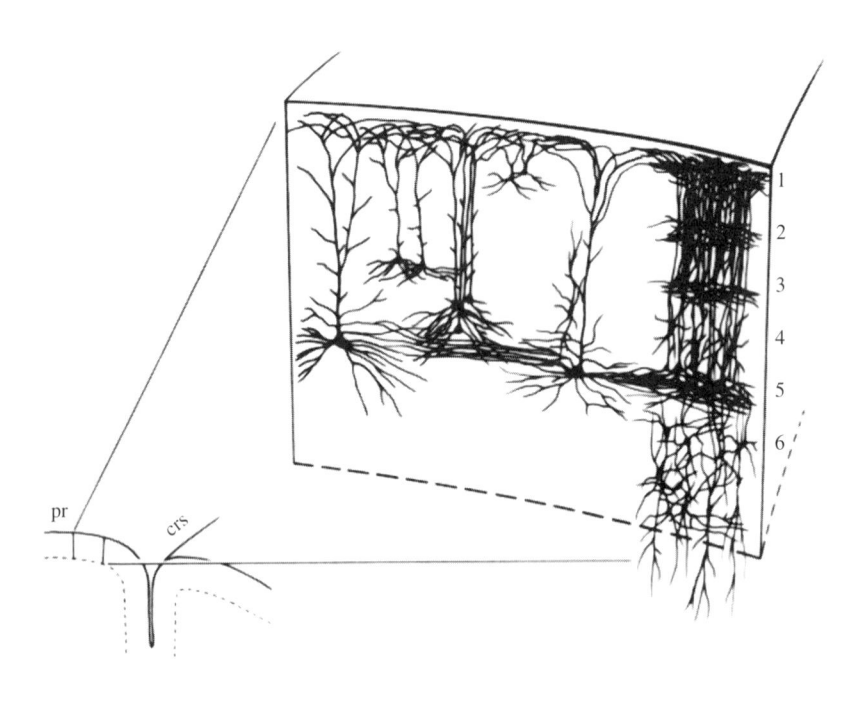

Figura 12.4 – Um corte no giro cortical, ilustrando as principais dimensões — horizontal e vertical — de conjuntos de neurônios corticais e suas interconexões. As interconexões são formadas, na maior parte, por axônios e pelos dendritos das células piramidais. [Adaptado de Scheibel, Davies, Lindsay e Scheibel, "Basilar dendritic bundles of giant pyramidal cells", Fig. 1, p. 309, em *Experimental Neurology* 42, 307-19, 1974.]

Comentários Referentes aos Modelos
de Inibição do Corpo Caloso

É interessante notar as semelhanças na função do corpo caloso defendidas por Cook e por Woodward. Em ambos os casos, a informação transferida é, em geral, inibitória por natureza. No modelo de Cook, os sinais do corpo caloso suprimem "padrões idênticos" de atividade e nutrem a atividade dos neurônios adjacentes, que conforme se considera representam uma informação relacionada ou contextual. No modelo de Woodward, os sinais do corpo caloso suprimem o circuito neurônico vertical, permitindo, assim, que outros tipos de conexões — as horizontais — sejam usadas em maior grau. Em ambos os modelos, a inibição do corpo caloso serve para suprimir, no outro hemisfério, exatamente o mesmo padrão de atividade iniciada em um lado do cérebro e para incrementar algum outro tipo de atividade. No modelo de Cook, esta outra atividade é altamente relacionada com os estímulos iniciais, de modo que os hemisférios acabam lidando com diferentes aspectos da mesma informação. No modelo de Woodward, os sinais do corpo caloso influenciam a maneira pela qual o hemisfério direito lida com a informação em geral.

DOIS CÉREBROS, DUAS MENTES?

Há mais de quatro séculos, o grande filósofo francês René Descartes concluiu que a glândula pineal, na base do cérebro, é a sede da consciência. Essa conclusão foi baseada em sua crença na unidade da consciência e no fato de que a glândula pineal era a única parte do cérebro que ele podia encontrar sem uma estrutura dupla.

Examinando-se os seus escritos a respeito da relação entre corpo e mente, designar a consciência como uma parte do corpo parece um desvio descabido no pensamento de Descartes. Embora gostasse de analisar mecanicamente algumas das funções de seres vivos e tivesse grande interesse pela anatomia humana (ver Figura 12.5), ele sentia que havia algo sobre os seres humanos que não podia ser explicitado nestes termos. Ele via o corpo humano como semelhante ao corpo dos animais, mas questionava se a mente humana poderia ser parte do mesmo universo físico. Ele sentia que a análise do pensamento de alguém não poderia provar a existência de qualquer coisa fora da experiência pessoal. Descartes concluiu que deve ser feita uma distinção absoluta entre o mental e o físico.

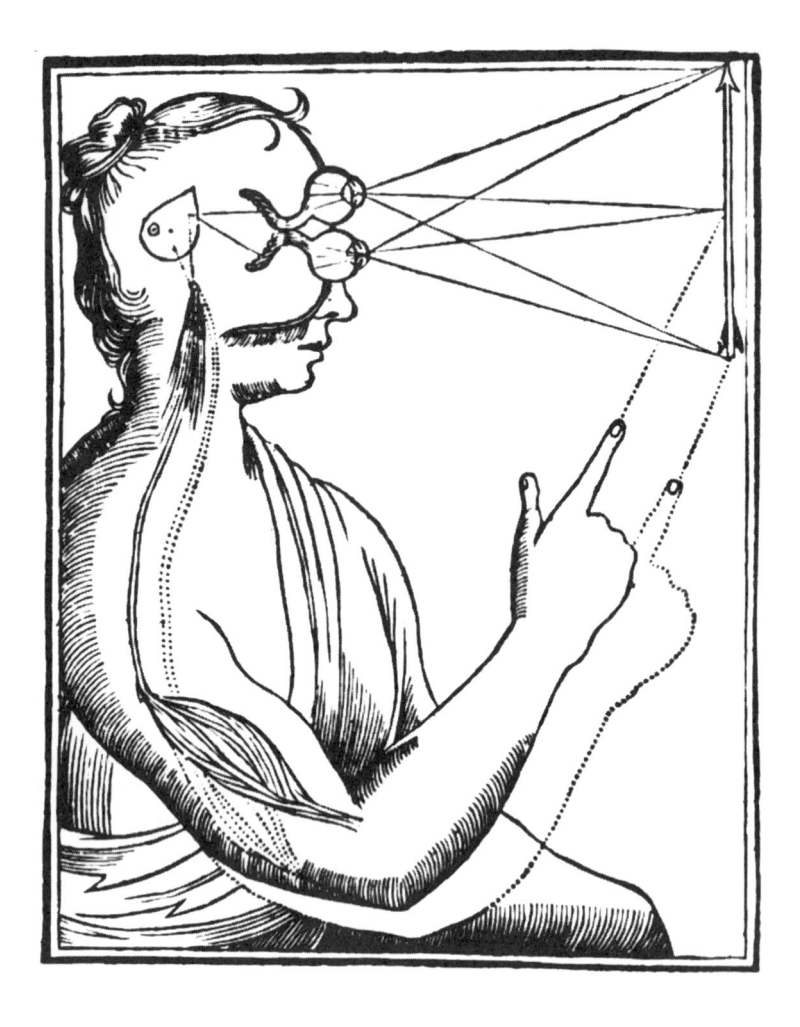

Figura 12.5 – O diagrama de Descartes ilustrando a interação dos processos mecânicos e mentais no corpo pineal. A luz refletida de um objeto (uma seta) é representada nas retinas dos olhos e conduzida pelos nervos ópticos ao cérebro. Ali, ela á apreendida pela alma no corpo pineal em formato de pêra, que também inicia movimentos em resposta. [Reimpresso com a permissão de Stanford Publications, Oxford, Inglaterra.]

A afirmação de que a mente é independente do corpo ficou conhecida como dualismo cartesiano. Alguns céticos modernos referiram-se a isso como a idéia do "fantasma na máquina". As questões filosóficas que giram em torno da relação entre o corpo e a mente em geral são conhecidas como o problema mente-corpo.

Nos últimos vinte e cinco anos, o trabalho com pacientes comissurotomizados levantou questões quanto às implicações da operação de comissurotomia no problema mente-corpo. Se o bisturi do cirurgião realiza o desligamento da consciência, então separar o cérebro é separar a mente. Conforme o argumento, somos forçados a aceitar o fato de que a mente é o cérebro, ou, pelo menos, que a mente surge dos trabalhos do cérebro.

Embora se possa argumentar que a premissa de que a consciência dividida implica que a mente seja o cérebro, a maior parte da controvérsia nesta área questiona se tais pacientes podem realmente possuir dois reinos de consciência, pelo menos numa parte do tempo. No capítulo 2, esta questão foi analisada em nível teórico por Gustav Fechner e Willian McDougall. Fechner argumentava que a operação de comissurotomia resultaria numa duplicação de consciência. McDougall argumentava que a consciência permaneceria não afetada por esse procedimento.

Roger Sperry argumentou que os resultados da pesquisa em comissurotomia apontam para a duplicação da consciência nesses pacientes:

Tudo que vimos até aqui indica que a cirurgia deixou essas pessoas com duas mentes separadas, isto é, duas esferas separadas de consciência. O que é experimentado no hemisfério direito parece ficar completamente fora do domínio de experiência do hemisfério esquerdo. Esta dimensão mental tem sido demonstrada com relação à percepção, cognição, vontade, aprendizagem e memória.[23]

Para Sperry, a impressão de unidade mental em pacientes comissurotomizados é uma ilusão, uma conseqüência de compartilharem os dois lados do cérebro da mesma posição no espaço, dos mesmos órgãos sensoriais e das mesmas experiências nas situações de cada dia fora do laboratório.

Por outro lado, *Sir* John Eccles (também laureado pelo prêmio Nobel por seu trabalho em fisiologia) negou que houvesse duas mentes separadas num paciente comissurotomizado ou que a consciência seja de alguma forma dividida pela comissurotomia.[24] Ele afirmou que o hemisfério direito não pode pensar verdadeiramente. Distinguiu entre "mera consciência", que os humanos têm como os animais, e o mundo da linguagem, do pensamento e da cultura, que é exclusivamente humano e essencial a qualquer idéia de mente.

Na opinião de Eccles, tudo quanto é verdadeiramente humano deriva do hemisfério esquerdo, onde se situa o centro da fala e onde ocorrem as interações entre o cérebro e a mente. O paciente comissurotomizado que enrubesce ou sorri quando a figura de uma moça atraente é projetada no seu hemisfério direito não só não sabe contar por que agiu assim, como verdadeiramente não sabe por que enrubesceu. O hemisfério direito não sabe por que só o hemisfério esquerdo pode ter pensamentos ou conhecimento.

Embora tais controvérsias estejam muito imprecisas devido às definições subjetivas de consciência, têm sido feitas algumas tentativas para se precisar mais o uso deste termo. Uma abordagem é formar uma definição operacional, que é uma definição em termos dos procedimentos que podem ser usados para medir um conceito. Nesta direção, Donald McKay, cujo campo principal é a inteligência artificial, observou que a pessoa comissurotomizada não pode ser vista como uma pessoa com a mente dividida, até que se possa mostrar que cada metade separada tenha seu próprio sistema independente de atribuir valores a acontecimentos, estabelecer metas e prioridades de respostas.

Um experimento para abordar esta questão foi conduzido por Joseph LeDoux e Michael Gazzaniga com seu único paciente comissurotomizado, P.S. O estudo aproveitou-se das capacidades lingüísticas, consideravelmente maiores do que as usuais, do hemisfério direito de P.S., que conseguia se expressar arrumando as letras de um jogo de palavras cruzadas com a mão esquerda, em resposta às perguntas. A intenção de LeDoux e Gazzaniga era formular questões subjetivas a cada hemisfério em separado e comparar os resultados.

P.S. era questionado oralmente em cada teste. A palavra ou as palavras-chave eram substituídas pela expressão "em branco". A palavra ou as palavras que faltavam eram então apresentadas visualmente tanto no campo visual esquerdo (ao hemisfério direito) como no campo visual direito (ao hemisfério esquerdo). As questões incluíam: "Quem (*é você*)?" "Poderia soletrar o nome do seu (*passatempo*) favorito?" "Que dia é (*amanhã*)?" Os itens em itálico eram as palavras-chave efetivamente projetadas no respectivo campo visual. Quando elas eram apresentadas ao hemisfério direito, solicitava-se a P.S. que soletrasse as respostas usando os blocos, com letras estampadas, do jogo de palavras cruzadas.

Pedia-se também a P.S. para avaliar como se sentia com relação a uma determinada palavra, apontando para um dos números numa seqüência de 1 (gosto muito) a 5 (desagrada-me muito). Algumas palavras eram escolhidas por causa do seu significado pessoal para o paciente. Entre elas, estavam "Paul" (seu nome) e "Liz" (o nome de sua namorada). Exemplo de uma questão: "Quanto você gosta?". Uma palavra apareceria, então, no campo visual esquerdo ou direito.

Os resultados mostraram que o hemisfério direito de P.S. podia responder às perguntas feitas e que as respostas e as avaliações algumas vezes diferiam daquelas do hemisfério esquerdo. Por exemplo, no teste de avaliação de palavras, as avaliações do hemisfério direito eram consistentemente mais próximas do final da escala "desagrada" do que as do hemisfério esquerdo. Quando lhe perguntavam a profissão que iria escolher, o hemisfério direito soletrava "corrida de automóvel", ao contrário da afirmação verbal do hemisfério esquerdo normal de P.S. de que queria ser um desenhista.

Com relação à questão da dupla consciência, os pesquisadores afirmaram:

Cada hemisfério de P.S. tem o senso de si mesmo e cada um possui seu próprio sistema para avaliar subjetivamente os eventos que ocorrem, planejar eventos posteriores, estabelecer prioridades de resposta e gerar respostas pessoais. Conseqüentemente, torna-se útil, agora, considerar as implicações práticas e teóricas do fato de que podem existir mecanismos de dupla consciênscia.[25]

Embora P.S. seja um caso especial por causa da extensão das capacidades verbais de ambos os seus hemisférios, as implicações teóricas de demonstrar uma dupla consciência na mesma pessoa se estende para além deste único caso. Além de ilustrar a antiga afirmação de que separar o cérebro pode separar a mente, LeDoux e Gazzaniga sentiram que suas observações sugerem "a natureza e a origem daquelas qualidades mentais que só o homem possui". Estas, conforme eles sentem, são dependentes do sistema ativo da linguagem:

Quando este sistema está ausente, como no hemisfério direito da maioria dos pacientes comissurotomizados, ... o organismo funciona principalmente no nível da percepção motora. Embora certas habilidades cognitivas possam ser demonstra-

das em tais situações, a riqueza e a flexibilidade característica do comportamento humano parecem estar faltando na ausência de sofisticação lingüística. ...Acrescente-se um sistema lingüístico rico a uma massa isolada de tecido não-verbal, como no hemisfério direito de P.S., e emerge um ser humano com a capacidade de valorizar, aspirar e refletir sobre a experiência de vida.[26]

A idéia de que a consciência depende da linguagem ou dos processos lingüísticos não é inteiramente nova. Diversos filósofos e lingüistas subscreveram as assim chamadas teorias de acesso verbal da consciência. Essas teorias têm em comum o conceito de que os eventos cerebrais experienciados de forma consciente são os eventos processados pelo sistema de linguagem do cérebro.

A CONSCIÊNCIA E OS HEMISFÉRIOS

As Origens da Consciência: Teorias do Acesso Verbal

Até aproximadamente três mil anos atrás, os membros do grupo *Homo Sapiens* eram virtualmente autômatos, faltando-lhes os conceitos de auto-realização e o senso de brevidade da vida. Ouviam vozes dentro da cabeça e as chamavam de deuses. Estes deuses diziam-lhes o que fazer e como agir. Suas mentes eram divididas em duas partes: uma parte executiva chamada "deus" e uma parte seguidora chamada "homem". Quando a escrita e a atividade humana mais complexa começaram, enfraquecendo a autoridade das alucinações auditivas, esta "mente de duas câmaras" lentamente se desintegrou. As vozes dos deuses ficaram silenciosas e nasceu aquilo que chamamos de consciência.

Esta é a teoria radical do psicólogo Julian Jaynes, de Princeton. Jaynes propôs que a fala dos deuses ocorria no hemisfério direito e era ouvida pelos centros da fala e da audição do hemisfério esquerdo através das comissuras cerebrais. Ele sugeriu que talvez os mecanismos de reconhecimento de padrões e de processamento espacial estivessem se comunicando com o hemisfério esquerdo através da linguagem primitiva.

Jaynes sustentou muitas de suas argumentações pelas referências à literatura antiga e à história. Ele sentiu que a *Ilíada*, por exemplo, descreve pessoas que não são conscientes — elas não decidem lutar e não planejam estratégias ou fazem qualquer coisa sem a intervenção de um deus ou de alguma alucinação.

Estas alucinações visuais e auditivas, que ocorrem sempre que surge uma situação nova, mostram-nos a estrutura da mente de duas câmaras. Aquiles, como toda pessoa de duas câmaras, tinha uma mente dividida. Uma parte, a do deus executivo, armazenava toda experiência admonitória e ajustava as coisas em um padrão e falava à parte seguidora ou da pessoa o que fazer através de uma alucinação auditiva.[27]

Para Jaynes, a consciência depende de processos lingüísticos e da criação de um "eu" metafórico interno. A consciência é uma parte de nossa vida mental, menor do que se supôs até agora. Uma grande parte de nossa atividade mental não é consciente, mas automática; não pensamos nela. Por essa razão não seria tão difícil imaginar os antigos humanos passando a vida sem a "autoconsciência" que nós desenvolvemos. Eles podem não ter sido capazes de se perceber a distância ou de se imaginar fazendo alguma coisa no futuro.

A consciência é aprendida com base na linguagem e é ensinada a outros. É uma invenção cultural, e não uma necessidade biológica... Agora sabemos que o cérebro é mais plástico, mais capaz de se organizar pelo ambiente do que supúnhamos antes... Podemos admitir que a neurologia da consciência seja suficientemente plástica para permitir a mudança da mente de duas câmaras para a consciência, a ser feita em grande parte com base na aprendizagem e na cultura.[28]

Embora exista uma controvérsia considerável com relação à teoria de Jaynes, é fascinante a idéia de ligar as vozes dos deuses dos tempos antigos a um estágio do desenvolvimento cultural da linguagem. Além do seu ponto de vista, há outras vias pelas quais o desenvolvimento da linguagem pode ter sido responsável por algumas das primeiras crenças dos seres humanos. Em vez de comparar as vozes dos deuses com a tentativa do hemisfério direito de falar com o hemisfério esquerdo, pode-se considerar que os homens antigos tenham interpretado mal a fala interna que se desenvolvia no hemisfério esquerdo. É possível que nas primeiras fases da evolução da linguagem, os humanos tivessem sido apanhados desprevenidos pelo fato de poderem falar entre si.

Algumas Opiniões Alternativas a Respeito do Papel da Linguagem no Pensamento Consciente

A teoria de Jaynes é um exemplo arrojado das teorias que tratam do tópico da consciência em termos de mecanismos lingüísticos. Na análise da especulação em torno das implicações da pesquisa referente à comissurotomia feita até agora, mencionamos diversos pesquisadores eminentes que sentiram que o hemisfério esquerdo era responsável pela consciência por possuir as habilidades verbais "necessárias" à consciência. Nem todos os pesquisadores e teóricos atuais acreditam que a linguagem seja um pré-requisito para a consciência ou para o pensamento. Alguns escritores refutaram veementemente a idéia de que a verbalização é necessária para o pensamento.[29] Um deles citou uma carta que havia recebido de Albert Einstein a respeito do assunto:

As palavras ou a linguagem, como são escritas ou faladas, não parecem exercer nenhum papel no meu mecanismo do pensamento. As entidades psíquicas, que parecem servir como elementos do pensamento, são certos sinais e imagens mais ou menos claros, que podem ser reproduzidos e combinados "voluntariamente"... Os elementos mencionados acima são, no meu caso, do tipo visual e algo muscular. As palavras convencionais ou outros signos devem ser procurados laboriosamente somente num segundo estágio, quando o jogo associativo mencionado está suficientemente estabelecido e pode ser reproduzido à vontade.[30]

O eminente geneticista Francis Galton também escreveu:

Escrever é para mim um sério obstáculo, e, mais ainda, explicar a mim mesmo que eu não penso tão facilmente em palavras como de outra maneira. Freqüentemente acontece que, depois de ter trabalhado arduamente e de ter chegado a resultados que são perfeitamente claros e satisfatórios para mim mesmo, quando tento expressá-los na linguagem sinto que devo começar colocando-me num outro plano intelectual bem distinto.

Tenho de traduzir meus pensamentos para uma linguagem que não funciona muito tranqüilamente com eles. Gasto, então, muito tempo procurando palavras e frases adequadas e, quando solicitado a falar de repente, tenho consciência de ser freqüentemente muito obscuro por mera falta de tino verbal e não por falta de clareza de percepção. Esse é um dos pequenos aborrecimentos da minha vida.[31]

Outros também têm sustentado que as palavras e os mecanismos verbais não podem ser igualados com o pensamento ou a consciência. O matemático Hadamard afirmava que as palavras estavam completamente ausentes de sua mente quando realmente pensava e que cada palavra que lia ou ouvia desaparecia no momento em que começava a pensar nela.[32] O filósofo Schopenhauer provavelmente expressava este ponto de vista geral com a maior firmeza, quando escreveu que "os pensamentos morrem no momento em que são incorporados às palavras".[33]

O Hemisfério Direito e o Inconsciente

Arthur Koestler, um escritor bem conhecido, argumentava que o "ato criativo" geralmente ocorre por outra forma que não a analítica e consciente. No seu livro *The Act of Criation* (*O ato da criação*), Koestler mencionou a idéia de períodos de incubação: deixar um problema de lado por um tempo na esperança de que aflore um *insight* mais tarde. Ele sugeriu também que o inconsciente passa muito tempo fazendo associações ou formando analogias.

Diversos cientistas famosos contaram que encontraram a solução para um problema durante o sono. Otto Loewi — que ganhou o prêmio Nobel de fisiologia ou medicina, em 1936, por demonstrar que os impulsos nervosos são transmitidos por meios de agentes químicos — descreveu como o experimento principal chegou a ele, num estado próximo do sono. Ele tinha exposto a idéia de transmissão química dezessete anos antes, mas a tinha deixado "de lado" por falta de um meio para testá-la. Quinze anos mais tarde, realizou experimentos (sem relação com esta idéia antiga) para os quais tinha projetado uma técnica para detectar fluidos segregados pelo coração de uma rã. Uma noite, dois anos depois:

Acordei, acendi a luz e escrevi rapidamente umas poucas anotações num pedacinho de papel fino. Então caí no sono nova-

359

mente. *Às seis horas da manhã ocorreu-me que, durante a noite, tinha anotado algo muito importante, mas não fui capaz de decifrar a garatuja. Na noite seguinte, às três horas, a idéia retornou. Era o plano de uma experiência para determinar se a hipótese da transmissão química que eu tinha articulado dezessete anos antes era ou não correta. Imediatamente me levantei, fui ao laboratório e realizei uma experiência simples com o coração de uma rã, de acordo com o plano noturno.*[34]

Loewi isolou dois corações de rãs, o primeiro com os nervos intactos e o segundo sem eles. Estimulou o nervo vago do primeiro coração. O nervo vago tem um efeito inibitório no coração, de modo que suas batidas espaçaram. Imediatamente removeu um pouco da solução de sal em que o coração estava banhado e a aplicou no segundo coração. As batidas diminuíram. Com mais alguns passos, Loewi provou, inequivocamente, que os nervos influenciam o coração (e a maior parte de outro tecido) liberando substâncias químicas específicas de seus terminais.

Um exame cuidadoso da seqüência dos eventos que conduziram o experimento de Loewi descarta qualquer idéia de que aquela tenha sido uma descoberta acidental ou puramente intuitiva. O fundamento dessa ocorrência foi construído por anos de trabalho rigoroso. Contudo, o ato de unir duas idéias principais, aparentemente, veio enquanto ele se encontrava em estado inconsciente ou semiconsciente.

Koestler atribuiu um papel ao inconsciente na descoberta, chamando-o de "tipo de pensamento predominante na infância e nas sociedades primitivas, que tem sido substituído no adulto normal por técnicas de pensamento mais racionais e realistas".[35] Quanto ao período de incubação (como o período de dezessete anos no caso de Loewi), Koestler chamou de "pensar à parte" ou uma rebelião contra os constrangimentos, isto é, "uma liberação temporária da tirania dos conceitos verbais superprecisos, dos axiomas e dos julgamentos antecipados enraizados na constituição real dos modos especializados de pensamento".[36]

A tentação de reinterpretar tais idéias em termos dos dados da lateralidade é obviamente grande. Vários pesquisadores sugeriram que o sonho é parte do domínio do hemisfério direito. Alguns propuseram que o hemisfério direito produz todo o sonho; outros que o estado de sonho permite ao hemisfério direito expressar-se mais livremente do que de costume, porque o hemisfério esquerdo não domina nem interfere. Sigmund Freud, o pai da psicanálise, acreditava que as qualidades da mente inconsciente são reveladas pela lógica dos sonhos.

As descobertas com os pacientes comissurotomizados têm alguma conseqüência para as teorias de Freud? David Galin sugeriu que sim. De acordo com Galin, elas fornecem uma validação neurológica para a noção de Freud referente à mente inconsciente. Galin mostrou que o modo de pensar do hemisfério direito é semelhante à descrição do "inconsciente" feita por Freud, e notou um paralelo entre o funcionamento do hemisfério direito isolado e os processos mentais que são reprimidos, inconscientes e incapazes de controlar diretamente o comportamento: "Certos aspectos do funcionamento do hemisfério direito são congruentes com o modo de cognição que os psicanalistas chamaram de processo primário, a forma de pensamento que Freud originalmente atribuíu ao sistema Ics (inconsciente)".[37] Neles se incluem o uso extensivo de imagens, menor envolvimento na percepção do tempo e da seqüência e uma linguagem limitada, tal como a que aparece nos sonhos e nos lapsos da fala.

Galin acreditava que os dois hemisférios usualmente operam de uma maneira integrada, mas que, em certas ocasiões, eles podem ser impedidos de se comunicar entre si. Como conseqüência, uma situação semelhante àquela encontrada em pacientes comissurotomizados pode ocorrer num indivíduo normal. Galin descreveu diversas formas em que os dois hemisférios de uma pessoa comum funcionam como se tivessem sido desconectados cirurgicamente. Num exemplo interessante, ele falou da inibição da transferência de informação por causa de conflito: "Imagine o efeito em uma criança quando sua mãe apresenta uma mensagem verbalmente, mas uma outra diversa com sua expressão facial e linguagem corporal: 'Estou fazendo isso porque te amo, querido' — dizem as palavras, mas —'Eu te odeio e te destruirei', diz o rosto".[38]

Galin acreditava que, embora cada hemisfério esteja exposto à mesma informação sensorial, efetivamente recebe uma informação diferente, porque cada um enfatiza apenas uma das mensagens. O esquerdo vai atender às sugestões verbais e o direito atenderá às não-verbais. Ele continua com a seguinte conjectura:

Nesta situação, os dois hemisférios podem decidir por cursos opostos de ação; o esquerdo por aproximar-se e o direito por fugir... O hemisfério esquerdo parece vencer no controle dos canais de produção na maioria das vezes, mas se o esquerdo não for capaz de "desligar" completamente o direito, ele pode resolver desconectar a transferência da informação conflitante que vem do outro lado... Cada hemisfério trata a informa-

ção fraca vinda do lado oposto da mesma forma pela qual as pessoas em geral tratam a observação discrepante ou estranha, que não se ajusta à maioria de suas crenças; primeiro a ignoramos e, então, se for insistente, a evitamos ativamente.[39]

Galin acreditava que, durante esses momentos de desconexão, o hemisfério esquerdo governa a consciência sozinho. Os eventos mentais no hemisfério direito, entretanto, continuam sua própria vida e agem como o inconsciente "freudiano", como um reservatório "independente de cognição inacessível", que pode criar estados emocionais inquietantes numa pessoa.

É interessante notar que LeDoux e Gazzaniga fizeram algumas observações interessantes sobre o paciente P.S., que parecem realmente psicodinâmicas. Referiam-se às experiências em que dirigiram perguntas subjetivas aos hemisférios esquerdo e direito de P.S., separadamente:

No dia em que os hemisférios esquerdo e direito do caso P.S. avaliavam igualmente a ele mesmo, seus amigos e outros assuntos, ele era um adolescente calmo, tratável e simpático. Nos dias em que os lados direito e esquerdo discordavam sobre estas avaliações, o caso P.S. ficou difícil de administrar sob o ponto de vista comportamental. Claramente, é como se cada sistema mental pudesse ler as diferenças mentais acolhidas pelo outro num dado momento. Quando eles discordam, é engendrado um sentimento de ansiedade, que ao final é expressa por hiperatividade e uma agressão completa generalizada. O exemplo nítido deste dinamismo levanta a questão de tais processos serem ou não ativos no cérebro normal, onde sistemas mentais diferentes, com códigos neurais diferentes, coexistem dentro dos e entre os hemisférios cerebrais.[40]

Do Cérebro Comissurotomizado ao Cérebro Normal: um Caso de Dualidade Mental em Ambos

Quando a palavra *teacup* (xícara de chá) é projetada taquistoscopicamente numa tela, com *tea* (chá) apresentado à esquerda e *cup* (xícara) à direita de um ponto de fixação, um paciente comissurotomizado não consegue ler a palavra inteira. Em vez disso dirá que a palavra era *cup*, porque o hemisfério verbal esquerdo viu o que estava à direita do ponto de fixação (o campo visual direito). A mão esquerda do paciente, sob o controle do hemisfério direito mudo, apontaria para a palavra *tea*, numa série de palavras que inclui *cup* e *teacup*. Alguns teóricos sentem que essa situação é um argumento convincente para a dualidade mental num paciente comissurotomizado. Roland Puccetti argumentou que as repostas do paciente indicam uma experiência perceptiva verdadeira em cada hemisfério. "Então, aqui parece que o que está acontecendo em cada hemisfério não é apenas um registro inicial do material visual, mas uma leitura externalizada — verbalmente em um caso, manualmente no outro — daquilo que realmente foi visto."[41]

Mas Puccetti foi além da questão da existência de duas mentes num paciente comissurotomizado, para propor que, de fato, dupla consciência é a situação normal nos humanos que não foram operados. No cérebro humano intacto, sob as mesmas condições experimentais, a palavra *teacup é* vista ao mesmo tempo em ambos os hemisférios, cada metade da palavra entrando diretamente em cada hemisfério e a outra metade vindo indiretamente através do corpo caloso (veja a descrição do sistema visual no capítulo 2). Por que então, indagou Puccetti, a pessoa não vê *teacup teacup*, em vez de apenas *teacup*, se a consciência abarca ambos os hemisférios?

Algumas pessoas iriam responder que a duplicação acontece somente no registro sensorial inicial do estímulo, que não está no nível consciente — as representações sensoriais duplas são fundidas no processamento que leva ao nosso "ver" o estímulo. Puccetti, porém, argumentava que normalmente cada hemisfério "vê" o campo visual completo; isto é, cada hemisfério está consciente da palavra *teacup,* assim como cada hemisfério está consciente da metade dessa palavra quando o corpo caloso está separado. Assim, cortar o corpo caloso não produz, por si, uma mente dividida, mas apenas priva as duas mentes existentes da metade de suas informações visuais normais (a metade do campo do mesmo lado), e, em conseqüência, a consciência separada se torna evidente. No cérebro intacto, nenhuma das duas metades do cérebro tem acesso introspectivo ao conteúdo consciente do outro. As conexões do corpo caloso não proporcionam isso; em vez disso, providenciam a transferência de uma informação sensorial mais básica.

Puccetti explicou seu ponto de vista de dois centros separados de consciência visual fazendo uma analogia com dois espectadores sentados um ao lado do outro num jogo de futebol. Cada observador senta-se em uma barraca que permite a visão da metade do campo a partir de uma janela e a vista da outra metade, do mesmo tamanho e adjacente à janela, pela televisão. A metade da visão da janela para cada observador é a visão da televisão para outro. Se os cabos dos aparelhos de televisão são cortados, cada observador perde a vista da metade do campo de futebol que o outro vê diretamente pela janela.

Entretanto, nada na experiência visual de cada um dos espectadores, antes ou depois de terem sido cortados os cabos, fornece qualquer evidência introspectiva de que eles realmente são dois, lado a lado. De fato, como Gazzaniga [1970] apontou, após a cirurgia de comissurotomia, o espectador falante à esquerda nem sequer nota que metade do campo se foi.[42]

Mas por que esta duplicação da experiência consciente? Puccetti afirmou, como outros o fizeram, que a duplicação deve ocorrer no nível sensorial, porque cada metade do cérebro deve informar aquilo que está vendo à outra metade. "E mais eficiente é esse processo, se a natureza faz a ligação num sistema de revezamento, de tal modo que cada metade do cérebro vê o mesmo objeto visual no mesmo lugar do espaço extracorporal quase ao mesmo tempo."[43] Mas, conforme ele sustentava, ao mesmo tempo, a unidade consciente deve estar confinada a cada hemisfério, pois, do contrário, haveria duplicação do campo sensorial no nível consciente, o que seria contraprodutivo quando se lidasse com qualquer alvo visual. Assim, não há nenhuma mente superior abarcando as duas metades do cérebro.

Por que não temos consciência das duas entidades conscientes separadas em nossas cabeças? Por que as duas metades do cérebro parecem funcionar tão bem juntas? Puccetti considerou que o fenômeno da sugestão cruzada fornece parte da resposta. Experiências com pacientes comissurotomizados mostraram que o hemisfério esquerdo (verbal) desconectado realmente reclamará a posse do material apresentado apenas ao hemisfério direito. A reprodução de uma sessão com o paciente comissurotomizado L.B., imediatamente após a apresentação de um retrato da sua mãe ao seu hemisfério mudo, ajuda a ilustrar isso:

Examinador: "Você sabe quem é"?
L.B.: "Ah! Ah!", num tom afirmativo.
Examinador: "Pode dizer o nome? Quem é?" Como a pessoa não tinha respondido depois de vários segundos, o examinador acrescentou: "Não sabe quem é?"
L.B.: "Sei quem é, mas não consigo verbalizar."

Examinador: "Pode dar o nome?"
L.B.: "Eu sei que posso soletrar, mas você não vai me deixar soletrar".[44]

A mão esquerda de L.B. podia soletrar "Mãe", sob o controle do hemisfério direito mudo, mas o examinador não o permitiu. A mão direita não poderia fazer isso, mesmo que o hemisfério esquerdo falante afirmasse que poderia. O que é significativo é que "a metade verbal do cérebro insiste que tem este conhecimento, em algum lugar interno, e infere que não há nenhum outro centro consciente que o tenha".[45]

Puccetti também argumentou que o fato de, nestas condições experimentais, o hemisfério direito continuar confiantemente dando sugestões ao hemisfério falante, como num jogo de charadas, atesta seu papel vitalício numa posição secundária em relação ao hemisfério esquerdo na maior parte dos assuntos de comunicação com o mundo externo. Após a comissurotomia pouca coisa mudou no hemisfério direito mudo. Eventualmente ele pode assumir uma ação independente com o braço ou a perna esquerdos, mas, em geral, não possui nenhum modo de se expressar, a não ser providenciando informação para o hemisfério esquerdo.

A hipótese de Puccetti da dualidade da consciência no cérebro normal, como se poderia esperar, foi alvo de muitas críticas. No entanto, trata-se de uma abordagem interessante para as questões que vêm à mente a partir da pesquisa com a comissurotomia.

Que Tipo de "Individualidades" são os Hemisférios?

O filósofo Daniel Dennett zombou da personalização conferida às partes do cérebro:

Então, como é para um paciente comissurotomizado ser a personalidade do hemisfério direito? Esta é a pergunta mais natural do mundo e evoca a imagem de uma mente hesitante e desanimada: você está preso no hemisfério direito de um corpo, cujo lado esquerdo você conhece intimamente e ainda controla e cujo lado direito é, agora, remoto como o corpo de um transeunte estranho. Você gostaria de dizer ao mundo como é ser você mesmo, mas não pode! Toda comunicação verbal está interrompida pela perda de linhas telefônicas indiretas da estação de rádio do hemisfério esquerdo. Você faz o maior esforço para sinalizar sua existência no mundo externo, arras-

*tando a metade do rosto ao franzir as sobrancelhas e repuxar
sorrisos e, ocasionalmente (se você for um virtuoso na personalidade do hemisfério direito) rabiscar uma palavra ou duas
com sua mão esquerda.*[46]

Dennett prossegue dizendo que este exercício de imaginação simplesmente não é o caso, porque a comissurotomia não deixa em seu rasto
organizações suficientemente distintas e robustas para sustentar uma
individualidade tão separada. Não estão presentes as condições para
reunir a riqueza narrativa e a independência necessárias para se constituir uma individualidade "plenamente amadurecida":

*Em breves períodos, durante procedimentos experimentais
planejados cuidadosamente, alguns destes pacientes bifurca-
vam na sua resposta a uma situação, criando temporariamente um segundo centro de gravidade narrativa... A vida da
segunda individualidade rudimentar dura no máximo uns
poucos minutos — tempo insuficiente para que se produza o
tipo de autobiografia característico das individualidades
completamente amadurecidas.*[47]

O filósofo e psicólogo Daniel N. Robinson, da Universidade de
Georgetown, também argumentou que os dados dos pacientes comissurotomizados não afetam muito as questões pertinentes à unidade da
consciência.[48] Ele chamou a atenção para o fato de que a questão é mais
velha e profunda do que geralmente admitem os comentadores contem-
porâneos e que o exame das versões históricas dessa controvérsia revela discernimentos e confusões semelhantes àqueles que agora enchem
as páginas dos periódicos atuais. A maior parte da confusão tem a ver
com questões de definição — palavras que têm sentidos bem diferentes
são intercambiadas, levando não apenas à confusão, mas também a
enganos sutis.

Robinson admitiu o mérito científico das novas descobertas e das
teorias relativas à lateralidade dos processos psicológicos. Na pesquisa
com pacientes comissurotomizados, entretanto, viu apenas uma descoberta consistente que se pode considerar relevante para as questões das
"identidades separadas" ou "dupla consciência". Esta, disse ele, é o
estado pessoal da "contradição epistemológica" — afirmações de
conhecimento contraditórias, encontradas algumas vezes no exame de
pacientes comissurotomizados. O mesmo paciente, freqüentemente,

quase ao mesmo tempo, afirma ou nega uma declaração específica ou um fato da memória: "A mão esquerda, como diz o ditado, pode não saber o que a direita está fazendo, ou como diria o comentarista do dia, o cérebro esquerdo não sabe o que o direito está dizendo, porque o cérebro direito não pode falar". Essas contradições "são usadas a favor da noção de falta de unidade ou multiplicidade da individualidade", prosseguiu Robinson, "aparentemente porque são dois os hemisférios".

Robinson argumentou que o fato é que qualquer número de operações experimentais produzem exatamente esta situação em observadores perfeitamente normais. Por exemplo, os observadores que tenham recebido certas sugestões vão se "lembrar" de um número ou de uma letra que, após breve apresentação numa série, não poderiam reconhecer de forma alguma.[49] Em certos experimentos psicofísicos, os observadores responderão quase tão rápido à projeção que dizem não "ver", como ao mesmo lampejo quando é apresentado sozinho.[50] Robinson mencionou outros exemplos tais como os de pacientes "histéricos" que adotam identidades inteiramente distintas, sonâmbulos que completam ações elaboradas e não se recordam de nada posteriormente e pessoas hipnotizadas que negam o que sabem.

Para aqueles que usariam tais descobertas como prova da multiplicidade de identidades, há uma profusão de dados aos quais as comissurotomias acrescentam muito pouco, mas para aqueles empenhados na tese da dualidade, as descobertas são boas demais para a tese ser verdadeira. Os estados de contradição epistemológica normalmente não se limitam a dois por pessoa. Lembre-se de As três faces de Eva, e Binet[51] apresentou casos que envolviam muitos mais. É desnecessário dizer que, entretanto, nenhum desses casos incluía qualquer evidência de mais do que dois hemisférios.[52]

O problema real, afirmava Robinson, tem a ver com os significados e com o uso intercambiável de palavras como *"self"*, "auto-identidade", "identidade pessoal" e "pessoa". Uma pessoa é um ser humano, freqüentemente de identidade desconhecida, que possui certos atributos não presentes, no mesmo grau, no resto do reino animal — uma série de atributos compartilhados por muitas entidades de uma determinada espécie. Alguém pode responder que "é uma pessoa" para uma pergunta que começa com "o quê".

Para saber quem é essa pessoa, precisamos ir além dos atributos da pessoalidade e estabelecer a identidade pessoal. Se pesquisarmos coisas como o nome, a ocupação, o endereço e os detalhes da vida de uma pessoa, poderemos assegurar que conhecemos a real identidade da pessoa — a identidade pessoal. Todavia, isso é diferente de auto-identidade, porque, por exemplo, esta pessoa em especial pode sofrer de amnésia e, portanto, ignorar a verdadeira identidade que estabelecemos. Não obstante, não se pode duvidar de que a pessoa amnésica exista e "certamente deve ser concedida a ela uma identidade, e ela a afirmará, seja-lhe concedida, ou não".

Robinson afirmava que alguns dos efeitos observados em pacientes comissurotomizados e outros exemplos de afirmações contraditórias de conhecimento podem ser tomados como evidências de identidades pessoais múltiplas e até de auto-identidades múltiplas, mas, nenhum dos casos evidencia a identidade múltipla.* Robinson concluiu:

As pessoas podem ficar chocadas logo após descobrirem as identidades pessoais separadas ou as auto-identidades atribuídas pelos outros como diferentes daquelas assumidas por elas. Mas o fato básico de existir como uma entidade consciente não pode ser chocante, porque isso nunca é novidade. Até agora, a lógica, a linguagem e os dados deixam o "moi" (eu) intacto e preservam a unidade da identidade como uma questão de interesse contínuo e até mesmo de mistério.[53]

A QUESTÃO DO PROBLEMA MENTE-CORPO ESTÁ SUPERADA?

Na excitante corrida das novas descobertas e observações das relações cérebro/comportamento, algumas vezes é fomentada a idéia de que a "compreensão" da mente (ou pelo menos de algumas das funções mentais) está logo aí. Além disso, como muitas vezes é fácil refutar concep-

---

* E acrescentamos que pode ser mais razoável vê-los simplesmente como manifestações de laboratório dos muitos processos inconscientes que ocorrem na cabeça de uma pessoa — aqueles que a psicologia e a fisiologia estão tentando documentar ao longo dos últimos vinte anos.

ções ingênuas ou simplistas da consciência em cada uma das estruturas específicas (como nos primeiros tempos) ou estágios de processamento de informação (como aconteceu algumas vezes nos últimos tempos), formou-se a impressão geral de que as questões filosóficas e até psicológicas relacionadas com os problemas de relacionar eventos mentais a eventos físicos são um contra-senso a ser substituído por uma nova "neurofilosofia" que assuma que os eventos mentais são perfeitamente relacionáveis aos eventos neurofisiológicos.

De fato, existem ainda importantes questões conceituais e filosóficas a serem tratadas para se tentar descobrir e explicar a fisiologia que embasa as "operações cognitivas". Elas não são descartadas por se zombar da concepção de Descartes a respeito do uso da glândula pineal ou por se refutar o pronunciamento de John Eccles com relação ao lugar da fisiologia em que a "consciência" entra em cena. Infelizmente, a relativa facilidade com que algumas tentativas de lidar com a consciência têm sido atacadas parece ter, também, trivializado o sério questionamento da "identidade" cérebro-mente. Como mencionamos no capítulo 4, um correlato fisiológico de algum evento mental não é idêntico ao evento. Pode ser que nunca seja possível relacionar a vida mental à fisiologia medida externamente — não porque ela não se origine da atividade do cérebro, mas porque o que experienciamos intimamente não é explicável em termos de processos mensuráveis de forma distinta. Talvez certos aspectos sensoriais específicos da experiência possam ser relacionados à fisiologia específica de alguma maneira causal, mas a experiência consciente provavelmente possui características de fundamento mecânico e temporal completamente diferentes do tempo, da estrutura e do processo que estamos tentando medir.

Mas "ela" será medida no futuro? Como o médico e escritor Jonathan Miller disse recentemente:

> *De fato, o método pelo qual estamos familiarizados com a consciência é tão fundamentalmente diferente do método pelo qual nos informamos sobre os cérebros, que, como o filósofo Colin McGinn, suspeito que embora não tenhamos que invocar nenhuma outra coisa a não ser o cérebro — nenhuma mágica contrária às leis da natureza — nunca entenderemos completamente a conexão.*[54]

Miller concluiu:

Obviamente há muito mais a ser aprendido a respeito da relação entre cérebros e mentes e passarão anos, talvez séculos, antes de descobrirmos a "conclusão cognitiva" tão corajosamente identificada pelo professor McGinn. O fato de tal pesquisa destinar-se a descrever uma curva assintótica — que se aproxima, mas nunca atinge o limite — não bloqueia a nossa necessidade de persegui-la.[55]

ESQUERDO E DIREITO NA BIOLOGIA E NA FÍSICA

O biólogo francês Louis Pasteur descobriu, no século XIX, que as moléculas do ácido tartárico poderiam assumir uma das duas formas de uma imagem especular e que um certo fungo poderia agir sobre uma, mas não sobre a outra forma do ácido. Isso significava que o fungo, de fato, poderia distinguir o esquerdo do direito! Pasteur admitiu que isso implicava a existência de uma assimetria fundamental na estrutura molecular do fungo e escreveu: "Este importante critério (da assimetria molecular) constitui, talvez, a única diferença definida com precisão que se pode estabelecer atualmente entre a química da matéria viva e morta". Continuou a especular: "a vida é dominada por ações assimétricas. Posso até imaginar que todas as espécies vivas são primordialmente na sua estrutura, nas suas formas externas, funções da assimetria cósmica".[56]

Será que vamos encontrar as origens da assimetria nos humanos e em certas outras formas de vida nos aspectos mais fundamentais da natureza — nas forças fundamentais que operam na biologia e na física? Há muito tem-se admitido que as forças da natureza preservam a paridade, um conceito derivado da física que significa, no seu sentido mais genérico, que os fenômenos permanecem imutáveis se refletidos num plano ou vistos num espelho; isto é, as interações naturais no mundo parecem tão normais quando vistas num espelho como quando vistas diretamente. Somente a presença de artefatos humanos (como a escrita) ou o conhecimento da organização exata de uma cena original pode revelar se um retrato está ou não revertido pelo espelho. As leis que governam uma cena refletida, incluindo o modo como os objetos interagem, parecem ser exatamente as mesmas que governam a cena original. A idéia de Pasteur a respeito da assimetria cósmica, embora talvez não justificada pelos dados limitados em que era baseada, foi, entretanto, profética em relação a alguns desenvolvimentos recentes na biologia e na física.

Biologia Molecular

A descoberta do ácido desoxirribonucléico (DNA) como o material genético nas células e a descoberta da estrutura helicoidal do DNA foi anunciada como a maior contribuição para a biologia e a genética. As fibras duplas de cada molécula do DNA codificam a informação genética em termos da seqüência dos componentes aminoácidos. Duas longas fibras se retorcem ao redor uma da outra, numa espiral em sentido horário; assim, a molécula de DNA não pode ser sobreposta à sua reflexão especular. Alguns pesquisadores especularam que esta e outras assimetrias no nível molecular embasam a assimetria ordinária em alguns organismos, incluindo o deslocamento à esquerda do coração e, talvez, a preferência manual e a lateralidade cerebral nos humanos. Eles argumentam que estas assimetrias ordinárias devem existir nos mecanismos moleculares que controlam o desenvolvimento da estrutura do organismo.[57] Embora cada célula contenha moléculas idênticas de DNA, contendo toda a informação necessária para formar o organismo completo, as células se diferenciam para formar diferentes espécies de tecidos (músculo, osso, sangue, neurônios etc.). Acredita-se que a informação genética em cada célula interage com alguma outra fonte de informação "posicional" no embrião em desenvolvimento, que determina o tipo de célula e, no final, a forma e a estrutura reais do organismo.[58]

Os mecanismos que regulam o crescimento da estrutura e da forma não são conhecidos e a existência de um código posicional não passa de uma hipótese. Os psicólogos Corballis e Beale sugeriram que quaisquer diferenças sistemáticas na formação dos hemisférios esquerdo e direito fariam parte deste código e que os genes mesmos não codificam a direção da assimetria. Eles argumentam que o código posicional deve consistir em assimetrias estruturais no nível molecular. Se as assimetrias são ou não expressas, depende da interação do código posicional com o código genético. Como se observou no capítulo 9, Corballis e Beale propuseram que, na maioria das pessoas, a preferência manual e a lateralidade cerebral estão sob a influência de um gradiente esquerdo-direito contido no código posicional, que resulta na preferência manual direita e no controle da fala pelo hemisfério cerebral esquerdo. Numa minoria, porém, este gradiente do código posicional "é uma expressão negada e as direções da preferência manual e da lateralidade cerebral são atribuídas independentemente e ao acaso".[59]

A Paridade na Física Nuclear

Como já foi mencionado, há muito tem sido aceito que as forças da natureza preservam a paridade; isto é, as interações normais no mundo de nenhum modo definem o esquerdo e o direito — no sentido de que tais conceitos poderiam ser derivados de assimetrias — na maneira como as coisas funcionam (ou as forças operam). Mesmo o desvio da agulha de uma bússola para a esquerda ou para a direita, por um fio condutor de corrente paralela, não poderia ser usado para definir essas direções, porque as designações dos pólos "norte" e "sul" da agulha são essencialmente arbitrárias. A imagem especular de um experimento montado para desviar a agulha de uma bússola com uma corrente elétrica pareceria perfeitamente normal, porque o observador iria supor que os pólos da agulha foram revertidos.

Em 1957, porém, os físicos descobriram que algumas instâncias da assim chamada força nuclear fraca (ou interação fraca), contendo emissões radioativas a partir de átomos, não conservam a paridade. Foi demonstrado que o núcleo do átomo cobalto-60 emite elétrons mais freqüentemente por uma ponta do que pela outra. Os pólos norte e sul de um campo magnético poderiam assim ser definidos de um modo absoluto afirmando-se que, se os núcleos do cobalto-60 estiverem alinhados num campo, então o pólo sul é aquele em cuja direção o maior número de elétrons é emitido.[60] Esta assimetria também permitiria distinguir-se o desvio da agulha de uma bússola (na presença de um fio condutor de corrente) no mundo real da imagem refletida num espelho.

A questão relativa à existência de uma distinção fundamental entre esquerdo e direito nas leis físicas do universo permanece em debate. Alguns físicos invocaram princípios "mais profundos" para argumentar que a paridade fica ainda preservada, tais como: a natureza essencialmente arbitrária pela qual é definida a carga elétrica "positiva" e "negativa", junto com a conseqüente classificação da direção do fluxo da corrente. Até mesmo a direção do fluxo do tempo é apresentada como um fator para ajudar a preservar o senso de absoluta simetria nas interações naturais. Contudo, há agora o senso de que, pelo menos nos níveis relativamente fundamentais da análise das interações físicas, realmente ocorrem as assimetrias naturais.

Estas assimetrias físicas, mais ou menos fundamentais, são a base das assimetrias evidentes no nível da biologia molecular? À primeira vista, parece pouco provável, porque não está evidente como as assimetrias no nível das interações nucleares fracas têm alguma influência no nível bioquímico, pois as interações químicas dependem da força eletromagnética — uma força mais poderosa do que aquela associada à desintegração nuclear. Acredita-se que a influência dessas assimetrias no nível das interações químicas seja desprezível, ainda que alguns teóricos tenham especulado que, dada a escala de tempo da evolução bioquímica na Terra, a influência seria substancial.[61] Além disso, há algumas evidências de que a paridade não se conserva no nível das interações eletromagnéticas e, por conseguinte, das interações químicas.[62]

Ao analisar esses e outros dados relativos às assimetrias na natureza, Corballis e Beale concluíram que "eles realmente fortalecem nossa convicção de que as assimetrias sistemáticas da morfologia, da biologia molecular e das interações subatômicas estão afinal ligadas, e de que existe, apesar de tudo, uma distinção universal e absoluta entre esquerdo e direito".[63]

PÓS-ESCRITO

Ao processar o exame da literatura para este livro e ao refletir sobre o nosso próprio envolvimento direto na área da especialização hemisférica durante muitos anos, tornamo-nos mais e mais conscientes do problema da "dicotomia". Um sintoma do problema é o exagero das diferenças hemisféricas e o fato de se ignorar outras formas de organização cerebral, tais como as diferenças regulares num hemisfério.

Ao mesmo tempo ficamos ainda mais impressionados com a realidade das diferenças hemisféricas e com o seu potencial para nos ajudar a entender os mecanismos cerebrais que embasam as mais altas funções mentais. É possível que algumas das habilidades mentais humanas mais profundas sejam, até certo ponto, o resultado de uma perda da natureza, um método muito antigo, estável e bem-sucedido de mudança do cérebro: a evolução bilateralmente simétrica. Por que tão grande parte da natureza apresenta uma estrutura simétrica especular e por que o cérebro evoluiu em sua maior parte de maneira simétrica especular, é uma questão teórica que permanece em grande parte como objeto de conjecturas. Uma sugestão é que uma estrutura duplicada está menos sujeita a danos. Os mecanismos de um lado podem facilmente assumir as funções que o outro perdeu, porque eles estão fazendo basicamente a mesma coisa. Uma vez que as assimetrias se desenvolveram, esta vantagem foi perdida. Substituiram, porém, essa perda de redundância, a ampliação do valor de sobrevivência da linguagem, capacidades sofisticadas de mapeamento mental e todos os outros talentos que a ação integrada dos componentes assimétricos dos dois hemisférios podem gerar.

Ao estudar essas assimetrias, os pesquisadores estão indo além do que é diferente nas metades do cérebro. Estão descobrindo os modos como o cérebro lida com os diferentes tipos de informação no ambiente e os modos como ele gera parte do nosso comportamento. A descoberta de diferentes processos e mecanismos no cérebro encoraja a idéia de que as habilidades mentais podem ser explicadas por essas formas. Os pesquisadores tocaram em questões referentes à consciência, à emoção e à unidade da experiência. Algumas destas podem ser tentativas prematuras por usar dados insuficientes e definições inadequadas, mas são passos, os primeiros passos, no longo esforço de entender o cérebro e, talvez, a nós mesmos.

APÊNDICE

NEUROANATOMIA FUNCIONAL:
Um Breve Exame

A história do pensamento a respeito da relação entre neuroanatomia e comportamento tem girado em torno de dois pontos de vista opostos. Houve um tempo em que eram desenhados mapas imaginários do cérebro, atribuindo a regiões específicas a "frugalidade", o "amor da família", a "ganância", a "memória", e assim por diante. No outro extremo estava o ponto de vista de que o cérebro opera como uma unidade e que no cérebro não há nenhuma relação entre determinadas regiões e as funções mentais específicas. Hoje, os pesquisadores do cérebro se afastaram desses extremos. Acredita-se, agora, que o cérebro esteja organizado tanto de maneira focal como difusa, variando conforme as funções que estejam sendo estudadas. As funções sensoriais e motoras básicas são controladas por regiões muito específicas, enquanto as funções mentais mais elevadas envolvem uma constelação de regiões do cérebro.

Neste Apêndice, examinaremos um pouco de neuroanatomia básica, concentrando-nos nas regiões corticais dos hemisférios cerebrais — as regiões do cérebro humano envolvidas na maior parte do debate a respeito da assimetria de função. Tentamos apresentar pontos de vista que representam um consenso entre os pesquisadores do cérebro, embora em muitos casos permaneçam controvérsias consideráveis. Por causa dessas incertezas, é necessário considerar os mais novos "mapas" do cérebro como um guia aproximado, em vez de um atlas rodoviário definitivo.

O sistema nervoso central consiste em medula espinhal e cérebro. Convencionalmente o cérebro é dividido em três regiões principais: o cérebro posterior, o mesencéfalo e o prosencéfalo. Essas áreas e algumas das estruturas dentro delas estão demarcadas na Figura A. 1.* As divisões principais são feitas em uma base embriológica. Cada uma se desenvolve a partir de um estrato embriônico diferente e é grosseiramente relacionada a estágios evolutivos diferentes do desenvolvimento do sistema nervoso vertebrado.

Acredita-se tradicionalmente que as estruturas do cérebro posterior e do mesencéfalo controlam os aspectos mais automáticos e inconscientes do comportamento. Estes incluem as funções básicas essenciais à vida, como respirar, o ciclo dormir-acordar e níveis de estimulação ou graus de resposta a eventos externos. Está-se tornando mais claro que essas estruturas mais profundas do cérebro também contribuem para o processamento de informação necessária às funções mentais mais elevadas.

O prosencéfalo é a seção maior e mais altamente desenvolvida do cérebro nos humanos e nos animais mais evoluídos. Compreende um complexo de grupos anatomicamente distintos de corpos de células nervosas chamadas núcleos, que estão rodeados por fibras nervosas revestidas de mielina e cobertas pelo córtex cerebral.** O córtex forma a familiar superfície convoluta do cérebro e consiste em múltiplas camadas de neurônios complexamente interconectados. É a "mais nova" estrutura, em termos evolutivos, e é bem desenvolvido somente nos mamíferos. O neocórtex, como a maioria dos córtices humanos é chamada, contém aproximadamente 9 bilhões dos 12 bilhões de neurônios do sistema nervoso central. Considera-se geralmente que é responsável pelas funções mais elevadas do cérebro humano, tais como o pensamento abstrato e a linguagem.

O sistema nervoso central inteiro é essencialmente bissimétrico. O plano sagitado (da frente até atrás) através do meio do corpo humano vai

---

* Freqüentemente é feita referência ao tronco cerebral e ao cérebro. O tronco do cérebro inclui as estruturas do cérebro posterior e do mesencéfalo, excluindo o cerebelo. Alguns anatomistas também incluem os núcleos centrais do prosencéfalo (o tálamo), localizado imediatamente acima do mesencéfalo. O cérebro se refere ao prosencéfalo.

** As fibras nervosas revestidas de mielina são conhecidas como "matéria branca", por causa de sua aparência branca no tecido cerebral fresco. O córtex, que tem uma aparência cinzenta, é conhecido como "matéria cinzenta".

dividir o sistema nervoso em duas seções com imagens especulares. As metades esquerda e direita do tronco cerebral não se separam fisicamente até o tálamo do prosencéfalo. O prosencéfalo tem a aparência de duas metades separadas de imagens especulares conectadas por feixes de fibras. Essas metades são os hemisférios cerebrais.

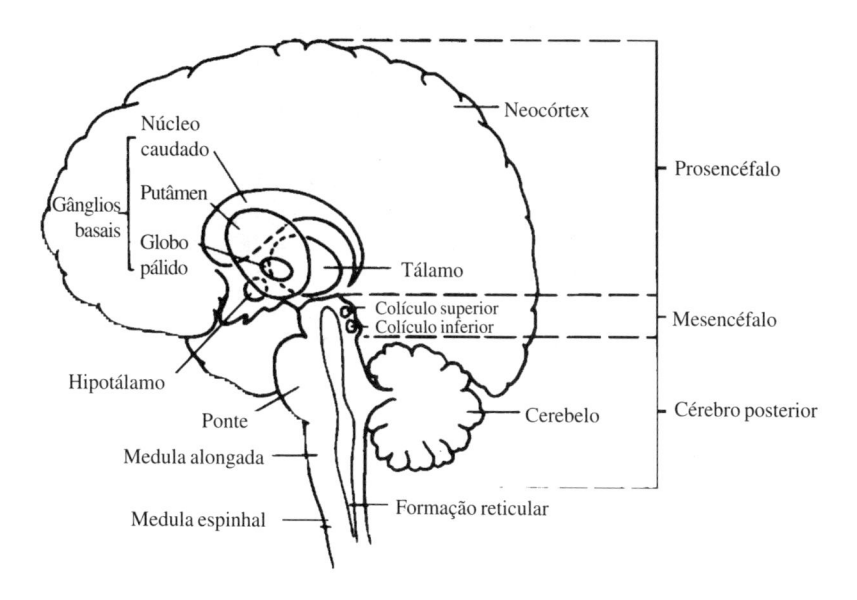

Figura A.1 – Vista esquemática do cérebro, mostrando as relações básicas dos grupos nucleares profundos e das estruturas do tronco cerebral. [De Gazzaniga, Steen e Volpe, *Functional Neuroscience*, Fig. 3.13, p.61 (Nova York: Harper & Row Publishers, 1979).]

As Áreas Funcionais do Córtex

Quase toda a superfície de cada hemisfério cerebral é integrada pelo neocórtex. Cada hemisfério pode ser dividido em quatro lobos, usando-se as principais dobras do córtex, chamadas de giros (cimos) e sulcos (vales) como limites. A Figura A.2 mostra as divisões da superfície de um hemisfério. O sulco central separa o lobo frontal do lobo parietal. Serve também como marco para separar a parte anterior, ou frontal, da metade de cada hemisfério das áreas posteriores.

A outra grande fissura, chamada sulco lateral (a fissura de Sylvius) separa o lobo temporal dos lobos frontal e parietal. A porção posterior do córtex chama-se lobo occipital.

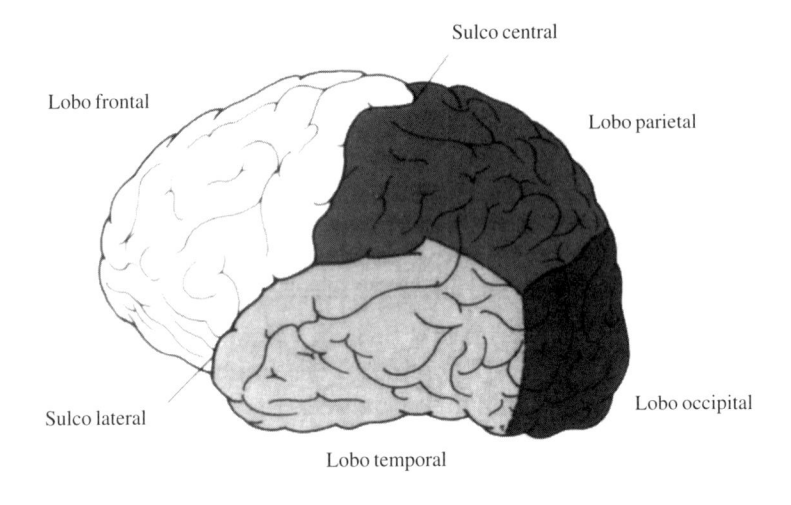

Figura A.2 – Divisão do hemisfério cerebral em lobos.

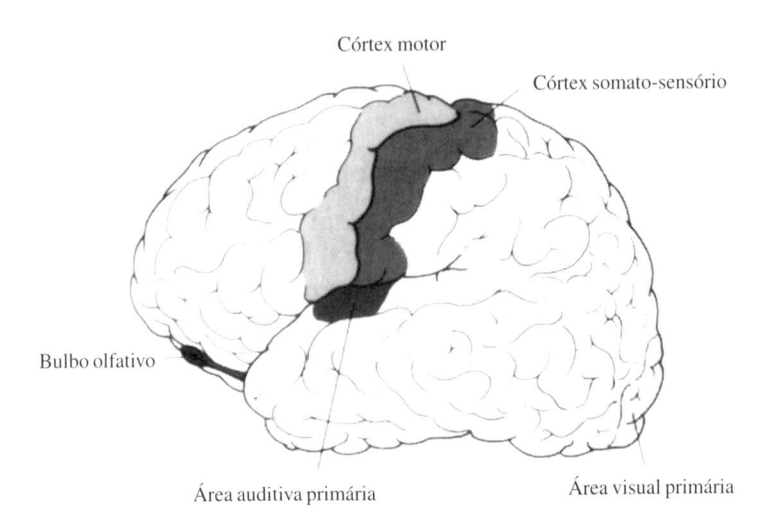

Figura A.3 – As áreas motoras e sensoriais primárias do cérebro. As áreas restantes (não sombreadas) são freqüentemente denominadas córtex de "associação" ou "não comprometido").

Sabe-se que cada lobo trabalha para uma função motora ou sensorial diferente. O lobo occipital é um centro visual. Algumas partes do lobo temporal estão envolvidas com a audição. A parte anterior do lobo parietal diz respeito à função somatossensorial. A parte posterior do lobo frontal intermedia a função motora. A Figura A.3 mostra as áreas envolvidas.

As áreas do córtex que recebem informação dos órgãos dos sentidos ou que controlam os movimentos de determinadas partes do corpo são chamadas de zonas primárias ou áreas de projeção primária. As áreas motoras primárias do lobo frontal controlam partes específicas do corpo (ver Figura A.4). Diz-se que as áreas sensoriais primárias nos lobos parietal, temporal e occipital possuem alta especificidade modal: cada uma é ativada apenas quando há uma estimulação na sua modalidade particular. Além disso, em cada área sensorial primária, pequenas áreas são responsáveis apenas por propriedades altamente específicas ou por partes de sua "janela sensorial".

Todas as áreas primárias se organizam topologicamente de modo que há, no córtex, uma representação ordenada e sistemática das partes diferentes do corpo, das diferentes qualidades auditivas e de partes específicas do campo visual. Lesões nessas áreas levam a deficiências altamente específicas, tais como a cegueira em uma parte do campo visual, perda da audição seletiva, perda da sensação em uma parte do corpo, ou paralisia parcial. A extensão do dano determinará quanto da "janela sensorial" foi perdida.

A Figura A.5 mostra as áreas de projeção primária nos cérebros de cinco espécies de animais, incluindo os seres humanos. Nos não-primatas, a maior parte do cérebro dedica-se a funções motoras e sensoriais; além disso não há muita coisa. Nos primatas, uma grande parte do córtex não parece comprometida com os sentidos específicos. Essas áreas são conhecidas como áreas "não comprometidas" ou de "associação" do córtex.

As Áreas de Associação dos Lobos Temporal, Occipital e Parietal

Alguns pesquisadores fazem uma distinção entre o córtex de associação secundária e o de associação terciária. Zonas secundárias são as áreas adjacentes às áreas de projeção primária e se considera que ainda tenham alguma especificidade modal; isto é, são centros de processamento de nível mais elevado para a informação sensorial específica que

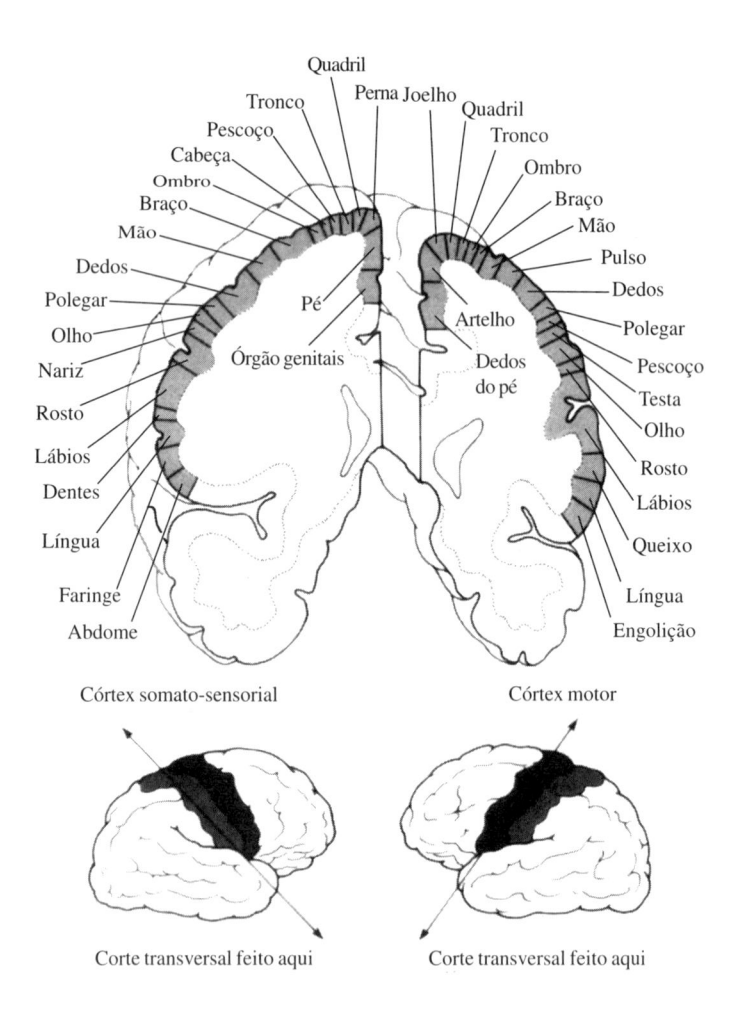

Córtex somato-sensorial

Córtex motor

Corte transversal feito aqui

Corte transversal feito aqui

Figura A.4 – As áreas somatossensoriais e motoras do córtex são projeções de áreas do corpo. Algumas áreas, como aquelas que representam o rosto, a língua e os dedos são desproporcionalmente amplas porque a extensão da superfície cortical destinada a uma determinada parte do corpo reflete as exigências desta parte do corpo. Os lábios ocupam mais espaço no córtex motor do que no córtex somatossensorial, pois os lábios mais realizam movimentos controlados pelos músculos do que captam sensações. [De Lassen, Ingvar e Skinhoj, "Brain Function and Blood Flow", *Scientific American*, Inc., 1978. Todos os direitos reservados.]

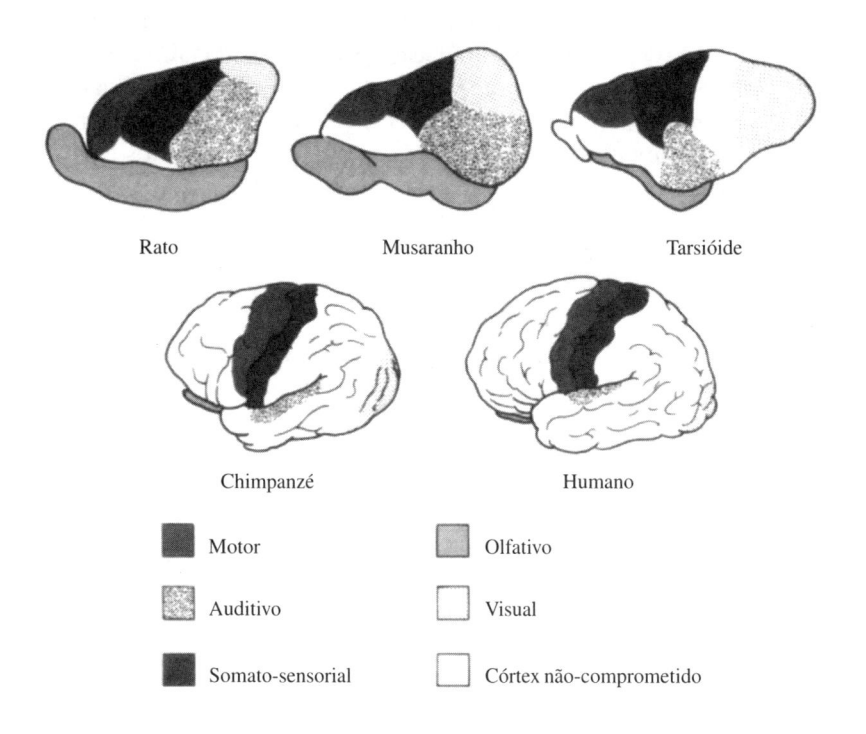

Rato Musaranho Tarsióide

Chimpanzé Humano

■ Motor ■ Olfativo

▨ Auditivo □ Visual

■ Somato-sensorial □ Córtex não-comprometido

Figura A.5 – Os cérebros de cinco mamíferos, mostrando as diferenças nas proporções do córtex não "comprometido" com as áreas designadas principalmente para as funções motoras e sensoriais primárias. [De Penfield, *Brain and Conscious Experience*, ed. J.C. Eccles (Nova York: Springer-Verlag Inc., 1966), Pontifica Academia Scientiarum.]

chega à área primária. Uma informação de modalidade específica torna-se integrada aos conjuntos significativos nas zonas secundárias. Os estímulos sensoriais separados são combinados e elaborados em padrões progressivamente mais complicados. Uma lesão nas zonas secundárias dá origem a desordens de percepção restritas a uma modalidade específica. Na agnosia visual, por exemplo, um paciente pode ver, mas não reconhece ou não compreende o que está sendo visto. Existem também agnosias táteis e auditivas.

As zonas terciárias* localizam-se nas bordas das zonas secundárias parietais, temporais e occipitais. Nestas áreas de associação, ou "zonas

---

* A definição de zonas terciárias é de A. R. Luria, *Higher Cortical Functions in Man* (Nova York: Basic Books, 1966).

de sobreposição", a especificidade modal desaparece. A atividade neural não parece depender da estimulação de nenhuma modalidade sensorial isolada. Vários campos sensoriais se sobrepõem e as combinações de sensações tornam-se percepções de uma ordem progressivamente mais alta. Os impulsos cinestésicos e táteis são transformados em percepções de forma e tamanho e são associados à informação visual dos mesmos objetos. Acredita-se que os objetos venham a ser representados finalmente por uma constelação de memórias compostas com elementos provindos de vários canais sensoriais. Um dano em áreas tais como a da junção parietal-occipital e a da junção parietal-temporal resulta em desordens que transcendem qualquer modalidade individual.

É neste nível que as assimetrias hemisféricas aparecem. Um dano no hemisfério direito nestas zonas pode produzir desordens das habilidades espacio-manipulativas ou a síndrome do esquecimento, em que o paciente ignora a metade esquerda do espaço. Um dano nessas zonas do hemisfério esquerdo pode interferir na compreensão da linguagem ou na habilidade de dar o nome dos objetos. Assim, as áreas de associação da zona posterior do cérebro parecem ter relação com os processos perceptivos de alto nível e com a "manipulação" mais abstrata desses processos. Os hemisférios esquerdo e direito parecem diferir quanto aos processos com os quais lidam melhor.

As Áreas de Associação dos Lobos Frontais

A parte detrás do lobo frontal é a área motora primária. A área motora secundária, análoga às zonas sensoriais secundárias da parte posterior do cérebro, fica imediatamente à frente da faixa motora e é chamada de área pré-motora. Esta área está envolvida na organização motora de alto nível. Uma lesão nesta região leva a distúrbios na organização dos movimentos. (Uma lesão na faixa motora propriamente dita leva à paralisia.) No hemisfério esquerdo, uma lesão em partes específicas da área pré-motora (área de Broca) leva à desorganização da fala — a disfunção expressiva conhecida como afasia de Broca.

As funções das áreas restantes dos lobos frontais parecem ser mais difíceis de se compreender. As áreas da parte anterior dos lobos frontais (chamadas pré-frontais) não estão ligadas diretamente com o controle motor e acredita-se que servem a funções integrativas mais altas. Esta área pré-frontal freqüentemente é chamada de córtex granular frontal, por causa dos neurônios "granulares" característicos que a compõem na maior parte. Como mostrado na Figura A.6, estas áreas são particularmente aumentadas no cérebro humano. Elas são responsáveis pela testa distintamente alta dos humanos em comparação com as dos outros primatas.

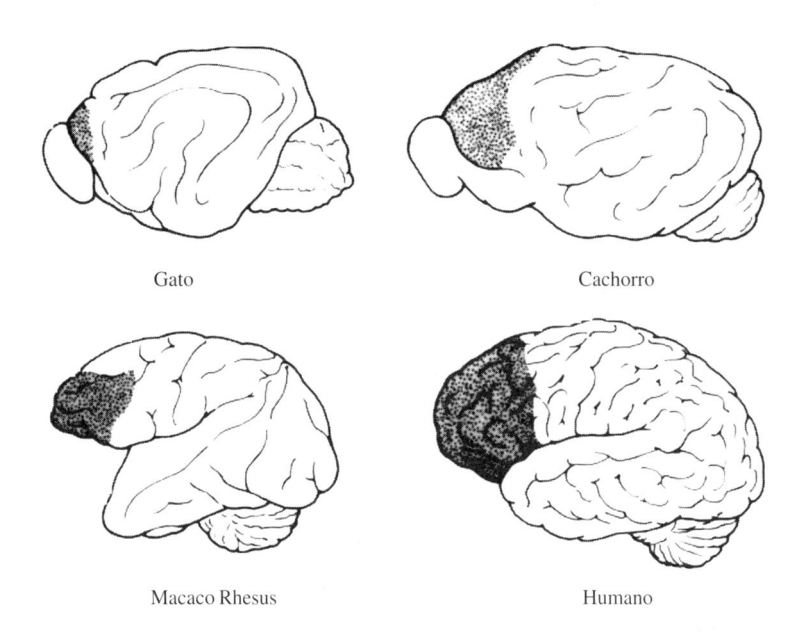

Gato   Cachorro

Macaco Rhesus   Humano

Figura A.6 – O córtex granular frontal dos cérebros de quatro espécies de animais (não desenhados em escala). [De Walsh, *Neuropsychology — A Clinical Approach*, Fig. 4.1, p.110 (Edinburgo: Churchill Livingstone Ltd., 1977).]

Uma lesão nessas áreas pré-frontais pode resultar em mudanças tanto intelectuais como na personalidade. Embora os pacientes ainda pareçam capazes de realizar muitas tarefas diferentes, tornam-se evidentes deficiências na execução de seqüências de operações ou na solução de problemas complexos. Um paciente pode ter dificuldade para mudar o "jogo" e fica fixado numa tarefa. Há uma falta de habilidade para inibir a primeira tendência despertada por um problema. Tendo realizado um passo apropriadamente, o paciente pode continuar a usar a mesma estratégia em contextos totalmente inadequados. Isto é freqüentemente chamado de perseverança. Estas síndromes sugerem que os lobos frontais estão envolvidos no planejamento e na organização das ações.

A inflexibilidade observada em certas síndromes do lobo frontal tem sido chamada freqüentemente de deficiência no pensamento abstrato, mas essa classificação é controvertida. Alguns pesquisadores afirmam que se trata de uma "dissociação entre o pensamento e a ação". O paciente consegue verbalizar o que estaria fazendo, embora seja incapaz de levar aquilo adiante.

As mudanças emocionais e de personalidade associadas aos danos nos lobos frontais são ainda de compreensão mais difícil do que as deficiências intelectuais.

No início deste século, as regiões frontais eram objeto de muitos procedimentos cirúrgicos experimentais que tentavam controlar diversas formas de doenças mentais. Apesar da grande quantidade de literatura referente ao assunto, permanece controvertida a questão a respeito do modo de funcionamento dos lobos frontais e dos efeitos reais das operações.

Em geral, parece que as áreas de associação frontais não só exercem um papel principal no planejamento e no controle da ação, mas também podem controlar ou inibir as tendências emocionais. Luria sugeriu que as áreas frontais servem como uma zona integrativa terciária para o sistema motor, bem como para o sistema límbico, uma região mais antiga aprofundada na fronte que, conforme se acredita, exerce um papel principal na emoção.

NOTAS

Capítulo 1 Primeiras Evidências Clínicas: A Descoberta da Assimetria

[1] Sperry, R.W. "Brain Bisection and Consciousness." In: *Brain and Consciousness Experience*. ed. J. Eccles, Nova York, NY, Springer-Verlag, 1966.

[2] Ornstein, R. *The Psychology of Consciousness*. 2 ed., Nova York, NY, Harcourt Brace Jovanovich, 1977.

[3] Idem. "The Split and Whole Brain". In: *Human Nature*, 1, 1978, p.76-83.

[4] Bakan, P. "The Eyes Have It". In: *Psychology Today*, 4, 1971, pp. 64-9.

[5] Bogen, J.E. "The Other Side of the Brain. VII: Some Educational Aspects of Hemispheric Specialization". UCLA *Educator*, 17,1975, pp. 24-32.

[6] Gibson, W. "Pioneers in Localization of Brain Function". In: *Journal of the American Medical Association*, 180, 1962, pp. 944-51.

[7] Broca. P. (1863), citado em R.J. Joynt, "Paul Pierre Broca: His Contribution to the Knowledge of Aphasia". In: *Cortex*, 1, 1964, pp. 206-13.

[8] Idem (1864), citado em M. Critchley, *Aphasiology and Other Aspects of Language*. Londres, Edward Arnold, 1970.

[9] Idem (1865), citado em S. Dimond, *The Double Brain*. Londres, Churchill Livingstone, 1972.

[10] Jackson, J.H. *Selected Writings of John Hughlings Jackson*. ed. J. Taylor, Nova York, NY, Basic Books, 1958.

[11] Idem, ibidem.

[12] Idem, idibem.

[13] Idem, ibidem.

[14] Weisenberg, T. e McBride, K.E. *Aphasia: A Clinical and Psychological Study*. Nova York, NY, Commonwealth Fund, 1935.

[15] Hecaen, H. e Albert, M. *Human Neuropsychology*. Nova York, NY, Wiley, 1978.

[16] Dalin, O. (1745), citado em A.L. Benton e R.J. Joynt, "Early Descriptions of Aphasia". In: *Archives of Neurology*, 3, 1960, pp. 205-22.

[17] Gates, A. e Bradshaw, J. "The Role of the Cerebral Hemispheres in Music". In: *Brain and Language*, 4, 1977, pp. 403-31.

[18] Semmes, J. "Hemispheric Specialization, a Possible Clue to Mechanism". In *Neuropsychologia*, 6, 1968, pp.11-26.

[19] Bramwell, B. "On Crossed Aphasia". In: *Lancet*, 8, 1899, pp. 1473-9.

[20] Penfield, W. e Roberts, L. *Speech and Brain Mechanisms*. Princeton, NJ, Princeton University Press, 1959.

[21] Mateer, C.A., Rapport, R.L. e Polly, D.D. "Electrical Stimulation of the Cerebral Cortex in Humans. In: *Neuromethods*. ed. A. Boulton, G. Baker e M. Hiscock Clifton, NJ, Human Press, 1990.

[22] Ojemann, G.A. "Brain Organization for Language from the Perspective of Electrical Stimulation Mapping." In: *The Behavioral and Brain Sciences*, 6, 1983, pp. 235-8.

[23] Wada, J.A. e Rasmussen, T. "Intracarotid Injection of Sodium Amytal for the Lateralization of Cerebral Speech Dominance: Experimental and Clinical Observations". In: *Journal of Neurosurgery*, 17, 1960, pp. 266-82.

[24] Rausch, R. e Risinger, M. "Intracarotid Sodium Amobarbitol Procedure". In: *Neuromethods*. Boulton, Baker e Hiscock.

[25] Rasmussen, T. e Milner, B. "The Role of Early Left-Brain Injury in Determining Lateralization of Cerebral Speech Functions". In: *Evolution and Lateralization of the Brain*. ed. S. Dimond e D. Blizzard, NovaYork, NY, New York Academy of Sciences, 1977.

[26] Loring, D.W., Meador, K., Lee G., Murro, A., Smith, J., Flanigin, H., Gallagher, B. e King, D. "Cerebral Language Lateralization: Evidence from Intracarotid Amobarbital Testing" In: *Neuropsychologia*, 28, 1990, pp. 831-8.

[27] Ellis, A.W. e Young, A.W. *Human Cognitive Neuropsychology*. Londres, Erlbaum, 1988.

[28] Shallice, T. *From Neuropsychology to Mental Structure*. Cambridge, Cambridge University Press, 1988.

[29] Geschwind, N. "Disconnection Syndromes in Animais and Man". In: *Brain*, 88, 1965, pp. 585-644.

[30] Ellis e Young. *Human Cognitive Neuropsychology*.

[31] Idem, ibidem.

[32] Marr, D. "Early Processing of Visual Information" In: *Philosophical Transactions of the Royal Society of London* B, 275, 1976, pp. 483-524.

Capítulo 2 A Comissurotomia em Humanos: Separação Cirúrgica dos Hemisférios

[1] Erikson, T.C. "Spread of Epileptic Discharge". In: *Archives of Neurology and Psychiatry*, 43, 1940, pp. 429-52.

[2] Van Wagenen, W. e Herren, R. "Surgical Division of Commissural Pathways in the Corpus Callosum" In: *Archives of Neurology and Psychiatry*, 44, 1940, pp. 740-59.

[3] Fechner, G. (1860), citado em Zangwill, O, "Consciousness and the Cerebral Hemispheres". In: *Hemispheric Function in the Human Brain*. ed. S. Dimond e G. Beaumont, Nova York, NY, Halsted Press, 1974.

[4] Akelaitis, A.J. "Studies on the Corpus Callosum II: The Higher Visual Functions in Each Homonymous Field Following Complete Section of the Corpus Callosum". In: *Archives of Neurology and Psychiatry*, 45, 1941, pp. 789-96; Akelaitis, A.J. "The Study of Gnosis, Praxis and Language Following Section of the Corpus Callosum and Anterior Commissure". In: *Journal of Neurosurgery*, 1, 1944, pp. 94-102.

[5] Myers, R.E. "Function of Corpus Callosum in Interocular Transfer". In: *Brain*, 79, 1956, pp. 358-63; Myers, R.E. e Sperry, R.W. "Interhemispheric Communication Through the Corpus Callosum. Mnemonic Carry-Over Between the Hemispheres". In: *Archives of Neurology and Psychiatry*, 80, 1958, pp. 298-303.

[6] Sperry, R.W. "Hemisphere Deconnection and Unity in Conscious Awareness". In: *American Psychologist*, 23, 1968, pp. 723-33.

[7] Gazzaniga, M.S. *The Bisected Brain*. Nova York, NY, Appleton-Century-Crofts, 1970.

[8] Ferguson, S.M., Rayport, M. e Corrie, W.S. "Neuropsychiatric Observations on Behavioral Consequences of Corpus Callosum Section for Seizure Control". In: *Epilepsy and the Corpus Callosum*. ed. A.G. Reeves, Nova York, NY, Plenum Press, 1985.

[9] Brémer, F. "An Aspect of the Physiology of Corpus Callosum". In: *Journal of Electroencephalography and Clinical Neurophysiology*, 22, 1967, p. 391.

[10] Trevarthen, C.B. "Manipulative Strategies of Baboons, and the Origins of Cerebral Asymmetry". In: *Hemispheric Asymmetry of Function*. ed. M. Kinsbourne, Londres, Tavistock, 1974.

[11] Doty, R.W. "Electrical Stimulation of the Brain in Behavioral Cortex". In: *Annual Review of Psychology*, 20, 1969, pp. 289-320.

[12] Levy, J., Trevarthen, C. e Sperry, R.W. "Perception of Bilateral Chimeric Figures Following Hemispheric Disconnection". In: *Brain*, 95, 1972, pp. 61-78.

[13] Franco. L. e Sperry, R.W. "Hemisphere Lateralization for Cognitive Processing of Geometry". In: *Neuropsychologia*, 15, 1977, pp. 107-14.

[14] Greenwood, P., Wilson, D.H. e Gazzaniga, M.S. "Dream Report Following Commisurotomy". In: *Cortex*, 13, 1977, pp. 311-6.

[15] Clark, C.R. e Geffen, G.M. "Corpus Callosum Surgery and Recent Memory". In: *Brain*, 112 , 1989, pp. 165-75.

[16] Phelps, E., Hirst, W. e Gazzaniga, M.S. "Deficits in Recall Following Partial and Complete Commissurotomy". In: *Cerebral Cortex*, 1, 1991, pp. 492-8.

[17] Gazzaniga, M.S. e Hillyard, S.A. "Language and Speech Capacity of the Right Hemisphere". In: *Neuropsychologia*, 9, 1971, pp. 273-80.

[18] Zaidel, E. "A Technique for Presenting Lateralized Visual Input with Prolonged Exposure". In: *Vision Research*, 15, 1975, pp. 283-9.

[19] Idem. "Auditory Language Comprehension in the Right Hemisphere Following Cerebral Commissurotomy and Hemispherectomy: A Comparison with Child Language and Aphasia". In: *Language Acquisition and Language Breakdown*. ed. A. Caramazza e E. Zurif. Baltimore, Johns Hopkins University Press, 1978.

[20] Gazzaniga, M.S. "Right Hemisphere Language Following Brain Bisection: A 20 Year Perspective." In: *American Psychologist*, 38, 1983, pp. 525-37.

[21] Zaidel, E. "A Response to Gazzaniga: Language in the Right Hemisphere, Convergent Perspectives". In: *American Psychologist*, 38, 1983, pp. 342-6.

[22] Zaidel, E. "Language Functions in the Two Hemispheres Following Complete Cerebral Commissurotomy and Hemispherectomy". In: *Handbook of Neuropsychology*. Vol. 4, ed. E. Boller e J. Grafman, Amsterdã, Elsevier, 1990.

[23] Geschwind, N. "The Frequency of Callosal Syndromes in Neurological Practice". In: *Epilepsy and the Corpus Callosum*, Reeves.

[24] Nebes, R.D. "Direct Examination of Cognitive Function in the Right and Left Hemispheres". In: *Asymmetrical Function of the Brain*. ed. M. Kinsbourne, Cambridge, Cambridge University Press, 1978.

[25] Franco, L. e Sperry, R.W. "Hemisphere Lateralization for Cognitive Processing of Geometry. In: *Neuropsychologia*, 15, 1977, pp. 107-11.

[26] Puccetti, R. "The Alleged Manipulospatiality Explanation of Right Hemisphere Visuospatial Superiority". In: *Behavioral and Brain Sciences*, 1981, pp. 75-6.

[27] Erlichman, H. e Barrett, J. "Right Hemisphere Specialization for Mental Imagery: A Review of the Evidence". In: *Brain and Cognition*, 2, 1983, pp. 55-76.

[28] Farah, M.J., Gazzaniga, M.S., Holtzman, J.D. e Kosslyn, S.M. "A Left Hemisphere Basis for Visual Imagery?". In: *Neuropsychologia*, 23, 1985, pp.115-8.

[29] Idem. "The Neurological Basis of Mental Imagery". In: *Cognition*, 18, 1984, pp. 245-72.

[30] Kosslyn, S.M. "Seeing and Imagining in the Cerebral Hemispheres". *Psychological Review*, 94, 1987, pp. 148-75.

[31] Sergent, J. "The Neuropsychology of Visual Image Generation: Data, Method, and Theory". In: *Brain and Cognition*, 13, 1990, pp. 98-129.

[32] Idem, ibidem.

[33] McKeever, W.F., Sullivan, K.F., Ferguson, S.M. e Rayport, M. "Hemispheric Disconnection Effects in Patients with Corpus Callosum Section". In: *Epilepsy and the Corpus Callosum*, Reeves.

[34] Levy-Agresti, J. e Sperry, R.W. "Differential Perceptual Capacities in Major and Minor Hemispheres". In: *Proceedings of the National Academy of Science, USA* 61, 1968, p. 115.

[35] Levy, J. "Psychobiological Implications of Bilateral Asymmetry". In: *Hemispheric Function in the Human Brain*. Dimond e Beaumont.

[36] Trevarthen, C. e Kinsbourne, M. citado em Levy, J. "Cerebral Asymmetries as Manifested in Split Brain Man". In: *Hemispheric Disconnection and Cerebral Function*. ed. M. Kinsbourne e W.L. Smith, Springfield, Ill., Charles C. Thomas, 1974.

[37] Levy, J. e Trevarthen, C. "Metacontrol of Hemispheric Function in Human Split Brain Patients". In: *Journal of Experimental Psychology: Human Perception and Performance*, 2, 1976, pp. 299-312.

[38] Idem, ibidem.

[39] Levy, J. "The Regulation and Generation of Perception in the Asymmetric Brain". In: *Brain Circuits and Functions of the Mind—Essays in Honor of Roger Sperry.* ed. Trevarthen, C. Cambridge, Cambridge University Press, 1990.

[40] Sperry, R.W. "Lateral Specialization in the Surgically Separated Hemispheres". In: *The Neurosciences Third Study Program.* ed. E.O. Schmitt e E. Worden, Cambridge, MA, MIT Press, 1974.

[41] Holtzman, J.D., Sidtis, J.J., Volpe, B.T., Wilson, D.H. e Gazzaniga, M.S. "Dissociation of Spatial Information for Stimulus Localization and the Control of Attention." In: *Brain*, 104, 1981, pp. 861-72.

[42] Sergent, J. "Furtive Incursions into Bicameral Minds". In: *Brain*, 113, 1990, pp. 537-68.

[43] Seymour, S.E., Reuter-Lorenz, P.A. e Gazzaniga, M.S. "The Disconnection Syndrome: Basic Findings Reaffirmed".

[44] Gazzaniga e LeDoux. *The Integrated Mind.*

Capítulo 3 Assimetrias no Cérebro Normal

[1] Mishkin, M. e Forgays, D.G. "Word Recognition as a Function of Retinal Locus". In: *Journal of Experimental Psychology*, 43, 1952, pp. 43-8.

[2] Barton, M.I., Goodglass, H. e Shai, A. "Differential Recognition of Tachistoscopically Presented English and Hebrew Words in Right and Left Visual Fields". In: *Perceptual and Motor Skills*, 21, 1965, pp. 431-7.

[3] Schwartz, E.L., Desimone, R., Albright, T.D. e Gross, C.G. "Shape Recognition and Inferior Temporal Neurons". In: *Proceedings of the National Academy of Sciences U.S.A.*, 80, 1984, pp. 5776-8.

[4] Geffen, G., Bradshaw, J.L. e Wallace, G. "Interhemispheric Effects on Reaction Time to Verbal and Nonverbal Visual Stimuli". In: *Journal of Experimental Psychology*, 87, 1971, pp. 415-22; Rizzolatti, G., Umilta, C. e Berlucchi, G. "Opposite Superiorities of the Right and

Left Cerebral Hemispheres in Discriminative Reaction Time to Physiognomicail and Alphabetic Material. " In: *Brain*, 94, 1971, pp. 431-42.

[5] Kimura, D. "Spatial Localization in Left and Right Visual Fields". In: *Canadian Journal of Psychology*, 23, 1969, pp. 445-58.

[6] Bryden, M.P. e Rainey, C. "Left-Right Differences in Tachistoscopic Recognition". In: *Journal of Experimental Psychology*, 66, 1963, pp. 568-71; Dee, H.L. e Fontenot, D. "Cerebral Dominance and Lateral Differences in Perception and Memory". In: *Neuropsychologia*, 11, 1973, pp. 167-73; Kimura, D. "Dual Functional Asymmetry of the Brain in Visual Perception". In: *Neuropsychologia*, 4, 1966, pp. 275-85.

[7] Kimura, D. "Some Effects of Temporal Lobe Damage on Auditory Perception". In: *Canadian Journal of Psychology*, 15, 1961, pp. 156-65.

[8] Rosenzweig, M.R. "Representation of the Two Ears at the Auditory Cortex." In: *American Journal of Physiology*, 167, 1951, pp. 147-58.

[9] Dirks, D. "Perception of Dichotic and Monaural Verbal Material and Cerebral Dominance in Speech". In: *Acta Otolaryngologica*, 58, 1964, p. 73-80.

[10] Milner, B., Taylor, L. e R.W. Sperry, R.W. "Lateralized Suppression of Dichotically Presented Digits After Commissural Section in Man". In: *Science*, 161, 1968, pp. 184-5; Springer, S.P. e Gazzaniga, M.S. "Dichotic Listening in Partial and Complete Split Brain Patients". In: *Neuropsychologia*, 13, 1975, pp. 341-6.

[11] Zatorre, R. "Perceptual Asymmetry in the Dichotic Fused Words Test and Cerebral Speech Lateralization Determined by the Carotid Amytal Test". In: *Neuropsychologia*, 27, 1989, pp. 1207-19.

[12] Geffen, G. e Caudrey, R. "Reliability and Validity of the Dichotic Monitoring Test for Language Laterality". In: *Neuropsychologia*, 19, 1981, pp. 413-23.

[13] Gordon, H.W. "Degree of Ear Asymmetries for Perception of Dichotic Chords and for Illusory Chord Localization in Musicians of Different Levels of Competence". In: *Journal of Experimental Psychology: Human Perception and Performance*, 6, 1980, pp. 516-27; Bartholomeus, B. "Effects of Task Requirements on Ear Superiority for Sung Speech". In: *Cortex*, 10, 1974, pp. 215-23.

[14] Bryden, M.P. "Tachistoscopic Recognition, Handedness, and Cerebral Dominance". In: *Neuropsychologia*, 3, 1965, pp. 1-8.

[15] Kimura, D. "Functional Asymmetry of the Brain in Dichotic Listening". In: *Cortex*, 3, 1967, pp. 163-78.

[16] Kimura, D. e Folb, S. "Neural Processing of Backwards Speech Sounds". In: *Science*, 161, 1968, pp. 395-6; Studdert-Kennedy, M. e Shankweiler, D. "Hemispheric Specialization for Speech Perception". In: *Journal of the Acoustical Society of America*, 48, 1970, pp. 579-94.

[17] Kimura, D. "Left-Right Differences in the Perception of Melodies". In: *Quarterly Journal of Experimental Psychology*, 16, 1964, pp. 355-8.

[18] Curry, F.W.K. "A Comparison of Left-Handed and Right-Handed Subjects on Verbal and Nonverbal Dichotic Listening Tasks". In: *Cortex*, 3, 1967, pp. 343-52.

[19] Klatzky, R. e Atkinson, R. "Specialization of the Cerebral Hemispheres in Scanning for Information in Short Term Memory". In: *Perception and Psychophysics*, 10, 1971, pp. 335-8.

[20] VanKleeck, M.H. "Hemispheric Differences in Global Versus Local Processing of Hierarchical Visual Stimuli by Normal Subjects: New Data and a Meta-analysis of Previous Studies". In: *Neurofsychologia*, 27, 1989, pp. 1165-78.

[21] Seamon, J.G. e Gazzaniga, M.S. "Coding Strategies in Cerebral Laterality Effects". In: *Cognitive Psychology*, 5, 1973, pp. 249-56.

[22] Sasanuma, S. "Kana and Kanji Processing in Japanese Aphasics". In: *Brain and Language*, 2, 1975, pp. 369-83.

[23] Sasanuma, S. e Fujimura, O. "Selective Impairment of Phonetic and Non-Phonetic Transcription of Words in Japanese Aphasic Patients: Kana vs. Kanji in Visual Recognition and Writing". In: *Cortex*, 7, 1971, pp. 1-18.

[24] Sasanuma, S., Itoh, M., Mori, K. e Kobayashi, Y. "Tachistoscopic Recognition of Kana and Kanji Words". In: *Neuropsychologia*, 15, 1977, pp. 547-53.

[25] Sergent, J. e Hellige, J.B. "Role of Input Factors in Visual-Field Asymmetries". In: *Brain and Cognition*, 5, 1986, pp. 174-99.

[26] Christman, S. "Perceptual Characteristics in Visual Field Research". In: *Brain and Language*, 11, 1989, pp. 238-57.

[27] Kitterle, F.L. e Kaye, R.S. "Hemispheric Symmetry in Contrast and Orientation Sensitivity". In: *Perception and Psychophysics*, 37, 1985, pp. 391-6; Rebai, M., Mecacci, L., Bagot, J.D. e Bonnet, C. "Hemispheric Asymmetries in the Visual Evoked Potentials to Temporal Frequency: Preliminary Evidence". In: *Perception*, 15, 1986, pp. 589-94.

[28] Bradshaw, J.L. *Hemispheric Specialization and Psychological Functions*. Nova York, NY, Wiley, 1989.

[29] Hellige, J.B. "Hemispheric Asymmetry". In: *Annual Review of Psychology*, 41, 1990, pp. 55-80.

[30] Bryden, M.P. "Strategy Effects in the Assessment of Hemispheric Asymmetry". In: *Strategies of Information Processing*. ed. G. Underwood Londres, Academic Press, 1978.

[31] Idem. "An Overview of the Dichotic Listening Procedure and Its Relation to Cerebral Organization". In: *Handbook of Dichotic Listening*. ed. K. Hugdahl, Chichester, Wiley, 1988.

[32] Montor, T.A. e Bryden, M.P. "On the Relationship Between Visual Spatial Attention and Visual Field Asymmetries". In: *Quarterly Journal of Experimental Psychology*, 44, 1992, pp. 529-55; Bryden, M.P. e Montor, T.A. "Attentional Factors in Visual Field Asymmetries". In: *Canadian Journal of Psychology*, 45, 1991, pp. 427-47.

[33] Hines, D. e Satz, P. "Cross-Modal Asymmetries in Perception Related to Asymmetry in Cerebral Function". In: *Neuropsychologia*, 12, 1974, pp. 239-47; Zurif. E.B. e Bryden, M.P. "Familial Handedness and Left-Right Difference in Auditory and Visual Perception". In: *Neuropsychologia*, 7, 1969, pp. 179-87.

[34] Blumstein, S., Goodglass, H. e Tarter, V. "The Reliability of Ear Advantage in Dichotic Listening". In: *Brain and Language*, 2, 1975, pp. 226-36; Hines e Satz, "Cross-Modal Asymmetries in Perception."

[35] Levy, J. e Trevarthen, C. "Metacontrol of Hemispheric Function in Human Split Brain Patients". In: *Journal of Experimental Psychology: Human Perception and Performance*, 2, 1976, pp. 299-312.

[36] Hellige, J.B. "Cerebral Laterality and Metacontrol". In: *Recent Advances in Laterality*. ed. E. Kitterle, Hillsdale, NJ, Erlbaum, 1991.

[37] Hellige, J.B. "Interhemispheric Interaction When Both Hemispheres Have Access to the Same Stimulus Information". In: *Journal of Experimental Psychology: Human Perception and Performance*, 15, 1989, pp 711-22.

[38] Hellige, J.B. "Cerebral Laterality and Metacontrol."

[39] Kinsbourne, M. "The Mechanisms of Hemisphere Asymmetry in Man". In: *Hemispheric Disconnection and Cerebral Function*. ed. M. Kinsbourne e W.L. Smith, Springfield, Ill., Charles C. Thomas, 1974.

[40] Idem. "The Control of Attention by Interaction Between the Cerebral Hemispheres". In: *Attention and Performance IV*. ed. S. Kornblum, Nova York, NY, Academic Press, 1973.

[41] Morais, J. e Landercy, M. "Listening to Speech While Retaining Music: What Happens to the Right Ear Advantage?" In: *Brain and Language*, 4, 1977, pp. 295-308.

[42] Reuter-Lorenz, P.A., Kinsbourne, M. e Moscovitch, M. "Hemispheric Control of Spatial Attention". In: *Brain and Cognition*, 12, 1990, pp. 240-66.

[43] Moscovitch, M. "Information Processing". In: *Handbook of Neurobiology Neuropsychology*. ed. M.S. Gazzaniga, Nova York, NY, Plenum Press, 1979.

[44] Day, M.E. "An Eye Movement Phenomenon Relating to Attention, Thought and Anxiety". In: *Perceptual and Motor Skills*, 19, 1964, pp. 443-6.

[45] Bakan, P. "Hypnotizability, Laterality of Eye Movement and Functional Brain Asymmetry". In: *Perceptual and Motor Skills*, 28, 1969, pp. 927-32.

[46] Kinsbourne, M. "Eye and Head Turning Indicates Cerebral Lateralization". In: *Science*, 176, 1972, pp. 539-41.

[47] Galin, D. e Ornstein, R. "Individual Differences in Cognitive Style. 1: Reflexive Eye Movements". In: *Neuropsychologia*. 12, 1974, pp. 367-76; Kocel, K. Galin, D., Ornstein, R. e Merrin, E. "Lateral Eye Movement and Cognitive Mode". In: *Psychonomic Science*, 27, 1972, pp. 223-4.

[48] Ehrlichman, H. e Weinberger, A. "Lateral Eye Movements and Hemispheric Asymmetry: A Critical Review". In: *Psychological Bulletin*, 85, 1979, pp. 1080-101.

[49] Carlton, S., Bakan, P., e Moretti, M. "Conjugate Lateral Eye Movements: A Second Look". In: *International Journal of Neuroscience*, 48, 1989, pp. 1-18.

[50] Kinsbourne, M. e Hicks, R.E. "Mapping Cerebral Functional Space: Competition and Collaboration in Human Performance". In: *Asymmetrical Function of the Brain*. ed. M. Kinsbourne, Cambridge, Cambridge University Press, 1978.

[51] Kinsbourne, M. e Cook, J. "Generalized and Lateralized Effects of Concurrent Verbalization on a Unimanual Skill." In: *Quarterly Journal of Experimental Psychology*, 23, 1971, pp. 341-5.

[52] Hicks, R.E. "Intrahemispheric Response Competition Between Vocal and Unimanual Performance in Normal Adult Human Male". In: *Journal of Comparative and Physiological Psychology*, 89, 1975, pp. 50-60.

[53] Kee. D.W. e Cherry, B. "Lateralized Interference in Finger Tapping: Initial Value Differences Do Not Affect the Outcome". In: *Neuropsychologia*, 28, 1990, pp. 313-6.

**Capítulo 4 Medindo o Cérebro e sua Atividade:
Correlatos Fisiológicos da Assimetria**

[1] Geschwind, N. e Levitsky, W. "Human Brain: Left-Right Asymmetries in Temporal Speech Region". In: *Science*, 161, 1968, pp. 186-7.

[2] Wada, J.A., Clark, R. e Hamm, A. "Cerebral Hemispheric Asymmetry in Humans". In: *Archives of Neurology*, 32, 1975, pp. 239-46; Witelson, S.F. e Pallie, W. "Left Hemisphere Specialization for Language in the Newborn: Anatomical Evidence of Asymmetry". In: *Brain*, 96, 1973, pp. 641-6.

[3] Galaburda, A.M., Corsiglia, J., Rosen, G.D. e Sherman, G.F. "Planum Temporale Asymmetry, Reappraisal Since Geschwind and Levitsky". In: *Neuropsychologia*, 25, 1987, pp. 853-68.

[4] LeMay, M. e Culebras, A. "Human Brain-Morphologic Differences in the Hemispheres Demonstrable by Carotid Anteriography". In: *New England Journal of Medicine*, 287, 1972, pp. 168-70.

[5] LeMay, M. e Geschwind, N. "Asymmetries of the Human Cerebral Hemispheres". In: *Language Acquisition and Language Breakdown*. ed. A. Caramazza e E. Zurif, Baltimore, Johns Hopkins University Press, 1978.

[6] Oldendorf, W.H. "Principles of Imaging Structure by Nuclear Magnetic Resonance". In: *Archives of Neurology*, 32, 1983, pp. 239-46.

[7] Galaburda, A.M., LeMay, M., Kemper, T. e Geschwind, N. "Right-Left Asymmetries in the Brain". In: *Science*, 199, 1978, pp. 852-6.

[8] Galin, D. e Ornstein, R. "Lateral Specialization of Cognitive Mode: An EEG Study". In: *Psychophysiology*, 9, 1972, pp. 412-8.

[9] Molfese, D.L., Freeman, Jr., R.B. e Palermo, D.S. "The Ontogeny of the Brain Lateralization for Speech and Nonspeech Stimuli". In: *Brain and Language*, 2, 1975, pp. 356-68.

[10] Wood, C.C., Goff, W.R. e Day, R.S. "Auditory Evoked Potentials During Speech Perception". In: *Science*, 173, 1971, pp. 1248-51.

[11] Papanicolaou, A.C., Schmidt, A.L., Moore, B.D. e Eisenberg, H.M. "Cerebral Activation Patterns in an Arithmetic and a Visuospatial Processing Task". In: *International Journal of Neuroscience*, 20, 1983, pp. 283-88.

[12] Papanicolaou, A.C., Levin, H.S., Eisenberg, H.M. e Moore, B.D. "Evoked Potential Indices of Selective Hemispheric Engagement in Affective and Phonetic Tasks". In: *Neuropsychologia*, 21, 1983, pp. 401-05.

[13] Gevins, A.S., Morgan, N.H., Bressier, S.L., Cutillo, B.A., White, R.M., Illes, J., Greer, D.S., Doyle, J.C. e Zeitlin, G.M. "Human Neuroelectric Patterns Predict Performance Accuracy". In: *Science*, 235, 1987, pp. 580-5; Gevins. A.S. e Illes, J. "Neurocognitive Networks of the Human Brain". In: *Windows on the Brain*. ed. R.A. Zappulla, F.F. LeFever, J. Jaeger e R. Bilder, *Annals of the New York Academy of Sciences*, 620, 1991.

[14] Barth, D.S., Sutherling, W., Engel, Jr., J. e Beatty, J. "Neuromagnetic Localization of Epileptiform Spike Activity in the Human Brain." In: *Science*, 218, l982, pp. 891-4.

[15] Romani, G.L., Williamson, S.J. e Kaufman, L. "Characterization of the Human Auditory Cortex by the Neuromagnetic Method". In: *Experimental Brain Research*, 47, 1982, pp. 381-93.

[16] Papanicolaou, A.C., Baumann, S., Rogers, R.L., Saydjari, C., Amparo, E.G. e Eisenberg, H.M. "Localization of Auditory Response Sources Using Magnetoencephalography and Magnetic Resonance Imaging". In: *Archives of Neurology*, 47, 1990, pp. 33-7.

[17] Lassen, N.A. e Ingvar, D.H. "Radioisotopic Assessment of Regional Cerebral Blood Flows". In: *Progress in Nuclear Medicine*. Vol. 1, Baltimore, University Park Press, 1972.

[18] Lassen, N.A., Ingvar, D.H. e Skinhoj, E. "Brain Function and Blood Flow". In: *Scientific American*, 239, 1978, pp. 62-71.

[19] Risberg, J., Halsey, J.H., Wills, E.L. e Wilson, E.M. "Hemispheric Specialization in Normal Man Studied by Bilateral Measurements of the Regional Cerebral Blood Flow: A Study with the ^{133}Xe Inhalation Technique". In: *Brain*, 98, l975, pp. 511-24.

[20] Deutsch, G., Bourbon, W., Papanicolaou, A.C. e Eisenberg, H.M. "Visuospatial Tasks Compared via Activation of Regional Cerebral Blood Flow". In: *Neuropsychologia*, 26, l988, pp. 445-52.

[21] Deutsch, G., Papanicolaou, A.C., Bourbon, W.T. e Eisenberg, H.M. "Cerebral Blood Flow Evidence of Right Frontal Activation in Attention Demanding Tasks". In: *International Journal of Neuroscience*, 36, l987, pp. 23-8.

[22] Kuzniecky, R., Mountz, J.M. e Thomas, F. "Ictal ^{99}mTc-HMPAO Brain SPECT and EEG Nonlocalizable Partial Seizures". In: *Journal of Neuroimaging*.

[23] Mountz J.M. e Deutsch, G. "^{99}mTc-HMPAO SPECT Measures of a Mental Rotation Task". In: *Journal of Nuclear Medicine*.

[24] Fox, P.T., Peterson, S.E., Posner, M.I. e Raichle, M.E. "Language-Related Brain Activation Measured with PET: Comparison of Auditory and Visual Word Presentations". In: *Journal of Cerebral Blood Flow and Metabolism*, 7, Suplemento 1, 1987, S294.

[25] Sergent, J., Ohta, S. e MacDonald, B. "Functional Neuroanatomy of Face and Object Processing". In: *Brain*, 115, 1992, pp. 15-36.

[26] Idem, ibidem.

[27] Haxby, J.V., Grady, C.L., Horwitz, B., Ungerleider, L.G., Mishkin, M., Carson, R.E., Herscovitch, P., Schapiro, M.B. e Rapoport, S.I., "Dissociation of Object and Spatial Visual Processing Pathways in Human Extrastriate Cortex". In: *Proceedings of the National Academy of Sciences USA*, 88, 1991, pp. 1621-5; Horwitz, B., Grady, C.L., Haxby, J.V., Ungerleider, L.G., Schapiro, M.B., Mishkin, M. e Rapoport, S.I. "Functional Associations Among

Human Posterior Extrastriate Brain Regions During Object and Spatial Vision". In: *Journal of Cognitive Neuroscience*, 4, 1992, pp. 311-22.

[28] Den Hollander, J., Hetherington, H., Twieg, D. e Pohost, G. "^{31}P NMR Metabolite Mapping of Human Brain at 4.1T Using Time Domain Analysis". In: *Magnetic Resonance in Medicine*; Thomas, M.A., Hetherington, H.P., Meyerhoff, D.J. e Twieg, D.B. "Localized Double Quantum Filtered ^{1}H NMR Spectroscopy". In: *Journal of Magnetic Resonance*, 93, 1991, pp. 485-96.

[29] Ogawa, S., Lee, T.-M., Kay, A.R. e Tank, D.W. "Brain Magnetic Resonance Imaging with Contrast Dependent on Blood Oxygenation". In: *Proceedings of the National Academy of Sciences, USA* 97, 1990, pp. 9868-72.

[30] Deutsch, G. "A Critical Overview of the Contributions of Functional Neuroimaging to Neuropsychology". In: *Journal of Experimental and Clinical Neuropsychology*, 14, 1992, pp. 86-7.

[31] Oke, A., Keller, R., Mefford, I. e Adams, R.N. "Lateralization of Norepinephrine in the Human Thalamus". In: *Science*, 200, 1978, pp. 1411-3.

[32] Amaducci, L., Sorbi, S., Albanese, A. e Gainotti, G. "Choline-acetyl transferase (CHAT) Activity Differs in Right and Left Human Temporal Lobes". In: *Neurology*, 31, 1981, pp. 799-805.

[33] Glick, S.D., Ross, D.A. e Hough, L.B. "Lateral Asymmetry of Neurotransmitters in Human Brain". In: *Brain Research*, 234, 1982, pp. 53-63.

[34] Pribram, K.H. e McGuinness, D. "Arousal, Activation, and Effort in the Control of Attention". In: *Psychological Review*, 82, 1975, pp. 116-49.

[35] Tucker, D.M. e Williamson, P.A. "Asymmetric Neural Control Systems in-Human Self-Regulation". In: *Psychological Review*, 91, 1984, pp. 185-215.

[36] Phelps, M.E. "Electron Generator Produced Labeled Precursors and Compounds for Positron Emission Tomography," presented ar Functional Neuroimaging: Looking ar the Mind, Nov. S-6, Back Bay Hilton, Boston, Massachusetts, 1992.

[37] Robinson, D.N. *The Enlightened Machine*. Nova York, NY, Columbia University Press, 1980.

Capítulo 5 O Enigma do Canhoto

[1] Dennis, W. "Early Graphic Evidence of Dextrality in Man". In: *Perceptual and Motor Skills*, 8, 1958, pp. 147-9; Dart, R.A. "The Predatory Implement Technique of Australopithecus". In: *American Journal of Physical Anthropology*,7, 1949, pp. 1-38; Uhrbrock, R.S. "Laterality in Art". In: *Journal of Aesthetics and Art Criticism*, 32, 1973, pp. 27-35; Coren, S. e Porac, C. "Fifty Centuries of Right Handedness: The Historical Record". In: *Science*, 198, 1977, pp. 631-2.

[2] Corballis, M.C. "The Origins and Evolution of Human Laterality". In: *Neuropsychology and Cognition*. Vol. 1, ed. R.N. Malateska e L.C. Hartlage, Haia, Martinus Nijhoff Publishers, 1982.

[3] Barsley, M. *Left Handed People*. North Hollywood, CA, Wilshire Book Co., 1979.

[4] Sagan, C. *The Dragons of Eden*. Nova York, NY, Random House, 1977.

[5] Froude, J.A. *Thomas Carlyle in London, 1834-1881*. Londres, Longmans, Green, 1884.

[6] Cunningham, D.J. "Right Handedness and Left Handedness". In: *Journal of the Royal Anthropological Institute of Great Britain and Ireland*, 32, 1902, pp. 273-196.

[7] Oldfield, R.C. "The Assessment and Analysis of Handedness: The Edinburgh Inventory". In: *Neuropsychologia*, 9, 1971, pp. 97-114.

[8] Coren, S. e Porac, C. *Lateral Preferences and Human Behavior.* Nova York, NY, Springer-Verlag, 1981. Idem, ibidem. "Effects of Simulated Refractive Asymmetries on Eye Dominance." In: *Bulletin of the Psychonomic Society,* 9, 1977, pp. 269 -71.

[9] Idem, ibidem.

[10] Idem, ibidem.

[11] Chamberlain, H.D. "The Inheritance of Left Handedness". In: *Journal of Heredity,* 19, 1928, pp. 557-9.

[12] Collins, R.L. "The Sound of One Paw Clapping: An Inquiry Into the Origins of Left Handedness". In: *Contributions to Behavior-Genetic Analysis-The Mouse as Prototype.* ed. G. Lindzey e D.B. Thiessen, Nova York, NY, The Meredith Corporation, 1970.

[13] Collins, R.L. "When Left Handed Mice Live in Right Handed Worlds". In: *Science,* 187, 1975, pp. 181-4.

[14] Blau, A. *The Master Hand.* Nova York, NY, American Ortho-Psychiatric Association, 1946.

[15] Annett, M. "A Model of the Inheritance of Handedness and Cerebral Dominance". In: *Nature,* 204, 1964, pp. 59-60.

[16] Idem. *Left, Right, Hand and Brain.* Londres, Erlbaum, 1985.

[17] Howard, R.G. e Brown, A.M. "Twinning: A Marker for Biological Insults". In: *Child Development,* 41, 1970, pp. 519-30.

[18] Gordon, H. "Left-Handedness and Mirror Writing Especially Among Defective Children". In: *Brain,* 43, 1920, pp. 313-68.

[19] Rasmussen, T. e Milner, B. "The Role of Early Left-Brain Injury in Determining Lateralization of Cerebral Speech Functions". In: *Evolution and Lateralization of the Brain.* ed. S. Dimond e D. Blizzard, Nova York, NY, New York Academy of Sciences, 1977.

[20] Bakan, P., Dibb, G. e Reed, P. "Handedness and Birth Stress". In: *Neuropsychologia,* 11, 1973, pp. 363-6.

[21] Searleman, A., Porac, C. e Coren, S. "Relationship Between Birth Order, Birth Stress, and Lateral Preference: A Critical Review". In: *Psychological Bulletin,* 105, 1989, pp. 397-408.

[22] Schwartz, M. "Discrepancy Between Maternal Report and Hospital Records". In: *Developmental Neuropsychology,* 4, 1988, pp. 303-4; Idem. "Handedness, Prenatal Stress, and Pregnancy Complications". In: *Neuropsychologia,* 26, 1988, pp. 925-29; Idem. "Left Handedness and Prenatal Complications". In: *Left Handedness: Behavioral Implications and Anomalies.* ed. S. Coren, Amsterdã, Elsevier, 1990.

[23] Satz, P. "Pathological Left-Handedness: An Explanatory Model". In: *Cortex,* 8, 1972, pp. 121-35.

[24] Satz, P., Orsini, D.L., Saslow, E. e Henry, R. "The Pathological Left Handedness Syndrome". In: *Brain and Cognition,* 4, 1985, pp. 27-46; Idem. "Early Brain Injury and Pathological Left-Handedness: Clues to a Syndrome". In: *The Dual Brain.* ed. E. Zaidel, Nova York, NY, Guilford Press, 1985.

[25] Lansdell, H. "Verbal and Nonverbal Factors in Right-Hemisphere Speech: Relation to Early Neurological History". In: *Journal of Comparative and Physiological Psychology,* 69, 1969, pp. 734-8.

[26] Rasmussen, T. e Milner, B. "The Role of Early Left-Brain Injury."

[27] Loring, D.W., Meador, K., Lee, G., Murro, A., Smith, J., Flanigin, H., Gallagher, B. e King, D. "Cerebral Language Lateralization: Evidence from Intracarotid Amobarbitol Testing". In: *Neuropsychologia,* 28, 1990, pp. 831-8.

[28] Luria, A.R. *Traumatic Aphasia.* Haia, Mouton, 1970. Subirana, A. "The Prognosis in Aphasia in Relation to Cerebral Dominance and Handedness". In: *Brain,* 81, 1958, pp. 415-25.

[29] Bryden, M.P. "Tachistoscopic Recognition, Handedness, and Cerebral Dominance". In: *Neuropsychologia,* 3, 1965, pp. 1-8; Satz, P., Achenbach, K., Patteshall e Fennell, E.

"Order of Report, Ear Asymmetry, and Handedness in Dichotic Listening". In: *Cortex 1*, 1965, pp. 377-96.

[30] Hecaen, H. e Sauget, J. "Cerebral Dominance in Left Handed Subjects". In: *Cortex*, 7, 1971, pp. 19-48.

[31] Orsini, D.L., Satz, P., Soper, H.V. e Light, R.K. "The Role of Milial Sinistrality in Cerebral Organization". In: *Neuropsychologia*, 23, 1985, pp. 223-32.

[32] Levy, J. e Reid. M. "Variations in Writing Posture and Cerebral Organization". In: *Science*, 194, 1976, pp. 337.

[33] Weber, A.M. e Bradshaw, J.L. "Levy and Reid's Neurological Model in Relation to Writing Hand/Posture: An Evaluation". In: *Psychological Bulletin*, 90, 1981, pp. 74-8; Levy, J. "Handwriting Posture and Cerebral Organization: How Are They Related?" In: *Psychological Bulletin*, 91, 1982, pp. 589-608.

[34] Halsey, J.H., Blauenstein, V.W., Wilson, E.M. e Wills. "E.L. Brain Activation in the Presence of Brain Damage". In: *Brain and Language*, 9, 1980, pp. 47-60.

[35] Strauss, E., Wada, J. e Kosaka, B. "Writing Posture and Cerebral Dominance for Speech". In: *Cortex*, 20, 1984, pp. 143-7.

[36] Hardyck, C. e Petrinovich, L. "Left Handedness". In: *Psychological Bulletin*, 84, 1977, pp. 385-404.

[37] Levy, J. "Possible Basis for the Evolution of Lateral Specialization of the Human Brain". In: *Nature*, 224, 1969, pp. 614-5.

[38] Miller, E. "Handedness and the Pattern of Human Ability". In: *British Journal of Psychology*, 62, 1971, pp. 111-2; Newcombe, F. e Ratcliff, G. "Handedness, Speech Lateralization and Ability". In: *Neuropsychologia*, 11, 1973, pp. 339-407.

[39] Mebert. C. e Michel, G. "Handedness in Artists". In: *Neuropsychology of Left Handedness*. ed. J. Herron, Nova York, NY, Academic Press, 1980.

[40] Geschwind, N. e Behan, P. "Left Handedness: Association with Immune Disease, Migraine, and Developmental Learning Disorders". In: *Proceedings of the National Academy of Sciences*, USA 79, 1982, pp. 5097-100.

[41] Idem. "Laterality, Hormones and Immunity". In: *Cerebral Dominance: The Biological Foundations*. ed. N. Geschwind e A.M. Galaburda, Cambridge, Mass., Harvard University Press, 1984.

[42] Geschwind, N. e Galaburda, N. In: *Cerebral Lateralization: Biological Mechanisms, Associations and Pathology*. Cambridge, Mass., MIT Press, 1987.

[43] Benbow, C.P. e Stanley, J.C. "Sex Differences in Mathematical Ability: Fact or Artifact?" In: *Sciencen*, 210, 1983, pp. 1262-4.

[44] Bryden, M.P., McManus, I.C. e Steenhuis, R.E. "Handedness is Not Related to Self-Reported Disease Incidence". In: *Cortex*, 27,1991, pp. 605-11; McKeever, W.F. e Rich, D.A. "Left Handedness and Immune Disorders". In: *Cortex*, 26, 1990, pp. 33-40; Smith, B.D., Meyers, M.B. e Kline, R. "For Better or Worse: Left Handedness, Pathology, and Talent". In: *Journal of Clinical and Experimental Neuropsychology*, 11, 1989, pp. 944-58.

[45] McManus, I.C. e Bryden, M.P. "Geschwind's Theory of Cerebral Lateralization: Developing a Formal, Causal Model". In: *Psychological Bulletin*, 110, 1991, pp. 237-53.

[46] Halpern, D.F. e Coren, S. "Do Right Handers Live Longer?" In: *Nature*, 333, 1988, p. 213.

[47] Idem. "Hand Preference and Life Span". In: *New England Journal of Medicine*, 324, 1991, p. 998.

[48] Coren, S. "Left Handedness and Accident-Related Injury Risk". In: *American Journal of Public Health*, 79, 1989, pp.1-2; Coren, S. e Halpern, D.F. "Left Handedness—A Marker for Decreased Survival Fitness". In: *Psychological Bulletin*, 109, 1991, pp. 90-106.

[49] Morens, D.M. e Katz, A.R. "Lefthandedness and Life Expectancy". In: *New England Journal of Medicine*, 325, 1991, p. 1041.

⁵⁰ Salive, M.E., Guralnik, J.M. e Glynn, R.J. "Left-handedness and Mortality". In: *American Journal of Public Health*, 83, 1993, pp. 265-7.

⁵¹ Hugdahl, K., Satz, P., Mitrushina, M. e Miller, E.N. "Left-handedness and Old Age: Do Left-handers Die Earlier?". In: *Neuropsychologia*, 31, 1993, pp. 325-33.

Capítulo 6   Maiores Evidências Clínicas: Afasia, Apraxia, Agnosia.

¹ Ellis, A.W. e Young, A.W. *Human Cognitive Neuropsychology*. Londres, Lawrence Erlbaum, 1988.

² Idem, ibidem.

³ Hecaen, H. e Albert, M.L. *Human Neuropsychology*. Nova York, NY, 1978; Luria, A.R. *Higher Cortical Functions*. Nova York, NY, Basic Books, 1966.

⁴ Walsh, K.W. *Neuropsychology — A Clinical Approach*. Londres, Churchill Livingston, 1978; Heilman, K.M. e Valenstein, E. *Clinical Neuropsychology*. Nova York, NY, Oxford University Press, 1979.

⁵ Zurif, E.B."Language Mechanisms: A Neuropsychological Perspective". In: *American Scientist*, 68, 1980, pp. 305-11.

⁶ Kreindler, A., Calavrezo, C. e Mihailescu, L. "Linguistic Analysis of One Case of Jargon Aphasia". In: *Revue Roumaine de Neurologic*, 8, 1971, pp. 209-28.

⁷ Brown, J.W. *Aphasia, Apraxia and Agnosia*. Springfield, Ill., Charles C. Thomas, 1972.

⁸ Coughlan, A.K. e Warrington, E.K. "Word-Comprehension and Word Retrieval in Patients with Localized Cerebral Lesions". In: *Brain*, 101, 1978, pp. 163-85; Dimond, S.J. *Neuropsychology: A Textbook of Systems and Psychological Functions of the Human Brain*. Londres, Butterworths, 1980.

⁹ Geschwind, N. "Disconnexion Syndromes in Animals and Man". In: *Brain*, 88, 1965, pp. 237-94; Idem. "The Organization of Language and the Brain". In: *Science*, 170, 1970, pp. 940-44.

¹⁰ Dimond, *Neuropsychology*.

¹¹ Geschwind, N. "Disconnexion Syndromes in Animals and Man".

¹² Marshall, J.C. "On the Biology of Language Acquisition". In: *Biological Studies of Mental Processes*. ed. D. Caplan, Cambridge, Mass., MIT Press, 1980.

¹³ Shallice, T. *From Neuropsychology to Mental Structure*. Cambridge, Cambridge University Press, 1988; Ellis e Young, *Human Cognitive Neuropsychology*.

¹⁴ Brown, J.W. *Mind, Brain, and Consciousness*. Nova York, NY, Academic Press, 1977.

¹⁵ MacLean, P. "Cerebral Evolution and Emotional Processes: New Findings on the Striatal Complex". In: *Annals of the New York Academy of Science*, 193, 1972, pp. 137-49; Coghill, G. *Anatomy and the Problem of Behavior*. Nova York, NY, Cambridge University Press, 1929.

¹⁶ Dimond, M. *Neuropsychology*.

¹⁷ Ojemann, G.A. "Subcortical Language Mechanisms". In: *Studies in Neurolinguistics*. Vol. 1, ed. H. Whitaker e H.A. Whitaker, Nova York, NY, Academic Press, 1976; Ojemann, G.A. "Asymmetric Function of the Thalamus in Man". In: *Annals of the New York Academy of Science*, 299, 1977, pp. 380-96.

¹⁸ Smith, A. "Speech and Other Functions After Left (Dominant) Hemispherectomy". In: *Journal of Neurology, Neurosurgery and Psychiatry*, 29, 1966, pp. 467-71; Burkland, C.W. e Smith, A. "Language and the Cerebral Hemispheres". In: *Neurology*, 27, 1977, pp. 627-33.

¹⁹ Idem. "Nondominant Hemispherectomy". In: *Neurology*, 19, 1969, pp. 442-5.

²⁰ Geschwind, N. "Disconnexion Syndromes in Animals and Man".

[21] Coltheart, M. "Deep Dyslexia: A Right-Hemisphere Hypothesis". In: *Deep Dyslexia*. ed. M. Coltheart, K. Patterson e J.C. Marshall, Londres, Routledge and Kegan Paul, 1980.

[22] Hines, D. "Differences in Tachistoscopic Recognition Between Abstract and Concrete Words as a Function of Visual Half-Field and Frequency". In: *Cortex*, 13, 1977, pp. 66-73.

[23] Danly, M. e Shapiro, B. "Speech Prosody in Broca's Aphasia". In: *Brain and Language*, 16, 1982, pp. 171-90.

[24] Heilman, K.M., Scholes, R. e Watson, R.T. "Auditory Affective Agnosia: Disturbed Comprehension of Affective Speech". In: *Journal of Neurology, Neurosurgery and Psychiatry*, 38, 1975, pp. 69-72.

[25] Ross, E.D. e Mesulam, M.M. "Dominant Language Functions of the Right Hemisphere?". In: *Archives of Neurology*, 36, 1979, pp. 144-8.

[26] Idem. "The Aprosodias: Functional-Anatomic Organization of the Affective Components of Language in the Right Hemisphere". In: *Annals of Neurology*, 38, 1981, pp. 561-89.

[27] Albert, M.L., Sparks, R.W. e Helm, N.A. "Melodic Intonation Therapy for Aphasia". In: *Archives of Neurology*, 29, 1973, pp. 130-1.

[28] Winner, E. e Gardner, H. "The Comprehension of Metaphor in Brain Damaged Patients". In: *Brain*, 100, 1977, pp. 717-29.

[29] Foldi, N.S., Cicone, M. e Gardner, H. "Pragmatic Aspects of Communication in Brain Damaged Patients". In: *Language Functions and Brain Organization*. ed. S.J. Segalowitz. Nova York, NY, Academic Press, 1983.

[30] Gowers, W.R. *A Manual of Diseases of the Nervous System*. Londres, J & A Churchill, 1893.

[31] Kinsbourne, M. "The Minor Cerebral Hemisphere as a Source of Aphasic Speech". In: *Archives of Neurology*, 25, 1971, pp. 302-6.

[32] Cummings, J.L., Benson, D.F., Walsh, M.J. e Levine, H.L. "Left-to-Right Transfer of Language Dominance: A Case Study". In: *Neurology*, 29, 1979, pp. 1547-50.

[33] Papanicolaou, A.C., Moore, B.D., Levin, H.S. e Eisenberg, H.M. "Evoked Potential Correlates of Right Hemisphere Involvement in Language Recovery Following Stroke". In: *Archives of Neurology*, 44, 1987, pp. 521-4.

[34] Deutsch, G., Papanicolaou, A.C. e Eisenberg, H.M. "CBF During Tasks Intended to Differentially Activate the Cerebral Hemispheres: New Normative Data and Preliminary Applications in Recovering Stroke Patients". In: *Journal of Cerebral Blood Flow and Metabolism*, 7, Supplement, 1987, S306.

[35] Fiorelli, M., Blin, J., Bakchine, S., Laplane, D. e Baron, J.C. "PET Studies of Cortical Diaschisis in Patients with Motor Hemi-Neglect". In: *Journal of Neurological Sciences*, 104, 1991, pp. 135-42.

[36] Warrington, E.K. "Constructional Apraxia". In: *Handbook of Clinical Neurology*. Vol. 4, ed. P.J. Vinken e G.W. Bruyn, Amsterdã, Elsevier/ North-Holland Biomedical Press, 1969.

[37] Benton, A.L. "Visuoperceptive, Visuospatial and Visuoconstructive Disorders". In: *Clinical Neuropsychology*. ed. K.M. Heilman e E. Valenstein, Oxford, Oxford University Press, 1979.

[38] DeRenzi, E., Faglioni, P. e Scotti, G. "Hemispheric Contribution to Expioration of Space Through Visual and Tactile Modality". In: *Cortex*, 6, 1970, pp. 191-203; Fontenot, D.J. e Benton, A.L. "Tactile Perception of Direction in Relation to Hemispheric Locus of Lesion". In: *Neuropsychologia*, 9, 1971, pp. 83-8.

[39] Benton, A.L. "The Neuropsychology of Facial Recognition". In: *American Psychologist*, 35, 1980, pp. 176-86; Idem. "Visuoperceptive, Visuospatial, and Visuoconstructive Disorders."

[40] Sergent, J., Ohta, S. e MacDonald, B. "Functional Neuroanatomy of Face and Object Recognition". In: *Brain*, 115, 1992, pp. 15-36.

[41] Sergent, J. e Signoret, J.L. "Outstanding Issues in the Study of Prosopagnosia". In: *Journal of Clinical and Experimental Neuropsychology*, 13, 1991, p. 34.

[42] Goldberg, J. "Associative Agnosias and the Functions of the Left Hemisphere". In: *Journal of Clinical and Experimental Neuropsychology*, 12. 1990, pp. 467-84.

[43] Idem, ibidem.

[44] Ellis e Young, *Human Cognitive Neuropsychology*.

[45] Marr, D. *Vision*. São Francisco, W.H. Freeman, 1982.

[46] Ellis e Young, *Human Cognitive Neuropsychology*.

Capítulo 7   Outros Discernimentos da Clínica Médica: Omissão, Amnésia, Música e Emoção

[1] Heilman, K. e Watson, S. "The Neglect Syndrome-A Unilateral Defect of the Orienting Response". In: *Lateralization in the Nervous System*. ed. S. Harnad, R. Doty, L. Goldstein, J. Jaynes e G. Krauthamer, Nova York, NY, New York, Academic Press, 1977.

[2] Volpe, B.T., LeDoux, J.E. e Gazzaniga, M.S. "Information Processing of Visual Stimuli in an 'Extinguished' Field". In: *Nature*, 282, 1979, pp. 122-4.

[3] Deutsch, G. Tweedy, J. e Lorinstein, B. "Some Temporal and Spatial Factors Affecting Visual Neglect". In: *International Journal of Neuroscience*, 12, 1981, p. 271.

[4] Nebes, R.D. "Direct Examination of Cognitive Function in the Right and Left Hemispheres". In: *Asymmetrical Function of the Brain*. ed. M. Kinsbourne, Cambridge, Cambridge University Press, 1978; Gazzaniga, M.S. e LeDoux, J.E. *The Integrated Mind*. Nova York, NY, Plenum Press, 1978.

[5] Kinsbourne, M. "Mechanisms of Unilateral Neglect", In: *Neurophysiological and Neuropsychological Aspects of Spatial Neglect*. ed. M. Jeannerod, Nova York, NY, North Holland Publishing Co., 1987, pp. 69-86.

[6] Heilman, K. e Van Den Abell, T. "Right Hemisphere Dominance for Attention: the Mechanisms Underlying Hemispheric Asymmetries of Inattention (Neglect)". In: *Neurology*, 30, 1980, pp. 327-30

[7] Weintraub, S. e Mesulam, M.-M. "Right Cerebral Dominance in Spatial Attention: Further Evidence Based on Ipsilateral Neglect". In: *Archives of Neurology*, 44, 1987, pp. 621-5.

[8] Bisiach, E. "Understanding Consciousness: Clues from Unilateral Neglect and Related Disorders". In: *The Neuropsychology of Consciousness*. ed. A. Milner e M. Rugg, Londres, Academic Press, 1992.

[9] Bisiach, E. e Luzatti, C. "Unilateral Neglect of Representational Space". In: *Cortex*, 14, 1978, pp. 129-33.

[10] Lashley, K.S. "In Search of the Engram". In: *Symposium of the Society for Experimental Biology*, 4, Londres, Cambridge University Press, 1950.

[11] Penfield, W. e Perot, P. "The Brains Record of Auditory and Visual Experience. A Final Summary and Discussion". In: *Brain*, 86, 1963, pp. 595-696. Penfield, W. e Roberts, L. In: *Speech and Brain Mechanisms*. Princeton, NJ, Princeton University Press, 1959.

[12] Deutsch, G. e Tweedy, J.R. "Cerebral Blood Flow in Severity Matched Alzheimer and Multi-infarct Patients". In: *Neurology*, 37, 1987, pp. 431-8.

[13] Miller, G.A. "The Magical Number Seven, Plus or Minus Two: Some Limits on Our Capacity for Processing Information". In: *Psychological Review*, 63, 1956, pp. 81-97.

[14] Kosslyn, S.M. e Koenig, O. *Wet Mind. The New Cognitive Neuroscience*. Nova York, NY, Free Press-Macmilian, 1992.

[15] Idem, ibidem.

[16] Kesner, R.P. "Mnemonic Functions of the Hippocampus: Correspondence Between Animals and Humans". In: *Conditioning Representation of Neural Function*. ed. C.D. Woody, Nova York, NY, Plenum Press, 1983; Milner, B."Hemispheric Specialization: Scope and Limits". In: *The Neurosciences: Third Research Program*. ed. F.O. Schmitt e F.G. Warden, Cambridge, Mass., MIT Press, 1974.

[17] Moscovitch, M. e Umilta, C."Conscious and Nonconscious Aspects of Memory: A Neuropsychological Framework of Modules and Central Systems". In: *Perspectives on Cognitive Neuroscience*. ed. R.G. Lister e H.J. Weingartner, Oxford, Oxford University Press, 1991; Moscovitch, M. "Memory and Working-with-Memory: A Component Process Model Based on Modules and Central Systems". In: *Journal of Cognitive Neuroscience*, 4, 1992, pp. 257-67.

[18] Idem, ibidem.

[19] Moscovitch, M. "Confabulation and the Frontal System: Strategic vs Associative Retrieval in Neuropsychological Theories of Memory". In: *Varieties of Memory and Consciousness: Essays in Honor of Endel Tulving*. ed. H.L. Roediger e F.I.M. Craik, Hillsdale, NJ, Erlbaum, 1989.

[20] Kosslyn e Koenig. *Wet Mind: The New Cognitive Neuroscience*.

[21] Blakemore, C.B. e Falconer, M.A. "Long Term Effects of Anterior Temporal Lobectomy on Certain Cognitive Functions". In: *Journal of Neurology, Neurosurgery and Psychiatry*, 30, 1967, pp. 364-7; Milner, B. e Teuber, H.L."Alteration of Perception and Memory in Man: Reflections on Methods". In: *Analysis of Behavioral Change*. ed. L. Wieskrantz, Nova York, NY, Harper & Row, 1968.

[22] Milner, B. "Visual Recognition and Recall After Right Temporal-Lobe Excision in Man". In: *Neuropsychologia*, 6, 1968, pp. 191-209.

[23] Idem. "Visually Guided Maze Learning in Man: Effects of Bilateral Hippocampal, Bilateral Frontal, and Unilateral Cerebral Lesions". In: *Neuropsychologia*, 3, 1965, pp. 317-38.

[24] Geschwind, N. "The Organization of Language and the Brain". In: *Science*, 170, 1970, pp. 940-4; Gazzaniga, M.S. e LeDoux, J.L. In: *The Integrated Mind*, Nova York, NY, Plenum Press, 1978.

[25] Deutsch, G., Papanicolaou, A.C., Eisenberg, H.M., Loring, D.W. e Levin, H.S. "CBF Gradient Changes Elicited by Visual Stimulation and Visual Memory tasks". In: *Neuropsychologia*, 24, 1986, pp. 283-7.

[26] Shallice, T. e Vallar, G. "The Impairment of Auditory-Verbal Short-Term Storage". In: *Neuropsychological Impairments of Short-Term Memory*. ed. G. Vallar e T. Shallice, Cambridge, Cambridge University Press, 1990.

[27] DeRenzi, E. e Nichelli, P. "Verbal and Non-Verbal Short-Term Memory Impairment Following Hemispheric Damage". In: *Cortex*, 11, 1975, pp. 341-54.

[28] Marsolek, C.J., Kosslyn, S.M. e Squire, L.R. "Form-Specific Visual Priming in the Right Cerebral Hemisphere". In: *Journal of Experimental Psychology: Learning, Memory and Cognition*, 18, 1992, pp. 492-508.

[29] Idem, ibidem.

[30] Paller, K.A. "Recall and StemCompletion Priming Have Different Electrophysiological Correlates and Are Modified Differentially by Directed Forgetting". In: *Journal of Experimental Psychology: Learning, Memory and Cognition*, 16, 1990, pp. 1021-32; Paller, K.A. e Kutas, M. "Brain Potentials During Memory Retrieval: Neurophysiological Support for the Distinction Between Conscious Recollection and Priming". In: *Journal of Cognitive Neuroscience*, 1993.

[31] Squire, L.R. "Declarative and Nondeclarative Memory: Multiple Brain Systems Supporting Learning and Memory". In: *Journal of Cognitive Neuroscience*, 4, 1992, pp. 232-43.

[32] Kinoshita, J. "Mapping the Mind". In: *New York Times Magazine*, outubro, 18, 1992, pp. 44-54.

[33] Mishkin, M. "A Memory System in the Monkey". In: *Philosophical Transactions Review Society of London*. In: *Series Biological*, 298, 1982, pp. 85-92; Squire, L.R. *Memory and Brain*. Nova York, NY, Oxford University Press, 1987.

[34] Desimone, R. "The Physiology of Memory: Recordings of Things Past". In: *Science*, 258, 1992, pp. 245-6.

[35] Mishkin, M. Op. cit.

[36] Colombo, M., D'Amato, M.R., Rodman, H.R. e Gross, C.G. "Auditory Association Cortex Lesions Impair Auditory Short-Term Memory in Monkeys". In: *Science*, 247, 1990, p. 336.

[37] Goldenberg, G., Podreka, I., Steiner, M. e Wilmes, K. "Regional Cerebral Blood Flow Patterns in Imagery Tasks — Results of Single Photon Emission Computed Tomography". In: *Cognitive and Neuropsychological Approaches to Mental Imagery*. ed. D.M. Engelkamp e J.T.E. Richardson, Dordrecht, Martinus Nijhoff, 1988.

[38] Damasio, A.R. "Category-Related Recognition Defects as a Clue to the Neural Substrates of Knowledge". In: *Trends in Neuroscience*, 13, 1990, pp. 95-8.

[39] Kinoshita, "Mapping the Mind."

[40] Milner, B. "Laterality Effects in Audition". In: *Interhemispheric Relations and Cerebral Dominance*. ed. V. Mountcastle, Baltimore, Johns Hopkins University Press, 1962.

[41] Bogen, J.E. e Gordon, H.W. "Musical Tests of Functional Lateralization with Intracarotid Amobarbital". In: *Nature*, 230, 1971, pp. 524-5.

[42] Gordon H.W. e Bogen, J.E. "Hemispheric Lateralization of Singing After Intracarotid Sodium Amobarbitone". In: *Journal of Neurology, Neurosurgery and Psychiatry*, 37, 1974, pp. 727-38.

[43] Zatorre, R.J. "Musical Perception and Cerebral Function: A Critical Review". In: *Music Perception*, 2, 1984, pp. 196-221.

[44] Alajouanine, T. "Aphasia and Artistic Realization". In: *Brain*, 71, 1948, pp. 229-241.

[45] Gates, A. e Bradshaw, J. "The Role of the Cerebral Hemispheres in Music". In: *Brain and Language*, 4, 1977, pp. 403-31.

[46] Bever, T. e Chiarello, R. "Cerebral Dominance in Musicians and Nonmusicians". In: *Science*, 185, 1974, pp. 137-9.

[47] Zatorre, R.J. "Recognition of Dichotic Melodies by Musicians and Nonmusicians". In: *Neuropsychologia*, 17, 1979, pp. 607-17.

[48] Sergent, J., Zuck, E., Terriah, S. e MacDonald, B. "Distributed Neural Network Underlying Musical Sight-Reading and Keyboard Performance". In: *Science*, 257, 1992, pp. 106-9.

[49] Idem, ibidem.

[50] James, W. *The Principles of Psychology*. New York, Holt, 1890.

[51] Eckman, P., Levenson, R.W. e Friesen, W.V. "Autonomic Nervous System Activity Distinguishes Emotions". In: *Science*, 221, 1983, pp. 1208-10.

[52] Heilman, K.M. e Watson, R.T. "Arousal and Emotions". In: *Handbook of Neuropsychology*, Vol. 3, ed. F. Boller e J. Grafman, Amsterdã, Elsevier, 1989.

[53] Hohmann, G. "Some Effects of Spinal Cord Lesions on Experimental Emotional Feelings". In: *Psychophysiology*, 3, 1966, pp.143-56.

[54] Schachter, S. "The Interaction of Cognitive and Physiological Determinants of Emotional State". In: *Advances in Experimental Social Psychology*, Vol. 1, ed. L. Berkowitz. Nova York, Academic Press, 1970.

[55] Idem, ibidem.

[56] Papanicolaou, A.C. *Emotion: A Reconsideration of the Somatic Theory*. Nova York, Gordon and Breach, 1989.

[57] Cannon, W.B. "The James-Lange Theory of Emotion: A Critical Examination and an Alternative Theory". In: *American Journal of Psychology*, 39, 1927, pp. 106-24.

[58] Bard, P. "Emotion. I: The NeuroHumoral Basis of Emotional Reactions". In: *Handbook of General Experimental Psychology*, ed. C. Murchison. Worcester, Mass., Clark University Press, 1934.

[59] Papez, J.W. "A Proposed Mechanism of Emotion". In: *Archives of Neurology and Psychiatry*, 38, 1937, pp. 725-43.

[60] Gainotti, G. "Reactions 'Catastrophiques' et Manifestations d'Indifference au Cours des Atteintes Cerebrales". In: *Neuropsychologia*, 7, 1969, pp. 195-204.

[61] Rossi, G.F. e Rosadini, G. "Experimental Analysis of Cerebral Dominance in Man". In: *Brain Mechanisms Underlying Speech and Language*, ed. C.H. Milikan e F.L. Danley. Nova York, Grune & Stratton, 1967; Terzian, H. "Behavioral and EEG Effects of Intracarotid Sodium Amytal Injection". In: *Acta Neurochirurgia (Wein)*, 12, 1964, pp. 230-239.

[62] Idem, ibidem.

[63] Idem, ibidem.

[64] Milner, B. "Comments of Rossi and Rosadini". In: *Brain Mechanisms Underlying Speech and Language*, ed. Milikan e Danley; Tsunoda, T. e Oka, M. "Lateralization for Emotion in the Human Brain and Auditory Cerebral Dominance". In: *Proceedings of the Japanese Academy*, 52, 1976, pp. 528-31.

[65] Sackheim, H.A., Greenberg, M.S., Weiman, A.L., Gur, R.C., Hungerbuhler, J.P. e Geschwind, N. "Hemispheric Asymmetry in the Expression of Positive and Negative Emotions: Neurological Evidence". In: *Archives of Neurology*, 39, 1982, pp. 210-8.

[66] Heilman, K.M., Scholes, R. e Watson, T. "Auditory Affective Agnosia: Disturbed Comprehension of Affective Speech". In: *Journal of Neurology, Neurosurgery and Psychiatry*, 38, 1975, pp. 69-72.

[67] Tucker, D.M., Watson, R.T. e Heilman, K.M. "Affective Discrimination and Evocation in Patients with Right Parietal Disease". In: *Neurology*, 27, 1977, pp. 947-50.

[68] Borod, J.C., Andelman, F.L., Obler, K., Tweedy, J.R. e Welkowitz, J. "Right Hemisphere Specialization for the Appreciation of Emotional Words and Sentences: Evidence from Stroke Patients". In: *Neuropsychologia*, 30, 1992, pp. 827-44.

[69] Van Lancker, D. e Sidtis, J.J. "Identification of Affective-Prosodic Stimuli by Left and Right Hemisphere Damaged Subjects: All Errors Are Not Created Equal". In: *Journal of Speech and Hearing Research*, 35, 1992, pp. 963-70.

[70] Borod, J.C. "Interhemispheric and Intrahemispheric Control of Emotion: A Focus on Unilateral Brain Damage". In: *Journal of Consulting and Clinical Psychology*, 60, 1992, pp. 339-48.

[71] Sackheim, H.A., Gur, R.C. e Saucy, M. "Emotions Are Expressed More Intensely on the Left Side of the Face", In: *Science*, 202, 1978, pp. 434-6.

[72] Borod, J.C. e Caron, H.S. "Facedness and Emotion Related to Lateral Dominance, Sex, and Expression Type". In: *Neuropsychologia*, 18, 1980, pp. 237-42.

[73] Borod, J., Koff, E. e White, B. "Facial Asymmetry in Posed and Spontaneous Expressions of Emotion". In: *Brain and Cognition*, 2, 1983, pp. 165-75.

[74] Schiff, B.B. e MacDonald, B. "Facial Asymmetries in the Spontaneous Response to Positive and Negative Emotional Arousal". In: *Neuropsychologia*, 28, 1990, pp. 777-85.

[75] King, F.L. e Kimura, D. "Left Ear Superiority in Dichotic Perception of Vocal Nonverbal Sounds". In: *Canadian Journal of Psychology*, 26, 1972, pp. 111-6; Haggard, M.P. e Parkinson, A.M. "Stimulus and Task Factors as Determinants of Ear Advantages". In: *Quarterly Journal of Experimental Psychology*, 23, 1971, pp. 168-77.

[76] Ley, R.G. e Bryden, M.P. "Hemispheric Differences in Recognizing Faces and Emotions". In: *Brain and Language*, 7, 1979, pp. 127-38.

[77] Borod, J.C. "Interhemispheric and Intrahemispheric Control of Emotion: A Focus on Unilateral Brain Damage". In: *Journal of Consulting and Clinical Psychology*, 60, 1992, pp. 339-48.

[78] Gardner, H., Brownell, H.H., Wapner, W. e Michelow, D. "Missing the Point: The Role of the Right Hemisphere in the Processing of Complex Linguistic Materiais". In: *Cognitive Processing in the Right Hemisphere*, ed. E. Perecman, Nova York, NY, Academic Press, 1983.

[79] Borod, J.C. "Interhemispheric and Intrahemispheric Control of Emotion: A Focus on Unilateral Brain Damage". In: *Journal of Consulting and Clinical Psychology*, 60, 1992, pp. 339-48.

[80] Yokoyama, K., Jennings, R., Ackles, P., Hood, B.S. e Boller, F. "Lack of Heart Rate Changes During an Attention-Demanding Task after Right Hemisphere Lesions". *Neurology*, 37, 1987, pp. 624-630; Zoccolotti, P., Scabini, D. e Violani, C. "Electrodermal Responses in Patients with Unilateral Brain Damage". In: *Journal of Clinical Neuropsychology*, 4, 1982, pp. 143-50.

[81] Heilman, K.M. e Watson, R.T. "Arousal and Emotions". In: *Handbook of Neuropsychology*, Vol. 3, ed. F. Boller e J. Grafman, Amsterdã: Elsevier, 1989.

[82] Heilman, K.M., Schwartz, H.D. e Watson, R.T. "Hypoarousal in Patients with the Neglect Syndrome and Emotional Indifference". In: *Neurology*, 28, 1978, pp. 229-32.

Capítulo 8   Sexo e Assimetria

[1] Coitheart, M., Hull, E. e Slater, D. "Sex Differences in Imagery and Reading". In: *Nature*, 253, 1975, pp. 438-40.

[2] Halpern, D.F. *Sex Differences in Cognitive Abilities*. Nova York, NY, Erlbaum, 1992.

[3] Lansdell, H. "A Sex Difference in Effect of Temporal Lobe Neurosurgery on Design Preference". In: *Nature*, 194, 1962, pp. 852-4.

[4] McGlone, J. "Sex Differences in Functional Brain Asymmetry". In: *Cortex*, 14, 1978, pp. 122-8.

[5] Inglis, J. e Lawson, J.S. "Sex Differences in the Effects of Unilateral Brain Damage on Intelligence". In: *Science*, 212, 1981, pp. 693-5.

[6] Wada, J.A., Clark, R. e Hamm, A. "Cerebral Hemisphere Asymmetry in Humans". In: *Archives of Neurology*, 32, 1975, pp. 239-46.

[7] Diamond, M. "Age Sex, and Environmental Influences on Anatomical Asymmetry in Rat Forebrain". In: *Cerebral Dominance: The Biological Foundations*. ed. N. Geschwind e A.M. Galaburda, Cambridge, Mass., Harvard University Press, 1984.

[8] Berreb, A.S., Fitch, R.H., Ralphe, D.L. e Denenberg, J.O. "Corpus Callosum: Region Specific Effects of Sex, Early Experience, and Age". In: *Brain Research*, 438, 1988, pp. 216-24.

[9] Alien, L., Richey, M., Chai, Y. e Gorski, R. "Sex Differences in the Corpus Callosum of the Living Human Being". In: *Journal of Neuroscience*, 11, 1991, pp. 933-42.

[10] Linn, M.C. e Petersen, A.C. "Emergence and Characterization of Sex Differences in Spatial Ability: A MetaAnalysis". In: *Child Development*, 56, 1985, pp. 1479-98.

[11] Deutsch, G. e Halsey, jr., J.H. "Cortical Blood Flow Indicares Frontal Asymmetries Dominate in Males but not in Females During Task Performance". In: *Journal of Cerebral Blood Flow and Metabolism*, 11, 1991, S787.

[12] Podell, K., Goldberg, E., Harner, R. e Riggio, S. "Lateralization of Frontal Lobe Functions in Human Males". In: *Society for Neuroscience Abstracts*, 17, 1991, pp. 340-3.

[13] Goldberg, E. e Podell, K. "Sex Differences in the Lateralization of Frontal Lobe Functions". In: *Society for Neuroscience Abstracts*, 19, 1993.

[14] Lake, D.A. e Bryden, M.P. "Handedness and Sex Differences in Hemispheric Asymmetry". In: *Brain and Language*, 3, 1976, pp. 266-82.

[15] Piazza, D.M. "The Influence of Sex and Handedness in the Hemispheric Specialization of Verbal and Nonverbal Tasks". In: *Neuropsychologia*, 18, 1980, pp. 163-76.

[16] Bryden, M.P. *Laterality: Functional Asymmetry in the Intact Brain*. Nova York, NY, Academic Press, 1982.

[17] Witelson, S.F. "Sex and the Single Hemisphere: Specialization of the Right Hemisphere for Spatial Processing". In: *Science*, 193, 1976, pp. 425-7.

[18] Waber, D.P. "The Search for Biological Correlates of Behavioral Sex Differences in Humans". In: *Human Sexual Dimorphism*. ed. J. Ghesquiere, R.D. Martin e F. Newcombe, Londres, Taylor and Francis, 1985.

[19] Levy, J. "Lateral Differences in the Human Brain in Cognition and Behavioral Control". In: *Cerebral Correlates of Conscious Experience*. ed. P. Buser e A. Rougeul-Buser, Nova York, NY, Holland Publishing Co., 1978.

[20] Becker, J.B., Breedlove, S.M. e Crews, D. *Behavioral Endocrinology*. Cambridge, Mass., MIT Press, 1992.

[21] Reinisch, J.M. e Sanders, S.A. "Effects of Prenatal Exposure to Diethylstilbestrol (DES) on Hemispheric Laterality and Spatial Ability in Human Males". In: *Hormones and Behavior*, 26, 1992, pp. 62-75.

[22] Resnick, S.M., Berenbaum, S.A., Gottesman, I.I. e Bouchard, T.J. "Early Hormonal Influences of Cognitive Functioning in Congenital Adrenal Hyperplasia". In: *Developmental Psychology*, 22, 1986, pp. 191-8.

[23] Schute, V. citado em Kimura, D. "Sex Differences in the Brain". In: *Scientific American*, 1992, pp. 118-22.

[24] Hamson, E. "Variations in Sex-Related Cognitive Abilities Across the Menstrual Cycle". In: *Brain and Cognition*, 14, 1990, pp. 26-43.

[25] Kimura, D. citado em Kimura, D. "Sex Differences in the Brain". In: *Scientific American*, 1992, pp. 118-22.

[26] Benbow, C.P. "Mathematical Ability: Is Sex a Factor?" In: *Science*, 212 1981, pp. 118-9.

[27] Idem. "Sex Differences in Mathematical Reasoning Ability in Intellectually Talented Preadolescents: Their Nature, Effects, and Possible Causes". In: *Behavioral and Brain Sciences*, 11, 1988, pp. 169-232.

[28] Idem.

Capítulo 9 Filogenia e Ontogenia: a Evolução e o Desenvolvimento da Assimetria
A Evolução e o Desenvolvimento da Assimetria

[1] Collins, R.L. "On the Inheritance of Handedness. I: Laterality in Inbred Mice". In: *Journal of Heredity*, 59, 1968, pp. 9-12; Warren, J.M., Abplanalp, J.M. e Warren, H.B. "The Development of Handedness in Cats and Rhesus Monkeys". In: *Early Behavior Comparative and Developmental Approaches*. ed. H.W. Stevenson, E.H. Hesse e H.L. Reingold, Nova York, NY, Wiley, 1967.

[2] Collins, R.L. "On the Inheritance of Handedness II: Selection for Sinistrality in Mice". In: *Journal of Heredity*, 60, 1969, pp. 117-9.

[3] MacNeilage, P.F., Studdert-Kennedy, M.G. e B. Lindblom, B. "Primate Handedness Reconsidered". In: *Behavioral and Brain Sciences*, 10, 1987, pp. 247-303.

[4] Idem. ibidem.

[5] Fagot, J. e Vauclair, J. "Manual Laterality in Non-Human Primarts: A Distinction Between Handedness and Manual Specialization". In: *Psychological Bulletin*, 109, 1991, pp. 76-89.

[6] Steenhuis, R. e Bryden, M.P. "Different Dimensions of Hand Preference That Relate to Skilled and Unskilled Activities". In: *Cortex*, 25, 1989, pp. 289-304.

[7] Hopkins, W.D., Washburn, D.A. e Rumbaugh, D.M "Note on Hand Use in the Manipulation of Joysticks by Rhesus Monkeys and Chimpanzees". In: *Journal of Comparative Psychology*, 104, 1989, pp. 91-4.

[8] Ettlinger, G. e Gautrin, D. "Visual Discrimination Performance in the Monkey: The Effect of Unilateral Removal of Temporal Cortex". In: *Cortex*, 7, 1971, pp. 315-33 I; Warren, J.M. e Nonneman, A.J. "The Search for Cerebral Dominance in Monkeys". In: *Origins and Evolution of Language and Speech*. ed. S. Harnad, H. Steklis e J. Lancaster, Nova York, NY, New York Academy of Sciences, 1976.

[9] Dewson, J.H., Cowey, A. e Weiskrantz, L. "Disruptions of Auditory Sequence Discrimination by Unilateral and Bilateral Cortical Ablations of Superior Temporal Gyrus in the Monkey". In: *Experimental Neurology*, 28, 1970, pp. 529-48.

[10] Heffner, H.E. e Heffner, R.S. "Temporal Lobe Lesions and Perception of Species-Specific Vocalizations by Macaques". In: *Science*, 226, 1984, pp. 75-6.

[11] Ebner, F.F. e Myers, R.E. "The Corpus Callosum and Interhemispheric Transmission of Tactual Learning". In: *Journal of Neurophysiology*, 25, 1962, pp. 380-91.

[12] Stamm, J.M. e Sperry, R.W. "Function of Corpus Callosum in Contralateral Transfer of Somesthetic Discrimination in Cats". In: *Journal of Comparative and Physiological Psychology*, 50, 1957, pp. 138-43; Gulliksen, H. e Voneida, T. "An Attempt to Obtain Replicate Learning Curves in the Split Brain Cat". In: *Physiological Psychology*, 3, 1975, pp. 77-85; Robinson, S. e Voneida, T.J. "Hemisphere Differences in Cognitive Capacity in the Split Brain Cat". In: *Experimental Neurology* 38, 1973, pp.123-34.

[13] Hamilton, C.R. "Hemispheric Specialization in Monkeys". In: *Brain Circuits and Functions of the Mind*. ed. C.B. Trevarthen, Cambridge, Cambridge University Press, 1990; Hamilton, C.R. "Functional Lateralization in Monkeys". In: *Recent Advances in Laterality*. ed. F. Kitterle, Hillsdale, Erlbaum, 1991.

[14] Hamilton, C.R. "Functional Lateralization in Monkeys."

[15] Yeni-Komshian, G.H. e Benson, D. "Anatomical Study of Cerebral Asymmetry in the Temporal Lobe of Humans, Chimpanzees, and Rhesus Monkeys". In: *Science*, 192, 1976, pp. 387-9.

[16] Lemay, M. e Geschwind, N. "Hemispheric Differences in the Brains of Great Apes". In: *Brain, Behavior and Evolution*, 11, 1975, pp. 48-52.

[17] Groves, C.P. e Humphrey, N.K. "Asymmetry in Gorilla Skulls: Evidence of Lateralized Brain Function?" In: *Nature*, 244, 1973, pp. 53-4.

[18] Diamond, M. "Age, Sex, and Environmental Influences on Anatomical Asymmetry in Rat Forebrain". In: *Cerebral Dominance: The Biological Foundations*. ed. N. Geschwind e A.M. Galaburda, Cambridge, Mass., Harvard Universiry Press, 1984.

[19] Glick, S.D., Carlson, J.N., Drew, K.L. e Shapiro, R.M. "Functional and Neurochemical Asymmetry in the Corpus Striatum". In: *Duality and Unity of the Brain*. ed. D. Ottoson, Nova York, NY, Plenum Press, 1987.

[20] Mach. E. (1885), citado em Glick, S.D. e Ross, D. "Lateralization of Function in the Rat Brain. Basic Mechanism May Be Operative in Humans". In: *Trends in the Neurosciences*, 12, 1981, pp. 196-9.

[21] Petersen, M.R., Beecher, M.D., Zoloth, S.R., Moody, D.B. e Stebbins, W.C. "Neural Lateralization of Species-Specific Vocalizations by Japanese Macaques". In: *Science*, 202, 1978, pp. 324-6.

[22] Hopkins, W.D., Morris, K.D., Savage-Rumbaugh, S. e Rumbaugh, D. "Hemispheric Priming by Meaningful and Nonmeaningful Symbols in Language Trained Chimpanzees: Further Evidence of a Left Hemisphere Advantage". In: *Behavioral Neuroscience*, 106, 1992, pp. 575-82.

[23] Idem, ibidem.

[24] Nottebohm, F. "Brain Pathways for Vocal Learning in Birds: A Review of the First Ten Years". In: *Progress in Psychobiology and Physiological Psychology*, 9, 1980, pp. 86-124;

Nottebohm, F. "Learning, Forgetting, and Brain Repair". In: *Cerebral Dominance: The Biological Foundations,* Geschwind e Galaburda.

[25] McCasland, J.S. "Neuronal Control of Bird Song Production". In: *Journal of Neuroscience,* 7, 1987, pp. 23-39.

[26] Cynx, J., Williams, H. e Nottebohm, F. "Hemispheric Differences in Avian Song Discrimination". In: *Proceedings of the National Academy of Sciences,* USA, 89, 1992, pp. 1372-5.

[27] Geschwind, N. "Implications for Evolution, Genetics and Clinical Syndromes". In: *Cerebral Lateralization in Nonhuman Species.* ed. S. Glick, Orlando, Academic Press, 1985.

[28] Idem. ibidem.

[29] Lenneberg, E.H. *Biological Foundations of Language.* Nova York, NY, Wiley, 1967.

[30] Basser, L.S. "Hemiplegia of Early Onset and the Faculty of Speech with Special Reference to the Effects of Hemispherectomy". In: *Brain,* 85, 1962, pp. 427-60.

[31] Krashen, S. "Lateralization, Language Learning, and the Critical Period: Some New Evidence". In: *Language Learning,* 23, 1973, pp. 63-74.

[32] Kinsbourne, M. "The Ontogeny of Cerebral Dominance". In: *Developmental Psycholinguistics and Communication Disorders.* ed. D. Aaronson e R.W. Reiber, Nova York, NY, New York Academy of Sciences, 1975.

[33] Woods, B.T. e Teuber, H.L. "Changing Patterns of Childhood Aphasia". In: *Annals of Neurology,* 3, 1978, pp. 273-80.

[34] Smith, A. "Speech and Other Functions After Left (Dominant) Hemispherectomy". In: *Journal of Neurology, Neurosurgery and Psychiatry,* 29, 1966, pp. 467-71; Smith, A. e Burkland, C.W. "Dominant Hemispherectomy". In: *Science,* 153, 1966, pp. 1280-2.

[35] Dennis, M. e Whitaker, H. "Language Acquisition Following Hemidecortication: Linguistic Superiority of the Left Over the Right Hemisphere". In: *Brain and Language,* 3, 1976, pp. 404-33.

[36] Bishop, D.V.M. "Linguistic Impairment After Left Hemidecortication for Infantile Hemiplegia? A Reappraisal". In: *Quarterly Journal of Experimental Psychology,* 35, 1983, pp. 199-207.

[37] Chi, J., Dooling, E. e Giles, F. "Left-Right Asymmetries of the Temporal Speech Areas of the Human Fetus". In: *Archives of Neurology,* 34, 1972, pp. 346-8.

[38] Wada, J.A., Clark, R. e Hamm, A. "Cerebral Hemispheric Asymmetry in Humans". In: *Archives of Neurology,* 32, 1975, pp. 239-46.

[39] Turkewitz, G. e Creighton, S. "Changes in Lateral Differentiation of Head Posture in the Human Neonate". In: *Developmental Psychology, 8,* 1974, pp. 85-9; Liederman, J. e Kinsbourne, M. "The Mechanism of Neonatal Rightward Turning Bias: A Sensory or Motor Asymmetry?" *Infant Behavior and Development,* 5, 1980, pp. 223-8.

[40] Viviani, J., Turkewitz, G. e Karp, E. "A Relationship Between Laterality of Functioning at 2 Days and at 7 Years of Age". In: *Bulletin of the Psychonomic Society,* 12, 1978, pp. 189-92.

[41] Molfese, D.L., Freeman, jr., R.B. e Palermo, D.S. "The Ontogeny of Brain Lateralization for Speech and Nonspeech Stimuli". In: *Brain and Language,* 2, 1975, pp. 356-68.

[42] Wada, J.A. e Davis, A. "Fundamental Nature of Human Infants' Brain Asymmetry". In: *Canadian Journal of Neurological Sciences,* 4, 1977, pp. 203-7.

[43] Nagafuchi, M. "Development of Dichotic and Monaural Hearing Abilities in Young Children". In: *Acta Otolaryngologica,* 69, 1970, pp. 409-14.

[44] Entus, A.K. "Hemispheric Asymmetry in Processing of Dichotically Presented Speech and Nonspeech Stimuli by Infants". In: *Language Development and Neurological Theory.* ed. S.J. Segalowitz e F. Gruber, Nova York, NY, Academic Press, 1977.

[45] Vargha-Khadem, F. e Corballis, M.C. "Cerebral Asymmetry in Infants." In: *Brain and Language,* 8, 1979, pp. 1-9.

[46] Berlin, C., Hughes, L., Lowe-Bell, S. e Berlin, H. "Right Ear Advantage in Children 5 to 13". In: *Cortex, 9*, 1973, pp. 394-402; Satz, P., Bakker, D.J., Tenunissen, J., Goebel, R. e Van der Vlugt, H. "Developmental Parameters of the Ear Asymmetry: A Multivariate Approach". In: *Brain and Language*, 2, 1975, pp. 171-85.

[47] Satz et al. "Developmental Parameters of the Ear Asymmetry."

[48] Idem.ibidem.

[49] MolfeSe et al. "The Ontogeny of Brain Lateralization."

[50] Wada et al. "Cerebral Hemispheric Asymmetry in Humans."

[51] Witelson, S. e Kigar, D.L. "Anatomical Development of the Corpus Callosum in Humans: A Review With Reference to Sex and Cognition". In: *Brain Lateralization in Children*. ed. D.L. Molfese e S.J. Segalowitz, Nova York, NY, Gilford, 1988).

[52] Chiarello, C. "A House Divided? Cognitive Functioning with Callosal Agenesis". In: *Brain and Language*, 11, 1980, pp. 128-58; Lassonde, M., Bryden, M.P. e Demers, P. "The Corpus Callosum and Cerebral Speech Lateralization". In: *Brain and Language*, 38, 1990, pp. 195-206.

[53] Sauerwein, H.C., Nolin, P, e Lassonde, M. "Cognitive Functioning in Callosal Agenesis". In: *Callosal Agenesis: The Natural Split Brain*. ed. M. Lassonde e M. Jeeves, Nova York, NY, Plenum Press, 1993.

[54] Temple, C e Ilsley, J. "Sounds and Shapes: Language and Spatial Cognition in Callosal Agenesis,". In: *Callosal Agenesis*. Lassonde e Jeeves.

[55] Idem, ibidem.

[56] Idem, ibidem.

[57] Morgan, M. "Embryology and Inheritance of Asymmetry". In: *Lateralization in the Nervous System*. ed. S. Harnad, R. Doty, L. Goldstein, J. Jaynes e G. Krauthamer, Nova York, NY, Academic Press, 1977.

[58] Corballis, M. e Morgan, M.J. "On the Biological Basis of Human Laterality: I. Evidence for a Maturational Left-Right Gradient". In: *Behavioral and Brain Sciences*, 2, 1978, pp. 261-336.

[59] Krashen, "Lateralization, Language Learning, and the Critical Period: Som New Evidence".

[60] Neville, H.J. "Whence the Specialization of the Language Hemisphere?" In: *Modularity and the Motor Theory of Speech Perception*, ed. I.G. Mattingly e M. Studdert-Kennedy, Hillsdale, NJ, Erlbaum, 1991.

[61] Poizner, H., Bellugi, U. e Klima, E. "Brain Function for Language: Perspectives from Another Modality". In: *Modularity and the Motor Theory of Speech Perception*. Mattingly and Studdert-Kennedy.

[62] Obler, L., Zattore, R., Galloway, L. e Vaid, J. "Cerebral Lateralization in Bilinguals: Methodological Issues". In: *Brain and Language*, 15, 1982, pp. 40-54.

[63] Paradis, M. "Language Lateralization in Bilinguais-Enough Already". In: *Brain and Language*, 39, 1990, pp. 576-86.

[64] Berquier, A. e Ashton, R. "Language Lateralization in Bilinguals: More Not Less Is Needed: A Reply to Paradis". In: *Brain and Language*, 43, 1992, pp. 528-33.

Capítulo 10   O Papel da Assimetria nas Inabilidades do Desenvolvimento e nas Doenças Psiquiátricas

[1] Orton, S.T. *Reading, Writing and Speech Problems in Children*. Nova York, NY, Norton, 1937.

[2] Rumsey, J.M. "Biology of Developmental Dyslexia". In: *Journal of the American Medical Association*, 268, 1992, pp. 912-5; Duane, D,D e Gray, D.B. ed. *The Reading Brain: The Biological Basis of Dyslexia*. Parkland, M.D., York Press, 1991.

[3] Rumsey, "Biology of Developmental Dyslexia".

[4] Bryden, M.P. "Does Laterality Make Any Difference? Thoughts on the Relation Between Cerebral Asymmetry and Reading". In: *Brain Lateralization in Children*. ed. D. Molfese e S. Segalowitz, Nova York, NY, Guilford Press, 1988.

[5] Idem, ibidem.

[6] Galaburda, A.M., Sherman, G.P., Rosen, G.D., Aboitiz, F. e Geschwind, N. "Developmental Dyslexia: Four Consecutive Patients with Cortical Anomalies". In: *Annals of Neurology*, 18, 1985, pp. 222-33.

[7] Humphreys, P., Kaufmann, W.E. e Galaburda, A. "Developmental Dyslexia in Women: Neuropathological Findings in Three Cases". In: *Annals of Neurology*, 28, 1990, pp. 727-38.

[8] Hynd, E.W., Semrud-Clikeman, M., Lorys, A.R., Novey, E.S. e Elipulos, D. "Brain Morphology in Developmental Dyslexia and Attention Deficit Disorder/Hyperactivity". In: *Archives of Neurology*, 47, 1990, pp. 919-26; Larsen, J.P.,Hoien, T., Lundberg, I. e Odegaard, H. "MRI Evaluation of the Size and Symmetry of the Planum Temporale in Adolescents with Developmental Dyslexia". In: *Brain and Language*, 39, 1990, pp. 289-301.

[9] Duara, R., Kusch, A., Gross-Glenn, K., Barker, W., Jullad, B. e Pascal, S. "Neuroanatomic Differences Between Dyslexic and Normal Readers on Magnetic Resonance Imaging Scans". In: *Archives of Neurology*, 48, 1991, pp. 410-6.

[10] Flowers, D.L., Wood, F.D. e Naylor, C. "Regional Cerebral Blood Flow Correlates of Language Processing in Reading Disability". In: *Archives of Neurology*, 48, 1991, pp. 637-43; Rumsey, J.M., Andreason, P., Zametkin, A., Aquino, T., King, A.C., Hamburger, S.D., Pikus, A., Rapoport, J.L. e Cohen, R.M., "Faliure to Activate Left Tempoparietal Cortex in Dyslexia: A 150 PET Study". In: *Archives of Neurology*, 49, 1992, pp. 527-34.

[11] Sheenan, J.G. *Stuttering: Research and Therapy*. Nova York, NY, Harper & Row, 1970.

[12] Curry, F.K. e Gregory, H.H. "The Performance of Stutterers on Dichotic Listening Tasks Thought to Reflect Cerebral Dominance". In: *Journal of Speech and Hearing Research*, 12, 1969, pp. 73-82.

[13] Quinn, P. "Stuttering, Cerebral Dominance, and the Dichotic Word Test". In: *Medical Journal of Australia*, 2, 1972, pp. 639-43; Slorach, N. e Noehr, B. "Dichotic Listening in Stuttering and Dyslalic Children." In: *Cortex*, 9, 1973, pp. 295-300.

[14] Jones, R.K. "Observations on Stammering After Localized Cerebral Injury". In: *Journal of Neurology, Neurosurgery and Psychiatry*, 29, 1966, pp. 192-5.

[15] Andrews, G., Quinn, P.T. e Sorby, W.A. "Stuttering: An Investigation into Verbal Dominance for Speech". In: *Journal of Neurology, Neurosurgery and Psychiatry*, 35, 1972, pp. 414-8.

[16] Sussman, H. e MacNeilage, P. "Studies of Hemispheric Specialization for Speech Production". In: *Brain and Language*, 2, 1975, pp. 131-51.

[17] Idem. "Hemispheric Specialization for Speech Production in Stutterers." In: *Neuropsycbologia*, 13, 1975, pp. 19-26.

[18] Wood, F., Stump, D., McKeehan, A., Sheldon, S. e Proctor, J. "Patterns of Regional Cerebral Blood Flow During Attempted Reading Aloud by Stutterers Both on and Off Haloperidol Medication". In: *Brain and Language*, 9, 1980, pp. 141-4.

[19] Pool, K.D., Devous, M.D., Freernan, E.J., Watson, B.C. e Finitzo, T. "Regional Cerebral Blood Flow in Developmental Stutterers". In: *Archives of Neurology*, 48, 1991, pp. 509-12.

[20] Rapin, I. "Autistic Children: Diagnosis and Clinical Features". In: *Pediatrics*, 87, Suplemento, 1991, pp. 751-61.

[21] Selfe, L. *Nadia: A Case of Extraordinary Drawing Ability in an Autistic Child*. Nova York, NY, Academic Press, 1977.

[22] Fein, D., Humes, M., Kaplan, E., Lucci, D. e Waterhouse, L. "The Question of Left Hemisphere Dysfunction in Infantile Autism". In: *Psychological Bulletin*, 95, 1984, pp. 258-81.

[23] Dawson, G. "Cerebral Lateralization in Autism: Clues to the Role in Language and Affective Development". In: *Brain Lateralization in Children*. Molfese e Segalowitz.

[24] Dawson, G., Warrenburg, S. e Fuller, P. "Cerebral Lateralization in Individuals Diagnosed as Autistic in Early Childhood". In: *Brain and Language*, 15, 1982, pp. 353-68.

[25] Dawson, G., Phillips, C. e Galpert, L. "Hemispheric Specialization and the Language Abilities of Autistic Children". In: *Child Development*, 57, 1986, pp. 1440-53.

[26] Aiken, K. "Examining the Evidence for a Common Structural Basis to Autism". In: *Developmental Medicine and Child Neurology*, 33, 1991, pp. 930-8.

[27] Courchesne, E. "Neuroanatomic Imaging in Autism". In: *Pediatrics*, 87, Suplemento 1991, pp. 781-90.

[28] Zdbovicius, M., Garreau, B., Tzourio, N., Mazoyer, B., Bruck, B., Martinot, J.-L., Raynaud, C., Samson, Y., Syrota, A. e Lelord, G. "Regional Cerebral Blood Flow in Childhood Autism". In: *American Journal of Psychiatry*, 149, 1992, pp. 924-30.

[29] Akshoomoff, N.A., Courchesne, E., Press, G.A. e Iragui, V. "Contribution of the Cerebellum to Neuropsychological Functioning: Evidence from a Case of Cerebellar Degenerative Disorder". In: *Neuropsychologia*, 30, 1992, pp. 315-28.

[30] Prior, M.R. e Bradshaw, J.L. "Hemispheric Functioning in Autistic Children". In: *Cortex*, 15, 1979, pp. 73-81.

[31] Flor Henry, P. "Schizophrenic-like Reactions and Affective Psychoses Associated with Temporal Lobe Epilepsy: Etiological Factors". In: *American Journal of Psychiatry*, 26,1969, pp. 400-3.

[32] Davison, K. e Bagley, L.R. "Schizophrenia-like Psychosis Associated with Organic Disorder of the Central Nervous System: A Review of the Literature". In: *British Journal of Psychiatry Special Publication*, 4, 1969, pp. 113-50.

[33] Galin, D. "Implications for Psychiatry of Left and Right Cerebral Specialization". In: *Archives of General Psychiatry*, 31, 1974, pp. 572-83.

[34] Gruzelier, J. e Hammond, N. "Schizophrenia — A Dominant Hemisphere Temporal Lobe Disorder?". In: *Research Communications in Psychology, Psychiatry and Behavior*, I, 1976, pp. 3372.

[35] Beaumont, G. e Dimond, S. "Brain Disconnection and Schizophrenia". In: *British Journal of Psychiatry*, 123, 1972, pp. 661-2.

[36] Coger, R.G. e Serefetinides, E.A. "Schizophrenia, Corpus Callosum and Interhemispheric Communication: A Review". In: *Psychiatry Research*, 34, 1990, pp. 163-84.

[37] Drevets, W.C., Videen, T.O., Price, J.L., Preskorn, S.H., Carmichael, S.T. e Raichle, M.E. "A Functional Anatomical Study of Unipolar Depression". In: *Journal of Neuroscience*, 12, 1992, pp. 3628-41.

[38] Gruzelier, J.H. "Hemispheric Imbalance Syndromes of Schizophrenia, Premorbid Personalities, and Neurodevelopmental Influences". In: *Handbook of Schizophrenia*, Vol. 5, 1991.

Capítulo 11 Hemisfericidade, Educação e Estados Alterados

[1] Aurobindo, S., citado em Bogen, J.E ."The Other Side of the Brain. VII: Some Educational Aspects of Hemispheric Specialization". In: *UCLA Educator*, 17, 1975, pp. 24-32.

[2] Ornstein, R. *The Psychology of Consciousness*. Nova York, NY, Harcourt Brace Jovanovich, 1977.

[3] A. Harrington, A. e Godehard, O. "Whole Brain Politics and Brain Laterality Research". In: *European Archives of Psychiatry and Neurological Sciences*, 239, 1989, pp. 141-3.

[4] Gardner, H. "What We Know (and Don't Know) about the Two Halves of the Brain". In: *Harvard Magazine, 80,* 1978, pp. 24-7.

[5] Paredes, J.A. e Hepburn, M.J. "The Split Brain and the Culture-and Cognition Paradox". In: *Current Anthropology,* 17, 1976, pp. 121-7.

[6] Bogen, J.E., DeZare, R., TenHouten, W.D. e Marsh, J.F. "The Other Side of the Brain. IV: The A/P Ratio". In: *Bulletin of the Los Angeles Neurological Societies,* 37, 1972, pp. 49-61.

[7] Zook, A. e Dwyer, J.H. "Cultural Differences in Hemisphericity: A Critique". In: *Bulletin of the Los Angeles Neurological Societies,* 41, 1976, pp. 8790.

[8] Ornstein, R. "The Split and Whole Brain". In: *Human Nature,* 1, 1978, pp. 76-83; Dabbs, J. "Left-Right Differences in Cerebral Blood Flow and Cognition". In: *Psychophysiology,* 17, 1980, pp. 548-51.

[9] McGee-Cooper, A. *You Don't Have to Go Home from Work Exhausted.* Nova York, NY, Bantam, 1992.

[10] Torrance, E.P. e Reynolds, C. *Norms-Technical Manual for Your Style of Learning and Thinking.* Atenas, Ga., Department of Educational Psychology, University of Georgia, 1980.

[11] Torrance, E.P., Reynolds, C.P., Riegel, T. e Ball, O. "Your Style of Learning and Thinking; Forms A and B: Preliminary Norms, Abbreviated Notes, Scoring Keys, and Selected References". In: *Gifted Child Quarterly,* 21, 1977, pp. 563-73.

[12] Herrmann, N. *The Creative Brain.* Lake Ltire, NC, Brain Books, 1991.

[13] Humphrey, M.E. e Zangwill, O.L. "Cessation of Dreaming After Brain Injury". In: *Journal of Neurology, Neurosurgery and Psychiatry,* 14, 1951, pp. 322-5.

[14] Greenwood, P., Wilson, D.H. e Gazzaniga, M.S. "Dream Report Following Commissurotomy". In: Cortex, 13, 1977, pp. 311-6.

[15] Hoppe, K.D. "Split Brains and Psychoanalysis". In: *The Psychoanalytic Quarterly,* 46, 1977, pp. 220-4.

[16] Bakan, P. "Hypnotizability, Laterality of Eye Movements, and Functional Brain Asymmetry". In: *Perceptual and Motor Skills,* 28, 1969, pp. 927-32.

[17] MacLeod C. e Lack, L. "Hemispheric Specificity: A Physiological Concomitant of Hypnotizability". In: *Psychophysiology,* 19, 1982, pp. 687-99.

[18] Bakan, P. "Handedness and Hypnotizability". In: *International Journal of Clinical and Experimental Hypnosis, 18,* 1970, pp. 99-104.

[19] Frumkin, L., Ripley, H. e Cox, D. "Changes in Cerebral Hemisphere Lateralization with Hypnosis". In: *Biological Psychiatry,* 13, 1978, pp. 741-50.

[20] Bogen, J.E. "The Other Side of the Brain. VII: Some Educational Aspects of Hemispheric Specialization". In: *UCLA Educator,* 17, 1975, pp. 24-32.

[21] Prince, G. "Putting the Other Half of the Brain to Work". In: *Training. The Magazine of Human Resources Development,* 15, 1978, pp. 57-61.

[22] Sonnier, I. (ed.) *Methods and Techniques of Holistic Education.* Springfield, Ill., Charles C. Thomas, 1985; Sonnier, I. (ed.) *Hemisphericity as a Key to Understanding Individual Differences.* Springfield, Ill. Charles C. Thomas, 1992; Harris, L.J. "Right Brain Training: Some Reflections on the Application of Research on Cerebral Hemispheric Specialization to Education". In: *Brain Lateralization in Children.* ed. D.L. Molfese e S.J. Segalowitz, Nova York, NY, Guilford Press, 1988.

[23] Edwards, B. *Drawing on the Right Side of the Brain.* Los Angeles, J.P. Tarcher, 1989.

[24] Warrington, E.K. "Constructional Apraxia". In: *Handbook of Clinical Neurology,* Vol. 4, ed. P.J. Vinken e G.W. Bruyn, Amsterdã, Elsevier, North Holland, 1986.

[25] Harris, "Right Brain Training".

²⁶ Delacato, C.H. *The Treatment and Prevention of Reading Problems (The Neuropsychological Approach)*. Springfield, Ill., Charles C. Thomas, 1959.

²⁷ Cohen, H.J., Birch, H.G. e Taft, L.T. "Some Considerations for Evaluating the Doman-Delacato 'Patterning' Method". In: *Pediatrics*, 45, 1970, pp. 302-14.

²⁸ American Academy of Pediatrics. "The Doman-Delacato Treatment of Neurologically Handicapped Children". In: *Journal of Pediatrics*, 72, 1968, pp. 750.

²⁹ Cohen et al., "Some Considerations for Evaluating the Doman-Delacato 'Patterning' Method."

³⁰ Sagan, C.*The Dragons of Eden*. Nova York, NY, Random House, 1977.

³¹ Idem, ibidem.

³² Idem, ibidem.

³³ Idem, ibidem.

Capítulo 12 Hipóteses e Especulações Finais

¹ Kimura, D. e Archibald, Y. "Motor Functions of the Left Hemisphere". In: *Brain*, 97, 1974, pp. 337-50.

² Idem, ibidem.

³ Studdert-Kennedy, M. e Shankweiler, D. "Hemispheric Specialization for Speech Perception". In: *Journal of the Acoustical Society of America*, 48, 1970, pp. 579-94.

⁴ Schwartz, J. e Tallal, P. "Rate of Acoustic Change May Underlie Hemispheric Specialization for Speech Perception". In: *Science,* 207, 1980, pp. 1380-1.

⁵ Liberman, A.M., Cooper, E.S., Shankweiler, D. e Studdert-Kennedy, M. "Perceptions of the Speech Code". In: *Psychological Review,* 74, 1967, pp. 431-61.

⁶ Deutsch, G. e Halsey, jr., J.H. "Cortical Blood Flow Indicates Active Motor Component During Speech Sound Discrimination Task". In: *Journal of Clinical and Experimental Neuropsychology,* 12, 1990, p. 416.

⁷ Zatorre, R.J., Evans, A.C., Meyer, E. e Gjedde, A. "Lateralization of Phonetic and Pitch Discrimination in Speech Processing". In: *Science*, 256, 1992, pp. 846-9.

⁸ Corina, D.P., Vaid, J. e Bellugi, U. "The Linguistic Basis of Left Hemisphere Specialization". In: *Science*, 255, 1992, pp. 1258-60.

⁹ Goldberg, E. e Costa, L.D. "Hemispheric Differences in the Acquisition and Use of Descriptive Systems". In: *Brain and Language*, 14, 1981, pp. 144-173.

¹⁰ Goldberg, E., Vaughan, jr., H.G. e Gerstman, L.J. "Nonverbal Descriptive Systems and Hemispheric Asymmetry: Shape versus Texture Discrimination". In: *Brain and Language*, 5, 1978, pp. 249-57.

¹¹ Idem, ibidem.

¹² Connoly, C.J. *External Morphology of the Primare Brain*. Springfield, Ill., Charles C. Thomas, 1950; LeMay, M. e Culebras, A. "Human Brain Morphologic Differences in the Hemispheres Demonstrable by Carotid Arteriography". In: *New England Journal of Medicine*, 287, 1972, pp. 168-70; Galaburda, A.M., LeMay, M., Kemper, T.L. e Geschwind, N. "Right-Left Asymmetries in the Brain". In: *Science,* 199, 1978, pp.852-6.

¹³ LeMay, M. "Morphological Cerebral Asymmetries of Modern Man, Fossil Man, and Nonhuman Primare". In: *Origins and Evolution of Language and Speech.* ed. S.R. Harnad, H.D. Steklis e J. Lancaster, *Annals of the New York. Academy of Sciences*, 280, 1976, pp. 349-66; Wada, J.A., Clarke, R. e Hamm, A. "Cerebral Hemispheric Asymmetry in Humans". In: *Archives of Neurology*, 32, 1975, pp. 239-46.

¹⁴ Whitaker, H.A. e Ojemann, G.A. "Lateralization of the Higher Cortical Functions: A Critique". In: *Evolution and Lateralization of the Brain.* ed. S.J. Dimond e D.A. Blizard, *Annals of the New York Academy of Sciences*, 299, 1977, pp. 459-73.

[15] Gur, R.C., Packer, L.K., Hungerbuhler, J.P., Reivich, M., Obrist, W.D., Amarnek, W.S. e Sackheim, H.A."Differences in the Distribution of Gray and White Matter in Human Cerebral Hemispheres". In: *Science*, 207, 1980, pp. 1226-8.

[16] Semmes, J."Hemispheric Specialization: A Possible Clue to Mechanism". In: *Neuropsychologia*, 6, 1968, pp. 11-26.

[17] Levy, J. "Interhemispheric Collaboration: Single Mindedness in the Asymmetrical Brain". In: *Hemispheric Function and Collaboration in the Child*, ed. C.T. Best, Nova York, NY, Academic Press, 1985.

[18] Cook, N.D."The Transmission of Information in Natural Systems". In: *Journal of Theoretical Biology*, 108, 1984, pp. 349-67; Idem. "Callosal Inhibition: The Key to the Brain Code". In: *Behavioral Science*, 29, 1984, pp. 98-110.

[19] Idem, ibidem.

[20] Woodward, S.H. "An Anatomical Model of Hemispheric Asymmetry". In: *Journal of Clinical and Experimental Neuropsychology*, 10, 1988, p. 68.

[21] Hinton, G., McClelland, J.L. e Rumelhart, D.E. "Distributed Representations". In: *Parallel Distributed Processing. Explorations in the Microstructure of Cognition*, Vol. 1, ed. D.E. Rumelhart, J.L. McClelland, and the PDP Research Group, Cambridge, Mass., MIT Press, 1986.

[22] Woodward, "An Anatomical Model of Hemispheric Asymmetry".

[23] Sperry, R.W. "Brain Bisection and Consciousness". In: *Brain and Conscious Experience*, ed. J. Eccles, Nova York, NY, Springer-Verlag, 1966.

[24] Eccles, J. *The Brain and Unity of Conscious Experience: The 19th Arthur Stanley Eddington Memorial Lecture*. Cambridge, Cambridge University Press, 1965.

[25] LeDoux, J.E., Wilson, D.H. e Gazzaniga, M.S. "A Divided Mind: Observation on the Conscious Properties of the Separated Hemispheres". In: *Annals of Neurology*, 2, 1977, pp. 417-21.

[26] Idem, ibidem.

[27] Jaynes, J. citado em S. Keen, "Reflections on the Dawn of Conciousness". In: *Psychology Today*, 11, 1977, p. 58.

[28] Idem, ibidem.

[29] Hadamard, J. *The Psychology of Invention in the Mathematical Field*. Princeton University Press, 1945; Penrose, R. *The Emperors New Mind*. Nova York, NY, Oxford University Press, 1989.

[30] Hadamard, *The Psychology of Invention in the Mathematical Field*.

[31] Penrose, *The Emperors New Mind*.

[32] Hadamard, *The Psychology of Invention in the Mathematical Field*.

[33] Idem, ibidem.

[34] Loewi, O. *Perspectives in Biology and Medicine*, 4, Chicago, University of Chicago Press, 1960.

[35] Koestler, A. *The Act of Creation*. Nova York, NY, Dell, 1964.

[36] Idem, ibidem.

[37] Galin, D. "Implications for Psychiatry of Left and Right Cerebral Specialization". In: *Archives of General Psychiatry*, 31, 1974, pp. 572-83.

[38] Idem, ibidem.

[39] Idem, ibidem.

[40] LeDoux et al., "A Divided Mind".

[41] Puccetti, R."The Case for Mental Duality: Evidence from Split Brain Data and Other Considerations". In: *The Behavioral and Brain Sciences*, 4, 1981, pp. 93-123.

[42] Idem, ibidem.

[43] Idem, ibidem.

[44] Sperry, R.W., Zaidel, E. e Zaidel, D. "Self Recognition and Social Awareness in the Disconnected Minor Hemisphere". In: *Neuropsychologia*, 17, 1979, pp. 153-66.

411

[45] Idem, ibidem.

[46] Dennett, D.C. *Consciousness Explained.* Boston, Little Brown, 1991.

[47] Idem, ibidem.

[48] Robinson, D.N. "Cerebral Plurality and the Unity of Self". In: *American Psychologist*, 37, 1982, pp. 904-10.

[49] Sperling, G. "The Information Available in Brief Visual Presentations". In: *Psychological Monographs, 74,* 1960, 11, n°. 498.

[50] Raab, D.H. "Backward Masking". In: *Psychological Bulletin,* 60, 1963, pp. 118-29.

[51] Binet, A. *Alterations of Personality.* H. Baldwin trad., Nova York, NY, Appleton, 1896.

[52] Robinson, "Cerebral Plurality and the Unity of Self".

[53] Idem, ibidem.

[54] Miller, J. "Trouble in Mind". In: *Scientific American*, September 1992, p. 180.

[55] Idem, ibidem.

[56] Dubos, R. *Pasteur and Modern Science.* Londres, Heinemann, 1960.

[57] Corballis M.C. e Beale, L.L. *The Ambivalent Mind.* Chicago, Nelson Hall, 1983.

[58] Wolpert, L. "Pattern Formation in Biological Development". In: *Scientific American*, 239, 1978, pp. 124-37.

[59] Corballis e Beale, *The Ambivalent Mind.*

[60] Idem, ibidem.

[61] Norden, B. "The Asymmetry of Life". In: *Journal of Molecular Evolution*, 1, 1978, pp. 313-32.

[62] Henley, E.M. "Parity and Time-Reversal Invariance in Nuclear Physics". In: *Annual Review of Nuclear Science*, 19, 1969, pp. 367-427.

[63] Corballis e Beale, *The Ambivalent Mind.*

IMPRESSO NA G R Á F I C A

sumago gráfica editorial ltda
rua itauna, 789 vila maria
02111-031 são paulo sp
tel e fax 11 **2955 5636**
sumago@sumago.com.br

sumago

CÉREBRO ESQUERDO, CÉREBRO DIREITO

summus editorial

CADASTRO PARA MALA DIRETA

**Recorte ou reproduza esta ficha de cadastro, envie-a completamente preenchida por correio ou fax,
e receba informações atualizadas sobre nossos livros.**

Nome:_____ Empresa:_____

Endereço: ☐ Res. ☐ Com. _____ Bairro:_____

CEP: _____-_____ Cidade: _____ Estado: _____ Tel.: ( ) _____

Fax: ( ) _____ E-mail: _____ Data de nascimento: _____

Profissão:_____ Professor? ☐ Sim ☐ Não Disciplina: _____

1. Você compra livros:

☐ Livrarias ☐ Feiras
☐ Telefone ☐ Correios
☐ Internet ☐ Outros. Especificar:_____

2. Onde você comprou este livro?

_____

3. Você busca informações para adquirir livros por meio de:

☐ Jornais ☐ Amigos
☐ Revistas ☐ Internet
☐ Professores ☐ Outros. Especificar:_____

4. Áreas de interesse:

☐ Educação ☐ Administração, RH
☐ Psicologia ☐ Comunicação
☐ Corpo, Movimento, Saúde ☐ Literatura, Poesia, Ensaios
☐ Comportamento ☐ Viagens, *Hobby*, Lazer
☐ PNL

5. Nestas áreas, alguma sugestão para novos títulos?

_____

6. Gostaria de receber o catálogo da editora? ☐ Sim ☐ Não

7. Gostaria de receber o Informativo Summus? ☐ Sim ☐ Não

Indique um amigo que gostaria de receber a nossa mala direta:

Nome:_____ Empresa:_____

Endereço: ☐ Res. ☐ Com. _____ Bairro:_____

CEP: _____-_____ Cidade: _____ Estado: _____ Tel.: ( ) _____

Fax: ( ) _____ E-mail: _____ Data de nascimento: _____

Profissão:_____ Professor? ☐ Sim ☐ Não Disciplina: _____

Summus Editorial
Rua Itapicuru, 613 7º andar 05006-000 São Paulo - SP Brasil Tel. (11) 3872-3322 Fax (11) 3872-7476
Internet: http://www.summus.com.br   e-mail: summus@summus.com.br

cole aqui